叢書・ウニベルシタス　1130

# 無限者の痕跡

## エマニュエル・レヴィナスとヘブライ的源泉

カトリーヌ・シャリエ
佐藤香織 訳

法政大学出版局

This book is published in Japan by arrangement with Les Éditions du Cerf,
through le Buleau des Copyrights Français, Tokyo.

# 無限者の痕跡——エマニュエル・レヴィナスとヘブライ的源泉　目次

## 凡例

一　本書は Catherine Chalier, *La Trace de l'infini : Emmanuel Levinas et la source hébraïque*, Cerf, 2002 の全訳である。
二　傍点は原文の強調を示すイタリックである。
三　『　』は原文の作品名を示すイタリックである。
四　「　」は原文の引用符を示す。
五　〈　〉は原文の大文字から始まる単語のうち固有名詞ではないものを示す。
六　《　》は単語の切れ目を明確にするために訳者が付したものを示す。
七　〔　〕は訳者による補足を示す。
八　注は行間に番号（1、2、3……）を付し、側注とする。訳者による注記は文頭に〔訳注〕と示す。
九　引用は基本的に以下に示す邦訳書を参照し、頁数を本文中に示す。なお、中略は［…］で示し、文脈に応じて訳文を適宜変更している。

レヴィナスの著作の本文中の略号は以下の通りである。

ADV : *L'Au-delà de verset*, Paris, Éd. de Minuit, 1982.（『聖句の彼方』合田正人訳、法政大学出版局、一九九六年。以下同様に示す）

AE : *Autrement qu'être ou au-delà de l'essence*, La Haye, Martinus Nijhoff, 1974, rééd. Le Livre de poche, Biblio Essais, 1990.（『存在の彼方へ』合田正人訳、講談社学術文庫、二〇〇四年）

DL : *Difficile liberté* (1963), Paris, Albin Michel, 1976.（『困難な自由』合田正人監訳／三浦直希訳、法政大学出版局、二〇〇八年）

DSS : *Du sacré au saint. Cinq nouvelles lectures talmudiques*, Paris, Éd. de Minuit, 1977.（『タルムード新五講話——神聖から聖潔へ』内田樹訳、国文社、一九九〇年）

EN : *Entre nous. Essais sur le penser à l'autre*, Paris, Grasset, 1991.（『われわれのあいだで――〈他者に向けて思考すること〉をめぐる試論』合田正人／谷口博史訳、法政大学出版局、一九九三年）

HH : *Humanisme de l'autre homme*, Montpellier, Fata Morgana, 1994.（『他者のユマニスム』小林康夫訳、書肆風の薔薇、一九九〇年）

HN : *À l'heure des nations*, Paris, Éd. de Minuit, 1988.（『諸国民の時に』合田正人訳、法政大学出版局、一九九三年）

HS : *Hors sujet*, Montpellier, Fata Morgana, 1987.（『外の主体』合田正人訳、みすず書房、一九九七年）

IH : *Les imprévus de l'histoire*, Montpellier, Fata Morgana, 1994.（『歴史の不測』合田正人／谷口博史訳、法政大学出版局、一九九七年）

LC : *Liberté et commandement*, Montpellier, Fata Morgana, 1984.（「自由と命令」『レヴィナス・コレクション』合田正人訳、筑摩書房、一九九九年所収）

MB : *Sur Maurice Blanchot*, Montpellier, Fata Morgana, 1975.（『モーリス・ブランショ』内田樹訳、国文社、一九九二年）

QLT : *Quatre lectures talmudiques*, Paris, Éd. de Minuit, 1968.（『タルムード四講話』内田樹訳、国文社、一九八七年）

TA : *Le Temps et l'Autre*, Montpellier, Fata Morgana, 1979.（「時間と他なるもの」『レヴィナス・コレクション』合田正人訳、筑摩書房、一九九九年所収）

TI : *Totalité et Infini. Essai sur l'extériorité*, La Haye, Martinus Nijhoff, 1961, rééd. Le livre de poche, Biblio Essais, 1990.（『全体性と無限』藤岡俊博訳、講談社学術文庫、二〇二〇年）

# 無限者の痕跡——エマニュエル・レヴィナスとヘブライ的源泉

# 序

レヴィナスの著作を突き動かす深い動揺は、厳密で正確かつ力動的な――哲学においてすぐれた成果を生み、人間の問いかけに応ずるとされる知に到達する――概念の配置（ordonnance：処方箋）によっておさまることはない。世界に関する数々の謎は未解決で、数々の苦痛も説明されていないままであるが、実際には、世界に対する無知のみからこの動揺がやってくるのではない。この動揺は心性（psychisme）[1]から生じており、この心性の苦痛には、理論という治療薬は効かないのである。しかしながらアリストテレス以来、とりわけストア派、エピクロス派、そして懐疑主義以来、パトス（*pathos*）に関する仮象への、またその威信への極度の不信の中で、医学的な治癒の隠喩はしばしば哲学的な理路を導いてきた[2]。諸表象の正しい使用とロゴス（*logos*）の忍耐強い習得が、数々の困難や苦しみを排

---

（1）〔訳注〕「心性（psychisme）」はレヴィナスの重要概念の一つである。『全体性と無限』において、「心性」は「〈同〉の分離」としての「内奥的生」をかたちづくる出来事として示される（TI, 46／八二）。

（2）〔訳注〕アリストテレス『詩学』第六章1449bにおいては、悲劇が「感情の浄化（カタルシス）を達成するも

除して平安と喜びを与えるであろう知と叡智を導くはずであった。たとえばスピノザならば、根気を要する方法的な一連の思弁的諸命題の恩恵を得て、何ものによっても変質することのない喜びを認識するために、「知性を手当てし（guérir：治癒する）洗い浄める」[3] ことへと向かう彼の決定をなおも語るだろう。しかしながら、レヴィナスの哲学は、パトスの暴力とその数々の罠に対する特別な関心を含むことがなく、ロゴスを人間の動揺の治療薬にするという解決をしない。彼の哲学は叡智への愛に関するもう一つの様相を探し求める。「われわれに伝達されている哲学は、つまるところ動揺と覚醒の心性に抗しようと決めていた」[4] と彼は述べる。そうした哲学は、概念の認識から、より正確にいえば存在に内在する認識の合理性から叡智を演繹する。しかし、西欧哲学の伝統を特徴づけるこの合理性の優位は大いなる忘却のうちに築き上げられてはいないだろうか。この問いがレヴィナスの哲学全体を貫いている。

ただし、レヴィナスが聖書に由来する宗教的思考[5]へと向かうのは、この宗教的思考が、キリスト教とともに非常に早い時期からギリシア的合理性の意味のさまざまな範型に応じようとして、哲学の言語体系の中でいかにして自らを伝達しようとしてきたのかを強調するためである。敬虔さは、知性の活動、つまり、諸観念を「現実態において見ること」[6] という知性へのノスタルジー[7]――人間が捕われていた生成が、人間の観想から永遠を奪ってしまったという感情――にもとづいて形成された。レヴィナスは確かに以下のように問う。「宗教とはもともと隣人への愛や正義への配慮とは切り離せないものであり、その宗教を賦活するのが献身であるのだから、このような倫理そのもののなかにこそ、献身はみずからの意味論的生誕の地を見出すべきではなかったのか。そして献身は、無限に異なる〈一者〉に対して自分が無関心ではありえないことの意味を、認識することの不充足性にではなく、この倫理そのもののなかに見出だすべきではなかったのか。宗教（religion）と関係（relation）とのあいだに根源的な区別が課せられることになろう！[8]」。レヴィナスが問いただすのは、この「意味論

---

のである」と述べられる。「カタルシス」は医学用語として知られる。ストア派においては「アパテイア」（パトスを語源とし、否定辞aを伴う）が希求されており、エピクロスおよびピュロンの術語として有名である。

（3）*De la réforme de l'entendement*, trad. R. Caillois, *Œuvres complètes*, Paris, Gallimard, « Bibliothèque de la Pléiade », 1954, p. 106〔スピノザ『知性改善論——神、人間とそのさいわいについての短論文』佐藤一郎訳、みすず書房、二〇一八年、一五頁〕。治療法としての哲学に関しては、以下を参照。M. C. Nussbaum, *The Therapy of Desire : Theory and Practice in Hellenistic Ethics*, Princeton University Press, 1994.

（4）Jean-Luc Marion（dir.）*Positivité et transcendance*, suivi de *Levinas et la phénoménologie*, Paris, PUF, 2000, p. 24.

（5）〔訳注〕ここではキリスト教と区別されたユダヤ教的思考が念頭に置かれていると思われる。

（6）〔訳注〕プロティノス『エンネアデス』（v, 3, 11）EN, 153／一九〇。

（7）〔訳注〕原語はnostalgie. たとえばバルバラ・カッサンによれば、nostalgieという語はギリシア語で「帰還」を意味するnostosに「痛み」「苦しみ」を意味するalgosが接合されてできたものである。ただし「ノスタルジー」自体はギリシア語ではなく、一七世紀になって初めてスイスのドイツ語として病気のリストに加えられた病名である（バルバラ・カッサン『ノスタルジー——我が家にいるとはどういうことか？ オデュッセウス、アエネアス、アーレント』馬場智一訳、花伝社、二〇二〇年、一三—一四頁）。レヴィナスの議論においては故郷のイタケーに帰還するオデュッセウスと故郷に戻ることのなかったアブラハムが対置されており（ex. EDH, 191／二七六）、シャリエはこのレヴィナスの議論を踏まえている。

（8）« De l'un à l'autre. Transcendance et temps »（1983）, dans M. Abensour et C. Chalier（dir.）, *Emmanuel Levinas*, Le Cahier de L'Herne, Paris. L' Herne, 1991 ; Le Livre de poche, Biblio Essais, 1993, p. 31（強調は原文の通り）。『われわれのあいだに』に再録（EN, 156／一九四）。

的生誕」すなわちヘブライ語で告げられた生誕の忘却の諸帰結であり、より正確に言えば、哲学の諸観念——ギリシアの言語体系と不可分な諸観念——に対するこの生誕の従属の諸帰結である。この生誕は、哲学の諸観念に従属することで、時に消失してしまうに至るのだ。だからこそ宗教は意味の諸範型（modèles）をわがものとするべく強いられていたのだ、とレヴィナスは述べる。そうした範型においては宗教は自らをあらわにしていたし、これらの範型は「観照的なものの範型であり、認識の範型であり、〈一者〉の統一性に対するノスタルジーであった」[9]。プロティノスの系列にあって、観照的な出来事は、宗教にとってと同様に〈一者〉への回帰の「イコン」そのものとなった。それは、「到達されたか再び見いだされた超越において消失する脱自」（*ibid.* p. 32／EN, 156／一九五）で頂点に達する長い道のりの最後においてのことである。

アレクサンドリアのフィロン以後、とりわけ中世哲学を通じてギリシア人も「ユダヤ教へと参入した」（HN, 139／一九九）ことは、認識の冒険を精神の生という絶対的なものへと変える対価であったのか。マイモニデスはレヴィナスにとって「聖なる〈歴史〉の偶然性ではない」。確かにマイモニデスにしたがえば、認識あるいは知においては「存在が精神に現前し、精神への存在のこの現前が存在の真理と化すのであり、言いかえるなら、存在が発見される」（HN, 200／二八三）のであって、精神性の最たるものは認識あるいは知と同等である。しかしながらこの哲学者〔マイモニデス〕においてさえ、「博愛（*hésed*）、正義（*michpat*）、公正（*tsédaka*）に関する倫理的振る舞いとして維持される」（HN, 203／二八七）この知の可能性が義人たちに残されている。マイモニデスが述べるところでは、謙譲と敬虔なしに真理（*émet*）へと向かう者はいない。また、平和（*chalom*）を、つまり近き者と遠くの者との平和を培うことなく神を認識し神を愛すると主張しうる者はいない[10]。ただしレヴィナスから見れば、精神の動揺は知がもたらす安らぎには還元されないままであって、この動揺は存在論を基礎とする神学の諸命題に抵抗している。哲学の名のもと、もしくは真理と世界についての叡智という名のもと、ギリシア人から諸国民へと叡智への愛の様相が伝えられたのだが、精神の動揺はこうした叡智への愛とは別の様相を呈する重大な危険となるのだ。さて、レヴィナスが哲学者である自分の言説の核心部に導入しようとしているもの、そして彼がユダヤ的諸テクストの中にあるというところのものは、聖書に由来するこの叡智、ヘブライの言語体系が告げる特権を持っていた叡智、預言者たちが注視していた叡智、「詩篇」一一一章――「永遠なる主を畏れることは叡智（*hochma*）の原理（*réchit*）。この原理は得がたい恩寵を保証する。永遠なる主の栄光は永遠に続く」[11]（「詩篇」111:10）――を形作る叡智である。この点において、レヴィナスの関心はマイモニデスを動かしていた関心とは異なる。たとえマイモニデスが、ギリシア哲学に自分が与えた数多くの保証に反して、哲学者に対する預言者の権威の優位――あらゆる事物の尺度と目的を構成するであろう合理性よりも、超越によって働きかけられた（inspiré：息を吹き込まれた）[12]理性の優位[13]――を常に認めていたとしても。

---

（9）*Ibid.*, p. 32. (EN, 156／一九四)。

（10）*Le Guide des égarés*, trad. S. Munk, Lagrasse, Verdier, 1979, I, §34, p. 82, suivi de *Traité des huit chapitres*, p. 656.

（11）〔訳注〕新共同訳では以下のように訳されているが、翻訳はシャリエの仏訳に従っている。「主を畏れることは叡智のはじめ。これを行う人はすぐれた思慮を得る。主の賛美は永遠に続く」。

（12）〔訳注〕「息を吹き込むこと／霊感」(inspiration) はとくに後期レヴィナスにおける重要概念の一つである。「霊感は、歌を口述する詩神の言葉の聴取のうちにではなく、他者との倫理的関係としての〈至高者〉への服従のうその時代がいかに悲劇的で絶望的であろうと、レヴィナスに関して言えば、彼はその時代における迷える人々を導くためにイェルサレムとアテネを和解させようとはしないし、理論的衝突が生じた場合に預言者の権威に哲学者を服従させる提案などは決してしない。[14]「時代の乱流」(DL, 298/三〇七)に対して一歩も譲らぬ極端なやり方でレヴィナスが思考しようとするのは、存在の忘却に還元されない動揺の超過であり、彼によれば、哲学や神学が真理の名において〔動揺を〕忘却させようと努めるときでさえ、和らげることも克服することもできない動揺の超過である。さて、預言者たちは時には彼らの意図に反しつつも、絶えずこの動揺を記憶に残してきたのだが、この動揺こそが、息を吹き込まれた(inspiré)聖書への関係とその深みにおいて再び結ばれることを要請する。それは、動揺を知るのとは別のしかたで、存在論的合理性に固有の偉大さによって動揺の数々の意味作用を支配しようと欲するのとは別のしかたでなされる。実際のところ、この〈書物〔聖書〕〉は、知には還元しえない意味について述べているのではないだろうか。[15]だからレヴィナスは、「精神のまどろみ」(EN, 99/一一七)あるいは「申命記」の表現にしたがうなら知の結果として生じた〔精神のまどろみの〕「肥大」を危惧して、「筋書きを変えなければならない」(EN, 99/一一七)と主張するのである。しかし、このことは「外的な経験に内的な経験を付加しようというのではない。世界から、知によって既に欺かれた生へと遡らなければならないのだが、ここにいう知はその主題で満足し、自分の魂と名を失い、押し黙った匿名のものになりかねないほどにその対象に没頭しきっている。反自然的な運動――反自然的と言うのはこの運動が世界に反するものだからだが――によって、世界に関する知とは別の心性へと遡らなければならない」(EN, 99/一一七)。したがってこのことが要請するのは、時宜を得ていても得ていなくとも、この心性について語る聖書との関係の深さがレヴィナスにとって意味するものを問うことである。

この〈書物〔聖書〕〉の中で鳴り響く〈御言葉（Parole）〉[16]は本来ヘブライの言語体系に護られ、その精髄にゆだねられている。それゆえその伝統的な解釈はミドラッシュ[17]と不可分であって、いまなおこの言語体系の知識を前提としている。しかしながら、この〈御言葉〉のギリシア語による翻訳――七十人訳聖書――の正当性と適切さの問題は非常に早くからユダヤの賢者たちに対して提起されていた。

---

ちにその根源的な様相を有している」（ADV, 178／二四三）。『レヴィナスのボキャブラリー』では、この概念は、「自律的であると同時に他律的な、責任ある主体の両義性」を強調するものであると説明されている（Rodolphe Calin, François-David Sebbah, *Le vocabulaire de Lévinas*, ellipses, 2002, p. 39）。動詞 inspirer 等の形も本書では頻出であり、文脈から「霊感」と訳すことの難しい場合も多いため、適宜訳し分ける。

(13) 本書第四章を参照せよ。〔「預言者の地位は哲学者の地位よりも高いことは明らかである」（本書一七七頁）〕。

(14) たとえばマイモニデスは、世界の始まりの問いについてこのことを行った。

(15) 〔訳注〕「わたしがその先祖に誓った乳と蜜の流れる土地に彼を導き入れるとき、彼は食べて満ち足り、肥え太り、他の神々に向かい、これに仕え、わたしを侮ってわたしの契約を破るであろう」（「申命記」31:20）。

(16) 〔訳注〕本書において、langue, langage, parole, verbe など「言葉」に関する語彙は数多く登場する。parole に関しては、大文字でParoleと記された場合には聖書等における神の言葉であるため〈御言葉〉と訳す。その他小文字で書かれている場合には「発話」「語り」などを文脈によって使い分ける。

(17) 〔訳注〕ミドラッシュはラビによる聖書の注解書。ミドラッシュは「聖書の語句、語、さらには文字を、往々にして文脈上の意味を度外視して、一字一句詳細に読み込むことにのみ関心を集中しているのが特徴である。と同時に、ミドラッシュは、その解釈においては、大胆であり、多岐にわたり、非常に想像力豊かである。結果として、ミドラッシュはたくさんの寓話と超自然的な伝承の宝庫となっている」（ジェフリー・W・デニス『ユダヤ神話・呪術・神秘思想事典』木村光二訳、柏書房、二〇二〇年、六三四頁）。

外国語は常にその言語に内在している数々の意義を運ぶのであり、それゆえ翻訳という偏りのある見方を通じて、聖書のメッセージのうちにそれらの意義を持ち込んでしまう恐れがあると思われていた。しかし激論の果てに、ユダヤの賢者たちはヘブライ語からの翻訳を認めた。そこにこそ必要な試練があったからである。セムは、自分がトーラーを学習した天幕をヤフェトの語りへと開かねばならなかった[19]。レヴィナスが明確に述べるところでは[18]、ギリシア語は明晰さと方法を備えた言語体系であり、そして単純なものから複雑なものに、理解しやすさに、そしてとりわけ先入見のなさに向かう持続的進展を備えた言語体系であるから、普遍性への配慮からこの翻訳が必要であった。彼にしたがえば、「忍耐強い語りの流儀」すなわちギリシア語は、迷妄を解き脱神話化する言語であることになろう（HN, 64-65／八五）。

しかし、元の言語への回帰はいまや考えられず必要でもなかろうという意味において、七十人訳聖書の翻訳は不可逆的であるとみなされるべきだろうか。「ギリシア語が自らを限界までつきつめ、その計画が実行されるために[20]」、ヘブライ語はギリシア語へと決然として翻訳されるべきである。この場合、ギリシア語の聖書はトーラーの権威に比肩しうる規模の精神的な権威をまとうだろう。ギリシア語の聖書には**ロゴス**に負わされた傷がないというわけではないのだが、内奥からヘブライの言葉に働きかけられ、翻訳され受け入れられつつも、いずれにせよ――キリスト教神学の歴史、次いで哲学の歴史が示すことであるが――ギリシア語の聖書は以下のことを忘却させてしまうに至るであろう。それは、ヘブライの言語体系が注視し続けるのは、**ヘブライ**文字による精神的な**問い**かけに属しているがゆえに七十人訳聖書とその注釈者たちには必然ながら知られることのない、数々の意義の可能性であるということだ。しかし可逆性なしに、あるいはヘブライ文字へのノスタルジーなしに翻訳の守り手となる者たちにとっては、普遍性を目指す計画はギリシア語へのこの翻訳というプリズムを通じてしか実行されないであろうし、そして逆の場合にこの計画は難航するだろうと思われる。だが、キリスト教徒とユダヤ教徒の諸関係についての闘争の歴史と、とりわけ聖書の数々の約束の「成就」についての問いを交差させるこの主張は、議論へと開かれたままなのではないか。

いずれにせよ、タルムード学者たちと同じくレヴィナスが主張するのは、ギリシア語の美と明晰さにもかかわらず翻訳不可能なものは残るということだ。だから「エステル記」に関してレヴィナスは、「反ユダヤの迫害がもたらす苦痛は犠牲者の言語でしか物語ることができない[21]」とはっきりと述べるのだ。

(18)〔訳注〕原義は「教え」であり、一般には、モーセ五書と呼ばれる聖書の最初の五書（「創世記」「出エジプト記」「レビ記」「民数記」「申命記」）を指す。ユダヤ教の伝統では、モーセ五書すべては、モーセを通してシナイ山でユダヤの民に授けられた。ただし、「《トーラー》という語は、いわゆるユダヤ教の教えのすべてを非公式ながら指してもいる（たとえば、「トーラーを学ぶ」という表現は、ユダヤ教の聖典すべての学習を意味している。トーラーは時として、《ユダヤ教》の同義語としても用いられている」（ジェフリー・W・デニス『ユダヤ神話・呪術・神秘思想事典』、前掲書、四九三）。

(19)〔訳注〕ヤフェトに関するレヴィナスの分析については、第二三回フランス語圏ユダヤ知識人会議の議事録（*Israël, judaïsme et l'Europe*, Gallimard, coll. « Idées », 1984）に掲載された「聖典の翻訳」（『諸国民の時に』所収）を参照せよ。元となるテクストは「創世記」のものである。「神がヤフェトの土地を広げ、セムの天幕に住まわせカナンはその奴隷となれ」（「創世記」9:27）。「創世記」において、セムとヤフェト、そしてハムはノアの息子であり、カナンはハムの息子である。

(20) J.-L. Chrétien, « La traduction irréversible », dans J.-L. Marion (dir.), *Positivité et transcendance*, p. 325.

つまりその苦痛について語るためにはヘブライ語に立ち戻らなければならないのである。ところで本書において示されてゆくのだが、レヴィナスの思想のように「迫害」〔という語〕を非常に重々しく執拗に用いる思想にとって、この点は本質的である。しかし、ギリシア語の文法的諸範疇が「ギリシア思想によって、存在の諸範疇やその知解可能性そのものとして思考されている」(DMT, 145／一七四)ことが確かであるとしたら、「存在のヴィジョンを超えて神の言葉を聞く思考のうちに〈啓示〉が残す法外な痕跡[22]」は、ギリシア語すなわち哲学の言語体系で、さらに決定的なしかたで矛盾なく語られるのに成功しうるだろうか。レヴィナスは、「西欧において読まれ、注釈されてきた聖典」が、哲学者たちのギリシア的エクリチュールをねじ曲げたのか、あるいは聖典が奇形学的にしかギリシア的エクリチュールと結び合わされないのか、また、哲学することは「古い羊皮紙の中に埋もれているエクリチュールを解読すること」(HH, 96／一五八—一五九)であるのかを自問する。それは、不可逆的なしかたでヘブライ語をギリシア語に翻訳し続けなければならないと主張するためだけにすぎないのだろうか。そのように主張するのは、ヘブライ語が未完成であるにもかかわらず、ヤフェトの明晰さ[23]へと向かう方向づけがあたかも可能的に普遍的な思考の条件であるかのようだ。レヴィナスの著作には頻繁に現れる術語である《裏切り》がない限りは、この痕跡はいまなお存在論的な概念性によっては語りえないのであるが、レヴィナスが上記のように自問するのは、あるいは、なおも翻訳不可能なこの痕跡を哲学的言説の核心に導入するためであろうか。無論これは、この哲学における合理主義の地位について、そして神学——たとえそれが否定神学であろうと——に関するレヴィナスの言外の仄めかしの意味について、問い質し(questionnement)を開始する問いかけ(interrogation)である。意味作用を知と同一視する傾向が強すぎるせいで、あまりにも性急に断定してしまう〈語られたこと〉を前言撤回する必要性はある。しかし実際のところ、この必要性にもかかわらず、この痕跡について〈語ること〉によって呼び起こされた抑えがたい動揺によって哲学的言説を方向づけること――そして相関的に、ギリシア人由来の概念的な言語においてその通過が不可欠である試練に同意すること――がいずれにせよ重要であるのだとしたら、合理性についてのいかなる思考が、それに由来するのだろうか。神学についてのいかなる反省が、そこから演繹されるのだろうか。

レヴィナスの著作は、哲学的かつ学術的な主流を占める思考や思索に逆らって――ただしそれらを無視することなく――、闇と脅威の時代においてさえも人間がなお神の言葉を聞くのはどのような状況においてであるのかを問うのであるが、それは惨めな状態にある人々を慰めるためではない。また、今なおそこにいることの「特権（privilège）」の意味についての問いかけから、生き残りの人々を遠ざけるためでもない。そうではなく、アウシュヴィッツは人間の神への関係に決定的に影響する危機であったと認めたうえで、彼の生きた時代に歴史と文化と人々の魂を奪った野蛮さと絶望と深いニ

（21）HN, 56／七三。『存在の彼方へ』の献辞も参照せよ。
（22）HN, 62／八一（強調はシャリエによる）。
（23）〔訳注〕「ギリシア語の明断さ、ギリシア人の才知の価値がこのテクストの最後の部分（「ギリシア人はセムの天幕に住まわなければならない」）で承認されている。そして――ヤフェトに授けられる定めにあった――明断さ、すなわち美しさがセムの叡智へと異論をはさむ余地なくもたらされるということが、このテクストの最後の部分で承認されている」（HH, 64／八四）。

ヒリズムに対する抵抗の系譜上にいるためである。この立場は、古代の諸価値、ましてや何らかの特定の神学の名のもと、近代性――あるいはポストモダン性――に対する時代遅れの戦闘を率いることには決して帰着しない。この立場は、まず、この歴史とこの文化が人間の自律や、存在における知の内在、存在と知の等しさへの賛美において、呼びかけ――存在の呼びかけには還元不能な他性の呼びかけ、囁きと同じくらいに儚い呼びかけ、ただしそれに直面して身を隠すことはできないということは明らかな呼びかけ――を軽視することによって存続していると考えることにある。さて、以上がレヴィナスにとっての「宗教的」という語の意義であり、その思考の開始そのものであるのだから、超越についてのレヴィナスの哲学の背景にはユダヤ神学があるという考えを、なぜレヴィナスが拒否するのかということもまた理解できる。[24]「私の出発点は絶対的に非神学的なものである」(LC, 96／二七二)、とレヴィナスは強調する。その出発点が生じるのは、安らぎもなく予測しうる苦痛の緩和もない堪えがたい問いかけからであり、人間の主体性を裸にする他性との対面からである。ところが、レヴィナスがためらうことなくこの対面の構造を「信仰」(EN, 48／五一)と名づけるのは、それでもなお哲学者としてこそ、彼は信仰について語ることができるからである。

神学とこうして距離を置くこと、この予防措置それ自体はレヴィナスが〈書物〔聖書〕〉について語ることとも、その読解のラビの伝統――それを通じて「預言者は預言のユダヤ的な響きを反響させる」(DL, 358／三六九)――について語ることとも決して合致しない。実際にレヴィナスが保証するのは、トーラーは「彼らの内的な裁判権〔良心の裁き〕よりもユダヤ人にとって身近である」ということ、そして「その無数の意味の反響と痕跡」[25]を探すのが重要であるということである。しかしこれらの痕跡をどこに探し求めるべきなのだろうか。明らかに、先行する諸世代の数々の注釈の中〔に探し求めるべき〕

である。数々の注釈は、信頼（confiance）あるいは「賢者たちの叡智への信」を前提とするものであり、レヴィナスが公に承認することに同意するのは、唯一この信頼である。実際、合理性の面に関して非常に要求の多い人々——哲学者がそうであるとみなされる——から見ても、トーラーに関する賢者たちの言葉は、思考の源泉であり続ける根底的な反省に由来している。だからといってギリシア的な真理のために哲学者たちの解釈学的知性の繊細さを残しておきつつも、哲学者たちが自惚れて「一神教の啓示」を「ニュアンスを欠いたある種の神学的公式の数々」に要約することが許されているというわけではない。(26) そうではなく、この「無数の意味」の数々の痕跡は、以下のような男女の言葉のもとで忍耐強く集められるべきである。その男女とは、夜を通じて責苦を与えられた数々の生の最中にあって、問題となっている不安を、〈書物〔聖書〕〉に対して提起された白熱した問いへと理解しがたいしかたで変化させることのできる人々だ。したがって、ショアーの災厄以後にレヴィナスが語ろうとするのは、動乱の中であたかも世界がまだ存続しているかのように振る舞うことのできる人々の思い

(24)「超越と高さ」(1962) という講演に付された討議を参照 (LC, 94-95)。「私が後で神について述べるすべてのことは、[…] この経験から出発するのであって、その逆ではないだろう。神についての抽象的な観念は人間の状況を明らかにすることのできない観念なのである。それは、真なることとは逆である」〔「私が神について語るであろうすべてのことは [...] この経験から発しているのであって、その逆ではありません。神という抽象的な観念は、人間の状況を解明することのできない観念です。その逆が真なのです」(『歴史の不測』二七一)〕。

(25) EN, 126／一五三〔該当ページには対応する記述が見当たらない。同書ではたとえば73／八三に、「イザヤ書」を引用した上での「痕跡」についての記述が見られる〕。またHN, 10／二を参照せよ。強調は筆者による。

(26) MB, 25／三八。レヴィナスはここでハイデガーを非難している。

出が、「ユダヤの数々の文書に向かう新たな通路」（NP, 180／一八九）を開く問い質しをどれほどに呼び起こすかということである。この観点からは、神の不在に関する数々の省察も、アウシュヴィッツ以来「時間の時間性にひきこもりこの時間性を維持する」地獄についての数々の省察も、あるいはさらに、「平和の君主であるソロモン王の栄華を取り囲んでいる」（MB, 58／九三）「雅歌」（3:8）の「夜の恐怖」への示唆も、虚無主義者の絶望の告白ではない。ただしそれらの数々の省察や示唆は避けられないものであり、一次記憶――極限に至るまで人間的であり続けた人々の記憶――から必然的に帰結する悲劇であって、それらの省察が言葉に担わせようとするのは、決して言い表すことのできない、埋葬もなしに亡くなった無数の人々の悲嘆である。〔そのようにするのは〕不健全なしかたで不幸に歓びを見出だすためではなく、純粋な護教論や純粋なドグマティズムになることを甘受するかもしれないが、ユダヤ教の数々のテクストの解釈が――神学も同様であるが――、今後この不幸を無視することができないからである。レヴィナスの、観念に到来する神、そしてその著作がその痕跡を伝える神は、神の不在と神の死が多くの人にとっておそるべき経験的確信であった諸時代について思考することで神に接近することを要求する神でもある。ところが周知のように、こうした時代は今日もなお別のしかたで続く。他方では、どの人も抱えている個人的な悲嘆の数々、あるいはまた信仰それ自体に踏破される昏き夜が、神が思考に到来しうるという口実のもとに沈黙したまま見過ごされることはありえないこともまた知られている。

レヴィナスはユダヤ的伝統の受容の際、この伝統に忠実であり、口伝のトーラーから成文トーラーを分離することは決してない。とりわけラシといった偉大な注釈者から、そしてもちろんパリサイびとがそうであるタルムードの師たちの叡智から、成文トーラーを分離することは決してない。レヴィナスが語るのは、「生よりも生き生きとした厳格な」これらのテクストが彼の思考にとってどれほど本質的であるかということだ。というのも、ユダヤ教は――カントやヘーゲルのような卓越した哲学者たちが長い間考えていたように――ユダヤ教の聖書の正典の読解に帰着するのではなく、「ラビ的」[27]であり、つまり口伝トーラーと不可分だからである。レヴィナスはまた若干のユーモアをこめて、ユダヤ教について「ハスィディズムの言葉」のみを考慮する人々のことも同様に批判している。そうした人々はハスィディズムの言葉がより直接的に接近可能で、おそらくはより心を動かすものであると信じており、それによって、明らかに直接的にはより接近しがたいタルムードが問題となるときに「注意して聞く耳」を持つことを免除しうると期待するのだ。「ハスィディズムとカバラーがユダヤ人の魂において市民権を持ちうるのは、この魂がタルムードの学識で満たされている場合のみである」とレヴィナスは述べる（DL, 19／七）。つまりレヴィナスにしたがえば、神的なものの意味は直観や熱意や心の躍動の直接性においては決して与えられず、この意味は過去および現在の師たちとの学習および対話の忍耐を要求するということになる。「モーセが神と対面して話したことは、弟子と〈師〉がいずれも同じタルムードの教えを考察したことを意味する、と賢者たちは言う」（DL, 47／三八）。哲学者〔レヴィナス〕によって非常に高く評価されたこの訓話によれば、創造者の近さ――対面――は、直接性や霊感による恩寵によって感得されることは決してなく、無限の学習を要求するのだ。ただしこの学習は、学識豊かな知に還元することのできない、師の言葉と弟子の言葉を作動させる学習であ

（27）DL, 28／一八。

る。というのも、絶えざる問い質しなくしてトーラーとタルムードが受容されることはないからである。人間による問いかけを奪われ、図書館の本棚に整理されてしまえば、トーラーとタルムードは生から見捨てられる。天使たちであっても人間たちが見放した聖句を助け出すには至らない。というのも肉体を持ち血の通った存在者たちのみが、彼らの歓びと悲嘆によってそれ自身養われた彼らの問い質しによって、儚くも目立たないこれらの語からなる〈御言葉〉を偉大なものとすることができるからである。トーラーがまさに古代のテクストであるとしても、ユダヤ人にとってトーラーは〔旧約や新約の〕聖書（Testament）ではないのであって、ギリシア語に翻訳され伝えられる前に諸国家によってヘブライ語で書かれた盟約（*brit*）の聖書（Livre）として、あるいは「生命の樹」として、この言語〔ギリシア語〕のうちで自らを告げるだろう。この点については、レヴィナスは、ヘブライ語を全く解さずに翻訳でトーラーを読み始める人が「精神の倫理的本質」を誤解する危険を強調する。当然ながら、このことが意味するのはある言語が他の言語よりも道徳的であるということではなく、ヘブライ文字という「この努力を養い要求する」[28] 法外な文字による絶えざる問いかけが――儀式や系譜学やさらには歴史物語に関わる節が問題になる時さえ――実証的な知識や存在論に還元することのできない精神的な解釈の可能性を思考に与えるということだ。〈書物〔聖書〕〉が新鮮さを取り戻すのは、人々がヘブライ文字を受容し生かし、その文字の精神的な潜在性を刷新する（*hidouch*）問いかけのおかげでヘブライ文字を迎え入れる時の流れにおいて少しずつであるのだが、トーラーは、あらゆる知を超える分別の源泉へと思考を方向づけるだろう。

　したがって、レヴィナスのユダヤ教はトーラー読解の口伝、とりわけタルムードの伝統と不可分である。しかしながら――カバラーやハスィディズムの――神秘主義の行き過ぎに対する彼の厳しい態度をもってしても、レヴィナスが神秘主義の伝統を正当に評価せず、彼の作品がその痕跡を内に含んでいないと思うのは誤りであろう。彼がボロズィンのラビ・ハイームの本である『生の魂』に与えた重要性はそのことを容易に示している。著名なヴィルナのガオンの弟子であるボロズィンのラビ・ハイームは、ユダヤ教のミトナグディームの一派に属していた[29]。この教派はハスィディズムと対立しており、学識とタルムードの研究が第一の地位を保つことを求め、カリスマ的な人格を持っているとみなされたハスィディズムの師の幾人かに与えられた畏敬の念を批判していた。ところで、レヴィナスはボロズィンのラビ・ハイームの本に非常に忠実な読者であると自ら称していたが、ボロズィンのラビ・ハイームの本は、専ら聖書のテクストおよびタルムードのテクストの注解にもとづいており、ま

（28）DL, 135／一三七。「精神の倫理的本質に対する無理解の大部分は、ヘブライ語の忘却、翻訳へと凝固した聖書を読んでいること、タルムードへと遡行する能力の欠如――タルムードは大胆果敢に、聖書をそれが前提とする人間ドラマの隅々にまで展開する――に起因している。このような無理解は現在、ユダヤ教に忠実であろうとする若者たち全体を、ユダヤ教とは根本的に異質な観念の方へと押しやっている。」p. 155／一五七およびp. 308／三一七も参照せよ。「言語には、ギリシアの伝統がもたらす秘密とは別の秘密が、そして別の意味の源泉があるのではないか」。

（29）〔訳注〕ミトナグディームは、主にリトアニアで、律法の形式的厳守を重視することなきユダヤ教への回帰を目指す運動であるハスィディズムに反対した人々。ヴィルナのガオンやボロズィンのラビ・ハイームが含まれる。レヴィナスが生まれた時代を含むリトアニア・ユダヤ教をめぐる状況については、サロモン・マルカ『評伝レヴィナス――生と痕跡』（斎藤慶典／渡名喜庸哲／小手川正二郎訳、慶應義塾大学出版会、二〇一六年）第一章を参照。また、本書第二章にもシャリエによるハスィディズムとミトナグディームの関係についての記述がある。

たさらにユダヤ的神秘主義にももとづいていた。レヴィナスにとっては、人間の儚さの忘却のうちで神との近さをあまりにも性急に信じる傾向を持つ熱狂に対する警戒心が、共有されるべき第一のことに思われているのだが、レヴィナスは、ボロズィンのラビ・ハイームによるこの本についての長い間の省察を通じて、おそらくは自らが明示的に認めるよりも神秘的なものに多くの重要性を与えているのではないだろうか。

　レヴィナスによると、(30) ボロズィンのラビ・ハイームの本には「近代西欧からのいかなる直接的な影響も浸透してはいない。アリストテレスと新プラトン主義に着想を得た中世のユダヤ哲学を明らかに踏まえている箇所さえない。グノーシス的な宇宙論が読者に差し出されているにもかかわらず、である。ヴィルナのガオンはマイモニデスに異議を唱えていたのだが、そのマイモニデスへの言及もほとんどない。新しい時代の哲学や科学については皆無、まったく皆無である」。したがって、レヴィナスがこの本に注ぐ非常に深く一貫した注意は、少なくとも一見したところでは、彼の哲学的な企図と彼の確信を裏切るように思われる。それは、ヘブライ文字――トーラー読解の口伝の伝統を意味するもの――に絶えず立ち戻る必要性があっても、ロゴスないし理性的言説という人間の相互理解の卓越した手段にもまた頼らなければならないという確信（DL, 230／二三三を参照せよ）である。したがって、トーラーのギリシア語訳、あるいはまた、彼〔レヴィナス〕が言うところの、この訳が「知の諸形式に逆らう精神性を物語る」ために創案させる「婉曲な言い回し」（AT, 180／一七五）は、いずれにせよ、哲学を何も知らないこの書物の読解が思い知らせる悲劇的なまでの力不足に悩むだろう。おそらくは第一の源泉を忘れようとする誘惑によって、より正確には概念としての数々の〈語られたこと〉に〈語ること〉を従属させようとする誘惑によって、哲学は――その偉大さにもかかわらず、またその偉大さのおかげで——すべての感覚されたものと思考可能なものの起源を信じるようになるだろう。ところが、預言者たちを生気づける息吹によって、超越という人間の動揺を絶えず勢いづける最初の源泉は、まさしくレヴィナスの哲学において、支配と全体性の度はずれに屈する諸哲学に異議申し立てをするように彼に命ずる源泉なのではないか。この源泉は、当時マイモニデスの企ての場合にそうであったように問題点の和解を求めるよう促すよりも、「哲学者と預言者双方とに同時に結びつけられた世界の深い亀裂」(TI, 9／二〇)を注視するようレヴィナスに求めるのではないか。実際、この亀裂は、いうなれば諸概念の美しい調和によってあらわになった秘密よりも貴重な——人間たちの知と対照をなすがゆえに確かに常に時ならぬしかたで——語るべき秘密を携えていることだろう。

いったいいかにして、超越の言語を——この言語が認識へのノスタルジーの言語へと変調することなく、だからといってこの言語が非合理主義へと変容することもなく——語るべきなのか。レヴィナスの著作の核心部で、この問いは神学に対する不信感をレヴィナスに抱かせる。肯定的〔な神学〕であれ否定的〔な神学〕であれ、神学が思弁によって主張するのは、神の認識へと至る道を教えるか、もしくは神の存在の証明を提示するということだ。しかしこの問いは神秘主義の不寛容とのいっさいの妥協からもレヴィナスを守る。レヴィナスがするように〈無限者〉の痕跡について話すことは、もう一つ

(30) ADV, 185／二五三。ボロズィンのラビ・ハイーム(1759–1821)とエリアフ、そしてヴィルナのガオンはリトアニアで活動していた。リトアニアの研究施設(イェシボート)は、現在もなお影響を与えており、ハスィディズムの研究施設において行われていたものとは異なる研究のスタイルを定めた。

の道程に参与することであり、この道程においては、神という語の意味論的な秘密はいかなる概念にもあてはまることなく、いかなる漏洩も許容することはない。この道程においては、いずれにせよ人間の顔の呼びかけへの人間の応答において、神という語は意味を持ち、栄光を纏うのである。

　この意味とこの栄光をいかに思考すべきか。この問いかけは忍耐強く展開されるべき糸となる。ただし、この本をめくれば最後にはこの問いかけを落ち着かせるような知へと至るという望みはない。常に警戒を怠らないこの問いかけの不安定な調子においてこそ、〈無限者〉の痕跡が実際に人間たちに対して有意味なものとなる。他性へと決定的に開かれた時間性のリズムにおいてこそ、創造の脆弱さに直面した諸概念の沈黙に屈することなく注意深く聞き耳をたてている人々にとって、神という語が有意味となり、聴こえるものとなるのである。

# 第一章　創造

レヴィナスが自ら幾度も明言するように、その思想はナチズムの台頭に対して非常に早い時期から警戒態勢にあった。ゆえに一九三五年、彼はマイモニデスについての短い論文を書いた。ユダヤ人、さらには人間の実存のうちで、ユダヤ人を狙う危機のもとに置かれているがゆえにユダヤ人は現在非常な不安に苛まれているのであるが、そうしたユダヤ人にとって、この中世の偉大な賢者の哲学とは何であるのかと問うたのである。実際のところ、「ヨーロッパの中心に据え置かれた傲慢な蛮行」[1]はユダヤ人をじかに脅威に晒す。「空前の厚かましさで、異教（パガニズム）[2]は頭をもたげ、諸価値を転倒し、

（1）〔訳注〕初出は全イスラエル同盟から出版された雑誌『平和と権利』に寄稿された「マイモニデスの現代性」であり、後に『カイエ・ドゥ・レルヌ』に再録された（*Emmanuel Levinas*, Le Cahier de l'Herne, Paris, L'Herne, 1991, p. 142／『レヴィナス・コレクション』合田正人訳、ちくま学芸文庫、一九九九年、一三六頁。以下、「マイモニデスの現代性」の邦訳に関しては『レヴィナス・コレクション』のページ数を付す）。

（2）〔訳注〕「パガニズム」の語源であるラテン語の paganus は、「土着であること」、すなわちある居住地に住みつ

基本的な数々の区別を混同し、聖なるものと世俗のものの諸限界を抹消し、秩序を再建することを可能にする諸原則さえも乱してしまっている」(3)。だからレヴィナスは一見したところ驚くべきしかたでマイモニデスに関心を向けることとなる。ある思想の価値は非人称的な永遠性に存しているのではなく、人間の現在の不安に応える能力となって現れると述べるのである。レヴィナスにとって、マイモニデスの思想の事例は、まさしくそのようなものに思われるのだ。さてこの論文の中でレヴィナスが分析するのは、『迷える人々の為の導き』の著者〔マイモニデス〕を、哲学における彼の師であるアリストテレスと対置する主要な難問である。世界は創造されたのか、それとも〔アリストテレスが述べていたように〕永遠なのか、というものだ。いったいなぜ蛮行の蔓延するときにこの問いがこれほど重要なものとなるのか。レヴィナスは、より差し迫った課題から読者の気をそらせているのではないか。なぜ、闇が深まってゆくまさにその時に創造を思考することがこれほど必要なのか。

レヴィナスの見立てでは、世界が永遠であることに同意するアリストテレスとその弟子たちの議論に対してマイモニデスがもたらした答えが、マイモニデスの著作の核心をなしている。「その答えは、異論の余地なきアリストテレス論理学に従う既に創造された世界と、この論理学から脱け落ちた宇宙の創造それ自体を区別することにある」(4)。「しかし神は製作者ではない。神は創造者である。創造を理解するためには、完全に出来上がった世界のうちで培われた知的習慣を捨てなければならないのである」(同p. 143／一四〇)。もし、ユダヤ教が教えるように「神は世界の外部にある」のならば、神について語ることも、この世界の尺度で神の完全性を測ることも適切ではない。神の諸活動を叙述するために用いられる数々の術語は常に〔この世界での「活動」の〕同音異義語であって、『迷える人々のための導き』はこのことを示すという重大な課題を担っている。したがってマイモニデスの教えるところでは、神の完全性と神の活動は、自然と人為を考慮しつつ人間が名づけるものといかなる共通の尺度も持っていない。「両者は、創造（*création*）と製作（*fabrication*）を隔てる深淵によって切り離されているのである」[5]。実際のところ、マイモニデスはアリストテレスの議論に抗って、決定的かつ完了的な状態にある世界の働きから世界をそのように作り上げた諸条件を推論することは正当ではないと主張している。「決定的な状態へと辿り着き、完全なものになった後では、それ〔世界〕は生じた時にそうであったものに全く似ていない」のであって、「それ〔世界〕は無（néant）から創造されたのだ」。マイモニデスの結論によると、アリストテレスの議論に「心を打たれるのは次のように主張する人のみである。決定的な状態に到達したこの存在の本性こそが、それ〔世界〕が創造されたと（その本性自身）証明するのだ、と。私に関していえば、これを支持しないと既に告げたのであるが」[6]。レヴィナスはこの発見の注目すべき射程を強調する。というのもレヴィナスは、マイモニデスがカントよりもずっと以前に「世界から

くことを意味しており、レヴィナスが「異教」という言葉を用いる際には、この「土着」という意味が強調される。レヴィナスの「異教」概念については、馬場智一『倫理の他者――レヴィナスにおける異教概念』勁草書房、二〇一二年、とりわけ第Ⅲ部第四章を参照。

（3）*Emmanuel Levinas*, p. 142／一三六。
（4）〔訳注〕*Emmanuel Levinas*, p. 143／一四〇。
（5）〔訳注〕*Emmanuel Levinas*, p. 144／一四〇。
（6）『迷える人々のための導き』八章の概論つき、*Le Guide des égarés*, suivi de *Traité des huit chapitres*, trad. S. Munk, Lagrasse, Verdier, 1979, II, §17, p. 291.〔「創造」と「製作」の違いに関わる部分からの引用はすべて同書からのものである。〕

借用された様々な思考を、世界の彼方に存在していたものへと適用してしまう理性の飛躍を停止させた」（同書p. 144）ことを支持するからである。

しかし、このような省察はいかなる点において、哲学者が述べているように、迫害の危険にさらされるユダヤ人にマイモニデスがもたらした「大いなる慰め」であるのか。なぜ、創造という観念が不安を和らげる慰撫であると考えるべきなのか。創造という観念はユダヤ人に彼らの「使命（mission）」への信頼を取り戻させるからであるとレヴィナスは考え、その際にユダヤ教を異教から分離するものをとりわけ強調している。「異教とは世界から外に出ることが根本的にできないことである」[7]のであって、それゆえに異教は彼らの神々を世界の内部に位置づけるのだ。アリストテレスの第一動者すらこの法則を逃れることはできない。なぜなら、第一動者は「創造された諸事物の貧弱な完全性」以外に、何もその高みにまでもたらさないからである。異教徒にとって世界（le cosmos）はそれ自身で閉じており、人間は自らの行いを世界に合わせて調節せねばならない。有限であり秩序づけられ調和した宇宙（l'univers）は、確かに生成のもとにある人間的諸存在にとっての範型である。確かにプラトンは、感覚的なものを超越する諸観念の「非物体的秩序」について語っていたが、そのプラトンでさえ、可視的な世界の「範例的な」価値に対して異議を唱えることはなかった。[8][9] ところがまさしくレヴィナスが強調するのは、ユダヤ人の世界に対する感情は〔異教徒の思考とは〕異なるということであり、ユダヤ人は世界のうちで確固とした基盤を奪われたままになっているということであり、ユダヤ人が自然に対してある種の異邦性を感じとっているということである。そのことは「詩篇」の作者が述べている。「私は地上において異邦人である」（「詩篇」119:19）。「諸事物に対してできるかぎり大きな信頼を寄せているその時でも、ユダヤ人は漠とした動揺（inquiétude）に苛まれる。健全な精神と呼ばれる者の眼には世界がどれほど揺るぎないものと映ろうとも、ユダヤ人にとっては、世界は一過的なもの、創造されたものとしての痕跡をとどめている(10)」。このことが意味するのは、マイモニデスの術語を取り上げて言えば《新しさ（nouveauté）》の痕跡でもある。ところが、《新しさ》を思考することは、存在する者を認識するために利用される概念的な諸能力を超え出る。〔この思考は、〕確固とした知を手放すことを、常に既に得られている確信へと回帰することを禁じるものへの開けを要請するのである。マイモニデスはこの点について、アリストテレスとの和解は不可能であると知っている。「〔世界の〕新しさは、我らの父たるアブラハムと、我らの預言者たるモーセの見識なのだ(11)」。

---

（7）〔訳注〕*Emmanuel Levinas*, p. 144／一四一。

（8）〔訳注〕「この全宇宙（ウラノス）——と言うか、コスモスと言うか〔…〕——は、生成したのです。〔…〕宇宙の構築者は、モデルのうちのどちらのものに倣って、この宇宙を作り上げたのか。同一を保ち、恒常のあり方をするものに倣ったのか、それとも生成したものに倣ったのかということです」（プラトン『ティマイオス』28b）。「〔神は〕自分自身のうちに生来自分と同族である生きものすべてを含んでいるような、一個の可視的な生きものとして、この宇宙を構築した」（プラトン『ティマイオス』30d）。「非物体的秩序」については、『ピレボス』64bを参照。

（9）K. Papaioannou, *La Consécration de l'histoire*, Paris, Champ Libre, 1983, p. 49–50. を参照せよ。「プラトンは『ティマイオス』（47b–c）で以下のように語る。人間が神々から視覚を贈与されたということ、これは天の可視的な循環運動を観察するためであって、人間はその循環運動のうちに、至高で有益な徳——その徳は確固たるしかたで人間を存在のうちに維持することを可能にする——を見いだしたのだ」。

（10）「マイモニデスの現代性」（強調はシャリエによる。*Le Cahier de l'Herne universelle*, *op. cit.*, p. 144／一四二）。

（11）*Le Guide des égarés*, *op. cit.*, II, § 22, p. 315.

それでは、レヴィナスが彼〔マイモニデス〕の著作の冒頭から創造についての思考に認めていた重要性をどのように評価するべきだろうか。かりそめのものの、創造された、消しがたいこの痕跡を理由として、世界内の強固な基盤の欠如が、肉の奥まで脅威にさらされたユダヤ人に「慰め」をもたらすということを、なぜさらに主張するべきなのか。実際のところ、各々のユダヤ人を慰めるよりもむしろ脅威にさらすことによって増大する恐るべき危険に直面した不安定さ(12)の感情、傷つきやすさの感情を、この動揺が強めるように思われないだろうか。

レヴィナスの見るところでは、この痕跡はギリシアの哲学者たちには知られていなかっただろうし、それゆえ『迷える人々のための導き』においては、聖書とアリストテレスの間に、この点についてのいかなる和解も見て取ることができないであろう。創造を思考することは、ユダヤ人にとっては「はじめに、神は天と地を創造した（*Béréchit bara Elohim et haChamaïm veet haAretz*）」という「創世記」のはじめの聖句を省察することである。ところがアリストテレスの神は世界を創造しなかった。ましてや彼は地上で生じることに対して全く無関心だった。プラトンの『ティマイオス』のデミウルゴスに関して言えば、デミウルゴスは自分がそれ以前には創造していなかった先行的な質量を形へともたらした。ユダヤ人にとって始まりの問題をたてるということは、〔アリストテレスやプラトンとは〕逆に侵しがたい秘密に立ち向かうことなのであって、この秘密はその不可侵性それ自体においてあらゆる生に意味を与える。レヴィナスは、「創造それ自体が神秘への開けを前提している」（TA, 72／二八二）と示そうとするだろう。彼によればこの神秘は、語りえぬものであるが分析するのが望ましいものに対していかなる気遣いも引き起こさない。この神秘は、交感（communion）や忘我（extase）というあらゆるノスタルジーからその神秘を特に遠ざけることを際限なく人間に強いるのである。

「作る（*bara*：創造する）」という動詞が意味するのは、自己の外部の実存に存在を与えることであり、新しくかつ他なる実在を措定することである。この実在は、自らの〈創造者〉に対する欲求および依存といった関係のうちにあるのではまったくないとレヴィナスは強調する。実際、彼の解釈によれば被造物は〈創造者〉と隔たっており、それらの間の結びつきは本質的必然の様相に決してもとづくことのない、ある言葉（parole）から構成されるのだ。「かくて神は語った（*vaiomer Elohim*）」という創造の言葉は、原初的な混沌（*tohuvabohu*）[13]という基底の上に差異化された諸現実を出現させるのだが、その言葉はこの神の本性あるいは本質について何も明らかにしない。したがって聖書の神は、本質的あるいは実体的なしかたで世界のうちに入るのではなく、神の言葉のみが創造を秩序づけるのである。その言葉は様々な被造物を存在へと呼びかけるが、神は天と地の外側にとどまる。創世記の物語によれば、第三の契機において、〈彼（＝神）〉は自分のなした創造を見つめ（*vaiare*）、「よい（*tov*）」と言った。ゆえにこのことが意味するのは、〈彼〉がその創造を喜んだということ、聖書における人間は〈彼〉に近しいことを口実にしてこの創造を逃れることはできないだろうということである。したがって、この最初のアプローチにしたがえば、創造は存在のうちで維持され、ユダヤ教の典礼でいうように、こ

---

（12）〔訳注〕原語はprécaritéである。たとえばジュディス・バトラー『戦争の枠組み』においてはprecarityという語は「危うさ」と訳されていることを想起しておく（Judith Butler, *Frames of War: When Is Life Grievable?*, The Imprint of New Left Books Ltd., 2009,『戦争の枠組み――生はいつ嘆きうるものであるのか』清水晶子訳、筑摩書房、二〇一二年）。

（13）〔訳注〕「創世記」1:2.

の言葉によって、そして創造に向けられたこのまなざしによって、創造は日ごとに刷新される（*hamehadech becol iom tamid maasé beréchit*）。このことが意味するのはまた、創造は放棄されてもいないし忘却されてもいないということ、しかしながらこの非－放棄と非－忘却は、被造物を束縛する依存という結びつきと等価値ではないということだ。マイモニデスがこの考えを表明するのは、次のように主張することを通じてである。それは、ある意図が――その秘密を見抜くことは決してできないとマイモニデスは強調する――世界で作動している以上、世界は偶然性と必然性のもとにあるのではないという主張である。つまり、〈神的摂理〉の「世俗的な」発想に対する批判のうちでマイモニデスが示す通り、素朴な人々や無知なる群衆が信じるように保護と幸福という人間的欲望の尺度に応じて〈神的摂理〉が存在する、といったことには決してならない。

レヴィナスはこの論点を幾度も力説しており、その際に「分離を起点として、無神論を起点として神を探し、遠くから神の声を聴取することのできる存在を創造したことは、神にとっては大きな栄光である」（DL, 31／二一）ということさえも強調する。決定的なことに、『全体性と無限』において彼は、「自我であること、無神論者であること、家に住まうこと、分離されていること、幸福であること、創造されていること」（TI, 158／二六二）を一連の同義語として述べてさえいる。そして彼は、この著作の結論の節の一つで、「いかなる総合にも抵抗する」[14] 分離に割り当てられた重要性へと立ち戻る。実際のところ創造という観念のおかげで、レヴィナスは流出説においてなされるような〈一者〉の劣化した表現を多元性とみなすことなく、同と他の関係を思考できるように見える。[15] 頽落（chute）の悲劇的効果、あるいは失われた結合のノスタルジーの表現として、否定的様相を元にして分離が思考されるべきではないとレヴィナスは述べている。レヴィナスは、ギリシアの存在論に由来する形而上学を非難する。たとえ形而上学が途中で聖書に遭遇したとしても、そうした形而上学は統一（unité）に特権を与え、同と他、一と多、神と世界の間の分離を否定的に思考したのだから。ところが、フランツ・ローゼンツヴァイクに続いてレヴィナスが述べるところによると、創造を思考することは、全体性の誘惑から身を引き離すことであり、多数性と分離を肯定的に思考することである。ただし一般的には形而上学はこの〔多元性や分離という〕観念に抗う。形而上学が好んで用いる頽落および〈一者〉への還帰のノスタルジーという語彙が、このことをまさに証している。「〈無限者〉が自分が包含することのない存在をみずからの外側に認めるという逆説――そして、分離した存在とのこの隣接関係のおかげでみずからの無限性そのものを成就するという逆説――一言でいえば創造の逆説は、いまやその奇

(14)〔訳注〕TI, 326／五二五。
(15)〔訳注〕レヴィナスはのちに「一者から他者へ　超越と時間」（一九八三年、『われわれのあいだで』所収）において、プロティノスの『エンネアデス』第五書における「流出」概念を分析している。
(16) *L'Étoile de la Rédemption*, trad. A. Derczanski et J.-L. Schlegel, Paris, Éd. du Seuil, 1982, p. 186.『救済の星』村岡晋一／細見和之／小須田健訳、みすず書房、二〇〇九年、一九四―一九五頁〔シャリエが参照しているのは「個別性」と題された節である。「多数性こそがはじめてそのすべての成員に、みずからを個体として、個別性として感じる権利を与えるのである」〕。
(17)〔訳注〕既存の『全体性と無限』の邦訳のうち、この箇所の熊野訳は〈無限なもの〉、合田訳および藤岡訳では〈無限〉としている。ここでは、シャリエがすぐ後にイサアク・ルーリアの議論を扱っており、そこにおいてはl'Infiniが〈創造者〉であり〈彼〉であることが明記されているため、シャリエの文脈に従って〈無限者〉という訳語を選択する。

抜さをいくらか失うのだ」（TI, 106／一八二）。

分離と多数性は、創造という地平において、ヘブライ語の言葉をギリシア由来の意味の諸範型が保持するものへと還元しないようにする努力のうちで思考されるので、確かにこの否定的次元を喪失している。〈一者〉の劣化でも縮減でもなく、「〈無限者〉に対する分離、〈無限者〉と両立可能な分離」(18)は、欠如や苦痛や還帰のノスタルジーという感情において示される道筋よりも、〈無限者〉との関係というより良き道を呼び求める。「循環的に自分自身に閉じこもるのではなく、分離した存在に場を譲るために存在論的な広がりから身を退ける、そうした一つの無限者は神的なしかたで実存する。無限者は、全体性を超えたところに一つの社会を創設する。分離した存在と〈無限者〉のあいだに打ち立てられる諸々の関わりによって、創造時の〈無限者〉の収縮に含まれていた縮減的なところが贖われる。人間が創造を贖うのだ」（TI, 107／一八二）。

レヴィナスのこうした言述は、カバラーに対するその不信にもかかわらず、R・イサアク・ルーリア(19)によって練り上げられた創造の偉大なる神話の尺度を通じて解明される。イサアク・ルーリアが問うのは、〈無限者〉の至高の光が、いかなる空き場所も、つまり「空虚も、空気も、空間も」残さないことによってあらゆる事物に浸透しているなら、世界の実在はいかにして可能なのか、ということだ。「始めも終わりも見分けることはできないが、すべては単純で等しい光だった。そしてこの光はエイン・ソフ・オール（*Or Ein Sof*）、すなわち、無限の〈光〉と呼ばれていた」と彼は言う。〈無限者〉が世界を創造しようと決めたとき、〈無限者〉は「〔〈光－無限者〉の、〈彼（＝無限者）〉の〈光〉の〕中心点に、その正確な中央に集中した。〈彼〉はこの〈光〉を「収縮させた」（〈光〉を限定した）。〈彼〉は中央の点の周囲から完全に退いた。この点のところに空虚な場が残り、空気がそこに広がった。空間がそこに形成された。このツィムツム、[20] すなわち収縮の後で、〈無限者の－光〉の中央それ自体に空虚にとどまる空間、実在の場が、「流出した」精神的な諸存在および「形成された」「作られた（有機的な）」（生きた）被造物に与えられた」[21]。R・イサアク・ルーリアの考えでは、次に〈無限者〉はその無限の〈光〉から発する線（*qav*）を出し、ある空間にまでその線を下降させたので、その空間は単純に

---

（18）〔訳注〕TI, 106／一八一。

（19）〔訳注〕イサアク・ルーリア（R. Isaac Louria : 1534–1572）。エルサレムに生まれ、ゾーハル研究に根ざした新しい教えを説いた。タルムード学の権威。

（20）〔訳注〕ツィムツムはカバラーの用語で、神の退隠を示す。本書ではシャリエがしばしばグルのラビ（本章注（42）参照）を参照しているが、シャリエはグルのラビに関する論考「聖句とともに思考する」において、この概念を扱っている。Le Rabbi de Gur, *La langue de la vérité*, suivi de *Penser avec les versets* par Catherine Chalier, Albin Michle Spiritualités, 2004, p. 121. なお、「聖句とともに思考する」は、グルのラビ『真理の言葉』のシャリエによる仏訳（二〇〇四、部分訳）に付された。著者のR. Yéhuda Arié Lieb de Gur（1847–1905）は、ポーランドの町のグル（グラ）出身のハスィディズムのラビである。『真理の言葉』はグルのラビの弟子が師の言葉を集め、一九九七年にイェルサレムで出版したものである。英訳として、Rabbi Yehudah Leib Alter of Ger, *The Language of Truth: The Torah Commentary of the Sefat Emet*, translated by Arthur Green, The Jewish Publication Society Philadelphia, 1998が出版された。

（21）〔訳注〕*qav*については後述されている。*qav*は旧約聖書では「紐」や「測り紐」として出てくる語である（「ヨブ記」38:5,「イザヤ書」44:13,「ゼカリヤ書」1:16,「哀歌」2:8など）。すぐ後にシャリエが述べているように、ラビ・ハイームは、ツィムツムとカフを、創世を示す二つの隠喩としてとりあげる（Rabbi Haïm de Volozine, *L'âme de la vie*, présentation, traduction et commentaires par Benjamin Gross. Préface d'Emmanuel Lévinas, Verdier/Poche, 1986,

自らに委ねられてそこにとどまってはいなかった。「エイン・ソフの光が広がり続けるのは、この線によってなのである」[22]と彼は締めくくる。この神話は明らかに哲学者と神学者に数多くの困難を提示しており、さらにR・イサアク・ルーリアは、ユダヤ教においてこの神話が提示する諸問題への様々な応答の類型に応じた異なる諸解釈を知っている。神は実際に退隠したのだろうか。通常のハバド派ハスィディズムが考えるように、神はただ単に覆われたのだろうか。この退隠あるいはこの覆いは、「彼自身の側に」あるのだろうか。あるいはそれらは「われわれの側に」あるのだろうか。すなわち、それらはその固有で本質的な実在において神に作用するのだろうか。すなわち、それらは創造や、創造的行為についての人間の認識（perception：知覚）にのみ相関的な様態となるのだろうか。

レヴィナスにとって重要な著作であるボロズィンのラビ・ハイームによる『生の魂』においても同様にツィムツムの神話は中心的な場所を占めている。[23]その著者が述べるところでは、「世界全体を満たす」[24]その本質の様態のもとで、神的な統一は人間の悟性から秘められ隠される。人間が諸世界の位階という現実について、それらの諸差異において知覚するものは、「浮かび上がる一本の線として」[25]カフ（*Qav*）と呼ばれている。ラビ・ハイームが主張するのは、神話についての相異なる主張を「隠喩的な意味において」[26]解釈すること、そしてそれらの主張が創造に関する人間の観点に相関してのみあるということをよく理解することの必要性である。神が「収縮と秘匿」[27]の後で欲したのは、「神のみに知られる理性のために」[28]、「この秘匿がわれわれに対しては、どこにおいても一様なしかたで現れない」[29]ことである。したがって創造は人間に、奇蹟的なしかたで差異化され、位階化され、かつ多元的様式のもとで現れる。光は同じように至るところを照らすのではなく、光は、「無数の遮蔽物を通して」[30]収縮されているかのようである。

p. 246.)。『生の魂』の解説では以下のように説明される。「カフは人間の観点から、〈われわれの側から〉みた神の世界への関係を表している。この観点からは神は「超越者」である（万物の輪郭を形作る）のであって、そうしたことが理由で、世界はその多様性において、またその諸差異において現れる。世界において人は低きものと高きものについて語ることができるし、不浄の場所や穢れた場所についても語ることができる。実際、こうした観点から見てさえ、神と創造された世界の関係をすべて否定することはできないのだ。諸差異はカフ――その本質のうちで変わることなき線――の変化しうる性質に由来するのではない。諸世界の段階に応じて変化する認識能力に由来しているのである」（*L'âme de la vie*, p. 476.）。

（22）ラビ・ハイーム・ヴィタル（R. Haïm Vital : 1543–1620), *Eits Haïm*. A. Safran, *Sagesse de la Cabale*, Paris, Stock, 1987, p. 125–126. による引用。ラビ・ハイーム・ヴィタルはここで、彼の師であるラビ・イサアク・ルーリアの教えを伝えている。

（23）〔訳注〕『生の魂』の「人間と無限」と題された章において扱われている。

（24）〔訳注〕*L'âme de la vie*, p. 238.

（25）〔訳注〕*L'âme de la vie*, p. 247.

（26）〔訳注〕*L'âme de la vie*, p. 247.

（27）〔訳注〕*L'âme de la vie*, p. 248.

（28）〔訳注〕*L'âme de la vie*, p. 249.

（29）〔訳注〕*L'âme de la vie*, p. 248.

（30）R. Haïm de Volozin, *L'Âme de la vie*, préface E. Levinas, trad. et notes B. Gross, Lagrasse, Verdier, 1986, p. 131, 132, 133.〔訳者が使用したPoche版においてはp. 249. また、これはユダヤ教神秘思想であるカバラーにおいて用いられるトーラーの注解書『ゾーハル』II. 93bにおいて用いられている表現であると注釈が付されている〕。

この神話を「存在論的な広がり」[31]の退隠という意味において解釈しながら、レヴィナスは、ボロズィンのラビ・ハイームになお注目する。人間は「〈彼〉の側の」[32]、すなわち神的な側の創造者の行為を把握することができないのだ。「その本質を把握することができる者は、その行為がいかなる位階の違いもなく、また場所の差異もなく、すべてを無差別に満たすのを見るだろう――そこではすべてが〈創造〉以前のように単純で絶対的に統一されている。しかしわれわれは、この恐るべき領域を見通すことができない――またそれを許されてもいない――」(*L'âme de la vie*, p. 129)[33]。レヴィナスは神智学と神学の途方もない主張を警戒する。それらの学に傾倒し、生あるいは神的な本質に関する何かを知っていると虚しくも信じる人にとって、そうした主張は危険であるという理由からのみではない。レヴィナスによれば、その多元性と数々の還元不能な差異化において、それらの主張はすぐさま創造の肯定性を軽視し忘却するよう仕向けるからだ。多元性は避けるべきものではなく、間断なき注意深さにおいて注視することが望ましいものなのだ。神智論者と神学者は、神を認識することを熱望して、創造における人間の役割をあまりにも性急に無視してしまうだろう。人間のこの役割はあらゆる過誤に先立って創造を贖うことに存している、とレヴィナスは先に引用した『全体性と無限』のテクストの中で述べている[34]。しかし、この「贖い(rachat)」という観念にいかなる意味を与えることが望ましいのだろうか。レヴィナスが主張するように、神は退隠したのであるから、創造の存在論的な実在は自足しているように見える。そうした創造を参照しつつ、いかにして「贖い」についての思考を練り上げるべきだろうか。

神に囚われた「無神論の危険」[35]に関するレヴィナスの言述から見れば、創造行為のうちでこの贖いが意味しているのは、ある運命からこの危険が派生することのないように払うべき代価である。その運命は、人間に〈創造者〉を忘却させ、その固有の存在論的充足を称揚させるべくあるものだ。ところが逆説的であるが、哲学者〔レヴィナス〕にとってこの代価は、自らの〈創造者〉の現前に際して居心地の悪さを感じる被造物によって体験される苦しみの代価ではない。よりはっきりと言えば、神あるいは〈一者〉へのノスタルジーは悲嘆の時に多くの人に感じられるのだが、決してこの贖いにはならないのである。マイモニデスについてのテクストで言われているように、世界の衰退や惨めさのうちよりも世界の存在論的な無矛盾性のうちで、その美およびそのすばらしさのうちで、かりそめのものおよび創造されたものの痕跡を知覚する者のみが、この贖いを別様に思考し始めるのだ(36)。

無からの創造は、確かに神との関係へと自己を開くことを可能にするが、この関係は依存の結びつきではない。創造は、「実存の諸々の必要性を宙づりにするという安息日の実存の可能性」(TI, 107／一八三)を創始する。各々異なる生の日々の最後に至るまで、数々の欲求を満たさなければならず、したがって欠乏と苦しみといった試練に応じなければならないという必然性と切迫性によって分節化

(31)〔訳注〕TI, 107／一八二。なお『全体性と無限』においてはレヴィナスによるラビ・ハイームへの直接の言及はない。

(32)〔訳注〕「〈彼〉の側」と「われわれ(人間)の側」は『生の魂』において「ツィムツム」と「カフ」によって示される二つの様態であって(Cf. *L'âme de la vie*, p. 246.)、『生の魂』の注釈によると、ラビ・ハイームは「〈彼〉の側」に「ツィムツム」(神の観点)を、「われわれの側」に「カフ」(人間の観点)を置く(*L'âme de la vie*, p. 475)。

(33)〔訳注〕Poche版ではp. 244.

(34)〔訳注〕「人間が創造を贖う」(TI, 107／一八二)を指している。

(35)〔訳注〕たとえば『困難な自由』(DL, 21／二一)を参照。

(36)〔訳注〕「マイモニデスの現代性」(前掲書144／一四二)。注(10)参照

された時間性のリズムの只中で創造が意味するのは、まさしく人間に欠けていないものへの開けである。創造は、他なる時間性、時の様々な必然性から解き放たれた時間性を告知する。というのも創造は「存在論的な広がり」から退隠したこの神の他性へと、つまり、自身から分離された実存を、とりわけ安息日には存在の彼方の近くにある実存を存在のうちに措定した神の他性へと方向づけられているからである。しかしながら、神の退隠についてのこうしたレヴィナスによる解釈は、決してカバラー学者の主張に確証を与えることはない。逆にカバラーの研究者たちは「創造者と被造物との間の本質的な非－分離」を主張する。「〔…〕ルーリア的な思考はみな、この世界に到達するために、あるいはまた人間という被造物を含む万物に隠された実体を構成するために、無限者の光が辿る通路やいくつもの道、諸媒体を説明するというこの目的へと向かっている。その問題は、隔たり、すなわち測りしれない距離にもかかわらず、いかにして被造物は絶対的に分離されているのではなくて、逆に、その存在それ自体のうちで、エイン・ソフに結びつけられているのかというものだ[37]」。レヴィナスの側が主張するのは、神とその被造物の間の存在論的分離の肯定性である。「創造された実存の本質的なところは、それが〈無限者〉から分離されているという点に存する」(TI, 108／一八四)。それは被造物がその充足を信じうるような分離である。また、〔安息日である〕七日目が応えるのは人間の欲求に対してではなく神的な責務に対してであるという理由で、七日目には被造物が「存在の変転 (péripétie)」(TIn, 45／五八)であることをやめ、〈彼〉へと向かうのであるが、その分離とは、そうした七日目でさえ神への気遣いあるいは神に対する動揺に巣食われることなく、その実存に留まり続けることのできるような分離である。

「分離によって開始される冒険は、〈一者〉の至福に比して絶対的に新しい」（TI, 325／五二三）。このようにレヴィナスは主張する。しかしかりそめのもの、そして創造されたものの痕跡のうちでユダヤ人に認識された世界の観念と結びつくこの冒険に、いかなる意味作用を与えるべきだろうか――この認識が悲嘆やノスタルジーの帰結ではないとしたら、あるいはまた、生誕する万物が死滅すべきものであるという避けがたい性質の単なる確認の帰結ではないとしたら――。さらに、レヴィナスが贖いの概念を人間の犯した原罪という観念に関わるあらゆる省察から切り離している以上、この冒険が贖いの冒険としてレヴィナスに記述されることをどのように理解すべきだろうか。

これに答えるためには、レヴィナスの哲学における創造と時間についての思考の結びつきを明らかにするのがよいだろう。ベルクソンの創造的持続についての分析に接近しつつ、レヴィナスは確かに時間に固有の新しさ、予見不能なもの、驚くべきものの次元を強調する。予期や支配の企図は常にこの新しさを欠いてしまうであろう。それ以上に、由緒ある哲学的伝統に倣って、永遠性からの堕落もしくはその欠如であるかのように生成が描写されてはならないだろう。そうしたことは、不変の諸本質つまり到達不能な〈一者〉を観想し、ついには永遠の至福を享受するために、それ〔時間を〕逃れようとする、こらえようもなく苦痛に満ちた欲望のうちでなされるのであるが。マイモニデスが注意を促しているように[38]、時間は一箇の被造物であって、すなわち聖書にしたがえばその〈創造者〉によ

(37) C・モプシク「エマニュエル・レヴィナスの思想とカバラー」（C. Mopsik, « La pensée d'Emmanuel Levinas et la cabale », dans *Emmanuel Levinas*, Le Cahier de L'Herne, Le Livre de poche, Biblio Essais, 1993, p. 431）。

(38) *Le Guide des égarés*, II. §13, p. 276.「時間それ自身も様々な被造物の一部をなしている」。

って善いと宣言された現実である。それゆえ時間は各々を、避けがたくかつ常に未成熟な目的へと導くだけではない。時間は繁殖性であり驚きであり、再開であり赦しであるだろう。「こうした瞬間の再開、死をまぬがれずに老いていく存在に対する繁殖性の時間の勝利とは、時間の働きそのものとしての赦し（pardon）である」（TI, 315／五〇九）。レヴィナスは時間を表象しようとする様々な試みに抗するのだが、それはこれらの試みが時間の新しさ、すなわち、表象しえないその他性を欠いているからである。ところが、新しいものの時間性を思考することは、「私の生の連続性を中断し引き裂くもの」あるいは「外部から私に到来する時間化[39]」を思考することである。それは、表象しえないものとの豊穣な関係として、時間を精査することに同意することである。あるいはまた、〔新しいものの時間性を思考することは〕諸世代（*toldot*）の刷新が――歴史をつくるとみなされている主要な数々の出来事よりもはるかに――その還元不能な特異性においていかにして非連続的な生成の枠組みと時間の働き（*maasé*）そのものを構成するのかを示すことである。「運命に変わる実存の圧倒的な責任から逃れること」（TI, 314／五〇八）は、繁殖性という条件においてのみ、すなわち他人たちの時間への移行という条件においてのみ可能であり、それ自身へと押し込められた存在を孤独から、生物学には還元できない諸様相に従いつつ引き離すものへの移行という条件においてのみ可能であろう。「時間は存在に新しいものを、絶対的に新しきものを付け加える」（TI, 316／五一一）。こうしたことが時間の赦しなのだ。赦しは決定的なもの（le définitif）の彼方に、私に固有な死の彼方に向かう。「復活（résurrection）」が構成しているのは時間の主要な出来事であり、死後の生に関する神学的な主題に属するのではない時間についての命題であるとレヴィナスは主張する。[40]「復活」は有限な実存に認められた赦しの徴しであるが、その際有限な実存は、他の実存に驚かされ目覚めさせられることで、他の実存の諸要請とその恩寵によって、自分に固有の生が刷新されることを感得する点において驚かされるのである。

ユダヤ教の典礼によれば、神は日ごと開始の働きを刷新する（*massé béréchit*）。概してユダヤ教は刷新（*hithadchout*）を主張するのだが、この刷新は、子供たちに生を与えよという命令から独立している。自然についての研究や反省、知覚、様々な感情や情動は刷新へと呼びかけられている。つまり、世界を嘆くためではなく世界に感嘆するために、かりそめのもの、そして創造されたものの痕跡のうちなる世界の認識へとまさに呼びかけられているのだ。ユダヤ人は「世界がそこにあるという単純だが驚くべき事実を前にして、瞬間ごとに感嘆する。創造への信（croyance）――ユダヤ教の基盤――はこの感嘆以外の何ものでもない。この信は神学に関する抽象的な教義ではない」[41]とレヴィナスは述べる。伝統は不毛なものと化すかもしれないが、刷新の努力によって支えられることによってのみその力を持ちうる。伝統は各人をある秘密へと向かわせるのであるが、その秘密とは、分離された――すなわち全き他なるものには還元不能な――一つの人格によって伝統が受容される際に伝統が引き起こす様々な問いの新しさのおかげで、各々の実存が糧とする秘密である。しかし各人はそこにこそ、とりわけ単調さや退屈、苦しみ、数々の悲劇や喪の中で継起する様々な時代の規則正しい日常にこそ、高次の要請があるということを知っている。そのようなわけで、『真理の言葉（*Sfat Emet*）』[42]によると、神

---

（39） R. Bernet, « L'autre du temps », dans J.-L. Marion (dir.), *Positivité et transcendance*, suivi de *Levinas et la phénoménologie*, Paris, PUF, 2000, p. 149.

（40）〔訳注〕TI, 317／五一一。

（41） « La signification de la pratique religieuse » (1937), *Cahier du judaïsme*, n° 6, hiver 1999–2000, p. 75.

的なきらめき——言葉を越える〈声〉とも呼ばれる——との内的接触を自身の内に持ち続ける者[43]のみが、善意志や様々な努力によっては測りしれないこの刷新を感得するに至る。[44] また、『真理の言葉』によると、この感得は数々の苦痛や悲嘆、自己懐古の重み、さらには死に至るほどの衝動の支配に屈しないために行う毎日の労働によっても生じる。というのもそれら〔苦痛や悲嘆や重み、衝動〕はこの内的な源泉の近さから遠ざけてしまうのであるから。[45]

　レヴィナスは、ハスィディズムの伝統に属するこの大著の読者ではないように思われる。しかしながら、何らかの本質の完成としてではなく〈語ること〉として「時間化」を思考するための彼の努力、神の命令に従う者の〈声〉そのものによって神の命令を聞こえるようにすることで知の主知主義を断ち切るレヴィナスの着想（inspiration：息を吹き込むこと）に由来する思考は、その〔ハスィディズムの〕著作と近しい。したがって彼の思考において、日々の刷新は、単調さや退屈、避けがたい衰えや不毛さに抗していままでに例のないようなものを自分の人生に率先して取り入れるであろう人による、孤独で自律的な決定に由来するのではない。あるいはまた、幸福なものであれ悲劇的なものであれ、日常から引き出される数々の出来事に心動かされる人の決定に由来するのでもない。柱時計の〈チクタク〉による疎ましい支配のもとに置かれた生にとっては、機械の時間のこの優位から外に出ることが常に驚くべきこの可能性として生じるのだが、それは他性からの呼びかけが、その生に呼び起こす動揺に応答することによる。したがってここで刷新は、変化の欲求、あるいは永遠の愛の対象たるに値する唯一のものを観想しようとするノスタルジーに応じるのではない。刷新は外部から生じて実存を覆す。こうしたことは、世界の様々な変調から自分を守ろうとする自己の最奥にあるとしても、レヴィナスの哲学においては、顔そして他人からの呼びかけの侵入である。他性のみが、過去を別のしかたで考えることを可能にするほどに過去を「修正し」、過誤というよりはむしろ容認しがたいものそれ自体を「赦す」に至るまで、刷新に意味を与える(TI, 315/五〇九)。他者の時間への移行——多様な諸形式のもとにある繁殖性——は、むき出しのままに生の連続性に切り込みを入れ(entamer:開始する)、私を傷つける。というのもこの移行は、充足という夢の数々すなわち自己との同一性という錯覚を、永遠に排除するからである。こうして還元不能なディアクロニーへのこの開けが描かれるのであるが、このディアクロニーは、知覚するにせよ予期するにせよ、想起する意識による把握へと時間を還元しようとするあらゆる試みを挫いてしまう。時間のこの冒険を『全体性と無限』において「復活」として描いたのちに、レヴィナスは『存在の彼方へ』においてそのことについて述べるために、「神の〈王国〉という聖書の概念——主題化不能な神の王国——」、非同時代的な、つまりは現在と化すことなき(non présent)神の〈王国〉」に言及する(AE, 88/一三五)。ところで現在と化すことなきこの神

(42) グルのラビ(R. Yéhouda Arié Lieb de Gur : 1847–1905)〔本章注(20)参照〕。彼は安息日に読まれたトーラーの各節の注釈とユダヤの祝祭の意味についての注解を著した。指示がない限り、引用されたヘブライ語のテキストは筆者〔シャリエ〕の訳〔仏訳〕によるものである。
(43)〔訳注〕*La langue de la vérité*, p. 113.
(44)〔訳注〕シャリエはグルのラビについての論考「聖句とともに考える」を「刷新の要請」という節から始めている(*La langue de la vérité*, p. 119.)。
(45)〔訳注〕この箇所での「自己懐古」や「衝動(élan)」が『真理の言葉』における何を指すかについては分かりにくい。「聖句とともに考える」でシャリエは、トーラーの文字が読み手の魂に「深い喜びと刷新の感情」をもたらすことと、学習や知識を要求しない「感情的な衝動」を区別する(*La langue de la vérité*, p. 131.)。

は、創造の行為によって「存在論的な広がり」から退隠した〈彼〉ではないか。〈彼〉を隔たりのうちに探し求めたり、あるいは反対にその充足のうちに閉じこもり〈彼〉を忘却することもできる、分離された被造物として人間を存在のうちに置き入れた〈彼〉ではないか。いずれにせよ、自らを押し付けることなく人間に時間を付与したのは神であって、神の〈王国〉は奇妙にもある不在に似ている。つまり、被造物が自らの老いと固有の死を気遣うとしても他の被造物たちの脆く儚い他性を注視するように、したがって、被造物がその衰えおよびどうにもならない有限性に逆らいつつも刷新を思考し、感得するようにとのみ各々の人間的被造物の唯一性に強いる不在に似ている。

実際のところ、創造は共通の類に還元不能な多元性、すなわち「総合に抵抗する分離」(TI, 327／五二五)を思考するよう強要する。「自我の多数性は偶然の産物ではなく、被造物の構造である」(EN, 42／四三)とレヴィナスは述べる。祝福の言葉もまたこの多元性にもとづいている(「創世記」1:28)[46]。哲学者〔レヴィナス〕はこうして、思考の原理としての統一に特権を与えるために多元性と分離に否定的な評価を下す形而上学と一線を画する。「ギリシアの形而上学がたどった道の一つは、〈一なるもの(unité)〉への回帰、〈一なるもの〉との融合を探求することであった」(TI, 105／一八〇)。こうした観点においては、一者と他者の間の分離、そして多元性は概して価値が低いとみなされる。というのも、それら〔分離と多元性〕はこの回帰を際限なく遅延させるからである。ところが創造は異なる思考へと向かい、「諸存在のあいだの類縁関係だけではなく、それらの根本的な異質性、無を起点とするそれら相互の外部性[47]」を確かに肯定する。このことが非難しているのはそれら〔諸存在〕を一つの全体性へと包含させる誘惑であるのだが、その理由は多元性——とりわけ様々な人間的〈自我〉の多数性——が融合できるような、あるいは融合するであろういかなる高次の平面も存在しないからである。そこでレヴィナスは無からの（*ex nihilo*）創造を「多元性にとって本質的な無始原」（TI, 327／五二六）と結びつける。しかしながらレヴィナスは、多元性を支配しその多元性を善き秩序に保つべきとされる共通原理のこの不在から――したがってこの無始原から――、以下の結論を引き出すことはない。それは、いかなる代価を払っても自分の生を保つという気遣いのもと、他の被造物に関心を抱くことなく、もしくは他の被造物との利害関係にあって、各々の被造物が自分自身に委ねられているという結論である。実際、無始原は一見したところとは異なって、兄弟関係（fraternité）という観念と結びついている。〈創造者〉に直面した分離とはすなわち無神論のうちで平静に（avec sérénité）(48)生きる可能性であり、そして自らに固有の充足の感情もしくは自らの有限性への同意のうちで幸福にすら生きる可能性であって、分離(49)は「被造物に依存の痕跡を残すが、これは比類なき依存である。依存する存在は、この例外的な依存、

(46)〔訳注〕「神は彼らを祝福して言われた、「生めよ、ふえよ、地に満ちよ、地を従わせよ。また海の魚と、空の鳥と、地に動くすべての生き物とを治めよ」」（「創世記」1:28）。

(47)〔訳注〕TI, 326／五二五。

(48)〔訳注〕原語のsérénitéは、ハイデガーの*Gelassenheit*の訳語として用いられることがある。ハイデガーの*Gelassenheit*（放下）は、たとえば一九四四年から一九四五年にかけての対話『放下の解明のために。思惟についての、野の道における対話から』（全集一三巻）および一九五九年に発表された論考『放下』の主題である。（仏訳はいずれもAndré Préauによるもので、*Question III*, Gallimard, 1966所収）。ハイデガーはエックハルトにおける「放棄」「離脱」「平静さ」の概念を再発見し、「非‐意志」を思考するために*Gelassenheit*を主題化した。また、sérénitéはストア派のアパテイアの仏訳でもある。

(49)〔訳注〕『全体性と無限』においては、この文の主語は「創造」である。

この関係から、自分の自存性そのもの、体系に対する外部性を引き出してくる」(TI, 109／一八四〔強調はシャリエによる〕)。

依存のこうした痕跡は何を意味するのだろうか。既に述べたように、この痕跡は生きるための欲求や必要性に属するのでは決してないし、人間の様々な不安に応答するとされる神を思考することに属するのでもない。逆に痕跡は、他なる人間たちにまなざしを向け、人類という観念を超えて他なる人間たちを結びつける兄弟関係を思考するべく定めるのだ。互いのエゴイズムが抱かせる恐怖の力のもとにある場合を除いては、つまり一般的には一時的な利害関心による場合を除いては、「共通の類」に属する諸個人が連帯し(fraterniser)はじめることができないとは、レヴィナスは考えない。したがって彼はまさにこの点において、起源についての二つの神話、すなわちデウカリオンのギリシア神話と「創世記」の物語を対立させる。一つ目〔ギリシア神話〕によると、プロメテウスの息子デウカリオンとエピメテウスの娘ピュラだけが、人間たちを堕落のかどで罰するためにゼウスによって大地にもたらされた洪水を逃れた。彼らはパルナッソス山を下って後ろに当てずっぽうに石を投げるようにとの命を受けた。デウカリオンとピュラによって投げられるのに応じて石は落ちて男と女の形となった。(50) この神話は、いずれにせよレヴィナスが提示した読解に対して、人間は多様な家族の多元性という類似によって構成されていると考えるよう促すのであり、こうした家族は、エゴイズムどうしの戦いによって、人間の都市を創設するために統合するに至る。反対に、創世記の物語は、確かにすべての動物は類(*leminéhem*)に従って創造されたと告げる(「創世記」1:1, 21, 25)。しかし、この物語は人間を除外する。唯一創造者にかたどって男と女に創造されたのであるから(「創世記」1:27)、人間は類に属するのではない。少なくとも類のみに属するのではない。この論理的カテゴリーは人間的なものを類に適合させるのではないし、人間的なものを説明することはない。というのも人間である各々の被造物において「人間的なもの」は、他のすべての被造物の中でも例外的なその地位に由来する交換不能な特異性のうちで思考されなければならないからである。人間の兄弟関係〔fraternité：友愛〕は、存在のうちに自分に似た被造物を置くという創造者の意図に由来する、とレヴィナスは主張する。兄弟関係が前提するのは「父の共通性」である。「あたかも類の共同体では接近がまだ十分ではないかのようである。〔…〕一神教とは、こうした人間的な類縁関係、こうした人種の観念を意味している。この観念は、顔のうちで他人と接すること、高さの次元のうちで、すなわち自己と他人に対する責任のうちで他人と接することにさかのぼる」。(51)

実際、この唯一の被造物は孤独なままでいるよう運命づけられてはおらず、タルムード学者たちが「世

(50)〔訳注〕レヴィナスによるデウカリオンの神話の言及については、TI, 236／三八〇を参照。ギリシア神話における世界創造の話では、巨神族に属するプロメテウスは人間創造以前から地上に住んでいた。デウカリオンはプロメテウスと同種族で、ピュラはデウカリオンの妻である。すべての山々の中で、パルナッソスの山だけが水を抜きん出て立っており、そこに二人が避難した。ただ二人生き残ったデウカリオンとピュラは、新たな種族を作りたいと願う。神託は「頭に被衣を被り、上衣を脱ぎ捨ててこの神殿を去れ。そうして汝の母の骨を汝の後に投げ捨てよ」と告げた。親の亡骸を汚すことができないと考えた二人は、「地は万物の母で、石はその骨である。だから石を後へ投げれば良い。神託の思召しはこうだと私は考える」として、石を投げた（ブルフィンチ『ギリシア・ローマ神話　付インド・北欧神話』野上弥生子訳、岩波文庫、一九七八年、三七―三八頁）。

(51) TI, 236／三八〇。『自由と命令』における「共通の類に属しながら、友愛の関係を結び始める、そのような諸個人がかつて存在しただろうか」（LC, 91／二六七）も参照。

界を創造するのに用いられた十の「託宣（verbe）」のなかに、「人がひとりでいるのはよくない」と告げる言葉をわざわざおいたこと」をレヴィナスは賞賛している（DL, 52／四三）。「創世記」の物語によれば、類の共通性を超えて父のこの共通性という観念へと向かう思考を方向づけるのは、各人の唯一性にもかかわらず多元性である――「男と女を〈彼〉は創造した」――。というのも常に既に二つの類があるからである。「創世記」に示されている、男と女の創造に関する第二の物語に注釈をつけつつ、「男性的なものから女性的なものが生じるのではない」とレヴィナスは述べる。「そうではなく、人間的なものから、女性的なものと男性的なものの分割――二分法（dichotomie）――が生じるのである」（DSS, 132／一九二）。この分割を相補性に還元することをレヴィナスは拒否する。というのも、こうした「〔相補性という〕怠惰な語」[52]は、なお再び見いだされるべき統一への、さらにはそこにおいてついには還元不能な他性と複数性が廃棄されるような融合へのノスタルジーを巧妙に保持しているからである。哲学者に言及された依存の痕跡は、この観念との結びつきにおいて思考されなければならない。創造の始まり以来、人間が生きるために神に依存することを前提しないのと同様に、この痕跡は、相互性なしに一者の他者に対する責任を刻み込むことを前提としないのである。

無始原と父性、多元性と兄弟関係。自立を保証する依存の痕跡、分離に対する賞賛、すなわち欲求には還元不能な〈創造者〉への結びつきに対する賞賛。創造を描写するためにレヴィナスが用いるこれらの術語と表現は、ユダヤの伝統が長い間省察してきた幾つもの困難を提示する。いま論じてきた文脈では、依存の痕跡は、存在を与える〈彼（＝創造者）〉との結びつきを失う危険、あるいは人間が絶滅するようなしかたで存在が変質するのを見る危険としては感得されない。この痕跡は、自己のために、報復への恐れや賞与への欲望による結びつきを維持する必要性を記述するのではない。この痕跡は、「よい」ものについての何らかの観念に属している点において「例外的」である。実際のところ聖書によると、人間の神への関係、あるいは神自身を形容する前にすら、「よい（*tov*）」という術語が〈創造者〉によって用いられていた。それは、十の言葉〔「創世記」第一章の「神は言った」で始まる十の文〕の恩寵のもと創造された多数性を前にした満足を述べるためである。次いでこの同じ〔「よい」という〕術語は、孤独の乗り越えおよび、共有された生を名づけるために用いられる。女性の創造についての二番目の物語は、人間がひとりでいることはよくない（*lo tov*）ため（「創世記」2:18）アダムのために伴侶が作られた、と明示している。しかしながら、ひとりで生きることは不可能であるとはテクストには述べられていないし、ひとりで生き続けたならば人間は滅びてしまうとも述べられていない。テクストは、単にそれはよくない（*lo tov*）と述べるのみである。人間にとって、伴侶なしに生きることはよくないのであるが、善性は、孤独を逃れ、ついには話しかける人を見つけることが必要だと感じる欲求や、そうした必要性のうちに住まうのではない。善性は欲求において満足させられることはないし、欠如を埋めるのでもない。善性は、欲求を超えたところに位置する欲望を人間のうちに穿つのである。[53] かくしてレヴィナスの読解によれば、女性の創造は、男性を孤独から引き離したからよいのではなく、またより快適なしかたで日々を過ごすことを可能にしたからよいのでもない。決して自己には還元できない他の人間的被造物に対して責任あるものとすることで、女性が男性に対してその人間性を啓示

（52）〔訳注〕DSS, 132／一九二。
（53）本書第二章を参照せよ。

したから、女性の創造はよいのである。動物たちを名づけた後ではアダムは当惑し途方に暮れていたので、植物や動物といった他の被造物に対する責任は、啓示するというこの能力を持たないように思われる。しかし、他の人間的なものとの対面は、その実存のうちに生気に満ちたある方向づけを導入する。それは、おそらくは、責任がそこにおいて他の人間に関与していることを発見するに先立って、その関与を喜ぶことから始まるような責任の方向づけである。この方向づけのみが、「善性（*tov*）」の質（qualitatif）に値する。「善性は［…］顔において啓示される存在に関わる。［…］善性は、それを現出させる個別の存在の本性に書き込まれた諸原理を模範とするわけではない。［…］善性とは、どことも知らずに［…］向かうことである。原初的な軽率さをまとった絶対的な冒険である善性は、まさに超越そのものである」（TI, 341／五四七）。

　ところで、善性あるいは責任のこうした発見は、人間の決定に由来するのではない。この発見が人間に帰せられるのは、神が人間に課した深い眠り（「創世記」2:21）から人間が目覚めるその瞬間である。[54] 人間は他の被造物に対する自らの責任を自ら思い描くことはないのであって、人間がその責任を発見するのは、その目を開く時なのだ。レヴィナスは、受動性のこの次元——主導権をもたないものの次元——を強調するのだが、それはその次元を嘆き、その次元を咎められるべき無気力と同化させるためではない。彼は、無からの創造の確証をそこに見るのである。善の受動性は「受容性までをも排除する。というのも、この創造においては、いまだどれほど僅かであれ行為を引き受けることができるようなもの——たとえばそれを貫いている形態をその潜在力を通して引き受けている物質のように——すらも、創造の行為が一度完了した時にしか立ち現れないからだ」（HH, 108, n. 17／一七二）。レヴィナスはそうしつつも、創造についての説を肯定しようとするのではない。というのも、人間主体の「被創造性」は、創造を思い描くことが永遠にできないままだからである。しかし、レヴィナスはこの受動性――アダムは目覚め、そこで彼は無限に責任を持つ／応答可能である――を、人間という創造された身分に関する聖書による強調であるとみなしている。人間に与えられた存在――したがって人間の側では選択の余地が無い――がその人間的な意味作用へと到達するのは、人間に顔を向けてくる新たな人間的被造物に責任を有する瞬間において、しかもそれを選択したことがないのに責任を有する瞬間においてのみである。「創造とは、知解可能性が私に先立っているということなのだ。〔…〕このことは神学的なテーゼではない。というのも、われわれは顔の経験から出発して創造という観念へと到達したからである」（LC, 45／二三〇）。

『生の魂』において、ボロズィンのラビ・ハイームは、人間という被造物についてのこの明らかな逆説を主張する。この被造物はそう決断することなく、したがって受動的に、創造の責任を引き受けるのである。実際、ラビ・ハイームにとって、「神にかたどって（*betsélem Elohim*）」という聖書の表現

（54）〔訳注〕「主なる神はそこで、人を深い眠りに落とされた。人が眠り込むと、あばら骨の一部を抜き取り、その跡を肉でふさがれた。そして、人から抜き取ったあばら骨で女を造り上げられた。主なる神が彼女を人のところへ連れて来られると、人は言った。ついに、これこそわたしの骨の骨、わたしの肉の肉。これをこそ、女（イシャー）と呼ぼう。まさに、男（イシュ）から取られたものだから」（「創世記」2:21）。シャリエは、善性あるいは責任が人間の受動性に由来するということをこうした聖書の記述から描こうとしている。
なお「眠り」と「目覚め」という主題をレヴィナスは戦後諸著作から扱っているが、後期論文「哲学と目覚め」（一九七六）に至ってレヴィナスはフッサールを再読しつつ、「自我性ならびに自我中心性から目覚める」（EN, 103／一二三）主体性を描き出す。

（「創世記」1:26, 5:1）[55]は、何を意味しているのだろうか。明らかに、この類似性を字義通りの意味において理解することは避けねばならないのであるが、いかなる点にもとづいてこの類似性を位置づけるべきだろうか。ラビ・ハイームは、この聖句において用いられている神の名エロヒームは「《諸力の総体の主》としての神性を示している」[56]ということを強調する。またエロヒームは、瞬間ごとに「新たな光の力と流れ[57]」を多様な被造物に与えている。もし〈彼（＝神）〉がそうすることをやめたら、たとえそれが束の間であっても、「諸世界は虚無と混沌（chaos）へと立ち返ってしまう」[58]。したがってエロヒームは開始の営み（*maasé berèchit*）を連続的に刷新するのである。さて、人間はまさにこの点において自分の〈創造者〉に似ている。「あらゆる人間の歩み、諸行為、発話、思考といった媒介を通じて、人間が諸世界をその極小の細部に至るまで統べることができるように[59]」諸世界は人間に託されている。ラビ・ハイームは、人間はあらゆる被造物の存在を支えると述べている。その上、人間は「よりすぐれた聖なる諸世界[60]」を強めたり――〔弱めるなどは〕断じてないが――弱めたりする。神は人間を自分にかたどって創造したので、神は「無数の諸力と諸世界を発達させあるいは制限する権能[61]」を人間に託したいと望んだことであろう。したがって人間は、〈彼（＝エロヒーム）〉に固有の《創造する》という力能を強めたり弱めたりするという法外な権能を、エロヒーム自身の側から授かったはずである。少なくとも創造を「われわれの側から」見ることで、すなわちわれわれの悟性が創造について理解しうることにもとづいて、そのように言わねばならないだろう。人間は諸世界の運命への責任を選択することなく、したがって受動的に引き受けたことになる。これが、エロヒームと人間の類似性の意義であろう。各人がとるに足らないもので、諸事物を知的に理解するための天分をほとんど与えられていないとしても、「各人の行為、発話、そして思考のいかなる細部も、いかなる瞬間においても失われることはない」[62]と知らなければならないだろう。というのも、善のためであれ悪のためであれ、諸世界における神の光の現前を強めるためであれ、また逆にその光を弱め変質させるためであれ、各人は諸世界へと波紋を広げるからである。[63]
レヴィナスが指摘するところでは、[64]『生の魂』は人間の内部にある人間的なもの——人間を他の被

(55)〔訳注〕「神は言われた。「われわれにかたどり、われわれに似せて、人を造ろう。そして海の魚、空の鳥、家畜、地の獣、地を這うものすべてを支配させよう」」(「創世記」1:26)。「神は人を創造された日、神に似せてこれを造られ、男と女に創造された」(「創世記」5:1)。
(56)〔訳注〕*L'âme de la vie*, p. 23, p. 92.
(57)〔訳注〕*L'âme de la vie*, p. 92.
(58)〔訳注〕*L'âme de la vie*, p. 92.『生の魂』のこの箇所にはラビ・イェフダ・ハレヴィの文の引用とともに、「創造は連続した創造である」という訳注が付されている(*L'âme de la vie*, p. 439)。
(59)〔訳注〕*L'âme de la vie*, p. 94. この引用は「人間、世界の魂」という副題のついた節の冒頭部に位置しており、ここでグルのラビは、神が人間を創造し、人間に諸世界を支配する権能および多種の諸力を与えたことについて言及している。
(60)〔訳注〕*L'âme de la vie*, p. 94. なお、弱めることは「断じてない(à Dieu ne plaise)」とシャリエは付け足しているが、グルのラビは「弱める」とはそもそも述べていない。
(61)〔訳注〕*L'âme de la vie*, p. 95.
(62)〔訳注〕*L'âme de la vie*, p. 96.
(63) *L'âme de la vie*, p. 7–12.〔シャリエの用いた版である。フランス語版のページ数の詳細については訳注を参照〕。
(64)〔訳注〕以下においてシャリエは、『聖句の彼方』に収録されている「神にかたどって。ボロズィンのラビ・ハ

造物から区別するもの――を思考するよう求めるのだが、その際人間の認識能力を強調するのではないし、あるいはギリシアの哲学が教えるように人間の「理性的な動物性」[65]を強調するのでもない。そうではなく、「エロヒームにかたどって」という人間の地位に準拠することで、『生の魂』は人間的なものを思考するよう求めるのである。ユダヤ教神学においては、確かにこの地位は、〔理性的動物という〕このギリシア的主張に準拠して解釈されえた。しかしラビ・ハイームは、たとえばアレクサンドリアのフィロンやマイモニデスよりはユダヤ神秘主義に近しいのであって、この類似性はそうしたギリシア的主張にあるのではないと論じる。マイモニデスは〈知性〉という点に関してアリストテレスの哲学と近しく、この〈知性〉のうちに人間の最高の完成態を見ていたのであるが、〔ラビ・ハイームにおいて〕この類似性は、〈知性〉の思弁的能力には還元不能な人間の「魂」の特異な性質を指し示している。ラビ・ハイームによれば、理性を奪われた魂は善きものを何ももたない。カバラーに対する警戒にもかかわらずレヴィナスが保持する、人間の魂についてのラビ・ハイームの見地は、ギリシア的な叡智の見地とは異なる。人間は厳密には物質から、最後に創造された。しかしその魂は神の息に由来しており（「創世記」2:7）、このことがまさしく他の諸々の被造物のなかで例外的な地位を人間にあたえる、とラビ・ハイームは指摘している。人間の内面性は、それが反省性の運動において自分自身に向かうのではないというまさにその点において人間的である。というのも人間に宿る神の息は、他の諸々の被造物の他性に対して閉じた「対自（自己のために）」となることを、人間には許さないからである。人間の内面性は万物に責任があると神の息は定めるのだ。人間が博識であろうと無知であろうとこの点については何も変わらない。ある者とまた別の者の知解能力が問題となるときに、ラビ・ハイームによって喚起された諸世界の位階があたかも宙吊りにされたままであるかのようである。レヴィナスの注釈によると、各人はその思弁的能力の程度がどうであれ、人間のうちなるこの魂の現前によって、それゆえに「諸世界のために」ある。諸世界に責任を持つことを免れるために、知性があまりに乏しいという言い訳をすることは誰にもできない。それぞれの思考、それぞれの言葉、そしてそれぞれの行為は、最もとるに足らない人々から発せられるものでさえも世界に対する重みをもつのであり、世界を構成するためであれ、破壊するためであれ、世界に対し波紋を広げるのだ。「ナルシシズム的ならざる内面性というこの観念は倫理的である。これがこの宇宙論的な言語ないし象徴性の真理であり、おそらくはユダヤの儀礼の奥深い経験であろう」（ADV, 194／二六三）とレヴィナスは結論する。

哲学者〔レヴィナス〕はラビ・ハイームの象徴的な言語、すなわちカバラーに由来する言語の本質にほとんど興味を抱かない。レヴィナスが『生の魂』に現れる複数の世界の宇宙論的な位階という観念を考察するのは、そこでいかに神の活動の可能性そのものが人間に、つまり最も非力で最後に創造された被造物に従属しているかを強調するためのみである。(66) この言語で「語りうること（le « pouvoir dire »）」が伝達するのは、人間のうちなる人間的なものについての教えであるとレヴィナスは考えているようだ。「人間は、宇宙に対するその責任ゆえに内奥性である。責任に服従した神の力能は道徳的な力と化す。戒律を破ることで人間は神に対して罪を犯しているのではなく、諸世界を破壊しているのだ」（ADV, 195／二六四）。この読解は、シャバトの朝の口頭による教えの際に、レヴィナス自身に

イームによる」（1978）を分析している。
(65)〔訳注〕ADV, 187／二五五。
(66)〔訳注〕ADV, 195／二六三。

よってなされた解釈に確証を与える。その教えはラシ[67]の伝統的な注解と照らし合わせて読まれた「創世記」の最初の幾つかの聖句に関するものだ。無からの創造は何らかの否定を意味するのではない、と彼はある日これらの講義の一つで指摘した。ヘブライ語で語りうることは、そもそも聖書のテクスト自体には書かれていない「無」という術語が別様に鳴り響くのを聞くことを可能にする。とりわけて人間に関する質問である「私は何者か」―― *ma ani*[68] ――という問いのうちでは、「無」という術語は実際には意味を持たないのではないかとレヴィナスは問うた。ところで聖書に従えば、確固たるしかたで存在のうちに身を置くためのいかなる努力をしても答えは見つからない。しかしこの「エロヒームにかたどって」という考えを省察することで、その答えが見つかるのである。

この省察は、苦痛に満ちてはいるが「恩恵をあたえる」試練を経由しており、この試練は、地上でのみずからに固有の異邦性に由来する。この異邦性は、善いと宣言された創造という文脈上、グノーシス的な諸命題に還元することができないのだが、グノーシス的な諸命題では魂に関して、光から魂を遠ざけておくとされる悪しき世界に魂が囚われているとされるのだ。レヴィナスがマイモニデスについての研究において初期から記しているように[69]、一過的なものについての感情と結びついた異邦性〔にこの試練は由来する〕。なぜなら、異邦性は創造されるのであり、大地は人間に属してはいないからだ。「創造の原初的な善性」は、創造が人間の所有に託されることを意味してはいない。反対に、創造が善性という性質を保持しうるには、空間をわがものにしようとしがちな人々に警戒すべきである。そうした者たちは、「余地を残さぬまでに」（「イザヤ書」5:8）田畑に田畑を増し加え、幾つもの土地をしっかりと占有し、根づきという夢想にふけっているのだ。〈永遠なる者〉はその時彼らに次のことを想起させる。「土地はわたしのものであり、あなたたちはわたしの土地に寄留し、滞在する者にすぎない」[70]（「レビ記」25:23）。さて、人が作成者ではないような創造に対するこの異邦性、この「存在に対する異邦性」は、レヴィナスが言うように、たいていの場合は天上にある遠い祖国に再び戻るというノスタルジーに変質することはない。「詩篇」119:20にあるように、この異邦性はこの大地自体を観察するよう「神の命令を呼び求める」[71]。「自我と世界とのあいだのこの差異は、責務によって他人たちの方へと延長されている。そこには聖書の不変の語ることの反響がある。すなわち、エジプトの国に

---

（67）〔訳注〕ラビ・シュロモ・ベン・イツハク（Rabbi Shlomo ben Itzhak Ha tzafati : 1040–1105）。「ラシ」はこの名の頭字語である。フランスの聖書とタルムードの注解者。

（68）ヘブライ語において「虚無」はアレフ、ヨッド、ヌン（אין）の文字で書かれ、同じ文字をアレフ、ヌン、ヨッド（אני）というように別の語順にすると「私」という綴りになる。シャバット（安息日）、つまり宗教をもつユダヤ人たちが創造に新たな要素を付け加えることをしないよう書きものをしない日に、レヴィナスによる聖書のこうした講義がなされるので、レヴィナスによるこれら聖書の諸講義が書かれたいかなる痕跡も存在しない。

（69）〔訳注〕「マイモニデスの現代性」（一九三五）。前掲書。「ユダヤ人は、異教徒とはちがって、既に出来上がった土台を世界のなかにもつことはない。物事に対してできるかぎり大きな信頼を寄せているその時でも、ユダヤ人は漠たる不安に苛まれる。健全な精神と呼ばれる者の眼に、世界がどれほど揺るぎないものと映ろうとも、ユダヤ人にとっては、世界は一過的なもの、創造されたものとしての痕跡をとどめている」（*L'Herne*, 144／一四二）。

（70）〔訳注〕「土地を売らねばならないときにも、土地を買い戻す権利を放棄してはならない。土地はわたしのものであり、あなたたちはわたしの土地に寄留し、滞在する者にすぎない」（「レビ記」25:23の新共同訳）。この主題に関するレヴィナスの議論としては、たとえば『他なる人間のユマニスム』所収の「同一性なしに」Ⅳ「存在に対する異邦性」を参照（HH, 96–／一五七以下）。ここでレヴィナスはハイデガーの議論と聖書を同時に参照する。

（71）HH, 97／一五九。

おける異邦人かつ奴隷という条件——ないしは非条件——が人間とその隣人とを近づけるのである」(HH, 97／一五九)。

レヴィナスは大胆にもこの考察を徹底化する。人間の心性のうちとりわけ優れた質を、異邦人——異邦人は〔土地に〕入る権利を持たないと知っているがゆえに、〔土地に〕入ることをためらう——の固有性から失わせることによってそうするのである。「〈世界内存在〉ではなく、〈問いただされる存在〉」(EN, 164／二〇五)。創造されたこの世界のうちで、自分の正当な権利を確信することなく、そこにいる被造物たちの面前で問いただされる存在。

したがって「被造性」はこの〔レヴィナスの〕哲学のうちで人間にいかなる権利も賦与しない。反対に被造性は、脆く、そして避けがたく死の脅威にさらされている被造物たちの命運に、持続と空間の断片をそれ自身と共有する被造物たちの命運に応答せよと強いるのだ。被造物は人間的なものになろうとするか、あるいは人間的なものにとどまろうとする限りにおいて、他人に対する恐れのなかで自らの存在する権利に責任をもたねばならない。「私の世界内存在あるいは私の日向、私が「我が家に住まうこと」は、他人たちに属している場所の簒奪ではなかったのか。他人たちは既に私によって虐げられ飢餓状態にされ、第三世界から追放されているのだ」(EN, 166／二〇七)。したがって次のようになる。すなわち、他人との——創造のうちでの——出会いは、自然の異教的な視点が必ずしも含むとは限らない数々の義務を課すのである。実際、創造という観念そのものを軽視することなくしては、何ぴとたりとも他人を殺したり他人に暴力をふるったりすることはできない。私は確かに「獣を狩ったり樹木を伐採したりするのと同様に殺すことができる。しかし、それは存在一般の開けの中で、私の住む世界の構成要素として私が他者を把持し、地平線上に他者を認めたからである」(EN, 22／一七)。

ところで、存在の開けの中に人間たちを見て取ることを聖書が求めることは決してない。聖書が教えるのは、人間たちが例外なしにみな「永遠なる者」にかたどってつくられた被造物であること、そして私の地平の諸要素ではないということである。しかしながら、この教えを受け取ることは、先ほど言及された異邦性の感情の試練を課すのであり、この試練は被造物に対する義務を呼び起こす。というのも、人間はただちに「自分の兄弟の番人」（「創世記」4:9）として自分を見出すからである。人間はそうしようと選択したり欲したりすることなく、一者の他者に対するこうした見守りが人間に課される。あたかもそうした見守りがなければ創造の意味作用が永久に失われてしまうかのようだ。

レヴィナスがユダヤ教における命令と儀礼の重要性を思考するのは、こうしたものの見方[72]においてである。創造の命令法――「光あれ」（「創世記」1:3）――は十戒および他の数々の命令の命令法に続く。『真理の言葉』が教えるように、シナイ山で――唯一で代替不能な「あなた」への呼びかけという〔文法の〕法性（modalité：様相）で――発された十戒（les dix paroles）は、創造する十の言葉（les dix paroles）のうちに既に見られる[73]。というのもトーラーは創造それ自体の本質を構成するからである。逆に、各人は創造する――「……であれ」という〔文法の〕法性で告げられた――十の言葉を、シナイの十戒の

(72)〔訳注〕原語はoptique（光学）である。optiqueは、『全体性と無限』でも用いられている語である。「道徳の経験は、この視覚から生じるのではない――道徳の経験が、この視覚を完遂するのである。倫理とは一つの光学〔optique＝物の見方〕なのだ」（TI, 8／一九―二〇）。

(73)〔訳注〕「創世記」第一章における「光あれ」（「創世記」1:3）から「見よ、全地に生える、種を持つ草と種を持つ実をつける木を、すべてあなたたちに与えよう」（「創世記」1:29）までの十の命令についてのグルのラビの

うちに探し求めなければならない。それが人間にとってトーラーを受け取る唯一の方法であろう。人間はその言の絶えざる刷新においてトーラーを受け取るのであり、それは、あらゆる実在に存在を与える数々の発話が、すぐさま誰かへの呼びかけへと変わるようなしかたによるのだ。だからといってその際、人間に語りかけるとみなされる自然に対する何らかのロマン主義的な感情と渾然一体となることなくして、宇宙はユダヤ人に〈語ること〉の断片を開示するのであり、この〈語ること〉はユダヤ人のうちに住まい、ユダヤ人を存在させるのだ。宇宙は、その生を創造の言葉の総体とシナイの言葉を結びつける課題に身を捧げるよう、ユダヤ人に求めることになるだろう。さらには、自らの神的源泉へと向かう創造の総体を活気づけるエネルギーに方向を与えるよう求めることになるだろう。[74]こうした思考と接近しつつ、レヴィナスは創造の倫理的な意味作用を主張する。そしてレヴィナスは数々の儀礼のうちに、自身を創造において――ただちに意のままになる自然においてではなく――位置づけることを知る人の感情が表現されていることを見てとるのである。「儀礼は、確かにわれわれの日常行為の騒々しい物音の中で、諸事物の神秘的な響きを知覚する人の振る舞いである」。レヴィナスは、諸事物へと向かう自発的な衝動のうちに停止の時間を導入する。それは諸事物を禁じ、諸事物へと向かう欲望を枯渇させるためにではない。諸事物の神秘とその脆さを陳述する発話（parole）の時間を、振る舞いと事物との間に導入するためである。こうして儀礼はユダヤ人に次のことを思い出させる。諸事物の現存は常に無限に驚くべきものであるということ。たとえば手の届く範囲にある糧は、各自が居住可能となるとされる世界へと自然を加工するための、労働と努力のみから生じるのではないこと。そしてまた、〔朝に〕始まる日は、その刷新という奇蹟に各人を迎え入れる発話に訴えるのであり、心性もまたその刷新に調子を合わせて保持されるべきであること。自然は「心性を奇蹟のように打つ。

心性は世界がなおそこにあるという、かくも単純で並外れた事実を前にしてあらゆる瞬間ごとに感嘆を覚える」(75)。「ユダヤ教はまさしく情動の自然な発露と自然との間に、反省のための時間を置こうと望んでいた。[…] 薔薇の囲い、それは儀礼という薄い隔壁である。薄いけれどそれが私たちを引き留める」(QLT, 176／二〇四)。

この引き留めが考えさせるのは、生の活力は、決して即自的に実存の意味作用を与えるのではないということだ。実際のところ、どちらかといえばそもそも生の活力は、ごく頻繁に実存の意味作用の探求を忘却させたり軽視させたりすることがしばしばある。しかし明らかに、レヴィナスにとってこの引き留めは単に儀礼的側面を呈するだけではない。この引き留めは倫理的な意味作用を有しており、形而上学的〈欲望〉についての思考を導入するのだ。形而上学的〈欲望〉は、〈創造者〉と被造物の関係という観念、存在論の用語で思考するとは別のしかたで思考することが問題であるような観念にそのあらゆる力を与えるのである。

---

分析に関して、シャリエはフランス語で訳注をつけている。『真理の言葉』にとって、シナイ山で発せられた十戒(「出エジプト記」20:2–14,「申命記」5:6–18)は、命令法の形をとって創造がなされた十の〈御言葉〉(「創世記」1:31)の新たな定式である。ゆえに十の〈御言葉〉を尊重することは、神をとりわけ創造のうちに求める方法となる」(*La langue de la vérité, op. cit.*, p. 24.)。

(74) *Sfat Emet*, t. II の「出エジプト記」に関する部分〔シャリエの部分的な仏訳には含まれていない。『真理の言葉』のこの箇所へのシャリエの注釈は *La langue de la vérité, op. cit.*, p. 109 を参照〕。

(75)「宗教的実践の意義」(« La signification de la pratique religieuse »)〔まず *L'Univers Israélite*, 1937 で発表され、後に *Cahiers du judaïsme*, 1999–2000, p. 74–75 に再録された。シャリエは後者を用いている〕。

# 第二章　形而上学的〈欲望〉

儀礼はたいていの場合、諸々の身振りに先立つ祝福の言葉のうちにあり、自発的に生じる自然への衝動は、儀礼によって一時中断される。このことは、禁欲主義の厳格さに対する非難を意味するのではないし、宗教上の苦行を高い価値のあるものとみなそうとする誘惑を意味するのでもない。聖書は諸欲求の充足という点での贅沢を推奨することはしない。だからといって、あたかも自然そして労働によって人間の意のままになるものの享受を警戒しなくてはならないかのように、最小限の満足で我慢するように勧めることもしない。実際には、欲求の経験の最中に欠如という試練は避けがたいものであり、欲求を充足させることができずに日々無数の人々が死んでゆく。確かにレヴィナスが指摘するように、[1] 食事も休息もなくとも、微笑みも個人の持ち物もなくとも、品位も自分の部屋の鍵を開ける権利もなくとも［…］少なくともしばらくの間は人間が生きることはできると、抑圧と迫害は教える。

（1）〔訳注〕NP, 179／一八八。シャリエが中略している箇所には、「絵、友人、景色、病気ゆえの兵役免除、日々の内省や告解」が入る。

しかし、この学びはほとんど常に彼らを内的かつ心理的な、そして生命にかかわる崩壊の危機のもとにおき、そうした危機においては死が最終期限となる。この学びは自己のうちでいかなる道徳的価値も持たないのだ（NP, 179／一八八―一八九）。人間が単に生存し続けることができるように欲求するものと人間の間には分離――まずは欠如として、苦しみとして感じられる分離――があるのだが、いかにこの分離が充足とともに、「生の優美さ」[2]をなす幸福となるかを哲学者〔レヴィナス〕は強調する。したがって、ある種のエピクロス主義者の系譜に沿って、レヴィナスが最低限必要な諸欲求の制限を考えるよう推奨することは決してない。レヴィナスは、諸欲求の充足のうちに生への愛の形の一つを見ているのだ。こうしてレヴィナスは、自らを養うという行為を、ただ単に生のうちで自分を維持する必要に応じるのみではない「元気回復の手段」[3]あるいは「《他なるもの》の〈同〉への変容」[4]と考える。したがってレヴィナスが主張するのは、自らを養う行為がもたらす充足の卓越した肯定的性格である。こうした食物は「享受において、私のエネルギー、私の力、私（moi：自我）となる」（TI, 113／一九三）。

欲求の経験において人間に欠如しているものが、ときには悲嘆にくれる人間に対して示すのは、人間の実存がこの欠如を埋める可能性そのものに瞬間ごとに依存しているということである。ただし、この明白な事実によって生じる動揺と不安、そして、過酷な労働――諸欲求の必要に応じるため、水やパンにもありつけない生の苦しみを無視することなく、この労働を開始することになる――を記述すること以上に、まずレヴィナスが関心を抱くのは、充足によって得られる充溢と豊かさの次元である。「欲求がもつ不可抗力や強制的なものという性格が批判されるが、幸福はこうした欲求の不在から成るのではなく、すべての欲求を充足させることから成る」[5]。飢えと渇きで死んでしまう実存に固有の不幸は、確かにそのような幸福に対する告発となる。しかしそうした告発は大抵の場合、黙したままである。この幸福を享受する人はほとんど常にこの享受が見えておらず、享受は「自我の自己性」と人間どうしの分離を強化するため、あらゆる享受は存在論的にエゴイズム的だからである。

レヴィナスは、無神論者であるということ（TI, 119／二〇一）を、人間と世界の分離によって特徴づける。この分離は、諸欲求の経験を通じて明らかにされるものだ。ただしレヴィナスはその際に、この〔無神論者という〕術語を軽蔑の意を含む用法で考えるべきであるとしない。全く逆である。「寒さや飢えや渇きを覚えること、裸でいること、避難所を探すこと——世界へのこうした依存はすべて、欲求と化すことで本能的存在をさまざまな無名の脅威から引き離し、世界から自存する存在を構成する。つまり、自分の欲求を物質的なものと、言い換えれば、充足できるものとみなして、その充足を確保しうる真の主体を構成するのだ」（TI, 120／二〇三）。したがってここでは無神論は神の否定と等価なのではない。無神論は儀礼、祝福、恩寵といったあらゆる観念を知らないままに諸欲求を充足させるという人間の可能性を、ただ保証している。あるいはまた、レヴィナスがこの充足を幸福と結びつけている以上、無神論は、人間が神なくして幸福でありうることを示している。というのも人間を充足させるものは必然的に物質的な秩序に属しているからである。このことから、正確であろうと不正確であろうと、神はいかなる欲求にも応じることはないということ、そして欲求が何であろうと、欲求の偶

---

（2）〔訳注〕原語は grâce de la vie. TI, 114／一九四。
（3）〔訳注〕TI, 113／一九二。
（4）〔訳注〕TI, 113／一九二。
（5）〔訳注〕TI, 119／二〇〇。

発的探求は、決して充足の探求ではありえないだろうということが言える。

レヴィナスは、既に前章で扱った一連の等価物によってこの分析を締めくくる。「私であること、無神論者であること、わが家にいること、分離されていること、幸福であること、創造されていること――これらは同義語なのだ[6]」。このように結論することで、レヴィナスはこの総括にさらに精神に関わる意義を与える。被造物はパンで自分を養うが、パンに依存するのと同じように神に依存するのではない。被造物は飢えや渇きを充たすこと、裸を衣服で覆うこと、弱い身体を保護することを満たすことを必要とするが、神を必要とはしない。というのも被造物は、人に欠けているものを切実に目指す様態とは全く異なる様態で、〈彼(＝神)〉から分離されているからである。それでもこうした被造物が神を思考すること、〈彼〉に憧れ、〈彼〉を知りたいと望むといったことはありうる。もっとも、こうした欲望は欠如の試練には帰着しないとレヴィナスは主張するのであるが。

「形而上学的〈欲望〉は、分離した存在、言い換えれば、享受し、エゴイスト的で、充足した存在においてしか生起しえないのであり、それゆえ享受から派生するのではない」(TI, 158／二六二)。この命題は哲学者〔レヴィナス〕の思考のうちで根本的なものであり、それゆえに人間の諸欲求の充足に関する肯定的な省察と対をなす。ハスィディズムに反対するリトアニアの師たち(ミトナグディーム)の思想をしばしば参照するにもかかわらず、レヴィナスが身体に関する彼らの悲観的なものの見方をこれらのページの中で共有することはない。実際のところ、ミトナグディーム[7]の運動の創始者であるヴィルナのガオンは、身体は地上でのあらゆる精神的幸福を妨げると思っていた。というのも身体は、荒れた海の上のヨナの彷徨[8]に似た彷徨へと魂を誘い、精神的な探求に厳しい制限を強いるからである[9]。

しかし哲学者〔レヴィナス〕はハスィディズムの幾人かの師の熱狂的態度にもまた反対する。そうした師は、ハバド運動の創始者であるリアディのシュネウル・ザルマン[10]と同じく、たとえば物質のうちに現前している聖潔のきらめきを高めるようなしかたで欲求を満たそうとすることで、人間は物質性自体の中心に神を見出だしうると考えている。しかしながら、欲求に固有な欠如の試練とそれ自体としては充足の探求ではない形而上学的〈欲望〉の間にレヴィナスがたてた明確な区別は、彼が流出説的なあらゆる観点[11]と極めて鮮明に対立させている、創造についての分析という尺度から理解される。〈創

---

(6)〔訳注〕TI, 158／二六二。

(7)〔訳注〕ここではシャリエはミトナグディームの単数形であるミトナグード mitnaged を用いているが、日本語の表記を「ミトナグディーム」に統一する。

(8)〔訳注〕旧約聖書「ヨナ書」の物語に従っている。ヨナは預言者であり、「さあ、大いなる都ニネベに行ってこれに呼びかけよ。彼らの悪はわたしの前に届いている」(「ヨナ書」1:2)という声を聞く。しかしヨナは主から逃れようと船で別の場所に向かった。「主は大風を海に向かって放たれたので、海は大荒れとなり、船はいまにも砕けんばかりとなった」(「ヨナ書」1:4)。

(9) Allan Nadler, *The Faith of the Mithnagdim*, Baltimore-Londres, John Hopkins University Press, 1987, p. 112. ヴィルナのガオン、haGra の頭字で知られるエリヤ・ベン・サロモン・ザルマン(1720–1797)はハスィディズム運動に激しく反対した。レヴィナスはとりわけその後継者であるボロズィンのラビ・ハイーム(1759–1821)の主著『生の魂』を参照している。また、口頭の教え、とりわけ安息日の朝の講義で、哲学者〔レヴィナス〕は「ハスィディズムの行きすぎに」反対するリトアニアの伝統を主張することにこだわっていた〔本書の序章の訳注も参照〕。

(10)〔訳注〕リアディのシュネウル・ザルマン(R. Schneour Zalman de Liady:1745–1812)。ポーランド・リトアニアのハスィディズムのラビである。

造者〉と被造物の間の隔たりは、欠如および不在の〈絶対者〉へのノスタルジーという様態で思考されるがままになってはいない。魂は分離の苦しみを捨て去りたいと切望するのだが、この苦しみのうちで魂は不在の〈絶対者〉から流出し、不在の〈絶対者〉についての記憶を保持する。それは、いま自分がある追放の地を離れ、ついには〈彼（＝絶対者）〉へとふたたび辿り着くためである。この省察の続きのためには、このように考えることが当然ながら最も重要であるので、レヴィナスはそうしながらも、この点に関しては、哲学と神学の既にして長い伝統の後でマイモニデスによって擁護された考えともまた同様に袂を分かつ。マイモニデスが擁護する考えに従えば、神は、この世界の昏さに苦しむ人々、知の光を享受することを望む人々に固有の知性の探求の最終的な帰結ということになる。ところが、「単なる欠如のように理解されるようになった」（HN, 206／二九一）知への欲望のみが人間たちを神へと導くということは、欠如を苦痛と感じない人々は気遣いも観念も決して持たないということになるだろう。このことは最終的に、近代性が保証するように、人間の問いかけおよび人間の好奇心への科学からの答えが、知へのノスタルジーとして思考された神の探求を補うことがますます少なくなるということを含むだろう。

多くの人が〈彼（＝神）〉への欲求を全く感じておらず、そして無神論者が清廉潔白に生きることもあると認めるならば、さらには如何ともしがたい日々の有限性にも同意するならば、神は欠如の帰結ではないという考えはそもそも避けられないように思われる。こうした状況はパスカルを震撼させた。パスカルが理解していなかったのは、自分の惨めさの意識に目覚めることなく、最終的な運命を気遣うことなく、そして気晴らしをして「感知できないくらいゆっくりと死に」[12]至ること以外は考えることなくして、神なき人間がいかに生きるようになるかということだ。パスカルによれば自己のための恐れの欠如は神の忘却に固有のものである。しかしながら、レヴィナスを不安にさせるのはこうした欠如ではない。諸欲求の充足のうちで自らの実存を正当化しうると——おそらくは幻想であるが——思っている人は多くいるのだが、レヴィナスがこのことを知悉していることは、これら諸欲求に反する議論を引き出してその充足は無駄であると宣言することにはならないし、また、これらの人間が知らないであろう、いわゆる精神の欲求を擁護することにもならない。実際のところレヴィナスが示そうとしているのは、満たそうとすることが問題となるいかなる欠如にも神への欲望は応じることがないということ、そして、精神の欲求という観念自体疑わしいのは明らかだということである。事実の理性にとっては——つまり神学的、そしてとりわけ哲学的理性にとっては、この〔精神の〕欲求は、おそらくは知性にとってそうであるのと同様、心にとっても些末でよそよそしい発言様態で無傷の神について語ろうとは決してしなかった多くの人々の生[13]からまさしく消え去ったのであり、その際、こ

(11)〔訳注〕ここで念頭に置かれているのは、たとえばレヴィナスが「一者から他者へ　超越と時間」（初出は *Archivio di Filosofia* n°1-3, 1983, pp. 21-38,『観念に到来する神』に再録）で論じている、プロティノス『エンネアデス』第五書における「〈一者〉を起点とする存在の発出」と、本書第一章でシャリエが論じている、神の隠された本質である「エイン・ソフ」から流出して宇宙ができたというカバラーにおける流出説の両方であると考えられる。

(12) Pascal, *Pensées*, 217 (79), *Œuvres complètes*, éd. J. Chevalier, Paris, Gallimard, « Bibliothèque de la Pléiade », 1954, p. 1147.

(13) M. Ignatieff, *The Needs of Strangers*, Londres, The Hogarth Press, 1990, p. 138.「諸欲求には、表現に対して十全な言語が欠けている。こうした諸欲求は、言語のみを失わせるのではない。諸欲求がもはや感じられないということ

うした数々の生は滅びることはないし不安や悲嘆を感じたりすることはない——精神の〈欲望〉は、たとえそれが知への欲求であろうと永久に欲求には還元不能にとどまるのであって、〈欲望〉はどこか別の場所に位置しているのだ。精神の〈欲望〉は〈絶対者〉の欠如に苦しむ者に固有の苦痛を証しすることはないが、一見逆説的なしかたで、人間の心性のうちで現実の痕跡となるのであって、現実がいつかその欠如を埋めなければならないと感じることはないのである。

一九四四年、プロテスタント神学者であり、後にナチによって殺害されることになるD・ボンヘッファー[14]は、刑務所の中で次のように記していた。「僕は、限界に立つ時ではなく中心において、弱さにおいてではなく力において、したがって死や罪責を契機にしてではなく生と人間の善（bonté：善性）において、神について語りたいのだ。限界に立つときには沈黙し、解決しがたいことは未解決のままにしておくことが、よりよいように思われる。復活を信じることは死の問題の《解決》ではない。神が《彼岸（l'au-delà：彼方）》にいるということは、われわれの認識能力（entendement：悟性）が彼岸にあるということではない[15]」。ボンヘッファーは次のようにも語っていた。「僕たちは、自分が認識するものの中に神を見出だすべきであって、認識しないものの中に見出だすべきではない。〔…〕彼「イエス・キリスト」は生の中心であって、決して僕たちの未解決の問題に答えるために、ここに来られたのではない[16]」。ボンヘッファーが非難していたのは神学、この場合はキリスト教神学が、機械仕掛けの神[17]——最終的な諸々の問いに応答し、悲嘆を和らげ、争いを解決するとみなされる——のように神を利用することであった。ボンヘッファーは、苦痛のうちで、そして苦痛のうちでのみ神を見いださなければならないのだとすれば、なぜイエスは病人たちを癒したのだろうかと自問し、「自己の健康、力そして幸福[18]」を問いに付す宗教的言説に抗して立ち上がったのだ。ついには、神は人間が〈彼（＝

神)〉なしに生きられると人間に知らしめるとボンヘッファーは主張するに至った。「神という作業仮説なしに僕たちにこの世の生を営ませる神は、僕たちが絶えずその方の前に立っている神なのである」[19]。牧師であるD・ボンヘッファーは早すぎた残酷な死のためにこれらの主張を掘り下げることができなかったのであるが、ユダヤ教の文脈において、レヴィナスの思考は神学的なこれらの主張に確かに

が帰結するのだ。宗教的な欲求を語ることを聞くことが決してなく育った世代がそのことを証している。諸欲求は、諸欲求を表現する言語が時宜に合っている時にのみ実存することができる。

(14)〔訳注〕ディートリヒ・ボンヘッファー(1906–1945)。ドイツのルター派の牧師。ヒトラーの厳しい弾圧の中をキリスト者として生き、反ナチ派として活動。一九四三年に逮捕され、一九四五年に処刑された。シャリエが用いているのは、Dietrich Bonhoeffer, *Résistance et soumission. Lettres et notes de captivité*, trad. L. Jeanneret, Genève, Labor et Fides, 1973 である。ここではシャリエはp. 290–291を中心に参照している。日本語訳については、『ボンヘッファー選集5 抵抗と信従』倉松功/森平太訳、新教出版社、一九六四年のページ数を記載する。なお、本書の内容と関連する語彙に関してはカッコ内に仏語と本書における訳語を付す。

(15)〔訳注〕『ボンヘッファー選集5 抵抗と信従』一九〇頁。

(16)〔訳注〕『ボンヘッファー選集5 抵抗と信従』二一六―二一七頁。

(17)〔訳注〕「人間の宗教性は、人間が困窮におちいった時にこの世における神の力を示す。その時、神は機械仕掛けの神である」(『ボンヘッファー選集5 抵抗と信従』二五三頁)。

(18)〔訳注〕『ボンヘッファー選集5 抵抗と信従』二四三頁。「人間の健康・力・幸福そのもの」と訳されているがここでは仏語訳 « la santé, la force et le bonheur en soi » に従う。

(19) Dietrich Bonhoeffer, *Résistance et soumission. Lettres et notes de captivité*, *Ibid*., p. 366–367. p. 322 および 352 も参照〔『ボンヘッファー選集5 抵抗と信従』二五三頁〕。

非常に近しいことは明らかである。神学者〔ボンヘッファー〕は、苦しみの「解決」あるいは宙づりにされた数々の問いへの「応答」として神を求めることのないよう、生に重くのしかかる耐えがたい脅威に逆らい、あらゆる厭世主義に断固たる態度で抗するのであるが、神学者〔ボンヘッファー〕の大胆な諸観念と哲学者〔レヴィナス〕の思考のこの一致は偶然のものとは思われない。二人は互いを知ることなくして、哲学と神学の諸世紀として特徴づけられたヨーロッパの中心に不意に訪れた名状しがたい悲劇に立ち向かったのではないか。聖書が語る神について人間が思考したり思考しなかったりするしかたを――何であれそうした思考は、この時代も別の時代も彼らの歴史を平和へと方向づけるには無力だったので――根底的に自問するよう強いる悲劇に立ち向かったのではないか。

悲劇の後、D・ボンヘッファーが知りえなかった「文明の不可避的な復活」[20]に際してレヴィナスは、若い世代に「孤立した時にも強くあるために必要な力」[21]を教えなければならないと記していた。しかしレヴィナスは、この力を弛むことなき――たとえばストア派の流儀のように逆境に直面してなお自律的で誇り高い――自己の肯定と同じものとみなすことはない。実際のところこの力は、ユダヤ教の諸テクストによって伝達された〈御言葉〉の、レヴィナスが言うところの刷新された聴取にのみ由来しえた。まさにそのことによって、実在主義と客観主義の信奉者たちにとってはそうした内奥の生は「取るに足りない」ように見えるとしても（NP, 180／一八九）、この力は「内奥の生」[22]に一致する「新たな特権」[23]にのみ由来しえたのだとレヴィナスは明確に述べていた。したがって、この哲学者にとってはいまや、ユダヤ教の数々の書物の学習によって内奥の生が強固なものとなる瞬間ごとに、内奥の生へのこの呼びかけが意味するものを問うことがよいように思われる。この哲学者は、内奥の生を至高のノスタルジーの必然的帰結とすることをせずに、形而上学的〈欲望〉を喚起するのだ。

〈欲望〉についてのこうした思考によって——神は悲嘆や欠如から、そして埋め合わされ最後には和らげられて数々の苦しみから癒されたいという熱望から生じるというよりもむしろ、神や他人をたいして気遣うことなく充足のうちで生を享受している人に重くのしかかるのであるが、そうした神を探求することによって——もたらされた高度な要請が充分には記述していないのは、この要請が神を〈無限者〉とは別に思考するように強いることは決してないということだ。〈無限者〉の魂は苦しみにおいて憂鬱に満ちた後悔の念を持ち続けるのではあるが。パスカルは、幸福に対する人間の無力を描いていた。[24] というのも、真実の幸福の「まったく空虚な痕跡」である「この無限の深さ」は「無限で動かない対象によってしか満たされえない、すなわち、神自身によってしか満たされない」[25]のだからである。こうした思考は、ユダヤの精神性のあらゆる潮流においても同様に現れている——認識され愛されるべき唯一の価値ある〈彼〉として、形而上学の至高の対象として神を発見するマイモニデスの哲学的な方法[26]においてであれ、事情は同様である。また絶え間ない学習によって、祈り、教訓なら

(20)〔訳注〕NP, 180／一八九。
(21)〔訳注〕NP, 180／一八九。
(22)〔訳注〕NP, 180／一八九。
(23)〔訳注〕NP, 180／一八九。
(24)〔訳注〕『パンセ』第一〇章「最高善」では、人間の幸福に対する渇望と、それを達成することのできない無能力について論じられている。
(25) *Pensées*, 370 (377), p. 1185.
(26)「こうして、(合理的な徳のよい修練に必要な道徳的な徳を得た) 人々は彼ら自身、神の知覚であるような (高

びに戒律（*mitsvot*）[27]への従属を〈彼（＝神）〉から不可避的に分離する知的および感覚的な諸境界にもかかわらず、神を探し求めるよう定められて苦痛に満ちた追放として人間の条件を描く傾向にある神秘主義者の方法においてであれ、事情は同様である――。ヴィルナのガオンの弟子の一人である、ソコロフのR・メナヘム・メンデル[28]は、最終的に神を対面で見つめることを可能にするのは死のみであり、したがって、死は実存の目的と完成であるとさえ述べた。[29]レヴィナスは確かにこれらの思考、人間の苦痛の経験からくるあらゆる問題を無視しない。ただし、これらの思考は最終的に神の探求を一箇の人格に固有の救済と幸福に従属させてしまうのであるから、これらの思考が演繹する神の探求は不十分であると示そうとする。

人間は、「深い沼にはまり込み」、そして本流が人間を「押し流す」（「詩篇」69:3）ときに〈彼（＝神）〉の救援を望んだり、あるいはもはや望まなかったりするのであるが、そのように「深淵の底から」、〈彼（＝神）〉に向かってごく頻繁に人間を叫ばせるのは、たいてい不安と責苦である。さて、トーラーの読者が不安と責苦を否定することなくその最初の数ページから見出だすのは、神との関係に関して、数々の試練と不幸に由来する神との関係とは別の様相を、いかにしてトーラーがあらわにするかということである。形而上学的〈欲望〉は「それを充足させうるだけのものすべての彼方を欲望する。形而上学的欲望は善性のごときものである。〈欲望されたもの〉が欲望を充たすことなく、更に欲望を煽るからである」（TI, 22／四一）と主張しながら、レヴィナスは、これらのページを記録に留める。

神はアブラハムに呼びかけるとき、確かに「あなた自身の方へ行きなさい（*Lekh lékha*）」、「わたしが示す地（*érets*）へ〔行きなさい〕」（「創世記」12:1–2）と言う。[30]つまり聖書のテクストは、この出発をある発話（parole）への応答として描いているのだ。したがって、族長の家系の中で思考された人間（l'humain :

人間的なもの）は、自らの意向で出発するのではない。なぜなら、人間は——聖書においてより後に出てくる場合にとりわけそうであるように思われるが——飢饉や、さらには圧政を理由として出発を欲

い）水準へと昇ることを望むだろう。私は形而上学という学問について話したいのである」（*Le Guide des égarées* I, 34, p. 82）。

（27）〔訳注〕ユダヤ教における戒律（*mitsvot*, 複数形は *mitsva*：ミツヴァー）は、成文律法、口伝律法、ラビの注解における神の命令を意味する。口伝律法には「成文律法（書かれたトーラー）」をいかに理解するかというラビの解釈学と、ラビの伝統と伝説の本体すべての二つの意味がある。ジェフリー・W・デニスによると、「成文律法は、それ自体をそのまま解釈するのは難しい。口伝律法の手助けがあってこそ、初めて成文律法を理解することができ、成文律法に「生命」を吹き込むことができる」（『ユダヤ神話・呪術・神秘思想事典』前掲書、二一〇）。レヴィナスもまた、「《口伝律法》は、それが《書かれた律法》の聖句や文章を咀嚼しているように思える時でさえ、《霊魂と真理》の言葉で語っている」（DSS, 10／一〇）と述べている。本書の補遺「レヴィナスとタルムード」も参照。

（28）〔訳注〕Menahem Mendel de Shklov（1750–1827）。一九世紀初頭において、アシュケナージの共同体を再建した人物。

（29）A. Nadler, *The Faith of the Mithnagdim*. p. 118.

（30）〔訳注〕「新共同訳」では、「あなた自身のもとへ行きなさい」という文は訳出されていない。また、後にシャリエが示すように、「あなた自身のもとへ行きなさい」という文と「私が示す地に行きなさい」という二つの命令は矛盾している。また、アンドレ・シュラキによる仏訳では、« Va pour toi »（あなたへと向かって行きなさい）となっている（André Chouraqui, *La Bible*, Desclée De Brouwer, 2003, p. 35）。また、神による同じ厳命は「雅歌」2:10 および 2:13 にも見られる。

望し、あるいは必要としたりするからだ。発話が不意に人間に訪れて人間に宿るので、自分の歩みがどこに自分を連れて行くのか正確に知ることもなく、また、与えられた道筋の諸段階を制御することもできずに、人間は立ち上がって進んでいく。たとえ勇気が特別な美や柔和さを何も提示しないということがしばしばあるとしても、予期しえないしかたで――そして必ずしも望まれてはいないしかたで――困難な時代においてはとりわけ、慣習や財産を後回しにする力、慣れ親しんだ安全な地平を離れる勇気を人間に与えるのは、この発話であり、この発話のみなのだ。ところが、聖書の中で発話は――存在するものについての記述ではなく――、名目上は訴えに関わる術語、誰かへの呼びかけに関わる術語で述べられる。それは常に、それを聴取する者の心性の中心部に、欲求の秩序には還元できない欲望を、いかなる特定の欠如にも応じることのない欲望を、したがっていかなる個人的な苦痛やノスタルジーにも還元できない欲望を目覚めさせるためである。しかしこの発話は根底的に掻き乱すようなものであって、被造物の苦しみに対する無関心を犠牲にしてのことであろうと、この発話は直接的な諸々の利害関心、とりわけ静けさへの気遣いに逆らう欲望を生み出す。この発話を自分に向けられた発話として聞くこと――つまりその発話に応答すること――が含意するのはある動揺であり、その動揺は自己に固有の存在を脅かす数々の危険に直面して人間が感得するものには還元できない。アブラハムの出発はこうした思考の系譜に書き込まれている。そしてトーラーによれば、このようにしてのみ人間は自己自身に向かって進むのである。

ここにおいて自己自身への到来は、運命の支配に抗いつつ「自己」構成しようとするあらゆる自律的な意志を失うように、生まれ根づいた場所への固着を失う。問題となっているのは、実現の地平がそもそも未規定のままである命令法と希望である。この呼びかけに突然捕われた人は、地上の自己の異他性の意味に目覚め得るのだが、そうした人は、〈御言葉〉なしに地上に見捨てられることはないということも知っている。だからこそ悲嘆がその人を浸食することはない。また、ある哲学は失われた天の祖国へのノスタルジーを抱くのであるが、この失われた天の祖国の思い出がこの地を去るようその人を促すのと同じようにその人ができるだけ早くこの地を去ろうと望むことはない。確かにユダヤ思想の通説のほぼすべて、とりわけカバラーや新プラトン主義によって特徴づけられるものは、源泉を欠いて苦しむ魂の深い動揺にもまた由来する。レヴィナスはそのことを決して見誤ってはいないし、この形而上学的動揺と無関係ではない。ただしレヴィナスがよりいっそう配慮するのは、魂に対するその根底的な支配力が魂に忘却させる恐れがあるものであり、つまり発話である。この発話とは、固有の憧れ――たとえ固有の情動や苦しみがたとえ精神的なものであったとしてもそうした情動や苦しみに応じた選好によって被造物を軽視する疑いが常にある――から生じるのではない欲望を魂のうちに余儀なく生じさせ欲望を穿つ発話である。たとえばハスィディズム文学は、「超越的な源泉」あるいは〈無限者（*Ein Sof*）〉について言及するのだが、これは人間の心が熱狂的に憧れつつもほとんど常に合一することのできないものである。ラビ・ナフマン・ブラツラフ[31]の弟子であるラビ・ナータン[32]は述べている。「しかし心はこれほどのノスタルジーを有しているというのに、いったいなぜ源泉まで進んでいかないのだろうか。源泉に近づこうとするやいなや心はもはや源泉を知覚しないのだ。〔…〕

（31）〔訳注〕R. Nahman de Bratzlav（1772–1810）は、ハスィディズムのうちブレスラフ派の創始者。

（32）〔訳注〕R. Nathan. ラビ・ナフマンの没後、ラビ・ナータンがラビ・ナフマンの対話、講話などを書き記して出版した。

しかしもし源泉を見つめるのをやめるなら心は死んでしまうだろう。その生の本質は、この源泉とその源泉への欲望に依存しているのだから。［…］だから心は源泉を見つめ、源泉を欲望し、そして源泉に呼びかけることで満足するのである」。リアディのラビ・シュネウル・ザルマンについていえば、彼は、精神の欲望に力強さを与えるためには神への愛の炎を呼び覚ますことが必要であると述べている[33]。レヴィナスがこれらの分析を非難することはないが、この点に関して彼がより近しいのは、しばしば彼が引き合いに出しているリトアニアのミトナグディームの潮流に現れる、人間についてのより厳しい見方である。レヴィナスは諸情動の人間に対する支配力を警戒しているのだ。いずれにせよ、ハスィディズムは精神の真理の力を諸情動に帰すが、レヴィナスは、精神の真理の力は諸情動を有するとは考えていない。そしてレヴィナスはとりわけ〔ハスィディズムにおける〕ノスタルジーの苦痛による魅了とは手を切り、この魅了を常に否定的に記述する。実際のところ、この「帰りたいという辛さ[34]」は「私たちが生まれたはずもない国への欲望[35]」として記述された形而上学的欲望をいかにして感じさせることができようか。「いかなる自然にとっても異質な国、私たちの祖国だったこともなく、決して足を踏み入れることもないような」（TI, 22／四〇）国への欲望をいかにして感じさせることができようか。この欲望は充足することなき並外れた欲望であり、〈不可視のもの〉からの遠ざかりを「聞き取る」欲望であるとレヴィナスは強調するのであるが[36]、彼は他性への欲望の痕跡をいかにしてたどりうるのだろうか。ところで聖書にしたがえば（「出エジプト記」33:21–22）[37]、この聞き取りは、この〈不可視のもの〉への最も決定的な近さをも意味している。というのもこの聞き取りがまさに強いるのは、人間たちを忘却して〈至高者〉の他性の崇高な観想という至福（félicité）を享受するよりもむしろ、モーセのように地上で悲嘆にくれる人間たちの他性へと降りて行くことだからである。したがって、近さは隔たりのうちにある。つまり、〈欲望されたもの〉の応答は暗闇なき至福の中で〈面《おもて》（Face）〉を享受するという人間の憧れを埋めるのではなく、不可避の死への不安にもかかわらず各人のうちに、他なる人間に対する「きわだって望ましからぬもの」（DDQVI, 113／一三五）に対する寛大さの航跡を残すことにあるという確信のうちにある。寛大さが表出されるのは、人が生きるために必要なものを消費することや、欲望され愛された人間を愛撫し、あるいは典礼の際に宗教的とみなされた感情をおぼえることには還元されえない諸々の行為――これらの行為は、その必要性とその美しさにもかかわらず、つねに自己への回帰のノスタルジーを称揚するのであるから――によってである。

したがって、生誕の地からのアブラハムの出発に哲学者〔レヴィナス〕が関心を抱くのは、アブラハムの出発が人間的なものについての思考の諸前提を有していると直ちに指摘するためである。それは、土地への平和な定住には還元しえない人間的なもの、もしくは享受――たとえ精神的な秩序に属するとしても、安寧を妨げるどんな言葉にも耳を傾けないであろう享受――への欲望に還元しえない人間

(33) Y. Jacobson, *La Pensée hassidique*, trad. C. Chalier, Paris, Éd. du Cerf, 1982, p. 116–117.〔上記のラビ・ナータンの引用を含む〕。
(34)〔訳注〕TI, 22／四〇。
(35)〔訳注〕TI, 22／四〇。
(36)〔訳注〕TI, 23／四二。
(37)〔訳注〕「更に、主は言われた。《見よ、一つの場所がわたしの傍らにある。あなたはその岩のそばに立ちなさい。わが栄光が通り過ぎるとき、わたしはあなたをその岩の裂け目に入れ、わたしが通り過ぎるまで、わたしの手であなたを覆う》」（「出エジプト記」33:21–22）。

的なものの思考の諸前提である。人間のうちなる人間的なものは、数々の結びつき――一般的には自分が生まれた場所、家族、あるいは氏族への帰属によって誰かに同一性を与えるという口実で囚われの状態とする結びつき――の太古性（archaïsme）をそこに残しておくように命じる〈御言葉〉の聴取に応じて目覚め、増大する。しかし、二重の困惑させるような厳命――「あなた自身のもとに行きなさい」「わたしが示す地に行きなさい」[38]――は、固有の欲望に由来するのではない。この厳命が前提しているのは、「自己自身」は生まれた土地に依存していないし、出身を示す系譜の連鎖のうちで非常に正確な位置に各人を置く結びつきにも依存していないということだ。人間的なものという存在論的な無国籍者の観念は、[39] レヴィナスによってなされた聖書のこの一節の読解のうちで、次いで彼が営為（œuvre：作品／行）と呼ぶものの描写の中で、力強く肯定される。

「自己自身」は実際のところ、なすべき営為に対応しており、その営為というのはなすべきではあるとはいえ、常に成就への途上にとどまっており、危険だけではなくさらには消失を伴っている。「営為は、根底的に思考されるならば、実際、〈同〉から〈他〉への、決して〈同〉へと回帰することのない運動である」（EDEHH, 191／二七六）。営為は忍耐と連動して現れるのであり、[40] 忍耐は、最終的には約束の地へと入る確信なしになされた活動を示す。というのも、モーセに死が到来するのと同じように、[41] おそらく死はこの呼びかけに答える男女を突如襲うからだ。彼らは旅の最終目的地にたどり着くことがないのだ。[42] 約束の地へと向かいながら自分自身へと赴くということが明らかにするのは、この地がただ純粋にエジプトを出て砂漠を横切り、国を征服することができたであろう人々[43]に定められた報酬を意味するのではないということである。あるいはむしろ、このことが明らかにするのは、さらに毎日、この報酬がある還元不能な動揺に通じているということであると理解するということである。約束された国の必然的帰結を構成する「自己自身」は、聴取する「自己自身」でもある。贈与ならびに他人と分け合うことを命じる言葉に忠実に生きよという呼びかけの聴取は毎日のように刷新されるのだが、そうした聴取の「自己自身」なのである。

それでは、レヴィナスによってなされた形而上学的〈欲望〉についてのこの分析の中には、回帰についてのいかなる思考もないのか。ヘブライ語のテシュヴァー（*téchouvah*）という語が、回心（retour：迂回、回帰）、悔い改め（repentance）および応答を同時に意味するということを思い起こすならば、これほど確かなものはない。[44] しかし、ここで素描されている回帰についての思考は――ノスタルジーによって

（38）〔訳注〕「創世記」12:1–2. 本章訳注（30）を参照。

（39）〔訳注〕「無国籍者による自我の覚醒」（NP, 12／六）、「本来性としての無国籍」（NP, 64／六七）、「私に頼るほかないということ、それこそが隣人の無国籍性であり、隣人の異邦性である。隣人の無国籍性ないし異邦性が私に課せられるのだ」（AE, 145／二一八）など。

（40）〔訳注〕この引用箇所の近辺においては、「忍耐は、行為者が自分に個人的な不死の時間を与えることによって、自分の寛大さを裏切ることに存するのではない」（EDEHH, 193／二七七）と述べられる。

（41）〔訳注〕「申命記」において神はモーセにその死を告げる。「あなたは登って行くその山で死に、先祖の列に加えられる」（「申命記」32:49）。

（42）〔訳注〕「出エジプト記」で、エジプトで迫害を受けていたイスラエルの民はモーセに導かれて旅に出る。砂漠の旅は危機によって延長され、計四〇年間荒野をさすらうことになる。（cf. QLT, 117／一三七）「約束の地」についてはレヴィナスが「約束の土地か許された土地か」（『タルムード四講話』所収）においても論じている。

（43）〔訳注〕「ヨシュア記」と「士師記」で、イスラエル人がカナンを武力で侵攻したことを指している。

際限のないものとして感得される迂回（détour）において――、行程の各段階をはっきりと区切りながら、他人のための気遣いという意味においてこの行程を刷新する聴取と応答を経由している。新たなものの時間性――これが自己自身に固有の生への他人の侵入である――はこのとき、動揺のこの誘因を自己自身の連続性に導入し、自己自身は幸福で分離され充足した生の只中で、〈無限者〉を探求したり欲望したりすることをしなかったのに〈無限者〉の呼びかけを聴取する。ヘブライ語の言語体系の暗示に富んだ力を信じるとすれば、応答すなわちテシュヴァ（*téchouvah*）は、テシュヴァ（*téchouvah*）という語のうち*hé*という文字によって意味された神へと言葉を差し向けることである。ただし哲学者〔レヴィナス〕の考えでは、応答は自分に固有の苦悩に襲われている魂に由来する、もしくは神へと向かい、神が魂に要求することに同意しながら何らかの安らぎを見いだそうとする魂に由来するということには決してしてならない。レヴィナスは実際「道徳的あるいは宗教的な欲求」という観念には慎重である。人間の大部分がそれなしで過ごしているとわかっているからというだけではない。逆説的なしかたではあるが、レヴィナスによれば、形而上学的〈欲望〉は決してあらかじめの欠如にもとづいているのではなく、逆に〈欲望〉こそが欠如を引き起こし、日々いっそう欠如を活性化するからなのである。(45)

こうした観点は、行為――神や他なる人間に対する行為――としての呼びかけへの人間の応答を提示する。レヴィナスが主張するところでは、行為が求めるものと魂が調和することを行為は期待しないのであり、行為の命法はいかなる期日にも煩わされることはない。他性が人間を求めるとき、その契機の緊急性に人間の内的傾向もしくはその善意志が実際に見合っているかをたとえばカント的なしかたで検討するために、人間が自己へと回帰する時間はない。たとえその心が所有と享受から寛大さと贈与へと移行するのにいまなおためらうとしても、人間が手ぶらでやってくることはありえない。

このようにすることで、哲学者〔レヴィナス〕はミトナグディームの伝統に忠実である。ミトナグディームは、魂が求められた行為を実行する準備を熱情的に行なっていることを期待するハスィディズムの鼓舞を時には暴力的なまでに批判していた。ヴィルナのガオンは、心的傾向性を優先するハスィディズムの師たちの教えとは逆に、求められた行為がまず達成されることを求めた。人間の内奥性の傾向がいかなるものであっても、人間は神の流出（influx）を受け入れることを目的としているためである。「まずは活動において清廉である（*tamim*）という態度を示し、次に思考において清廉である（*tamim*）という態度を示すのがよい。[46]《その道が清廉である永遠の〈法〉（律法／トーラー）に従う人は幸福である（*temimei dérékh*）》（「詩篇」119:1）と言われているのだから。思考において主要なものは愛と合一（*devéqut*）であると述べる人たちとは異なるのだ[47]」とヴィルナのガオンはハスィディームを暗黙のうちに批判し

(44)〔訳注〕テシュヴァー（回心）は、レヴィナスにおいては、たとえば、「赦し」を扱うタルムード講話「他者に対して」（『タルムード四講話』所収）で扱われている。「他人の手助けを借りることなしに帳消しにできると思っていた儀礼的侵犯は、実は他の誰によっても代替しえぬ私の全人格を、つまりテシュヴァーの、〈回心〉の営為を要求するものであったのではないか」（QLT, 38／四二）。同じ箇所で、「テシュヴァーすなわち〈回心〉」は、「道徳的意識が自らをその名にふさわしいものに自己形成していくために行う努力」であり、「神との関係であるとともに純粋に内面的な出来事」（QLT, 38／四三）であるとも言われている。

(45)〔訳注〕ヘブライ文字のヘイは、神の名を表す、テトラグラムと呼ばれる四つの文字YHVHの二番目と四番目の文字である。

(46)〔訳注〕新共同訳では、「いかに幸いなことでしょう、主の定めを守り、心を尽くしてそれを尋ね求める人は」と訳されている。

て述べている。彼の弟子であるボロズィンのラビ・ハイームも同様に、感情や熱情や内的な純粋さ——ボロズィンのラビ・ハイームはこれらを傲慢な誘惑であるかのようにさえ考えている——に認められた優位性を告発する。というのも、そのようなものを求める人は、それゆえに「意図のそうした純粋さによって動かされることのないように見える人々、そして合一（*devéqut*）なくして神のトーラーの指示の総体を達成する人々の奉仕」[48]を過小評価するおそれがあるからだ。ボロズィンのラビ・ハイームはさらに述べる。予定されていたときに特別な感情を抱くことさえもなく種なしのパンであるマッツァー[49]を食べることは、非常に長い精神の準備の後に喜びと法悦（extase）のうちでそれを食べるよりもよい。というのも、その時思考の純粋さはもはや神の同意を受け取らないし、ミツヴァー（*mitsva* : 戒律）[50]は行われなかったからだ[51]。その上、皆にこのような内的傾向性を強いることがただちに含意するのは、人間の神への関係に関わる戒律（*mitsvot ben adam laMaquom*）、あるいは人間のその隣人への関係に関わる戒律（*mitsvot ben adam lehavero*）の達成が時期未定のまま延期されることであることになろう。

　このことは当然ながら、内的傾向性と外的行為を一致させるための努力が咎められるべきであるということを意味するのではない。あるいはまた、至高の〈欲望されたもの〉もしくは〈無限者〉の近さにふさわしい感情を自己の魂において感じようとする欲望には価値がないということを意味するのではない。ただし、感情の基準は今日の苦痛と明日への喜び次第であるのだから、常に脆弱である。それに加えて、レヴィナスはミトナグディームの潮流と近しいところにあって、この努力がその頂点にあるのは、神と彼の隣人に奉仕する満足によって人間が喜びを感じる瞬間であるというよりもむしろ、この努力が〈欲望〉を穿ち、〈欲望〉を生き生きとさせ、こうして〈欲望〉を警戒するに至るときであると考えている。ところがレヴィナスによれば、この「穿孔（creusement）」は、よりよいものとなり、ためらいなく進んで他性を迎え入れることから帰結するのではない――レヴィナスの思考は道徳主義の対極にある――。この穿孔は、不可避的にこの命令を聴取する者の心的傾向性を乱す外部性からの命令法の呼びかけへの応答のうちにある。有限なもののうちなる〈無限者〉の近さは〈欲望〉として生起する。「〈欲望をそそるもの〉を所有することで鎮められる欲望としてではなく、欲望をそそるものによって充たされるかわりに呼び起こされる〈無限者〉の〈欲望〉として」(TI, 42／七一)生起するのである。「完全に利害関心を欠いた〈欲望〉[52]――善性である」(TI, 42／七二)。したがってレヴィナスによれば、没利害関心(désintéressement)、すなわちトーラーの名のために(*lichma*)――利害関心を持

(47) ヴィルナのガオン、*Sefer Michlei* (*Sefer Michlei* はヘブライ語で「箴言の書」。旧約聖書の「箴言」に対するヴィルナのガオンの注釈である), *Petakh Tiqva*, 1985, p. 360. (ヘブライ語)
(48) 〔訳注〕*L'âme de la vie*, p. 278.
(49) 〔訳注〕酵母を入れたパンの代わりに、過ぎ越しの祭りの祝祭日の期間中に食べられる。マッツァーは「儀式と霊的な清浄の象徴」であり、また「奴隷状態と解放を同時に象徴している」(『ユダヤ神話・呪術・神秘思想事典』前掲書、四〇九頁)。また、ハスィディズムにおいては、「パンは義人によって祝福されていたので、パン、とりわけ聖性に満ちたパンにまつわるたくさんの儀礼」がつくられてきた(同書五四三頁)。
(50) 〔訳注〕ユダヤ教における戒律(ミツヴァー)は、成文トーラー、口伝トーラー、ラビの注解における神の命令を意味する。
(51) *L'âme de la vie*, p. 156, 162–163.〔訳者が使用したPoche版のページ数ではp. 278〕。
(52) 〔訳注〕『存在の彼方へ』の合田訳においては、désintéressement は「内存在性からの超脱」という訳語が充てられている箇所もある。レヴィナスがタイトルにこの語が含まれる同書の第一章において、ラテン語の不定詞 esse「存

つ個人の動機のためにではなく（*lo lichma*）――達成された行為は、事前の傾向となることはないのである。ハスィディーム〔ハスィディズム派の人々〕が褒め称えていた事柄とは逆に、哲学者〔レヴィナス〕は、情動や当座の意識的あるいは無意識的な諸動機がいかなるものであれ、没利害関心は呼びかけに対する応答の帰結であるとみなしている。確かに、ボロズィンのラビ・ハイームが書いているように、「思考の聖潔と純粋さが行為の現実性に加わる」とき、この聖潔と純粋さは、「聖潔を探求することなくして戒律（*mitsva*）がなされた場合よりも重要な修復」[53][54]を可能にする。ただしこれら聖潔と純粋さは、際限なく活動を遅らせることとなしには、活動に不可欠な前提条件を構成することができない。さらにラビ・ハイームが付け加えるのは、シナイ山のふもとにいるヘブライ人たちの応答――「わたしたちは主が語られたことをすべて行い、守ります（*naassé vénichma*）」（『出エジプト記』24:7）――に忠実であれば、心的傾向性によって必然的に善い行いが促されるよりもはるかに、思慮深い行為が心的傾向性に影響を与えることになるということだ。レヴィナスが述べるように、このことが意味するのは、たとえ「《行うこと》を《聞き従うこと》に先行させることは没落を妨げない」[55]としても、自己に固有の内奥性は、要求された善の尺度をかつて構成しえたと信じる誘惑を予告するということだ。さらにこのことが示すのは、行為――すなわち自己に回帰することなき、その瞬間の自己の魂の状態に回帰することなき呼びかけへの応答――が聴取の最も高度な段階を証しするということである。それはそもそも、「霊感に打たれて始まるあらゆる活動――芸術活動も含まれる――の実相である。というのはこの霊感に導かれて行われた行為だけが形態（forme）を顕現せしめ、この顕現された形態を通してはじめてその原型（modèle）を――その時まではぼんやり垣間みえていただけの原型を――認識できるような、そうした活動」（QLT, 91／一〇三）だからである。それゆえにそれは応答が措定する行為と不可分な応答である。行為は魂に善性を、善き存在の内的傾向性ではなくその不十分さを常に気にかける善性を穿つのであり、そして没利害関心へと開くのである。

ハスィディズムの観点から見ると、『真理の言葉（*Sfat Emet*）』の中でグルのラビが主張するのは、〈無限者〉に近づくための努力は絶えず刷新されなければならないという考えである。(56) グルのラビは安息日（シャバト）のうちに、刷新（*hithadchout*）の典型的な瞬間を見てとるのであり、あるいは「内奥の点（*néquda penimi*）(57)」に対して近しい感情のこの再生（renouveau）の瞬間を見てとる。すなわち、魂のうちに

---

在性」を参照しており、ラテン語の原義を重視していたためであろう。ただ、現在の箇所においてシャリエはフランス語の意味を受けて個人の利害関心の否定について述べているため、「没利害関心」とする。

(53)〔訳注〕ここで「修復」と訳したのはrestaurationsである。シャリエはヘブライ語を記していないが、おそらくヘブライ語ではtikkun（ティクン）と思われる。「ティクン」の原義は「修復」「修正」で、「戒律、儀式、行為を正しく行うことは、宇宙を修復し、神聖を強くするテウルギアの効能を強める」ジェフリー・W・デニスは説明している（『ユダヤ神話・呪術・神秘思想事典』前掲書、四四七頁）。

(54) *L'âme de la vie*, p. 178〔Poche版ではp. 305〕。

(55)〔訳注〕QLT, 94／一〇七。レヴィナスはここで「善悪の選択に先んじて善を承認すること」の意味を論じている。

(56) *Sfat Emet*, t. V, p. 120.〔おそらく、*The Language of Truth*, pp. 323–324. を指している。ここでは人間の力による「刷新」および神による絶えざる創造の「刷新」が述べられる。〕

(57)〔訳注〕シャリエは「聖句とともに思考する」において、グルのラビにおける「内奥の点」（le point intérieur / le point d'intériorité）に一節を割いている。「生は、万物に内在する《内奥の点》を起点として各瞬間に刷新され

あって、レヴィナスが「有限のうちなる無限」あるいは「《より少ないもの》のうちなる《より多いもの》」、あるいはまた形而上学的〈欲望〉と呼ぶ（TI, 42／七一）ものと合致する超越的な源泉の瞬間を見てとるのである。哲学者〔レヴィナス〕もまた〔神が創造を終えた後の安息日である〕七日目の重要性を主張する。というのも、レヴィナスいわく「それ〔安息日〕は、時間や歴史の単なる一部ではない。〔…〕それは自然よりも古い[58]」のであるから。この贈与のおかげで、すなわち、「世界の創造に先立つ、そして存在という概念には既に欠けている価値[59]」のおかげで、被造物は「もはや存在の変転、存在論の偶然性ではない[60]」。さて、この日〔安息日〕はトーラーの聴取が構成するものであって、とりわけてユダヤ的な経験に対応している。こうしたことは確かにある伝統を起点としているが、生きている人々の問いのおかげで、自己の「語りうること」を刷新するようにという呼びかけのうちでもそうであるし、いまや、自分たちの実存を輝かせる意味のきらめきを受け取ることに関する不安のうちでもそうなのだ。こうして安息日（シャバト）は、「〈啓示〉によって刻印された思考」（TIn, 47／六〇）を保証するのであり、こうした理由で安息日（シャバト）は形而上学的〈欲望〉についての考察と不可分なように見えるのである。実際のところ、この〈欲望〉は神からの呼びかけへの応答に際して魂のうちに生まれる。しかし、既に長い間、この呼びかけが魂のうちに眠っていたものを目覚めさせる可能性をこの日〔安息日〕が保証してこなかったとすれば、この観念はどのようにして何かを意味する最低限の機会を持ちうるのか。有限のうちなる無限というこの観念、あるいは『真理の言葉』の言葉でいえばこの「内奥の点」というこの観念は〔どのようにして何かを意味する最低限の機会を持ちうるのか〕。グルのラビがこの目覚めの可能性を説明して主張するのは、魂の最奥に宿る神の文字は、トーラーの巻物の中に読まれた文字からの呼びかけを聴取しながら揺れ動くのであり、そうした魂のうちなる文字は入念なものとなって、その呼びかけに応答しようと望むということである。この時人間は神の命令に奉仕する準備、つまり神の命令に従うための準備ができている。超越的なトーラーの声は内奥のトーラーを呼び求めるので[61]あり、そうして魂が目覚めた人の応答は、宇宙全体に触れる生の再生をもたらす。再生は、一度にすべてを充たすことは決してなく、たとえ孤独であっても再び立ち上がりなお進むよう促し続ける。課題あるいは応答は、ひとりの人間が自己を保持するために担おうとする諸々の限界を超えているのだ。レヴィナスは、こうした神秘主義の言葉に対しては非常に慎重である。しかし、形而上学的〈欲望〉

---

る力を受け取る。自己のうちで創造の総体としてのこの点の探求は、精神のノスタルジーの対象となっている」(*La langue de la vérité, op. cit.*, p. 148)。そもそも「点/ぶち:ニクード」に関しては、ジェフリー・W・デニスの説明によると、「ヤコブの物語」(「創世記」三一章)に見られる「ぶち」の雄羊は、ユダヤ教神秘主義に見られる教義の根幹をなす「スフィロート」(宇宙に現れている神性の一〇の元型的属性や構造)が「ぶちの模様のようにばらばらで、相互の結びつきがなく、そのために神の霊の流出がそれぞれのスフィロートに流入するのを妨げている原初時代の《ぶちの世界》すなわち《無秩序の混沌の世界》を暗に示している」とのことである(『ユダヤ神話・呪術・神秘思想事典』前掲書、五六五頁)。

(58)〔訳注〕TIn, 45/五九。

(59)〔訳注〕TIn, 46/五九。

(60)〔訳注〕TIn, 45/五八—五九。

(61)〔訳注〕シャリエによると、グルのラビにおいて、トーラーは各人にとって外的かつ超越的なものであるのみではない。グルのラビは、「各人の魂に住まう内奥のトーラー」に言及しているからである。「あらゆる魂はトーラーのうちに根を持つ」のであって、皆の前で巻物のトーラーを読むことが、内奥のトーラーの開示を手助けする(*La langue de la vérité, op. cit.*, p. 131)。

を呼びかけに対する応答として記述することで、そして、まさに安息日〔シャバト〕について、安息日は存在の呼びかけに応じるのでは決してなく、まさしく存在の彼方の呼びかけに応じるという事実を述べることで、ユダヤ神秘主義の伝統に由来するメタファーを通じて、レヴィナスは、この思考が伝達しようとするものの近くに身を置くのである。実際のところ、既にローゼンツヴァイクが神秘主義者を非難していたように、「愛されるがままに」[62]なって、他の被造物を忘却しながら、そして、救済――達成されるべきものとしてとどまっており、至高の〈欲望をそそるもの〉としての神に各人が貢献せねばならない、そしてまさしく創造へと各人を差し向ける救済――の営為を知らずにいながら〈欲望をそそるもの〉の享受を感得することに、神秘主義者の意図があるのだとレヴィナスは述べる。ところが「他人へとこのように差し向けられること、それが目覚め、近さへの目覚めであり、この時近さとは、他人の身代わりにまでいたる、隣人のための責任のことである」(DDQVI, 113／一三五)。〈欲望をそそるもの〉の超越は、情愛に満ちたノスタルジーもしくは情念の究極の対象を作りあげて、この対象に残りのすべてが従うようとすることは決してなく、常に避けがたく魂のこのような傾向のうちで〈欲望をそそるもの〉へと向かう者を失望させる。〈欲望をそそるもの〉の超越が各人を差し向ける被造物は欲望に対して好ましさの度合いは低く欲望をそそらないのであり、被造物に対する数々の責務を各人に思い起こさせる。それゆえレヴィナスが肯定するのは、〈欲望をそそるもの〉の超越は、「利害関心〔*intéressement*〕とエロティシズムの彼方に」位置しているということだ(DDQVI, 112／一三四)。しかしながら、このことは〈エロス〉が〈欲望をそそるもの〔le Désirable〕〉にとって無縁であることを意味しているのだろうか。

人間は善性からの呼びかけを聞くのであって、哲学者〔レヴィナス〕が善性を記述するのは、至高の

〈欲望をそそるもの〉が直接に自分の方に来るようにと人間に命じる時よりもむしろ、被造物を見守るよう人間に命じるときである。前者の場合には、「〈エロス〉なき愛」[63]のような愛における純粋さを口実に、ついには「いかなる被造物も住まない場所」[64]へと身を投じると主張することになるのだから。トーラーが教えるのは、たとえ被造物がしばしば愛してくれるものでもなければ愛されるべきものでもなくとも、被造物は人間にゆだねられており、その結果として人間が被造物の生を見守り被造物が成長するのを助けるということだ。このことがはっきりと命令法で意味するのは、〈エロス〉は行うことが望ましいような善性と正義の諸行為の条件には決してならないということである。寡婦や孤児のために畑に穀物を点々と残しておくこと[65]、決して他人から盗まないこと、他人に損害を与えないこと、遅れることなく日々の給金を支払うこと、あるいはまた公正に判断を下すこと、そして隣人の悪口を言いふらさないこと、これらは他人への愛に満ちたいかなる躍動も前提していない。しかしながら聖書のこの一節を述べることは「自分自身を愛するように隣人を愛しなさい」(「レビ記」19:18)とい

(62) F. Rosenzweig, *L'Étoile de la Rédemption*, trad. A. Derczanski et J.-L. Schlegel, Paris, Éd. du Seuil, 1982, p. 201〔フランツ・ローゼンツヴァイク『救済の星』村岡晋一／細見和之／小須田健訳、みすず書房、二〇〇九年、二五七頁〕。
(63)〔訳注〕DDQVI, 113／一三五。
(64) Jacob Böhme, *De la vie au-delà des sens*, trad. G. Pfister, Paris, Arfuyen, 1987, p. 17.
(65)〔訳注〕「畑で穀物を刈り入れるとき、一束畑に忘れても、取りに戻ってはならない。それは寄留者、孤児、寡婦のものとしなさい。こうしてあなたの手の業すべてについて、あなたの神、主はあなたを祝福される」(「申命記」24:19)。「ぶどうの取り入れをするときは、後で摘み尽くしてはならない。それは寄留者、孤児、寡婦のものとしなさい」(「申命記」24:21)。

うものだ。それゆえに「〈エロス〉なき愛」なのである。ただしこれは、神秘的な合一（communion）への欲望を永遠に日延べするように思われる、至高の〈欲望をそそるもの〉によって命じられた愛である。レヴィナスは、またもやここでローゼンツヴァイクに接近してこの神秘的な合一を否認する方に傾き、神秘的な合一を憂慮すべき不道徳なものとみなす。神秘的な合一は、より早くより軽やかに——生きている人々の苦しみによって要求される課題、忍耐強く謙虚な人間に負わされた課題の重みに思い煩うことなく——神と接近するという口実のもと、世界と接触を断つという野望を持っているためだ。実際のところ、こうしたことは「重罪」[66]、悪の側を支持することに存する罪、そしてそれゆえに、〈救済〉[67]を遅らせ、希望を取るに足りないものにしてしまう罪となろう。

　しかしだからといって、レヴィナスが〈エロス〉を形而上学的〈欲望〉についての分析から除外するだろうか。無限の無（*in*）がいかに「把捉することも理解することもなしに、主体性それ自身のうちに《無限》が《置かれ》、それによって主体性が触発される（affectée）時の情動性（affection）の深さを指示している」[68]かをレヴィナスは述べている。そして、「受動性あるいは情念（passion）。そこにおいて〈欲望〉はおのれを知る。そこにおいて《最小のうちで最大なるもの》が、最も熱く、最も高貴で、最も太古的な炎によって、おのれが思惟する以上に思惟することを宿命づけられた思惟を目覚めさせる」（DDQVI, 110／一三二）と言及している。この時彼は実際のところ、情動性および情念といった語彙を用いているのだ。さて、いかにしてこれらの語の使用を認めて〈エロス〉を拒絶することができるのか。哲学者［レヴィナス］は形而上学的〈欲望〉に関する文脈において、こうした語彙は快楽主義にも幸福にも帰結することがないと主張することによって応答する。もしエロスの探求が常に享受に固有の探求であるならば、その探求は実際のところ失敗する。〈無限者〉はエロスの探求をいかなる至高の享受にも、いかなる法悦あるいは恍惚にも帰することはない。〈無限者〉はエロスの探求を荒廃させるのだが、それは絶えず欲望の焔を目覚めさせ、その結果絶えず強い苦痛を与えることによってであるとさえレヴィナスは述べている。ただしそうした苦痛とは、マゾヒズムに迎合的な価値評価を決して受け入れることなく、愛する側の人がその心性とその肉体について生身で感じることに存する苦痛である。これは、〈無限者〉の探求が〈無限者〉に接近したいと望むままにさせているように思われる瞬間に、また、〈無限者〉の〈面〉と〈彼（＝無限者）〉の愛を享受することを望むままにさせているように思われる瞬間に、〈彼〉の隔たりについての感情は、愛する側の人を当惑させ傷つけながらも、いっそうはっきりと輪郭をあらわにするのだということを生身で感じることに存する苦痛である。愛する瞬間の熱狂、時間の外の瞬間の熱狂は晴れやかに光り輝き、人間的な持続の忍耐へと、そして達成されるべき課題の不確かさへと場を譲り渡すことを余儀なくされている。愛する側の人は、〈無限者〉へと接近するためにたどるべく残っているその道のりの長さを現実のものとする。そしてこの堪えがたい覚醒（réveil）は、哲学者によって、神による、〈彼（＝神）〉の近さを享受したいと望む人の送り返しとして、さらには〈彼〉との分有なき合一（*devêqut*）の送り返しとして記述される。ただしこの送り返しは愛の拒絶と同じことではなく、反対に、より正しい愛の方向づけを意味している。しばしば悲嘆のうちにあり、待つことで苦しむわけではない、黙した短い生を送る男女たちに対する注意を通

（66）〔訳注〕F. Rosenzweig, *L'Étoile de la Rédemption, op. cit.*, p. 245／フランツ・ローゼンツヴァイク『救済の星』三一〇頁。
（67）F. Rosenzweig, *L'Étoile de la Rédemption, op. cit.*, p. 245–246／フランツ・ローゼンツヴァイク『救済の星』三一〇頁。
（68）〔訳注〕DDQVI, 110／一三二。

じて、神のみもとへと向かうために要求される長大な迂回はなされるのである。レヴィナスにしたがえば、これはアブラハムの子孫の系譜のうちで約束の地に向かい続けつつも自己自身へと向かうための最善の護符であり、そして、創造を称揚し、創造を《善い》と述べる聖書の句――つまり創造から逃れることの禁止――に真剣に注意を払うための唯一の方法であろう。しかし、この「送り返し（renvoi）」が、人間の探求に対する神の悲劇的なまでの無関心であるかのように感じられることのないためには、さらに、愛する側の人は捨てられ絶望することにおののくであるが、そうした愛する側の人を放っておくような愛の拒絶であるかのように感じられることのないためには、愛の〈御言葉〉が人間に愛を語り、人間はついに無限のノスタルジーという様態とは別のしかたで神を探求するに至ると考えねばならないのではないか。反対の場合に、しばしば起こるように愛する側の人は彼の愛の理解しがたい拒絶以外のものを感得しうるなどということがあるだろうか。「しかし、御顔を隠されるとわたしはたちまち落胆した」[69]（「詩篇」30:8）と「詩篇」の作者は述べる。ところが、見捨てられた人に感じられる密かな悲嘆にもかかわらず、この落胆が隣人に対して引き受けられた責任と結びつくということがあるならば、この落胆は彼から次のように考える可能性を奪うように思われる。この責任は彼に要求されており、彼の不安を考慮されることなく求められているのだが、この責任はまさしくとりわけ神によってもたらされた道であり、このことによって彼は〈彼（＝神）〉の愛を証しするのだと考える可能性である。実際のところ、もしこの「送り返し」が沈黙を後ろ盾にしているのであり、そしていかなる応答も彼に固有の苦しみを和らげることはないという確認を後ろ盾にしているのであれば、神を愛する人に対して他の被造物の現前が含意しているのは、神が彼を愛していると親密に感じ知るという欲望を永遠に宙づりにするような責任である、などということをいかにして思い描くことができようか。そして、ボンヘッファーやレヴィナスの要請にもかかわらず、神の探求はその限界や弱さの感情、さらには神に見捨てられた孤独（déréliction）という感情に由来するよりもむしろ力と幸福にのみ由来することは稀であるというのに、いかにしてそうしたことを思考することができようか。

レヴィナスはこの問いかけを知らないわけではないが、彼の高度な要請がこの点について妥協することはない。レヴィナスは、より以前のマイモニデスと同様に、とりわけ「ヨブ記」の分析の中で、神は人間の不安を和らげる応答あるいは慰めであると考えることを拒否する。[70] そこに「自己のための」神についての表現、あるいは、「自己のために」希望を持つ躍動――両者ともに形而上学的〈欲望〉を別のしかたで思考する努力に帰着することはない――の欲望の表現を見て取るからである。し

(69)〔訳注〕「落胆した」の元の仏語はconsterné. 新共同訳では「御顔を隠されると、わたしはたちまち恐怖に陥りました」となっている。

(70)〔訳注〕レヴィナスが「ヨブ記」の詳細な分析を行っているのは「超越と苦痛」（一九八七年、『観念に到来する神について』所収）である。そこでレヴィナスは、ヨブの苦痛は懲罰に違いないとするヨブの友人たちの議論を拒否する。「超越は根拠づけることができず、その具体的な現れ方は苦痛の有害性であるということ、それがおそらくヨブの友人たちの底の浅い弁神論の意味のすべてである。彼らの正義の観念には報償と懲罰の道徳、世界の既にして技術的な秩序が前提とされている」（DQVII, 199／二四三）。レヴィナスは「不安とは独立した過剰と超越の意味」（DQVII, 199／二四四）を「ヨブ記」に見出だすフィリップ・ネモの分析を高く評価する。また、それに先立ち「無用の苦しみ」（1982年、『われわれのあいだで』所収）において、脚注で「ヨブ記」およびフィリップ・ネモに触れつつ弁神論について論じていた。

かしながらマイモニデスは、ヨブが「何も知らない状態にあり、伝統を通じてのみ神を認識している時にしか」その不満を口にしなかったと記している。そうした不満を口にすることは「信仰を持つ群衆が伝統を通じて神を認識している場合と同様である。しかし、ヨブは神に関する認識を持つとすぐに、神の認識に存する真の至福は神を認識するすべての者を待ち受けていると認めた。そしてまた、これらの災いは、人間のうちでその喜びを阻害することは決してないということをも認めた(71)」。その一方でレヴィナスはこの「神に関する認識」を高く評価するが、レヴィナスによれば、真の至福は知性（intellect）の純粋な働きには還元しえない。実際のところマイモニデスに従って、この認識は愛の最高の段階をも同様に表現する——「わずかな認識はわずかな愛を意味するが、広がりを持つ認識には強い愛（dilection）が合致する(72)」——としても、たとえ知的様態であったとしても、この言明は愛する側の人に最も高度な至福を与える神への欲望を免れない。マイモニデスは被造物と向き合う責任に起因するこの至福の日延べを検討していないように思われる。

マイモニデスに対するレヴィナスの賛美に反してはいるが、レヴィナスはラビ・イェフダ・ハレヴィ(73)の多くの特徴を拒絶しつつも、この点に関してはラビ・イェフダ・ハレヴィの『ハザール（*Le Kuzari*）』とより重要な思考の類似性があると認めている。宗教的な生あるいは「神の秩序（*Inyan Elohim*）」と彼が呼ぶものとの関係の記述においてラビ・イェフダ・ハレヴィが言及するのは、実際、決して知的合一あるいは神秘的な横溢へと変じることなく、知には還元不能な精神性に手がかりを与える神の「近さ（*hitkarvout*）」である。したがって、形而上学的〈欲望〉という口実のもと、認識のおかげで〈無限者〉と合致しようとすることは、倫理的かつ社会的関係の核心で神との近さを保とうとすることほど重要ではないだろう。「認識することにおいて哲学者が探し求める近さおよび社会性は、イェフダ・ハレヴィにおいては感覚されたものには還元不能な可能性として示される。超越との社会性として示されるのである」(74)。形而上学的〈欲望〉が、その肯定的な――誰かあるいは何かが欠けているという感情には還元できないという――側面をあらわにするのは、自己と連帯している（en société）人間の他性に対する責任においてであり、彼らの間の平和への気遣いにおいてである。神を愛する人に対して神がなす応答、そしてとりわけ、レヴィナスが探し求めた唯一のものである、神を愛する人にとっての〈彼（＝神）〉の愛の痕跡はそこにあるだろう。というのも、聖書の神が哲学者にとって理性の観念ではないとすれば、そして神が被造物に対して何らかの感情を抱くことなく、無関心な世界の原理あるいは〈第一動因〉であるとすれば、そしてスピノザ主義者たちの主張とは反対に、〈彼〉が人間を愛しているとしても、〈彼〉は大部分の人が望む様態で人間に応答することはないから

(71) *Le Guide des égarés*, III, 23, p. 487.
(72) *Le Livre de la connaissance*, trad. V. Nikiprowetzky et A. Zaoui, Paris, PUF, 1961, p. 423.
(73)〔訳注〕R. Jéhuda haLévi（1075–1141）。イベリア半島出身の神秘主義のユダヤ思想家。『ハザール』は彼の主著でありユダヤ教徒に長く読み継がれている。レヴィナスは、対談「ユダヤ教哲学をめぐって」（一九八四、『諸国民の時に』所収）において、マイモニデスとイェフダ・ハレヴィを対比的に論じている。「イェフダ・ハレヴィの『ハザール』で忘れがたい点は、《神の秩序》と彼が呼ぶものとの関係をめぐる記述である。この関係は、超越者ないし無限者との無制約な合致としてではなく、《連合》、《近さ》といった術語で記述されている。いうなれば、神の秩序との《関係》は社会的意味を有しており、この社会的意味は認識の欠損や知の窮余の代役ではなく、それ固有のこのうえもない肯定性、積極性を有している」（HN, 200／二八四）。
(74) Trad. C. Touati, Lagrasse, Verdier, 1994. HN, p. 200 et 201 も参照せよ。

だ。人間は優しさと慰めの言葉を受け取りたいと望んでいるというのに、〈彼〉は人間の欠如を埋めることはない。反対に、〈彼〉は、贈与と共有を人間に強いることで欠如の意識をより刺激する。

それではいかにしてひとりの人間が、神が人間に対してなす——最善の——応答として、この無限の責務を聞き取るに至るのか。その優しさと慰めの表現そのものとして「この無限の責務を聞き取るに至るのか」。神は人間の言うことを聞きはしないとヨブのように考えることで、(75) 人間はごく頻繁に混乱し絶望したままであるという危険に陥ってはいないだろうか。ある人の苦しみが差し迫る地平で、とりわけヨブのように(76) その人が裏切られて時には死を願うまで絶望へと追いやられていると感じているその瞬間、レヴィナスがこの悲劇について何も知らないとしても、それでもヨブのように他人のために祈るようにという呼びかけが聞こえたときに（「ヨブ記」42:8）、深淵の縁のこの生のうちに神の救いの輪郭が現れ始めるとレヴィナスは考えている。神の近さは、他人に身を捧げるため自己のうちに見いだされた力のうちに、しばしば理解しがたいしかたで位置している。(77) それは、自分自身の運命についての嘆きを一時中断させるような献身である。「神に近くあることを望む（*kirvat Elohim*）」（「イザヤ書」58:2）人々についての預言者イザヤの言葉に忠実に、人間の実存をより正しくすることを考えずに、そして〈彼〉が人間の断食および禁欲（mortifications）に無関心であることに驚きながら、レヴィナスは、正義と分配の必要性を主張する（「イザヤ書」58:6–7）。(78)「そうすれば、あなたの光が曙のように射し出て、あなたの傷は速やかにいやされる」（「イザヤ書」58:8）。「あなたが呼べば主は答え、あなたが叫べば《われここに》（*Hinneni*）(79) と言われる」（「イザヤ書」58:9）。しかし哲学者にしたがえば、神のこの「われここに」は、晴れやかな享受の感情のうちで、危機と責苦を免れた信仰のうちで感じられるのではない。そうではなく、「破れを直すもの」(80)（「イザヤ書」58:12）となる能力のうちで感じられるのである。数々の過ちがあっても、そしてイザヤはここで述べていないがとりわけて言うなら、表象しえない喪によって、また、苦しみや悲しみや、あるいはただわずかな平和と固有の幸福へのノスタルジーによって、ひとりの人が耐え忍ばなければならない夜があるとしても、そうなのだ。

したがって、この困難な思考は、被造物を軽視することによって、あるいは神への愛の妨げとなるであろう被造物を神への愛に従属させることによって、形而上学的〈欲望〉がいつか成就するという考えを拒絶する。「われわれの文化的遺産のなかでは、宗教的な生は確かに隣人愛を伴っている。けれども、隣人愛はせいぜい、神への愛に後続する第二の戒律であるにすぎない」(AT, 106／一〇二)。この困難な思考は、自分に固有の、たとえば、神の明晰さ(clarté)の光を受け取るといった望みについて、

(75)〔訳注〕「神よ、わたしはあなたに向かって叫んでいるのにあなたはお答えにならない」(「ヨブ記」30:20)。

(76)〔訳注〕「なぜ、わたしは母の胎にいるうちに死んでしまわなかったのか。せめて、生まれてすぐに息絶えなかったのか」(「ヨブ記」3:11)。

(77)〔訳注〕「人間が互いに責務を負い、各人が他のすべての人間たちの生に責任を負うような、隣人との関わりを通じて、まさに神は近づいてくる。[…] 神との連関は既にして倫理であり、「イザヤ書」五八章に言うように、敬神は他の人間への献身にほかならない」(HN, 202／二八五—二八六)。

(78)〔訳注〕HN, 203／二八七。

(79)〔訳注〕新共同訳では「わたしはここにいる」となっている。

(80)〔訳注〕「人はあなたを《城壁の破れを直す者》と呼び《道を直して、人を再び住まわせる者》と呼ぶ」(「イザヤ書」58:12)。

「自己へと回帰することなき跳躍の直行性（droiture）」（HS, 53／六二）のために弁明する。この点についてレヴィナスは、自己に固有の諸感情、とりわけノスタルジーの感情をハスィディームが過剰に高く評価することに対するヴィルナのガオンの厳格さを共有し、強調しているように思われる。こうした諸感情は、神と他人に対する数々の責務から被造物を遠ざけてしまうおそれがないだろうか。実際のところヴィルナのガオンにとって、人間に固有な諸限界、つまり肉体の限界や精神の限界は、たとえ一瞬であれこの地上で〈無限者〉の観想を享受したいと彼が望むことを許すものではなかった。それゆえ、ノスタルジー、より包括的にいえば魂の感情的な能力に置かれたこの強調点が正当化されることはありえなかった。後に続くレヴィナスと同様、ヴィルナのガオンは、自己への迎合のゆえにノスタルジーを疑っていた。合一（union, devéqut）の探求という口実のもと、自己への迎合は神への愛に満ちたこの躍動を不純なものとしたのだ。

しかしながら、ハスィディーム、中でもヴィルナのガオンが猛烈に反対していたリアディのシュネウル・ザルマンが知っていたのは、覚醒によって魂に許された形而上学的〈欲望〉の上昇は常に必然的に下降に伴われていたということである。ハスィディームはそうした下降を決して悪し様に言うことなく高く評価していた。〈無限者〉の現前を感得したいと望むよう差し向ける悲嘆やノスタルジーや歓びがいかなるものであれ、グルのラビが『真理の言葉』の中で述べるように、「内奥の点（néqudа penimi）」――この点で、自己のうちで〈無限者〉が有限者に触れる――に接近するためのこの努力は、実際のところ時折、精神の諸力の思いも寄らない刷新（hithadchout）となって現れる。ところがこの刷新が、創造から遠ざけ、もしくは自己の運命に無関心にさせるような純粋な法悦と等価であるということは決してない。この刷新が強いるのは、それが最初の義務であるかのように再び下降すること、そして、しばしばわずかな慈悲と正義を待っている被造物に再び向かうことなのだ。「回帰は神における生の最も高度な段階を表している。というのも、創造の目的は、ここにおける神の滞留の構成に他ならないのであって、その目的は〈彼〉が啓示することだからである。これが回帰である」[81]。したがって、法悦の無時間性のうちに没頭していまだ贖われていない創造の未完成を忘却することをハスィディズムは信者に推奨しているのではないが、実際のところ、ハスィディズムの主要な師たちは、精神の躍動を魂の諸情動の一帯から分離してはいないというのは事実である。それゆえ、ヴィルナのガオン、ボロズィンのラビ・ハイーム、そしてレヴィナスは逆に、数々の仮象およびこれらの感情のほとんど持続しないという性質に懐疑的であり、それらの情動にユダヤ精神の運命をゆだねることをとりわけ拒否する。実際のところ情動は、熱意があれば充分だと信じさせることによって、真の叡智の、学習にもとづく叡智の代用品となってしまう恐れがある。ミトナグディームのこうした伝統に忠実でありながら、レヴィナスは神あるいは〈無限者〉をまったくパトス的なもの（tout pathétique）の彼方に探し求める。こうしたものの見方から、レヴィナスは、儀礼——その責務はあの人やこの人に固有な、その時の感情的な状態に依拠してはならない——は情動的な躍動（élan affectif）あるいは情（pathos）を維持しながら壊すものだと考えている。それはあたかも情念（passion）が自分自身に用心し、意識に、それも最終的な意識になったかのようだ、と彼は述べている。この点に関して、レヴィナスはラシの発言——「〈情動は〉〈聖域〉の中に酔って入り込むことがない」——を好んで引用し、宗教の成年状態あるいは彼が成年者の宗教と呼ぶものを、時にはほとんど無知の状態で満足するような熱狂と対置

（81） *Liquoutei Devarim*, 87b, cité dans Y. Jacobson, *La Pensée hassidique*, p. 118.

する。[82]

この不信（méfiance）、あるいはまた哲学者〔レヴィナス〕が好む語彙を用いるならば「酔い醒め（dégrisement）」[83]の要請が、彼が祈りについて語るような非常に控えめなしかたで現れる。ヴィルナのガオンやボロズィンのラビ・ハイームと同様に、レヴィナスは学習、あるいは伝統的なテクストが「語りうること」を刷新するための努力が、その最も高い様態となると考える。というのも学習は、警戒している状態に魂を保ち、その魂に絶えず責務を記憶させるからである。したがって哲学者がとりわけ称賛するのは、十分に学習がなされたであろうから、金の子牛に関する嘆かわしい逸話[84]なしには敬神はなかっただろうというラシの注釈である。祈りに対する学習の特権というこの問題は、ハスィディズムへの批判の中心にある。ハスィディズムは優先順位を逆にしているという疑いをミトナグディームからかけられていた。[85]ボロズィンのラビ・ハイームは、ユダヤ教徒が――たとえ一瞬でも――学習することをやめてしまったら、世界は混沌（*tohuvabohu*）へと回帰してしまうだろうと主張している。実際のところ、神の〈御言葉〉の学習は唯一、〈御言葉〉が創造に繰り返し降りてきて創造を照らし現実存在に対して創造を維持することを可能にした。したがって、学習は創造の命運の責任を担っているのだが、それは祈りの場合にはなかったものである。学習なしには、祈りはそれ自体、その意味を失っていた。それとは反対にリアディのシュネウル・ザルマンは、祈りなしには学習が世界に対する精神的で活力に満ちた効果を持ち得なかったと考えていた。

レヴィナスに関して言えば、彼は祈りについて、祈りは、脆く傷つきやすくも〈創造者〉の前に立っていることに存すると述べているのであって、祈りを不当に評価してはいない。最も高次の祈りとは、受け取った喜びにも、生が苦痛である瞬間にも感謝することである、とレヴィナスははっきりと述べる。[86] しかしながら、非常に見事な典礼が時には心ならずも感動させ感銘を与えるに至るとしても、それは充分だろうか。リアディのシュネウル・ザルマンはこうしてローシュ・ハ・シャナー（*Roch haChana*：ユダヤ暦の新年祭）に聞こえるショファール[87]〔＝角笛〕の音に言及する。「ショファールの音

（82）DL, 13.『困難な自由』において、正確には「パトス的なものの彼方に」の表題のもとで引用されている。儀礼についてのこの考察およびこの最後の対置については、p. 18–19／七を参照。

（83）〔訳注〕たとえばレヴィナスは、このdégrisementという語を「ユダヤ教の伝承における啓示」における、「《つねに》より深いものと化していく酔い覚め（dégrisement）、そのような意味で服従のなかには精神の精神性がある」（ADV, 181／二四七）といったユダヤ教に関する論考のほか、「フッサールにもとづいて、意識から覚醒へ」（ex. DDQVI, 54／六〇）といったフッサール論、ブランショ論（ex. SM, 58／九二頁）でも用いている。

（84）〔訳注〕「金の子牛」は「出エジプト記」三二章にある逸話。シナイ山からモーセがなかなかおりてこなかったので、祭司アロンは民から金の耳輪を受け取って「若い雄牛の鋳像」（「出エジプト記」31:4）を作り、それを神とみなしてその前に祭壇を築いた。神はこれを偶像崇拝の罪とみなした。

（85）〔訳注〕レヴィナスは「教育と祈り」において、「われわれを祈りの優越に対してより慎重にさせる、教育学的性質をもった第二の指摘が是非とも必要である」（DL, 347／三五九）として、ここで言われているミトナグディームの意見を取り上げている。さらに、「理性のユダヤ教が祈りのユダヤ教に優越しなければならない。すなわち、タルムードのユダヤ人が《詩篇》のユダヤ人に優越しなければならない」（DL, 348／三六〇）と述べている。

（86）この点に関しては、レヴィナスによってなされた安息日の朝の口頭の教えは特異な証言であった。

（87）〔訳注〕「ショファール」は食餌規定に合致した動物の角で作った楽器。「神がイスラエルの民にトーラーを授けた時、シナイ山からショファールの音が聞こえた。それ以来ショファールは、コミュニティや宗教的な目的のために使われるようになった」（『ユダヤ神話・呪術・神秘思想事典』前掲書、三二五頁）。ローシュ・ハ・シャ

は以下に書かれている心からの叫びのようである。《神に向かって心から叫んだ》(「哀歌」2:18)。ここにこそテキヤ(*tekiah*)、つまり心の内奥からやってくる単純な声の意味がある。テキヤの後にはシェヴァリーム(*chevarim*)、つまり心の亀裂を表現するうめきが続く。これはそして最後にテルア(*térouah*)、つまり嘆きが、神の慈悲を目覚めさせるよう宿命づけられた泣き声が聞こえる」[88]。ところがこの考察は完全に人間の内奥性の情動的な状態へと向けられており、人間に向けて、考察を意味する語を通じてなされている。ミトナグディームおよびレヴィナスによれば、まさにここで学習がその権利を取り戻す。というのも、学習のみがその要請によって、熱狂的に行われる典礼の最中で感じられたものと精神の真理の純粋さを混同することを人間に禁じるからである。たとえ「ショファールを」聞くことで時には涙を流して慰められ、しばしの間固有の苦痛や不安を和らげるにせよ、学習がなければ、この聴取は神と人間に対する数々の責務を忘却させ、他の被造物の苦しみによって呼び起こされた気遣いを自己のための動揺に従属させるという危険をも冒すのではないだろうか。いずれにせよこれは、たとえ正当であれ自己のための、そして個人の諸欲求のための平安を求める祈りに対するレヴィナスの主要な問いかけである。というのも、そのように祈る者は、〈彼〉が祈る者に託した創造に応答することで〈彼〉に仕えたいと望むより、いっそう自我中心的なしかたで神を求めるからである。この時形而上学的〈欲望〉は、自己に近接し、それゆえ自らの能力を超えて受容することを禁じる情動的な仮象に囚われている。ところがこの受容のみが、こうした受容が自己に穿つ欠如によって、人間が〈無限者〉の近くに身を置いていると人間に教えるのである。

矛盾を含むようではあるが、この点に関してレヴィナスは、自分では認めていないハスィディズムの説に非常に近い立場をとっている。ツェルノヴィッツのラビ・ハイームはこの「ハスィディズム」

運動の師であったが、実際次のように書いている。「自分自身のために、つまり病が癒されるために、もしくは雨露の恵みを受けるために、人間が祈り言葉の字義通りの（*pschat*）意味を理解するとき、この敬神は神の前で無価値である。というのも、この人間は自分自身に仕えることしかせず、神の所有物ではなく自らに固有の所有物を求めることしかしないからである」[89]。しかしながらこの批判は、レヴィナスがそうした人間に与える批判と同じ目的を有してはいなかった。この批判は実際のところ、話者の意図（*kavana*）を別様に方向づけることを狙っていたのであり、話者は彼らの神秘主義の水準に達するため、そして神との合一（*devéqut*）に達するために、テクストの字義通りの意味作用を超えて上昇しようとしなければならなかったのである。ミトナグディームはこうした上昇（élévation）に至る人間の能力をほとんど信頼しておらず、様々な祈りの字義的な意味作用を蔑視することはなかった。というのもミトナグディームは信者の大部分が祈りを別様に理解することができないということを知っていたのだ。レヴィナスの側が考えているのは、神が数々の要求を充たしてくださるよう神に求めることに祈りの目的があるのではなく、毎日を通じて神という絶対者は創造のうちで各々の日の意味を明らかにするのであるが、ボロズィンのラビ・ハイームが既に望んでいたように、祈りはさらなる毎日となることができなければならないだろうということだ[90]。

ナーには悪霊払いのためにショファールが吹かれると言う。また、*tékiah*, chévarim, *térouah* は、ショファールによってローシュ・ハ・シャナーに奏でられる異なる三つの種類の音である。

（88）*Likoutei Torah*, Dt 58d. cité dans J. Eisenberg et A. Steinsaltz, *Le Chandelier d'or*, Lagrasse, Verdier, 1988, p. 39.

（89）*Beer Maïm Haïm*, cité dans *Siddur Tefilla Yeshara*, Jérusalem, 1983. Voir A. Nadler, *The Faith of the Mithnagdim*, p. 66.

ヴィルナのガオンは、人間はその有限性のために、望み得たのはいかにして神の創造する力および摂理が大地を充たすのかを認識することのみであったと考えていた。彼にしたがえば、それは、血肉を備えた存在者によって認識可能な〈無限者〉の唯一の痕跡であった。だからこそヴィルナのガオンはハスィディズムを告発したのである。ハスィディズムはまやかしを用い、熱狂の力で、そして祈りの字義通りの意味の超過（dépassement）をもたらす力で、神との神秘的な合一の感情すなわち *devéqut* を抱くことができると人間たちに信じさせたのだ。レヴィナスは、ヴィルナのガオンとこの熱狂および神秘的合一への欲望に対する批判を共有するが、各人に認識可能な〈無限者〉の痕跡の「場所」をずらす。レヴィナスにしたがえば、その痕跡は、創造する力の認識あるいは摂理の力にあるのではなく、ただ他なる人間の顔の裸性に、命令の近さにあるのだ。

形而上学的〈欲望〉は、自己に表象を与えるという望み、すなわち〈無限者〉を像（images）あるいは概念によって統制するという望みに異議を唱える。〈欲望〉はこの望みとは永久に相容れない。というのも、統制が行使されるような現実をつくりあげることからは程遠く、〈無限者〉は返答を回避し把持を逃れつつ、最も確固たる、最もよく議論された思索の野心的な主張を挫折させるからである。このことに関して、レヴィナスは「見ることと知ることには付き物の偶像崇拝への誘惑に関する生来の無神論」（AT, 130／一二三）に触れ、この無神論に、世界の中で〈無限者〉へと方向付ける痕跡の謎、あるいはまた両義性を対置する。しかし、ヴィルナのガオンのように創造のうちの営為への潜在力の記号の側にこの痕跡を探求することはせず、レヴィナスは、痕跡について、「厚かましい観想の対象となることを拒みつつ」[91]、「近さのうちで口を開ける深淵」[92]として語る。あるいはまた、「顔が近づくことで、肉は言（verbe）と化す。愛撫は〈語ること〉と化す」（AE, 150／二二五）と語る。

「ヨハネの福音書」の序文（1:14）の定式化[93]を意識的に転倒させるこの最後の定式化が考えさせるのは、レヴィナスによると、なぜ〈無限者〉の近さが統制のあらゆる試みを禁じるのかということだ。実際のところ、言となる肉、すなわち顔は、自己に固有の生の享受と不幸に身をゆだねて自己についてしか思考しない人に、予見しえないしかたでのしかかってくる。この肉は、その時までただ自分の利害関心のみを心配していた実存に不意に侵入し、その実存の活動を妨げ実存をねじ曲げる。この肉は実存に、あたかも精神面でそれのみが重要であるかのように自己に固有の救済を気にかけることをもうしないよう強いることさえする。この肉は言となる。すなわち〈語ること〉となる。というのもこの肉は、聞く人の利害関心に反して拒むことのできない責任への厳命となる、その弱さへの注意という性質を作動させるからである。世界の構成において顔は無に等しい。しかし顔は「私に闘争をぶつけることができる[94]」。ここで言われているのは、たとえ人間が自己防衛のために行使しうる偶発的な力とは無縁なままであるとしても、無慈悲な闘争である。この闘争は、常に顔の裸性に固有な謎のみに

（90）〔訳注〕レヴィナスは論考「ユダヤ教とケノーシス」（一九八五、『諸国民の時に』所収）においてラビ・ハイームにおける「祈り」の意味について論じている。レヴィナスによると、「祈り」はヘブライ語で「心の奉仕」あるいは「心の労働」であり、「この表現もまた字義通りに解されねばならない」。そして「祈り」は「創造による諸世界の構築や廃墟の修復を示すものとなる」（HN, 148／二一二）。
（91）〔訳注〕AE, 149／二二三。
（92）〔訳注〕AE, 149／二二三。
（93）〔訳注〕「言は肉となって、わたしたちの間に宿られた」（「ヨハネの福音書」1:14）。
（94）〔訳注〕TI, 217／三五二。なお、レヴィナスの本文においてこの文の主語は「顔」ではなく「他人」である。

由来する。実際のところ、〈無限者〉はそこで本来的に「殺人を犯してはならない」（TI, 217／三五二）という様態で自己を表出する。

顔をもって、すなわち、言となった肉をもって、さらには〈超越者〉の絶対的な開けをもって闘争について論じながら、レヴィナスは、ヤコブの天使との闘争（「創世記」32:25–33）[95]を示唆しているように思われる。確かに、この闘争が終わったときにヤコブはイスラエルと呼ばれるに値する（「創世記」35:29）ということ、また、ヤコブが「わたしは顔と顔をあわせて（*panim el panim*）神を見たが、なお生きている」（「創世記」32:31）と言ってこの地をペニエル（神の顔）と名づけたことは知られている。[96]ところがそのすぐ後にヤコブは兄のエサウと出会う。彼は当然ながら兄に憎まれていると思っていた。ヤコブはエサウに言う。「あなたのお顔（*panékha*）は、神の御顔（*pénei Elohim*）のように見えます。このわたしを温かく迎えてくださったのですから。」（「創世記」33:10）。したがって、ヤコブは「あなたの顔を見るように神の御顔を見ました」とは言っていない。「確かなのは、奇跡（特権的な驚き）とはまさしく人間の現前であり、〈他人〉がそうであるところの〈他〉のこの〈現前〉だということである。この〈現前〉は、〈不可視のもの〉それ自体と同様に、やはり到達不能で、分離されており、隔たっている。同様に確かなのは、結末が承認か死でしかありえないような出会いには難点があるということだ」[97]。ところが二人の兄弟の間の、あるいはここでは同じことだが二人の異邦人の間のしばしば宿命的な対決の結末を決めるのは、言となった肉によって、つまり、死へと宿命づけられた人の傷つきやすさにおいて対面する他方の顔によって、一方を捉えることのみである。まさにこの節におけるエサウの場合のように、この他人が穏やかならぬ意図をもって自分のもとにやってくるときにさえ、その肉はそれでも対面する者のための言となりうるのだ。このことが意味しているのは、その顔が〈無限者〉の痕跡のうちにあるという口実のもと——そもそものことを知りようもないが——、自己防衛しようとせずに彼に殺されるがままになるべきだということでは決してない。そうではなく、とにかく聖書のこの節において、殺人の誘惑を宙づりにする発話を唇へとのぼらせるということだ。暴力と死にさらされた人間の顔の極度の弱さと裸性から発せられる言の不可視性が、恐れや憎しみによって取り返しのつかないことをしてしまう人の身振りを止めるかのように。

レヴィナスは「神学者」というレッテルを貼られることを拒絶する。というのも彼いわく、人間の傷つきやすさ（vulnérabilité）との対面の外で神に出会う可能性について彼は決して述べることをしないからである。この対面は、実際に創造を尊重する超越すなわち高さの観点へと方向づけることができ、精神的探求という口実のもとで創造を運命に委ねることを決してしない唯一のものなのだ。〔超越すなわち高さの観点とは〕逃亡の可能性すらなしに責務を負わせる観点である。というのも、常軌を逸していると判断された課題から身を守るため、ヨナのように人間がその観点から逃げようとするときでさえ、[98]〈無限者〉は彼らの離脱を拒むからである。しかしながらそれは、「秩序を気にかける敬虔な

(95)〔訳注〕「その時、何者かが夜明けまでヤコブと格闘した」（「創世記」32:25）。
(96)〔訳注〕「エサウは、父イサクがヤコブのみを祝福したことを根に持って、ヤコブを憎むようになった。そして心の中で言った。《父の喪の日も遠くない。その時がきたら、必ず弟のヤコブを殺してやる》」（「創世記」27:41）。
(97) M. Blanchot, *L'Entretien infini*, Paris, Gallimard, 1969, p. 188–189. パニームという語はヘブライ語で「顔」を意味する。
(98)〔訳注〕「ヨナ書」一章および本書第二章訳注（8）を参照。ヨナが主から逃れようとしたのは、「ナホム書」

る思考」[99]の方法でなされる、神の実存についてのいかなる神学的帰結も許容しない観点であって、レヴィナスはその思考の性急さは危険であると判断する。実際、顔が命令する力との対峙は、〈無限者〉が曖昧に「明滅する」深淵に避けがたく直面させたままである。〈無限者〉の痕跡が、痕跡を注意深く見つめる者にはそこから出発して探すことのできる神の手がかりを与えるような出発の記号に類似するということは決してない。哲学者〔レヴィナス〕にとって、あたかも「言となった肉」が〈彼（＝神）〉への媒介となるかのように、顔から出発して神を見つけようとすることは重要ではないのだ。顔の惨めさよりもむしろ顔の美しさをしばしば主張する神秘主義者は、〈不可視のもの〉へと向かうよう招くイコンであるかのように顔を描き、顔をそのようなものだと考えるのだが、そういった神秘主義者とは反対に、レヴィナスはこの道を拒絶するのである。そもそも、彼が顔について——例外的であるが——「美」という語彙を用いる危険を冒すのは、一見逆説的なしかたで顔をより偉大で劇的でさえある性質と結びつけるためである。「皺のよった肌」（AE, 148／二二三）あるいはまた「哀願」（HH, 48, 49／七八）と裸性におののく「貧窮」といった性質、老いを告げる性質、様々な危険や避けることのできない死に直面する無力さを告げる性質と顔を結びつけるためである。

〈超越〉あるいは〈無限者〉によって残された痕跡——他の痕跡はありえないのだ、有限な存在は、地上で没するときに偶発的な記号を残すが、ただ〈無限者〉のみが、厳密にいえば決してそこにいたことがないのに痕跡を残す[100]——は、神が人間に呼びかけるであろう記号に変質するのでは決してない。だからその命令法の呼びかけは、顔の弱さと高さという最奥の秘密のうちに巻きとられ、自己への回帰の時間もなく顔に応答する彼らもしくは彼女らを変えることはしないのだ。そうした人々は、神の現実存在について説得させられて本人自ら自己のための結論について合理的に推論された反省であるという判断基準で自分の応答を測る、といったこともなく顔に応答するのだが。さらに当然ながら、そうした人々は、この瞬間に神について考えているから、もしくは神を信じるからそのように応答するといったことはさらにない。しかしながら、レヴィナスは〈無限者〉について単に思弁的には思考しない。というのも、彼は非常に明白なしかたで〈無限者〉の観念と聖書の神との結びつきを認めるからである。確かに、顔である「言となった肉」において「殺人を犯してはならない」〔「出エジプト記」20:13、「申命記」5:17〕と命じるのはこの神である――アリストテレスの第一動因ではなく、また、プラトンにおける〈善〉の〈イデア〉でも、あるいはプロティノスによる〈一者〉でもない――。

したがって、「神学者」という術語に対する警戒心にもかかわらず、哲学者〔レヴィナス〕はここで、形而上学的〈欲望〉と顔についての純粋で単純な現象学的記述を提示しているのではない。しかしながら、以下を認めるならば〔現象学と神学の〕二つの態度は相反しないように思われる。すなわち、ユダヤ教のテクストを通じた霊感、ロゴス――すなわち哲学の概念性と言語体系――を転覆させる霊感が、ただちに哲学者を「神学者」へと変えることはないということを認めるのであれば。そもそも多くの哲学者たちは――スピノザのように純粋な内在性の原因を合理的に正当化し、そして「混濁も悲しみもなく魂を喜びで充たす」[101] ことのできる「永遠で無限の」現実を認識しようとし、「神」の名で

---

にあるように「悪」の国とされているニネベに行くように言われたからである。

(99) 〔訳注〕AE, 149／二二四。

(100) 「世界を超越する存在者のみが痕跡を残すことができる」(EDEHH, 201／二九三)。

(101) *Traité de la réforme de l'entendement*, trad. R. Caillois, Paris, Gallimard, « Bibliothèque de la Pléiade », 1954. p. 105.

呼ぶことをためらわない哲学者たちの間でさえ――、神学者に最も厳しい批判を投げかける。「神」が彼らの欲望の究極の対象でありつづけるとしても、それでも彼らの哲学的歩みの「純粋さ」に疑いが抱かれることは決してないだろう。人間的なものの究極の達成について本質的な特徴を「認識すること」とすることなく、至高の〈欲望をそそるもの〉について全く別のしかたでレヴィナスは語るのであるから、レヴィナスの身振りは明らかに異なる。それは、理解と伝達のための理論にもとづいた媒介物としてロゴスを援用する必要性への確信が、ヘブライ語の数々のテクストの「語りうること」を聴取することをやめる必要性を含んでいるとは、レヴィナスには決して思われなかったからである。ただしレヴィナスによればこの〔ヘブライ語の数々のテクストの〕聴取は神学への入り口を意味してはいない。というのも、この聴取は、神の本質あるいは神の現実存在の証明に関わるいかなる言説も告げていないからである。逆に、この聴取は、他人との出会いを別様に思考する可能性を開くのだが、「純粋な」現象学はこのことをなさなかった。なぜなら、他人との出会いは「もはや志向を有することができないほど自己を」かき乱すからである（AE, 147／二二一）。

したがってレヴィナスは〈無限者〉への関係を形而上学的〈欲望〉として描くのであり、最終的な至福（béatitude）の源泉、被造物に対する責任に満ちた重荷を最終的には軽くするであろう思弁的な認識あるいは理論にもとづいた理解の対象として描くのでは決してない。この命題を支持するために、ここでは二つの動機が差し出される。その出典は二つとも聖書のうちにある。「〈私（le Je）〉と絶対的な〈彼（le Il）〉とのあいだに〈きみ（le Tu）〉が挿入される」（EN, 74／八四）。この〈きみ〉は、この〈きみ〉を通じてこの〈彼〉へと向かう、予期しえず終わりなき迂回をするための、〈私〉の性急な躍動を強いる。しかし相関的に、〈彼〉は、その肉を言に変えるこの〈きみ〉について最奥で語る。レヴィナスは、第一の動機について、神の「認識」を記述する預言的な聖句を引用する。神の本質に関する知としてではなく、〈きみ〉に対する正義の態度としてこの認識を描くのである。「彼は貧しい人、乏しい人の訴えを裁いた［…］。こうすることこそ、わたしを認識することではないか、と〈永遠なる者〉は言われる」（「エレミヤ書」22:16）。第二の動機についてレヴィナスが好んで言及するのは、ユダヤ教の典礼における祝福が〈きみ〉から始まり（*Baroukh ata*）[102]〈彼〉が後に続くというものだ。あたかも、〈私〉が〈無限者〉に接近すると信じて〈彼（＝無限者）〉との親密さという危険を冒すその時に、〈無限者〉が退隠するかのようである。しかしこの退隠は沈黙や愛の拒絶と同等ではない。というのもこの〈彼（＝無限者）〉は、自分の生を見守るよう〈私〉に命じながら、正確には〈きみ〉という様態で、他なる人間の顔において〈私〉に呼びかけるからである。人間の顔はその極度の弱さのうちで、そして理解しえない高さにおいて、この謎めいた退隠の痕跡を――保持しているとも知らずに――保持している。したがってこの退隠は、否定神学――否定神学は最終的には矛盾せずに語ることの不可能性を告発し、それゆえに沈黙のほうを好みあらゆる言説から「神」という語を排斥することを告発することになろう――の夜への入り口を告げることもまたない。レヴィナスにしたがえば、この退隠は、「被造性（créaturialité）」を存在への我執の様態とは別のしかたで思考するよう導く。この退隠は「存在するとは別のしかたで」の意味作用へと開かれるのである。[103] ところがレヴィナスは、本質存在（essence）の成就における勝利と頂点を表す数々の語をよくある同義語とは逆にとり、ためらわずにこの「別の

（102）〔訳注〕「あなたに祝福あれ」という意味のユダヤ教における祈りの言葉。
（103）AE. 144n2／四二九―四三〇。また、本書第七章を参照。

しかたで」を〈創造者〉の「栄光」(cavod)[104]と呼ぶ。

したがって、哲学者はそこに退隠の相関物を見ているのであるから、それは奇妙な「栄光」である。次章で示すように、この退隠は、神に見捨てられた状態(déréliction:被投性)と混同されうる諸境界それ自体まで進む。しかしながら人間の絶望にもかかわらず、そしてとりわけその絶望を理由として、レヴィナスは神との合一(devéqut)という考えを拒絶する。というのも、人間が現実に〈彼(=神)〉に近づこうとすればするほど、〈彼(=神)〉が遠ざかっていくという感情は彼のうちでより強くなるからだ。同様に、人間は正しくあればあるほど、自己のうちで自分が不正であるという意識に目覚める。人間を真なる正義から分離するはかりしれない隔たりについての意識が目覚めるのである。〈無限者〉へのこの逆説的な接近は、〈面《おもて》(Face)〉の光の明るさによって埋められるのだろうか。このことはたしかではない。というのも、神との対面は創造を忘却することを許す法悦と等価ではないという事実をレヴィナスが強調するのは、苦しみをさらに強くしようとする嗜好によってではなく、最終的な結果において、神の〈発話〉から人間たちへと降りていくこと(vaiered)(「出エジプト記」19:20)を思考する気遣いによってだからである。モーセが法悦に没頭するよりもむしろ民のもとに降りていかなければならなかったように、形而上学的〈欲望〉をかきたてる者は、その意味作用を垣間見はじめるために、被造物への下降——善を自己に固有の本質の成就と同一視する思考と比較するなら上昇は奇妙であるとしても、つまるところはまた、上昇——を強いられているのである。

それゆえ、顔が〈無限者〉の痕跡のうちにあるのは、肉が言となるからである。しかし、この言を聞き取るためには、「殺人を犯してはならない」と言表する〈御言葉〉がシナイへと降りてきて、この〈御言葉〉が伝えられ、いまなお生きた声で注釈され教えられ続けることが望ましい。とはいえレヴィナスはある日、〈無限者〉の痕跡は注釈のうちにもあると言っており、[105]ミトナグディームのやり方では、神との真なる対面は絶え間なき学習を経ているのだ、と付け加えた。実際のところ、トーラーは七〇の顔を持つ（*chivim panim laTorah*）とユダヤ教の伝統は保証する。そして、しばしば哲学者〔レヴィナス〕は自分が顔に関して用いる語彙と似た語彙を使いることで聖書の詩句を記述することを指摘しておくのがよいだろう。裸性と隣人の死すべき運命の根底にある人間の顔（*panim*）の高さと弱さ、命令法の呼びかけ、こうしたものが聖句によって投げかけられた沈黙の祈りと共鳴している。時間の各々の瞬間ごと、読者が聖句に応答するために、「語りうること」を刷新するために立ち上がるとしても、この聖句もまた無力な不毛さや死によって脅かされているのであるが。しかしながら、人間の顔以上に聖句の方が、人間に強制してそれに何らかの注意を払いそれに応じて意図を修正させるといったことはない。だからこそ、死や無関心あるいは有無を言わせぬ独我論的な断言――自分ではないものに対して耳を貸さないこと――が、人間が聖書と保つ結びつきの中ではごく頻繁に優先されるのだ。人間は、聖書を自分のために、興味や利害関心に従って（*lo lichma*）読む。それゆえレヴィナスは、マイモニデス[106]とミトナグディームの系譜に沿っているとはいえ、この利害関心に従う学習を糾弾することはしない。

（104）〔訳注〕〈無限者〉の「栄光」（gloire）は、特に『存在の彼方へ』の重要概念であり、「無限の無限化」（AE, 149／二二四）のことをレヴィナスは「栄光」と呼ぶ。ユダヤ教においては、「栄光」は神の顕現を意味する幾つかの語のうちの一つであり、もともとは神性の有形の表現（後光など）であって、「神を顕現していると同時に隠してもいる逆説的なもの」であるということだ（『ユダヤ神話・呪術・神秘思想事典』、前掲書、一〇一頁）。

（105）この発言はENIOのシナゴーグにおいて、シャバトの朝に口頭の教えでなされた。

ハスィディームとは異なって、レヴィナスは、決して純粋さや主体の没利害関心から、あるいは既に獲得済みの卓越した性質から出発して、注意ないし志向性（*kavana*）――顔に関するものであれ、聖句に関するものであれ――に進むことはしないからである。この注意ないし志向性は、その前の瞬間にはまだ個人的な関心にとらわれて自分に固有の欲求と存在への我執を気にかけているかもしれない。逆にレヴィナスが探し求めるのは、この注意ないし志向性を――外部から――転覆させるものなのだ。志向的意識は世界あるいは数々のテクストへと向けられており、確かにいつでも反省性あるいは自己への回帰への準備ができている。志向的意識は、意識に供されるものを理解し、これに対して知的支配力を行使しようとする。ところが、ここで顔または聖句を反省または統制の対象とみなすことは明らかに問題ではなく、またこれが、それらに対する別の心的傾向性を意識的に獲得する準備をすべきであるということには本質的にはならない。というのもこの準備はなお統制の秩序にとどまっているであろうからである。レヴィナスに従えば、ほとんど常にそうなのであるが、人間の心的傾向性が利害関心にこだわっているときでさえ、聖句が――したがって顔が――予期しえず、時には非常に強いしかたで急にこの心的傾向性を停止させ、転覆することが生じうる。志向性の運動が向かう地平が聖句の謎に直面して急におぼろげになってしまったかのように、聖句は利害関心にもとづく流れを反転させ、《不可視のもの》の痕跡のうちに置き、たいていは意識の知らない固有の層を心性へと啓示する。

　この反転は何を意味するのだろうか。聖句あるいは顔は、意識が知らないものをいかにして人間のうちに目覚めさせうるのか。偶発的で知的で実存的な欲求、よりよく理解しよりよく生き続けるために人間に備わっているのだと信じられてきた欲求を超えて、そして他者のうちでのこの欲求の欠如にもかかわらず、聖句は《不可視のもの》への欲望をここで穿つのだ。各人のうちに、そして自己への気遣いに固有の重みを和らげる恵みの思いがけなさをもって、欲望を穿つのである。ところが、欲望が意識を充足させるよりもむしろいっそう、欲望は意識を審問し、意識をむきだしにし、時には告発さえし、ともかく存在の内に確固として身を置くことを妨げるのだ。欲望は意識を怯えさせる。というのも欲望が意識に対して明らかにするのは、意識がその唯一性において、存在のうちで具体化することはないが存在に唯一の意味と方向を与える例外的な意味作用——善の意味作用——に応答するよう求められるということだからである。レヴィナスから見れば、この欲望こそが、先立ついかなる欠如にも合致することのないものである。またこの欲望こそが、神と隣人に無関心で、自分や自分に近しい人にとっての何らかの利害を見いだしうるようなしかたでのみ神と隣人に関心を持つような人間を傷つけるものである。この欲望は、〈無限者〉の痕跡のうちに、あるいはまた存在の彼方の善の痕跡のうちに置かれているのである。聖書における《不可視のもの》は、哲学者によってこの〈善〉と結びつけられてはいなかったか。[107] このように聖句に向かうならば、聖句に対する無関心に固有の麻痺、そして慰めの祈りや乱暴な独我論への聖句の還元は、急激な酔い醒めを経験する。なぜなら、思ってもみなかったしかたで、読者はこれらの聖句を聖句それ自体のために（*lichma*）解釈するよう呼ばれた

---

（106）*Le Livre de la connaissance*, p. 422–423.「ひとはたとえ律法それ自体のためのものではなくとも常に律法に関わっている。というのも、律法の中に律法とは他のものを見るこの学習は、律法への愛によって律法に関わるよう導くからである」。マイモニデスは註において、それが隣人を攻撃するためでないのであれば、と明示する。この場合、タルムードはそのことを厳密には禁じている（「ペサヒーム」50b、「ベラホット」17a、「ターニット」7a）。

（107）HH, 7／一二八を参照〔「聖書の不可視なるものは、存在の彼方における〈善〉のイデアである」〕。

と理解するからだ。それは、苦痛や起こりうる痛みにおいて聖句が自分を安心させることも、生のうちでの保証の増大を聖句が与えてくれることも、その企図において正当な権利において存在するという感情の増大を聖句が与えてくれることも目的としてはいないのだ。それゆえ反転は以下のようになる。人間は聖句のうちに救済を見いだせると信じていたのだが、いまや予期し得ず付きまとう知が人間に課せられるというものだ。その結果、人間が責任を持つことを待ち望むのは——顔と同様——聖句であり、聖句は、人間に責任を負わせる具体的な権能を持つことなく待ち望むのである、ということが明らかになる。トーラーの複数の顔（*panim*）、つまり「語りうること」の様々に異なる側面は聖書のテクストに内在していて、それらの顔は諸世代へと続いてなお現存するために、そうした諸側面のうちで各人の唯一性に訴えることに帰着する。〔トーラーの顔は〕——人間の顔と同様に——無国籍で異邦のものである。時に唯一性は、存在することの正当化としてトーラーの顔を盾にするのであるが、これらのトーラーの顔は唯一性にとって、唯一性が毅然として現実存在を経験するための助けとなることはなく、いっそう唯一性に重くのしかかる。というのも、こうしたことが生じるとき、《不可視のもの》はこれらの聖句を見捨て、人間はもはや《不可視のもの》を知りたいと望むこともなく、確かにくっきりと見えるが彼にとってのみではなく非常に破壊的な偶像しか手にとらないからである。反対に、これらの聖句のおかげで自分が《不可視のもの》の痕跡によって求められていると人間が知るとき、これらの聖句は、少なくともしばらくの間は、各人において、すなわち存在内の我執の尺度を超えるものにとって、あるいはその度はずれにとって、人間にとっての生と意味が刷新される源泉となる。

生きている間、動揺と不安がこれほどしばしば責め苛むにもかかわらず、形而上学的〈欲望〉が、最終的に平和と平安を認識したいという憧れと一致することはない。それゆえレヴィナスが好んで述べるのは、自らの実存を幸福とともに享受し、神および隣人に関するどんな小さな気がかりもない状態で分離され充足した人間のうちに形而上学的〈欲望〉が目覚めるということである。このことは、彼が人間の幸福の現実に対して、あるいはその自我中心性を煩わせるものに対して幻想を抱くということにはならない。そうではなく、レヴィナスがそこから示そうとするのは、聖書の詩句の痕跡のうちで思考される〈無限者〉の探求は決して自発的でも直接的でもないということである。レヴィナスが記述するような形而上学的〈欲望〉は、実際のところ、いかなる自然宗教にも合致しない。その〈欲望〉は、極度の弱さに住まう高さ、そして思いもよらず責任の超過を人間のうちで甦らせる高さという非常に逆説的な出会い――顔との出会い、聖句との出会い――によって、人間に対して啓示される。しかしながら、威厳や権能といった観念すべてに逆らって、レヴィナスがなお〈無限者〉の「栄光」について語ることを選ぶのは、この栄光（*cavod*）の重さが存在の中でいかに軽いかを強調するためである。消失し退隠する限界のところで、疲労し老いた顔のように、あるいは重要ではなくなり閉じられた本の中に並べられた聖句のように、この栄光は「乳母が乳飲み子を抱くように胸に」（「民数記」11:12）抱かれることを求める[108]。しかし、聖句あるいは顔のみが人間に形而上学的〈欲望〉を穿つことができること――予め準備された意図をもって聖句や顔へと向かっていくのではないのに――、その時これは、〈無限者〉が決して威圧したり救いを差し伸べたりする権能の様態で認められるのではない、と考え

（108）『存在の彼方へ』（145／二一八）で引用されている。ヘブライ語では、*cavod*という語は、「重い」という意味の語根を持つ。

ることである。それは、神を肯定的な属性、とりわけ「全能の」といった属性によって形容するあらゆる試みを前にして黙するユダヤ思想家たちの系譜のうちに自らを位置づけることである。このように位置づけるのは、マイモニデスが繰り返し『迷える人々のための導き』の中で述べるように、これらの属性がどれも神の擬人化を行う言語の使用にもとづいており、したがって神を人間にかたどって思考するよう仕向けるからというだけではない。不幸と孤独（déréliction）のうちに放棄され、感覚可能なしかたで神が深淵から引き出してくれることもない生ける者の悲嘆が、人間の多くが神や神の〈摂理〉についてつくりあげる観念に、神あるいは神の〈摂理〉が適合するということを信じたり信じさせたりすることを禁じるからである。

レヴィナスはいかなる肯定神学も提示しない。その上「神」という語がレヴィナスの哲学的言説に入ってくるとき、信仰に関する語彙は、彼の言明とは完全に無縁である。というのもレヴィナスにしたがえば、熱心であろうとなかろうと、歓びのうちにあろうと苦痛の試練のうちにあろうと、神を信じたり信じなかったりすることは、すぐれて宗教的な問いとはなりえないからである。反対にレヴィナスが思考しようとするのは、いかにしてこの法外な語が必然的にその主題に関するあらゆる命題とあらゆる主張を超えるのかということである。つまり、思弁的知性のおかげで理性に対して一貫した充足的な概念となるということは決してなく、ロゴスの見事な構成を破り言説の無数のカテゴリーを追う語が、必然的にその主題に関するあらゆる命題とあらゆる主張を超えるのかということである。しかし、レヴィナスが見積もるように、この語――あるいはまたこの最初の〈語ること〉――が、この語の残した例外的な痕跡――顔や聖句――のうちの意味作用を受け取ることは、以下のことを含意する。それは、否定神学によって拒否されたアポリアがこの語についての絶対的な沈黙への口実となるということを、哲学者〔レヴィナス〕が諦めて受け入れることはないということだ。〈無限者〉の痕跡によって言説を中断することは、あらゆる発話の終わりと等価ではない。反対に、言説の中断は、言語――顔の言語および聖句の言語――が、概念性を超え出て、この概念性を刷新するということを思い出させるのである。

その上でレヴィナスは、「神」というこの語の意味作用についての何らかの知――語に明晰判明な観念を与えることなく、いずれにせよ、理性が認め、論駁し、あるいは戦うであろう原理や概念へのあらゆる還元を禁じる知――をまさに想定する提言において、「誰かが主題から逃れた」（EDEHH, 236／三四八）と述べる。ただしこの点においてレヴィナスは、概して神の現実存在についての合理的な証明を洗練させようと腐心するユダヤ教の伝統に忠実であって、レヴィナスがこの「誰か」の現実存在に関する理論的な正当化を提示することはない。レヴィナスは数々の痕跡を探し求めるにとどまるのである。この痕跡において、その「誰か」の意味作用は人間にとって命令的なものとなって、ロゴスへと侵入して、ロゴスを中断し主題化する以前に応答するよう人間に強いるほどになるのであり、志向性の流れを反転させるほどになるのである。

ニーチェに続いて力強く「神の死」を宣言し、神の死を喜んだり嘆いたりする哲学によって告発されたあらゆる神学の失敗は、思弁的な面ではレヴィナスに感銘を与えることはない。神学は、知性の作用によって、そして背面世界――そこでは恐怖が人間を弄び、現世の権力者に服従するよう人間を宿命づける――の強固な拒否によって揺らがされて無神論にまで至ったのだが、レヴィナスはそうした神学を再建しようと狙っているのでは決してない。それにもかかわらず、形而上学的〈欲望〉についてのレヴィナスの分析は、存在のうちでしばしば支配的な非‐意味に取り憑かれている。この「神の死」を証明しようとするよりもむしろ、「神の死」に遭遇するように駆り立てる非－意味に〔取り憑かれている〕」。ある（*il y a*）の不条理はレヴィナスの哲学の中で非常に重要であるが、この不条理およびそして〈不在のもの〉についての諸命題もまた、この「誰か」の数々の否認にさらされてはいないだろうか。いずれにせよそれらの諸命題が本書の研究に求めるのは、ユダヤ教の伝統における神についての言説に固有の二つの特徴――神の内在という特徴と神の超越という特徴――を考察すること、そしてレヴィナスの思想をこの点から見極めることである。

# 第三章　神の不在

神の超越は隣人の超越には還元されることなく、「ついには不在にまで、ある（*il y a*）のざわめきと混同されるまでに至る」[1]とレヴィナスは幾度も述べている。さて、あるは、非常に早い時期から哲学者〔レヴィナス〕の著作に登場している[2]。これは、存在という一般的かつ非人称的な出来事、不安と絶望で凍りつかせるような出来事に等しい。というのも、あるは突如恐るべき異邦性の試練を受けることになるのだから。それは「夜のような息苦しい」（EE, 28／四一―四二）異邦性だ。純粋な存在は、そ

（1）DDQVI, 115／一三七、DMT, 258／三一五。

（2）〔訳注〕戦後の論考「ある」（« Il y a », in *Deucalion*, n° 1, 1946）は、『実存から実存者へ』（1947）の一部となった。ハイデガーが『ヒューマニズムについて』において、ドイツ語の「ある」（*Es gibt*）における「与える」（*gibt*）という語のうちに「存在」の自己贈与という性質を読み取るのに対して、レヴィナスはフランス語の「ある」（il y a）における il の非人称性に着目する。この点に関する詳細は、『実存から実存者へ』（西谷修訳、筑摩書房、二〇〇五年）一七―一八頁の訳注（4）を参照のこと。

の深い沈黙のうちで、ある存在者が別の存在者と混同されないようにする区別を必然的に消し去るからである。純粋な存在は自己の感情まで消失させ、不可避で破壊的な出口なき脱人称化のめまいに人間を陥らせる。純粋な存在の、そして座標軸を欠いた夜の空間の恐怖であり、この「暗く漠たる侵入」(EE, 96／一二五)の驚くべき暴力である。この侵入は、警告することもなしに「自己」をまさに破壊するので、自己を守ろうとするあらゆる試みをただちに失敗させるのだ。実際のところ、この恐怖はただ外部性に由来しているだけではなく、とりわけ固有の内奥性の解体にも由来しているので、この恐怖はいっそう恐るべき戦慄するような脅威に自己をさらす。「固有の」意識、あるいはまた「主体性」は、あるの効果のもとで砕け散り、もはや自己のうちには逆説的にも自己を欠いた実存しか残っていない。純粋な存在の探求はこうした数々の術語で思考されるのであって、ハイデガー哲学におけるように本来性という刻印を押されることは決してなく、破局的に自らをあらわにする。レヴィナスがその時明らかにするのは、「あるという着想はわれわれを神にではなく、むしろ神の不在に、いっさいの存在者の不在に」(EE, 99／一二九)、そして〈啓示〉と光に先立つものへと「導く」ということである。原初の混沌(*tohu bohu*)は言葉と光に先立ち(「創世記」1:1)[3]、乱暴に切断するような根本的な方向の消失を余儀なくさせるのであるが、この混沌が創造のうちにしっかりととどまっていたかのようである。それは、神の不在をこの混沌に帰着させるほどのものである。また、この分析のうちでは、死が——それゆえ恐怖が——到来しなくとも存在の真理が数々の生の特異性を破壊するように思われるのであるが、〔この混沌が〕そうした存在ではなく、《存在するとは別のしかたで》を忘却させるほどのものである。すなわち聖書物語という観点から見れば、純粋な存在——レヴィナスはその沈黙と無差異(indifférence)を強調する——と混同されることのない神、まさに言葉(*davar*)のおかげで特異で相異なる存在者を出現させ、明るみに出す神を忘却させるほどのものである。神は、自分が存在を与えたばかりの様々なこの現実存在する者たち、そして、混沌が重くのしかかって逆らいがたい誘惑に屈するかもしれないけれど互いに交換されることができないこの現実存在する者たちを見つめる日に、「よい（*tov*）」という語をついに発するのであるが(4)、そうした神を忘却させるほどのものである。

この神の超越と「あるのざわめき(5)」との潜在的な混同、すなわちこの神の超越と不在――逆説的に、未分化で黙した純粋な存在の現前に変容する不在――との混同。この混同においては「何もかもが(6)」一群の不安とおぼろげな脅威とともに、よりいっそう印象的に見える。しかしながら、人間が白昼の夜に曝されて(7)、あらゆる個性を、そしてとりわけ自己についての感情すべてを奪われ、匿名で存在へ

---

(3)〔訳注〕「はじめに、神は天地を創造された。地は混沌であって、闇が深淵の面にあり、神の霊が水の面を動いていた。」（「創世記」1:1–2）。

(4)〔訳注〕「神はお造りになったすべてのものを御覧になった。見よ、それは極めて良かった。夕べがあり、朝があった。第六の日である」（「創世記」1:31）。

(5)〔訳注〕AE, 271／三九三。なお、『存在の彼方へ』出版後、一九七七年に書かれた『実存から実存者へ』第二版への序文で、存在のこの「ざわめき」(remue-ménage) という語は「ブランショの比喩を借りた」ものであって、「いかなる存在者も自分がそれだとは主張しない無名の存在、個々の存在者ないし存在者たちを欠いた存在」であるとレヴィナスは述べている。

(6)〔訳注〕EE, 96／一二五。

(7)〔訳注〕原語は exposé à la nuit en plein jour.「白昼の夜」という表現は、「捕囚手帳」の「手帳2」が初出であると思われる（*Emmanuel Levinas 1, Carnets de captivité suivi de Ecrits sur la captivité et Notes philosophiques diverses*, Grasset /

と参与するあらゆるこの瞬間を思考しながら、レヴィナスは、神は不在に至るまでに超越的であると言う[8]。人間は、世界に相対して意識を構成する権能を奪われ、死によって逃れることもできないとき、亡霊的で冷酷な一箇の実存へと宿命づけられている。「戻りくるもの、亡霊は、恐怖の要素そのものなのだ」(EE, 100／一三〇)。人間が意識となることができず、他の人々の名前や顔に向き合って名乗ることも具体的な顔となることもできずに〔亡霊的な〕実存が人間を貫くとき、そして沈黙のみがその不安と悲嘆の叫びに呼応し、それでも彼がそれで死ぬことのないとき、実際のところ、それは亡霊以外の何であるのか。

哲学者〔レヴィナス〕によれば、純粋な存在のこの恐怖、非実在性の実在のこの恐怖は、虚無や差し迫った死の不安よりも際限なく悲劇的であろう。しかしこのとき、存在の彼方の〈善〉としての、形而上学的〈欲望〉を穿つ〈無限者〉としての神が純粋な存在と混同されるほど、不在のこの現前と判別できなくなると考えることは、矛盾を含むのではないか。

したがって、神の超越はその根底において、存在の純粋な内在に似ることになろう。神の超越はいかなる明晰さも認識させないであろうし、容赦なく実存者たちの四肢を切断する支配からの出口のいかなる可能性も示さないだろう。レヴィナスはまた、嗤うべき冷酷な存在の単調さを「『伝道の書』[9]に書かれた危機[10]」との結びつきにおいて、つまり「すべてが〈同〉に吸収され、はまりこみ、幽閉されている[11]」深い倦怠との結びつきにおいて考えている。実際、コヘレトは、「空の空、いっさいは空である(*havel hvalim, hacol havel*)[12]」(『伝道の書』1:2)と述べている。「太陽の下、人は労苦するがすべての労苦も何の益(*iétron*)[13]になろう。一代過ぎればまた一代が起こり永遠に耐えるのは大地」(『伝道の書』1:3–4)。「《空の空》。それはわれわれ自身の声の反響である。それをわれわれは自分たちのささやかな祈りの答えと理解する」[14]と哲学者は註釈をつける。「知においては多彩なものが単調なものとなるのだが、そうした知が仕える存在の内部では、いかなるものも絶対的に他なるものではない」[15]。こうしたことが「箴言」一四章一三節「笑っていても心の痛むことがあり喜びが悲しみに終わることもある」という思想の意味ではないか。このことはまた、科学的かつ技術的で、享楽を求める現代世界の主要な特徴でもあろう。そうした世界は、「出口がないように——つまり、神がいないように——見える。

Imec, 2009, p. 87.『レヴィナス著作集1 捕囚手帳ほか未完著作』ロドルフ・カラン、カトリーヌ・シャリエ監修、三浦直希、渡名喜庸哲、藤岡俊博訳、法政大学出版局、二〇一四年、一〇四頁)。その他、EE, 97/一二六、DSS, 168/二四五。さらにレヴィナスは一九四一年一〇月、ブランショに宛てた書簡において、「白昼の夜」の描写の例を、「ボードレール、ランボー、近代画家、そしてノマドとしての私の経験」に探していると述べる(« Lettre à Maurice Blanchot, 26 octobre 1941 sur *Thomas l'Obscur* », in *L'Herne Blanchot*, 2014, p. 307)。この手紙が書かれた時期、レヴィナスはラヴァルの前線収容所から、最初に収容されていたレンヌの収容所に移っていた

(8)〔訳注〕DDQVI, 115/一三七。

(9)〔訳注〕「伝道の書」は新共同訳では「コヘレトの言葉」である。

(10)〔訳注〕DDVQL, 31/三五。

(11)〔訳注〕DDVQL, 31/三五。

(12)〔訳注〕仏訳は Vanité des vanités, tout est vanité. 新共同訳では、「なんという空しさ、なんという空しさ、すべては空しい」と訳されているが、原文との対応を優先し、この箇所では日本聖書教会の口語訳を用いた。

(13)〔訳注〕新共同訳では、「すべての労苦も何になろう」とあるが、シャリエの仏訳における profit を残した。

(14)〔訳注〕DDVQL, 31/三五。

(15)〔訳注〕DDVQL, 31/三五。

それは、現代世界ではすべてが許されているからでも、テクノロジーによってすべてが可能となったからでもなく、すべてがそこでは等価だからである」（DDVQL, 31/三五）。ソロモン王は「伝道の書」[16]の中で、その失望と苦い思いを述べている。もし益（*ietron*）がないならば（1:3）、したがって余剰がないならば、人間の努力は、その努力の大きさにかかわらず無駄になる。一つの世代が到来し、過ぎ去り、別の世代が続くのだが、その際には、あらゆる道徳を嘲う人々の同じ勝利に直面した、実直で正しい人間にのしかかるその同じ不正、同じ災い、同じ苦しみが考慮される。聖典が理解させることとは逆に、この世界は義人に報いることはしないし、悪人を罰することもないのだ。ヨブもまたそのことを強く述べており（21:7）[17]、その悲嘆は弱まることはないが、彼は全く驚くべき根気強さでなお神に訴える。ところがレヴィナスが言うところの「伝道の書」の危機はまさにこの点に関して異なる。ソロモンがこうしたことを述べるとしても、確かに苦痛を伴うが反抗することもなく解決策への希望も持つことなく、あきらめてこの危機を受け入れるだろう。ソロモンはもはやそのことを神に訴えないのだ。慰めはなく不正があって、人間が死への恐怖に抗して発明したもの、すなわち生まれてこないほうがましであるという慰めは彼には何の役にも立たない。それゆえ人間の有限性についての図式はこれらの章句の中では非常にわかりにくいのであるが、ユダヤ教の典礼においてはこの章句についての幾つかの定式が見いだされる。キプールの日のウネタネ・トケフの歌[18]に見られるように、ユダヤ教の典礼は、人間の有限性を神の偉大さと対置するためにこれらの章句を参照するのである。ところが「伝道の書」にはこのようなものは何もなく、神の超越があまりに根本的な不在に似ているので、神の偉大さを引き合いに出すことすらも嘲弄に値するだろう。「神は天にいまし、あなたは地上にいる」（「伝道の書」5:1）のだ。神が存在するとしても、神は自分の被造物を全く気遣っていないように見える。それでもそれら被造物は、そのことを全く知らず、あらゆる希望を奪われて苦役へと向かうのだ。昼と夜の、自然の円環の、人間の悪行と彼らの「出口なき」苦痛の円環の実りなき反復のうちでは内在が優勢にある。いかなる〈神的摂理〉も世界を見守ることはないように思われるし、人間は幸福を知らない日々を影のように過ごす(「伝道の書」6:12)。

このテクストについて、一八世紀の偉大なハスィディズムの神秘家であるメゼリッチのマギード[19]は、絶望、不条理の甘受、そして眠りの魅了といった誘惑によってしばしば悪が現出すると述べた。ところがマイモニデスを含む[20]哲学の由緒ある伝統とは逆に、メゼリッチのマギードにとっては、レヴィナスにとってもそもそもそうであるのと同様に、悪は決して非-存在、欠如あるいは仮象には属していない。悪は実におそるべき活力であり、しばしば人間を打ち負かす。したがって、敬虔な思想を悪と対置しても充分ではないし、あらゆる試練と対置するのには希望をもってしても充分ではない。人間の心性に対する悪の支配を解体することから始めて、悪と戦わなければならない。それでこそ人間が

(16)〔訳注〕「伝道の書」冒頭部でこれは「コヘレトの言葉」であるということが示される。コヘレトは古代イスラエルの第三代王ソロモンと同一人物であるとされる。
(17)〔訳注〕「なぜ、神に逆らう者が生き永らえ、年を重ねてなお、力を増し加えるのか」(「ヨブ記」21:7)。
(18)〔訳注〕「キプール」は、ユダヤ教の祝祭日で最も神聖な日である贖罪の日、ヨム・キプールを指している。ウネタネ・トケフはそこで歌われる祈りの歌である。
(19)〔訳注〕Maggid de Mézeritch (1704–1772)。「マギード」は「語る人」「啓示する人」を表す言葉。ラビ・イスラエル・ベン・エリエゼルの弟子であり、ハスィディズムの祖である。
(20) *Le Guide des égarés*, trad. E. Munk, Lagrasse, Verdier, 1979. III, § 23, p. 487.

勝利を得るからである。しかしどのようにしてであろうか。既に述べたように、レヴィナスはハスィディズムの「過剰（excès）」を認めておらず、そしてマギードはハスィディズムに帰属しているのだが、マギードの応答はここで哲学者〔レヴィナス〕の応答とともに検討する価値がある。実際マギードの教えでは、「空の空（vanité des vanités：虚無の虚無）」という表現は、人間である「自我」に当てはまる。自我は、神の超越を純粋で単純な不在であると感じ、自分は孤独で自律的だと考える。神の退隠あるいは神を覆うこと――神のこのツィムツムがあることで、被造物の他性は、神と距離を置きつつ神と相対して実存する――を、自我は非存在と混同しているのだ。そのとき、たとえキニク派のような態度によって、あるいは自我の根底的な有限性を一見穏やかに甘受することによって絶望を否定しようとも、自我は絶望に苛まれうる。ところで、人間である自我が純粋な存在のうちで崩壊するよりも、あるいは有限性のうちで尊大な態度をとる十全な自律的実在のように傲然と自己を示すよりも、むしろこの茫漠たる砂漠で超越の痕跡に気づき始めるためには、また、ソロモンによって求められたこの余剰（*ietron*）、つまりこの地上への束の間の現前に意味を与える超過を実在が構成するのだと理解するためには、自我が断念しなければならないことがある。自我は自己自身を通じて何者かであるという考えである。自我中心性の堆積作用の連続した層は、見かけ上は自我を守っているのだが、その帰結としてはとりわけ、他性――すなわち新しさ――が通過することを禁じる。したがってこれらの層は、前代未聞の新しさである神が自己の最奥に住まうということを忘却させることとなってしまう(21)。マギードは、傲慢さに課されるこの努力を、これらの層を一つずつ剝いでいくように叙述する。

それよりは隠喩的ではない別の術語を用いて、レヴィナスもまた次のように考えている。コヘレトは太陽のもとにある世界について語るのだが、その世界はすべてが自己へと回帰するゆえに、すべてが同じものに――したがって新しさなく――回帰する世界である、と。その世界とは、純粋な存在――ある――のうちでの脱臼（dislocation：関節が外れること）は非常に恐るべき脅威だが、この脅威に対するただ一つの応答は、自我の自律を声高に強く肯定することにあるのだと、自我が信じる世界である。それゆえ自我は、自分自身が良識と無分別の源泉であり、善と悪の源泉であるとみなす。新しさなきこの世界――この世界においてはあらゆる他性が知や享受によって統制されてしまい、そうして自己へと還元されるのだから――ではすべてが等しい。このことが意味するのは、もはや他性に苦しむことすらなく、〈無限者〉の痕跡を知らない内在の勝利である。ところがレヴィナスいわく現代性を特徴づける「伝道の書」のこの危機に関する分析の中で、レヴィナスは次のように強調する。この危機が含意するのは、すべて――人生とその業績、人間の正と不正、善性と冷酷さ、さらに暴力的な死あるいは穏やかな死といったもの――は等しく、つまり無差異で現実的な利益にならないように思われるということであるが、それというのも各人はたえず「薬物による忘我状態の後のように自分の足で[22]」立ち戻り続け、概して孤独で見捨てられてしまい、いずれにせよ希望のないままに、時には時期が来る前に老いてしまうからである、と。しかしながら、こうしたニヒリズム的な惨めさにもかかわらず、この惨めさが戯れと快楽を通じて「この全き倦怠のうちで[23]」あらわになるとしても、他人が倒れているのを放っておくことはできないとレヴィナスは直ちに明言する。実際のところ、他人は

（21）Y. Jacobson, *La Pensée hassidique*, trad. C. Chalier, Paris, Éd. du Cerf, 1989, p. 68.
（22）〔訳注〕DDVQI, 31／三五。
（23）〔訳注〕DDVQI, 31／三五。

存在の純粋な内在に押し入って、現実には最小限の努力にも値するものなど何もないという感情による支配を解体する。それは、笑いがあれど陰鬱な、そして束の間の栄光があれど最終的には滅びる運命の支配である。生身の人間である自己に対してこの空間を開くのは他人である。この空間は、つまるところメゼリッチのマギードによって記述された空洞だ。この空洞があるおかげで光が差すに至るのだ。他人の近さは厳しい要求を迫るものであり、その利害関心や気遣いには帰着しないものだ。自我は多くの場合、細部まで行き届いたエゴイズムの堆積の背後で分断されていて、自我が新しさの意味を垣間見始めるのは、他人のこの近さのおかげである。自我は、次のような者に対して責任を持つように求められるのを聞き取る。自己の外部にあり、命令法を用いて、ただし決して自我に強制することなく、避けがたく災いをもたらす運命に打ち捨てておかないで欲しいと要求する者だ。他人の宿命に責任を持つというこの責務は、存在の内在のうちで、太陽の下、超越と新しさの出来事そのものとなるだろう（DDVQI, 31／三五）。この責務はとりわけ、エゴイズムはあるへの自己の溶解という恐るべき危機に抗する唯一の城壁を構成するのでは決してないことを示す。

「伝道の書」で既に述べられていたニヒリズムの危機[24]に自己が立ち向かうとき、他人はいかにして、純粋な存在の匿名性への自己の災厄的な消失から自己を救うにいたるのか。それも、尊大で哀れなまでに自我中心的な絶望から救うこととして自己を救うにいたるのか。こういったことを分析しよう。しかしながらその前に、レヴィナスの分析の根底にある神の内在と超越の観念を考察するのがよいだろう。この点に関して、おそらくは不在に至るまで超越する神、あるいはまた、あるの「ざわめき」との混同に至るまでに超越する神を思い起こすその大胆さに確証を与える思考の系譜は、ユダヤ教の伝統のうちにあるのか。

グルのラビは『真理の言葉』の中で、「天の露と地の生み出す豊かなもの」(「創世記」27:28)に至るまでに世界の内在のうちで分散した「聖潔のきらめき」[25]を認識する可能性を人間は望めるとしている。これは、父イサクから受けた祝福のおかげで「至るところに」[26]神性を見出だすことができるようになったヤコブに倣うものだ。ここでグルのラビは、トーラーが実際のところ次のことを述べていると注釈をつけて、創造された実在はみな、神の〈御言葉〉(「創世記」1:1)からその存在ないしはその活力(*hiout*)を得ているのであり、各々はあらゆる事物の存在に内在するこの〈御言葉〉を、いかなる場や状況においても迎え入れる準備ができているはずだと述べる。したがって、このハスィディズム的なものの見方では、超越に住まわれ、さらには物質性に住まわれる内在は、その「きらめき」の幾つかを守ることになる。そして、人間は戒律(*mitsvot*)に従い、今度は自分が祝福を与えることによって、その「きらめき」との邂逅に赴くよう求められるだろう。しかし大多数の人間の肉体から発するまなざしは、概して世界の内在における超越の顕現に対して自らを閉ざしている。そのまなざしは彼

(24) 本書第七章を参照。
(25) 〔訳注〕『真理の言葉』の中でグルのラビが幾度も用いる表現。
(26) グルのラビは「創世記」二七章二八節のミドラッシュによる注解に依拠している。「*Veiten lekha HaElohim*」は、ヘブライ語のテクストの語順にもとづいており、「《彼》があなたに神性(*haElohim*)を与える」となる。ただし、聖句は「天の露と地の生み出す豊かなもの」と締めくくられている。『真理の言葉』第一巻一〇五ページを参照(ヘブライ語)〔*La langue de la vérité*, p. 142–143 および *The language of truth*, op. cit., p. 40 も参照〕。

らの利害関心を充足させることに腐心し、あるいはその悲嘆によってあまりにも動転している。そのために、そのまなざしはこの秘密に祝福を与え、この秘密に接近することを忘れてしまうだろう。グルのラビによれば、この秘密は、あらゆる実在から隠された他ならぬ神の栄光（*cavod*）に他ならない。それゆえ、このラビは逃走についての神秘主義を説くことは決してなく、彼にとっては――ハスィディズムの伝統に属する他の師たちの大部分にとってと同じように――、物質性の中までも、すなわち「主の栄光が全地に満ちる」（「イザヤ書」6:3）、その地の只中で神を探求するよう教えることが問題となろう。ただしこの栄光は、華々しい豪奢さには全く似つかわしくなく、最も高次の秘密に属する特徴を保持することとなろう。それは、たとえ最も慎ましやかな実在であろうと、存在する万物に対する神の近さという特徴である。「地においてさえ、石や埃のような無生物のうちにさえ」、永遠なる主は活力を放出する、とリアディのシュネウル・ザルマンは述べる[27]。

レヴィナスが強い関心を寄せるミトナグディームの伝統は、神の〈御言葉〉による創造に際して神の内在という観念を問題としない。ただしこの伝統が判断するところでは、誰もがハスィディームと同じくこうしてこの神の秘密に――この栄光（*cavod*）に――到達する能力を持つと信じさせうるというのは幻想である。ボロズィンのラビ・ハイームと同様ヴィルナのガオンは、ハスィディズムの楽観主義者たちの考えることとは逆に、人間が万物の神性の諸痕跡を認識する能力を持つことは決してできないと考えている。というのも、〈創造者〉の観点それ自体から（「〈彼〉の側から」）見た実在を人間が観想することは望みえないからである。人間は、自分たちの観点から（「われわれの側から」）しか実在を認識できない。つまり人間は神の現前の秘密に、あるいは〈無限者（*Ein Sof*）〉の秘密に接近できない。だからこそ人間には、内在が神にこれほどしばしば見捨てられ、悲嘆と不幸へと放置されたように思われるのだ。創造された諸実在において、「われわれの肉体に属している目は、実際、いかなる方法で神の御言葉が広まるのかを見極めることが端的にできない」[28]とラビ・ハイームは述べている。われわれの目はその痕跡を認識することができず、その不在を信じるか、あるいは覆われ（voilement）を純粋で単純な退隠と混同するか、といったことになる。「そうならないように望みたいところではあるが、すべてはあたかも見たところその唯一の本質の光を欠いた空虚な空間があるかのように生じる」[29]。しかしながら、この空虚は必ずしもノスタルジーを抱かせ悲しみを与えるわけではない。多くの人は自尊心をもって空虚を称揚するからである。あるいは単に自分の務めに慣れてそれに時間を割くからである。彼らは誇りをもっているが希望を抱くことはない。ただしその一方では、平静だったり悲しんだりしながらこの空虚に関する彼らの立場を支持する人々もいる。そうした人々はこの空虚のうちに、世界が神に見捨てられることについての反駁の余地のない証拠を見る。このとき、諸事物の現－存（l'être-là）[30]は、超越の光による方向づけを持たず、その言葉を知らずに自己充足しているように思われる。それでも、人間が諸事物の現－存に言葉を与えることに同意するまさにその時に、この現－存は幾ばくか明晰さを受け入れる。その時とは、人間がニヒリズム、暴力と憎しみによる魅惑、さらには死という恐るべき威信に屈するよりも別のことを選ぶときである。それは、たとえば人間が

（27）*Liqoutei Amarim, Sefer Tanya* (Portique de l'unité et de la foi), New York, Kehot Publication Society, 1981, p. 28.
（28）〔訳注〕R. Haïm de Volozin, *L'âme de la vie*, trad. B. Gross, Lagrasse, Verdier, 1986, Poche版ではp. 262.
（29）R. Haïm de Volozin, *L'âme de la vie*, trad. B. Gross, Lagrasse, Verdier, 1986, 133. Poche版ではp. 249.
（30）〔訳注〕ハイデガーにおける「現存在」と紛らわしいため、事物のl'être-làに関しては「現－存」という訳語をあてた。

自分の能力に応じて日々新たな努力を重ね、そうした努力のうちで自分と自分の周囲の生を向上させることを選ぶときである。

「肉体であるものはみな同時に、神の口が語ったことを見るであろう」（「イザヤ書」40:5）[31]。その時に預言者によって垣間見られた希望とは、つまり神の栄光――各々の事物と生のうちに現れる言葉の秘密――を人間が観想する時への期待である。これは世界の内在のうちにあるのだが、この世界の内在は、この世界（*haOlam hazé*）においては到達不可能なままである。ラビ・ハイームによれば、こうした希望は将来の世界（*haOlam haba*）に関わるということを考えるべきである。反対に、この世界においては人間の視点に応じて曖昧さのみが残っているのであるが、このことは無に等しいわけではないと強調するのがよい。実際のところ、ラビ・ハイームいわくこのことが意味するのは、この世界で――法悦や神秘的な合一（*dévéqut*）を体験することは、被造物の有限な現実存在を分有することよりも重要だという口実のもとで、この世界を見捨てようとすることなくして――人間が生きていくための可能性である。〔人間が、〕この〈私〉から〈きみ〉へと関係するという様態で、トーラーによって伝達された発話の命令法の尺度に従って〔生きていくための可能性である〕。実際、聖書において〈無限者〉（*Ein Sof*）すなわち神は、他なる人間に語りかける一箇の人格として現れる。「私（*Anokhi*）は永遠なる者（*haChem*）、あなたの神（*Elohékha*）である」。「あなたは私以外に神を持たないだろう」（「出エジプト記」20:2–3）。ゆえにこの神は各人の唯一性へと向かうのであり、その際一箇の〈きみ〉に言葉をかける一箇の〈私〉という様態をとる〔ここでは、〈私〉は「神」を指す〕。そして、〈彼（＝神）〉は各人に何らかの振る舞い、それもとりわけ他人および他の生きた被造物との関係を対象とする振る舞いによって応答するよう要求する。〈彼〉の超越は、発音できない彼の〈名（*haChem*）〉の秘密、〈無限者（*Ein Sof*）〉の名の秘密のゆえに、いっそう優っているように思われる。あるいはまた、他の多くのユダヤ思想家と同じようにここで隠喩法を用いるラビ・ハイームにしたがえば、多くの人間の言葉はこの〈語ること〉、「活力の根の源」（*ibid.*, p. 144）の秘密のゆえに未完了形にとどまっている。この秘密は諸事物の内在のうちに隠され、各人に与えられた、限られた長さの時間のうちでほとんど常に動揺に向かうよう宿命づけられており、光り輝くその明るさのうちに現れることは決してありえない。しかし、ハスィディズムにおいて啓示が呈する非常に強い調子の諸表現とは裏腹に、神的な秘密の最終的な啓示へのノスタルジーは全く通用しない。ラビ・ハイームが実際のところ述べるのは、人間は〈無限者〉の閃光によって避けがたく無に帰されるであろうから、その有限性と脆さのうちですぐさま姿を消すことなしにはこの啓示に耐えられないだろうということである。神がモーセに語った後でモーセは自分の顔の肌に覆いをかけた。というのも民は、神の〈御言葉〉によってその肌の最奥の秘密までを照らし光を放つこの肌の光を見つめることに耐えられなかったからだ（「出エジプト記」34:29–35）。こうしたことは必然性のうちにあり、ユダヤ教の伝統が必然性を考察しながら述べるように、人間という被造物は〈面（おもて）〉を見るという野望を制限しなければならない。たとえこのように見ることへの欲望が極限的な絶望の苦しみに焦がれるような試練を人間にもたらすときであっても、である。したがってこの生においては、仮象に欺かれる場合を除いては、どんな人間であっても、ほのかに見る以外のしかたで認識することは決してできないということになる。しかし反対に、〈無限者〉が通過し人間に応答

（31）〔訳注〕新共同訳では「主の栄光がこうして現れるのを肉なる者はともに見る。主の口がこう宣言される」（「イザヤ書」40:5）。ここでの仏語はこの節の一部である。

する際に残した痕跡を認識するために、人間は精神と肉体を注意深く見守る練習をすることができる。ラビ・ナフマン・ブラツラフはハスィディズムの伝統の中心にいたが、それでもこの超越の次元、つまり埋めがたい遠隔の次元を強調していた。彼が述べるように、信仰（*émouna*）生活は〈私〉の〈きみ〉への関係を通じてなされる。〈私〉と〈きみ〉を超えて、〈きみ〉の奥底に隠された〈彼〉あるいは〈無限者（*Ein Sof*）〉の非人称性と一体化し忘我することに憧れていても、信仰生活がこの還元不能な二元性を捨て去ることは望みえない。信仰生活は、あらゆる生の源泉にある一日を、そしてまた別の一日を慎ましやかに捧げることにある。それはあたかも、なかなか消えることのない絶望から取り出された、この〔一日という〕捧げ物がないならば、この源泉には決して人の目に止まるような力がないかのようである。そして、それゆえ、方向づけを持たない内在の虚しさのなかで、その栄光が各人の目からは不在となってすぐさま消失しなければならないかのようである。しかし時間の障壁[32]を消失させ、信仰の危険に内在する論理的矛盾を克服するまなざしのおかげで、人間の諸能力のうちで彼らに固有の「永遠なる不安」を和らげることには決してならない、とラビ・ナフマンは主張する。ノスタルジーと狂気自体は、少なくとも実在の最終的な尺度であろうとする合理性と照らし合わせて見れば人間の生の要因となっており、人間は暗い夜を幾百と過ごす責務を免れない。

神の息（*ruah*）[33]と言葉（*davar*）が被造物の各々に——つまり自己自身に——住まう。この息と言葉は、感受性および人間の意味によって各々の実在のうちで認識されるが、栄光というしかたでは決して与えられない。栄光は死ぬ間際に、つまり人間がその息にとっての世界を断念する間際に、人間の息を止める。栄光（*cavod*）は、その覆いが人間にその栄光を忘却させるほど、人間たちが激しく苦しみつつ神が世界から退隠したと思わせそのように告げさせるほど、内在の最奥に隠されている。それゆえ、創造者の行為に関して[34]レヴィナスによって言及された無神論の危機は、現実存在する者すべてに根本的な存在論的孤独といった諦念といった様相、またときにはその尊大であったり絶望的であったりするような肯定の様相を呈している。こうして神の超越は、純粋で単純な〈不在〉に変わる。ラビ・ナフマン・ブラツラフもよく知られた話[35]の中で同じように、神の超越は実在を見捨て、被造物をその実存の疑いへと、そして無神論の肯定へと、さらには神に見捨てられた孤独（déréliction）へと宿命づけるように思われると述べている。レヴィナスが記すように、あらゆる意味作用との相関性および隔絶を止むを得ず受け入れる世界の只中で、ある（*il y a*）の出口なしの不安へ、すなわち、不条理が意味作用を明らかに凌ぐという「恐るべき」状態へ、そして「何の留保も一時中断の可能性もなく無限定に伸びゆく存在すること（essence：存在すること）」（AE, 254／三七〇）の光景を前にして無力で悲嘆にくれた忍従（résignation）へと、神の超越が被造物を宿命づけるように思われる。哲学者〔レヴィナス〕によれば、ここに、まさに不条理が存している。[36]

（32）Martin Buber, *Les Contes de rabbi Nahman*, trad. F. Lévy et L. Marcou, Paris, Stock, 1981, p. 151. R. Nahman de Bratzlav (1772–1810).

（33）〔訳注〕「息」と訳出したのはフランス語ではsouffleである。ただしルーアッハ（*ruah*）は、「霊魂」「精神」と訳される場合も多い。「ルーアッハは《精神》であり、情感と道徳感の分野であり、人間を動物と区別しているものである」（『ユダヤ神話・呪術・神秘思想事典』、前掲書、七三五頁）。

（34）本書第一章を参照。

（35）「賢者ともの知らずの物語」（Martin Buber, *Les Contes de rabbi Nahman*, p. 71–90を参照）。

（36）HH, 37／五九。「不条理は、純粋な無差異性のうちの多様性にもとづくのである。」

ショアーの時代、あるの恐怖が何百万もの人々の運命となったことはよく知られている。「《燃える柴》[37]の悪魔的な戯画」(MB, 63／一〇二)は無数の犠牲者のうちで、もう一つの〈御言葉〉の記憶まで消滅させた。しかし、聖書に由来する希望の言の囁き——もう一時間、もしかしたらもう一日生き延びようと努力する欲望を与えてくれたはずの言の囁き——が、その時あらゆる意味作用の解体に固有の愚弄のうちに消失してしまったとしても、それでもなお、自分たちのためにも自分の隣人のためにも何も望むことなしに、幾人かが知っていたことがある。彼らを助けるには無力な、〈不在〉に至るまでに超越的な神の超越を、この戯画と混同することはできないということだ。あるいはまた、匿名かつ荒々しい、黙しておりかつ粗野な恐怖のうちで、あるの出口なしの運命への幽閉のうちに各人の生を保持しようとする、この狂気と〔混同することはできないということだ〕。これ〔あるの出口なしの運命〕は、様々に異なる各人の肉体の虚無化の運命とは異なる運命だ。この虚無化については、そのいかなる記憶も想起されるとみなされなかったということもまた知られている。

〈永遠なる者〉はヘブライ人たちに恐るべき災いを約束するとき、「わたしはその日、必ずわたしの〈面《おもて》〉を隠す」(「申命記」31:18)と言う。ラシは非常に簡潔にこの聖句に注釈をつける。これでは「あたかも」神が彼らの苦しみを見ることがないかのようだと言うのだ。しかしながらタルムード[38]は、人間の終わりなき不正と苦しみに言及する聖書の節を読解する多くの賢者の嘆きを報告した後で、より大胆で抜本的な意見をとる。ラヴはまず、「神の〈面《おもて》〉を《背けること》の対象とならなかった人はイスラエルに帰属してはいない」と主張する。これは、レヴィナスから見れば、「苦しむユダヤの民に私が帰属することによって、遠くにいる神は私の神となる」ということを意味している。神について言えば、人間は、あらゆる理性に反して〈彼(＝神)〉が人間に姿を見せることを望む。しかし、「覆い隠された神を認識した人間のみが、この開示（dévoilement）を要請しうる[39]」とレヴィナスはすぐさま明言する。タルムードのこのページにおいては、絶対的に理性を逸脱した（déraisonnable）この希望は、他の二人の賢者の発言に見いだされる。ラバは実際のところ、「〈私の〉顔を背けるにもかかわらず、私は［イスラエルに］夢の中で語り続けるだろう」と述べている。そして、ラヴ・ヨセフは、「神の手は［イスラエルの上に］広げられ続けているだろう。というのも「私の手の陰で私はあなたを覆う」（「イザヤ書」51:16）と書かれているからだ」と付け加える。ヴィルナのガオンは、*haster hastir* と書くべきところで *haster astir* という形が用いられたことに驚いている[40]。ヴィルナのガオンが述べるには、ユダヤの民は災いから救われることを目的として〈創造者〉の注意を引くことができるが、自分は見捨てられていると思い、その「覆い（*hester*）」を自分で作る。ユダヤの民は神への信仰を断念し、その時に神は〈彼〉

（37）〔訳注〕「燃える柴」は「出エジプト記」に登場する言葉。モーセは神の山ホレブにきた。「その時、柴の間に燃え上がっている炎の中に主の御使いが現れた。彼が見ると、見よ、柴は火に燃えているのに、柴は燃え尽きない。モーセは言った。「道をそれて、この不思議な光景を見届けよう。どうしてあの柴は燃え尽きないのだろう」」（「出エジプト記」3:2–4）。レヴィナスはこのブランショ論において、「焼き尽くされることのない燃焼」である「地獄」を表現するために「燃える柴」の語を引用している。

（38）Traité *Haguiga*, 5a–b, trad. grand rabbin I. Salzer, Lagrasse, Verdier, 1991, p. 39–40.

（39）「神よりもトーラーを愛すること」（DL, p. 191 et 193／一九〇）。

（40）〔訳注〕haster astir は、実際には、「イザヤ書」ではなく「申命記」31:18 に登場する語であり、「必ず隠す」という意味である。ヴィルナのガオンによると、文法的にはこの箇所は、*haster hastir* と書くのが正しいということである。

自身その顔を覆い隠す《*astir*》[41]。

しかしながら、ラビ・イシュマエル学派においては、「神々（*élim*）の中にあなたのように〈永遠なる者〉が誰かあるでしょうか」（「出エジプト記」15:11）と聖句を読んではならないのであって、「黙した者ども（*ilémin*）の中にあなたのように〈永遠なる者〉が誰かあるでしょうか」と読むように言われていた。さて、シャバトの朝の口頭の教えにおいてレヴィナスはある日、この聖句とこの解釈について、〈彼（＝神）〉が存在するとはもはや分からないほどに神は人間の悪事に対して無限に忍耐強いと註釈を述べた。これは、「肉体を得ることはなく、無神論による否認にさらされている」（AT, 55／五〇）神に関するレヴィナスの思考を確証するものである。実際、ラバの示唆によれば幾人かの人の夢にもかかわらず、またラヴ・ヨセフの示唆によればイスラエルを覆う神の手の覆いにもかかわらず、神の覆いは、生および無数の人々の死のうちで非常に支配的であるので、人々は不在のこの神をある（*il y a*）の粗野な事実性から区別するものを知らない。すなわち、いかなる〈言葉〉からも見捨てられた内在の不安を引き起こす中性性（neutralité）という事実性から、そしてそれゆえ、終わりなき闇夜、夜明けの光を禁じられた夜へと運命づけられた中立性という事実性から不在の神を区別することができない。

この覆いは非常に厚いので、無神論という否認への誘惑となる。レヴィナスによれば、この覆いの中で神を認める人だけに、その覆いを取って明るみに出すこと（dévoilement）を要請する権利がある。しかし上記のような観点から見ると、レヴィナスのこの言明は何を意味するのだろうか。あらゆる希望が不透明な闇の中に滑り込み、夜の悪夢が昼へと侵入するときに、誰、あるいは何を認めることが問題であるのか。思い出は絶え間なき苦痛に覆われているのに、どのような遠い思い出へと向かうことが問題であるのか。哲学者［レヴィナス］の著作において、あるは、純粋な存在が外傷を与え恐怖を抱かせながら侵入すること（envahissement）として描かれている。ハイデガーが考えているように、形而上学の黎明以来、概念と技術の支配は人間に〈存在〉を忘れさせてきた。しかし、こうした〈存在〉の神秘に対する驚きについての思い出を生き生きとさせることは、ここでは問題とはなりえない。したがって、覆い隠された神（Le Dieu voilé）の承認を純粋な〈存在〉に還元することはできない。しかしながらこうした神の承認は、何らかの驚き、ただし全く性質の異なる驚きを経由している。それは、哲学においてはほとんど聞かれない次の問い、一般的なしかたではそもそも滅多に注意を惹くことのないこの問いを提示する人の驚きである。「存在の広大さと、地上でこれまで殺し合ってきたひとびとの群れを前にした時、他人に一歩の道を譲るような不確かな動作がいったいなんでありえよう」（MB, 68／一一一）。こうしたことは、存在することの優位性をあなたがたに対して断念し、主体の支配をいくらか失う人について言われるものだ。

諸事物の壮麗さと神秘を前にして人間は驚嘆するであろうから、内在のうちに覆い隠された神の承認が人間の魂の中で道を開くことはない。覆い隠された神は、レヴィナスにとって、よく導かれた反省および理性が少しずつその原理へと遡ることを可能にするような宇宙論的な原理ではない。そもそも神は、理性の原理あるいは〈理念〉のように思考されてはいない。というのも、神は、神学的あるいは哲学的な〈語られたこと〉のうちで原理を明確にする試みをすべて失敗させるからである。しかし、〈彼（＝神）〉は、ラバとラヴ・ヨセフが提示するように、夢あるいは慈悲深き宵闇の効果で固有の苦しみを和らげる、人間の理解を超えた恩寵によって自らを告げるのではない。ましてや、上昇

（41） La revue *Kountrass*, numéro spécial sur le Gaon de Vilna, octobre–novembre, 1997, p. 49を参照せよ。

(élévation) と合一 (devéqut) の可能性によってその到来を予測されるのではない。ハスィディズムの人々が熱心に望むように、合一は少なくともわずかな間は〈彼(=神)〉の現前という神秘体験を享受させるであろうが、上昇と合一の可能性によって〈彼〉が自らを告げることはないのである。時には自分に固有の深淵の一番深いところにおいてさえ、隣人の黙した悲嘆に応答して自分の優先権を隣人に与えることまでするというのは、人が持つ非常に驚くべき可能性である。とりわけレヴィナスが述べるところによれば、覆い隠された神の予感が人の心性のうちで始まるのは人がこの可能性を認めるときである。この可能性はそもそも人間の理解を超えているので、多くの同時代人たちから、しばしば利害関心の魂胆であるとか、弱さであるとか、神経症である、などと見られるほどである。同時代人たちはこの可能性によって驚くことはせずに、その点に関して、ある実証的な知――その数々の現出を治療すべき症状の現出に帰すものであるとみなされる知――を作り上げる。ただしいずれにせよ哲学者〔レヴィナス〕によれば、この可能性は神を精神に到来させる。このことは、この可能性が神の現実存在を証明するということを決して意味しないのではあるが。

したがって、地上にはいまだ救済はなく、地上は人間が人間に対してもたらす限りなき不幸によって傷つけられ、各人を絶望へ、ニヒリズムへ、そして時にはキニク派へと向かわせるほどであるのに、その地上でためらいつつそもそも自分が何をしているかもよく知らずに隣人に「先を譲る」人、あるいは、自分の空腹にもかかわらず隣人とパンを分け合う人を前にしてレヴィナスは感銘を受ける。[42] 彼はまた、歴史的あるいは厳密には超歴史的な出来事について述べているように、イェルサレムへのアンワル・エル＝サダトの訪問に驚嘆している。[43]「慎重さと用心深さ」(ADV, 226/三〇九)を忘れ去って自己超越し、憎しみを超え、彼らの生を危険に晒し、彼らの敵との平和へと開かれる人々の例外的な性質に直面したのである。哲学者〔レヴィナス〕によって選ばれたこれらの例は、人間たちの悲劇的な時間性のうちで、覆い隠された神の観念を与えるとみなされる例である。明らかにこれらの例は、彼の側のある悲観主義を証ししている。それは人間学的な悲観主義――したがって、歴史のうちでユダヤ人によって耐えられてきた苦しみには帰着しない――、ミトナグディームのリトアニア的な伝統には既に指摘されている悲観主義である。この悲観主義こそが、はるかにありふれたものである悪や憎しみ、そして戦争の諸現出に対してよりもいっそう善性や愛や和解の諸現出に対しての驚きをもたらすのだ。しかしこれらの例は、何らかの――逆説的にも、覆い隠された神の道に通じる――不信（incrédulité）をも証しする。実際、人間は本性的にエゴイズムの傾向にあり、つまり感情によってであれ理性によってであれ、存在することへの利害関心を探求する傾向にあるのだが、そうした人間が、いかなる場合においても自己を超越し、先を譲り、平和のために自らの生を危険に晒すということがいかにして生じるのか。つまり、歴史における悪の明白な根源性にもかかわらず、善性および正義から生じる利害関心を欠いた振る舞いを永久に根絶する能力は悪にはないということがいかにして生じるのか。そうした振る舞い

（42）プリーモ・レーヴィは、ごくわずかな配給品を分け合う人について言う。「私が人間であるのを忘れなかったのは、ロレンツォのおかげだ」（Primo Levi, *Si c'est un homme*, trad. M. Schruoffeneger, Paris, Julliard, 1987, p. 130〔『アウシュヴィッツは終わらない――あるイタリア人生存者の考察』朝日新聞社出版局、一九八〇年、竹山博英訳、一四九頁〕）。

（43）〔訳注〕アンワル・エル＝サダト（1918–1981）。初代エジプト・アラブ共和国大統領であり、一九七七年五月にエルサレムを訪問している。このことをレヴィナスは「人間業ではない超歴史的な出来事」（ADV, 226／三〇九）と称賛している。

もまた男たちや女たちに由来するのであるが、自分たちに本来そなわっている執拗な暴力によって際限なく苦しめられるこの人類に彼らは属しているのだ。絶えず破壊の危機に晒されているこの人類に、また、イェルサレム神殿の破壊についてタルムードのラビ（祭司、律法博士）たちが述べるように、他者に対するいわれなき憎しみ（*sinat hinam*）の度はずれさそれ自体に彼らは属しているのだ。

　それゆえこの驚嘆は神を精神に到来させるであろう。ただし強調しなければならないのだが、このことは、この驚嘆が神を思弁的な知性に到来させるということにはならない。この驚嘆はまた――ハスィディズムの考えにしたがえば感情が精神性の基準を構成するのだが、ハスィディズムの考えを非常に警戒する哲学者において、このことはとりわけ顕著である――、涙の贈与に突如敏感になる肉体において感得される。この涙は、人間の強い苦痛、あるいは自分自身の強い苦痛を感じて疲労と恐怖の極限で無力さに泣く人の涙ではない。むしろ、非常に静かな涙、善き人あるいは義なる人の記憶――あるいは記憶不能なもの――を、人間の精神と肉体にのうちに不意に甦らせる、予期し得ぬ振る舞いに直面して、時を中断させるような涙である。それは、明晰さに覆われて、[44]唯一通用するように見えるのは悪と暴力への屈服のみであるといったまさにそのときである。その涙は、存在の只中への善きものの侵入、「和解という奇妙な幸福」（TI, 316／五一〇）が、最善の諸概念の監視を超えているということを知る人の涙である。過度の悲壮感をいささかも好むことなく、「人類への存在の頽落」としてレヴィナスが描くことをためらわない涙である。

　繰り返し現れるあるの脅威を前にしておぼえる恐れを、哲学者〔レヴィナス〕は長い間語ってきた。彼は暴力と戦争について思考し、ショアーを「記憶のうちなる腫瘍」として思い起こしてきた。彼は二〇世紀に起きた他の数々の悲劇の甚だしい不名誉を決して無視してはいない。[45]しかし、とりわけ「悪魔的な（ルシファーの）嘘」（HH, 81／一三三）という武器によって強化された悪の暴力は、どのようなイデオロギーにも固有のものとしてある。イデオロギーは悪の暴力を善いものと思わせるので、この不幸が自己を超えるとみなされて向かうよりよい未来の名において強制移送や大量殺戮を正当化しうるほどである。こうした悪の暴力は、彼の哲学にとって、時には、彼らにとっては希望がもはや何の意味も持たないような深淵の只中でさえも、利害関心を欠いた善性からの振る舞いと言葉を前にした驚嘆をより強くし、より決定的とする。この予測不可能な善性は、かぎりなく壊れやすいと同時に持ちこたえる力をも持っており、人々が死にゆくこれらの悲劇のうちに覆い隠された神のゆらめく痕跡を、哲学者がとりわけてそこに〔この善性に〕見るという点で、哲学者を驚かせる。神は殺人者の腕を止めることはなく、その記憶は人間の意識から消失してしまったかのようである。しかし、善性――証人に訴えることのないある善性――は、彼が知らないうちにさえ、神の痕跡を保つだろう。初期ギリシアの哲学者たちは、存在するものおよび宇宙の運動の規則性を前にした驚嘆のうちに、身体の美しさ、さらに魂の正しさ（justice）、思考する欲望の源泉を見ていた。彼らギリシアの哲学者たちとは反対に、レヴィナスは、「ナチの恐怖の予感と記憶によって」（DL, 374／三八八）支配されているその伝記と哲学が、悪の超過を前にして恐怖のうちでいかに始まるかを述べている。この恐怖は思考を驚かせることはない。むしろその反対である。思考が不幸好きに変質することなく、ましてや忍従へと変質することな

（44）〔訳注〕『全体性と無限』冒頭でレヴィナスは、「明晰さ――精神が真なるものに開かれていること――とは、戦争のたえざる可能性を見てとることにあるのではないか」（TI, 5／一五）と記している。
（45）NP, 9／一、TI, 5／一五を参照。

く、ストア派的な平安の高潔さを有するとしても、この恐怖は思考の、概して黙した骨組みを構成している。ところが、この恐怖は善性を前にしたこの驚嘆とは切り離せない。この善性は、時おりしばしの間、呵責なきこの悪を中断するのであり、またその事実に大きな確信を抱いている。したがってこの恐怖とこの驚嘆は思考の骨組みの二つの側面をなしている。第一の側面が絶望の誘惑やニヒリズムや存在論的な諦念の称揚を味あわせるのに対して、第二の側面は、その弱さと高さによって、覆い隠された神の痕跡の上にあるのだ。

ユダヤ思想においてこの奇妙な神の顕現（théophanie）——荒廃が肉体と意識すさませるときに、善性からくる言葉や振る舞いによって生じたかすかなきらめきの恵みである、精神への神のこの到来——に先例はあるのだろうか。

存在への開けの意味を見失ってしまった時代がある。また、古代ギリシアの人びとにとっては「慣れ親しんだもののうちでのなじみのないもの」への驚き（タウマゼイン）は身近なものであったのだが、そうした驚きの意味を見失ってしまった時代がある。ハイデガーにとっては恐れ（effroi）がこうした時代に固有の情熱的な響きを表しているとしても、レヴィナスは反対にこの恐れを拒否する。この恐れは、純粋な存在——ある——による恐るべき中性性に侵入されて生じるのだ。そして、もしレヴィナスが驚くことの能力を保持するとしても、それはハイデガーが主張するように存在の謎を前にしているからではない。そうではなく、人間の没利害関心、あるいは、善性による存在の中断という尋常ならざるものを前にしてのみ、レヴィナスはこの驚くことの能力を保持するのである。レヴィナスは、ギリシアがこの考えの源泉なのではないと告白するのであるから、この考えをユダヤ教の伝統という観点からいかにして思考すべきであろうか。

神の「力ある手」のおかげで海が割れる。生と自由の岸を民たちが無事に通過できるよう、神は敵を突如「石のように不動にする」（「出エジプト」15:16）。こうした眺めにもまして、レヴィナスは、善良なふるまいのなかでかすかな沈黙の声[46]を聴取する人間の可能性を前にして驚く（1R19.12）。この振る舞いは、少なくともほんの少しの間、暴力と悪の無慈悲な通過を宙づりにするのだ。超越という開口部は、世界において決して秩序づけられることなく世界の秩序づけを妨げるのだが、奇跡（*nes*）が世界の内在において超越という開口部を構成するとしても、レヴィナスがその卓越性を認めそれに驚くのは、実際、この声、およびこの声に似ている諸々の表出の弱さにおいてであって、超自然的あるいは自然的な力能の表出においてではない。ドラマ的で悲惨な時代には、人間の善性は、それと知ることすらなく、この奇跡の痕跡をなお見つめるだろう。奇異でとらえがたく繊細かつ命令的なしかたで内在をかき乱すのは、人間の善性である。権威は不可欠で人間に強い印象を与えるので、しばしば人間は、権威を神聖なものとするほどであるが、権威よりも決定的な方法で——すなわち決して内在に統合されないようなしかたで——人間の善性は内在をかき乱す。悲劇的なものが優勢となり、神が地上の人間たちの諸々の出来事から退いて不在に見えるとき、人間たちは時折、美しい規則から目覚め精神に到達可能な秩序を目覚めさせるために、アリストテレスが既にしていたように宇宙へと向きを変える。そこになお神の表出、および生の偶然性に少しの知恵を導入する勇気を見る人もいる。しかし、神があるのざわめきと混同されるとき、歴史や自然そして宇宙もまた人間の嘆きを聞かないとき、

（46）〔訳注〕原語は la voix de fin silence.『固有名』所収の論文« Roger Laporte et la voix de fin silence. »に登場する言葉であり、合田訳では「幽けき沈黙の声」となっている。

人間たちが情愛深く親切なすべての現前から見捨てられるとき、恐怖は無神論を強いるのだろうか。

レヴィナスはこの問いを回避することはしないが、なおこの大きな災厄のうちで、ある光がきらめくと考えている。それは、危機に瀕した顔の裸性に直面する人間の善性の光である。ハスィディームは、神の現前によって可視的なものとして方向づけられた歴史の流れを思考することなく、自然のうちに神を求めていた。その一方で、哲学者〔レヴィナス〕は――ここでもまた――、こうした探求の正当性に関するミトナグディームによる留保を自分の立場とする。このことは、歴史や自然や宇宙が、〔神の〕この現前を欠いており、存在論的な頽落へと放棄されているということを含意しているのではない。そうではなく、この道を通って神に接近することは、人間の能力にまったく依拠しないということを意味している。カントの哲学において、あらゆる知的直観を欠いた人間には不可視のヌーメノンが人間には決して到達できないままにとどまるように、ミトナグディームはこの超えがたい限界を絶えず強調する。モーセは彼自身で神の栄光を観想することができた（「出エジプト記」33:18）。というのも、「神秘は永遠なる主、われわれの神のものである」（「申命記」29:28）からである。「われわれは、権威ある主体およびわれわれの悟性に啓示されたもの」さらに、「われわれの側に」あるもの「しか探る権利がない」[47]。それゆえ、ある人々が、諸事物の運行が急にうまくいくかたちをとるときには――レヴィナスによれば仮象として――知覚可能であると信じている数々の記号にもかかわらず、宇宙、自然および歴史への神の内在的な現前は、知覚不能で、理解不能で、把握不能なままである。神の内的現前は、人間の感受性には隠されたままであり、しばしば、その超越がはるか遠くに思われるので、不在という感情に変わるほどである。それでは何が残るのか。ボロズィンのラビ・ハイームによれば、最も重要なものは、神と人間に対する口伝律法（*mitsvot*）の学習、祈りおよび実践である。

こうした思考の系列に忠実でありながらレヴィナスが探求するのは、いかにして神がなお人間の精神に――学習をせず、祈りと口伝律法（*mitsvot*）の意味を知らない人々、そして深い悲しみの軛に屈服する人々のうちにさえも――到来するのかということである。その際レヴィナスは、人間の歴史のうちで、血と涙がどれだけ喜びにまさるかを確認している。ところが、奇跡的な瞬間においてこそ――すなわちいかなる因果性もそれを説明できないような瞬間においてこそ――、ひとりの人間が、隣人の顔の傷つきやすさに直面して突如目覚め、隣人の顔にすぐさま応答し、隣人のために先を譲るとレヴィナスは言うのだ。「世界から退隠するのは神ではない。神に向けていた目を閉じたのは人間である。たとえ一瞬まばたきしただけであるにせよ、中断符の黒い点によって見守り続けるそのまなざしの不断の光が中断しただけであるにせよ」（DSS, 101／一四四）と哲学者〔レヴィナス〕は述べる。しかし彼に従えば、目を開くことは、神を観想し法悦（extase）を享受するに至ることを意味するのでは決してない。このこと〔目を開くこと〕は、ただ単に――ただし最も重要なことなのだが――その光の中で被造物を見ること、そして理由も知らずに、創造の責任が目覚めた者に課されるのだと分かるようにさせる。

西欧の形而上学の伝統とは異なって、ユダヤの賢者たちは、人間に「固有なもの」をその「理性的な動物」のうちに位置づけることをせず、人間がなるとされる「神の像」（「創世記」1:26, 5:1）（*tselem*）との結びつきにおいて人間を考える。こうした教えはここにおいて非常に強い解釈と出会う。ボロズィンのラビ・ハイームが――そして彼以前のゾーハルを出自とする神秘主義の伝統が――なお述べるように、「神の像」であることは、所与のものであり、かつ不動である自然に対する優先権を与える

(47) R. Haïm de Volozin, *L'Âme de la vie*, p. 130.〔Poche版ではp. 245〕

ことはない――像は失われうる――し、他方、人間の思弁的能力に関わることはない。このことが意味するのは、創造に責任を持つ必要があるということ、そして、行為や言葉や思考のうちで、口伝律法（*mitsvot*）に忠実なふるまいを通じて存在を正当化する必要があるということである。レヴィナスはこうした省察の系譜に位置している。この省察は、良きにつけ悪しきにつけ大胆かつ重々しく人間に創造の運命を託すのだが、その際、人間の移り気、冷酷さないし邪悪さによってもたらされた損害や傷、そして悲劇の埋め合わせをするために、神が摂理によって介入することを期待してはいない。主導権は人間に返される。「来て見よ。より劣った世界は常に迎える立場にある。しかし、より優れた世界は、その世界が採用する姿勢に従ってのみ、それに作用する。もしより優れた世界が下方で（En-Bas）光り輝く面を提示するならば、人は上方から（d'En-Haut）それを照らす。もしより優れた世界が渋面を示すならば、人は厳しい仕打ちでそれに答える」[48]。しかしながらレヴィナスは、口伝律法（*mitsvot*）に忠実であれ不忠実であれ、責任という課題をユダヤ人に割り当てることをしない。というのも彼はこの教えのうちに、各人における人間的なものの到来にとって不可欠な方向づけを見るからである。実際この点に関して、彼の意見では、思考のユダヤ的源泉は、「理性的動物」のうちの人間的なものに「固有なもの」を探し求めるギリシア人に由来する源泉と同じだけの考慮に値する。

ヴィルナのガオンが主張するところでは、ユダヤの民が統一されるときに、すなわち、各人が喜びや苦しみのさなかであたかも自分自身の生が問題であるかのように他人の生を気づかうときに、神の現前（*Chékhina*）[49]は各人の傍らにある。[50]一者の他に対するこの近さこそが、彼いわく神のイスラエルに対する近さを感覚可能なものにする。悲嘆の時間性と幸福の時間性は互いに貫き合っており、法悦は悲嘆や幸福の時間性から引き出されるのであろうが、そうした法悦にもまして、そうなのだ。この近さは〈無限〉に調子を合わせてその時間性を振動させる。ところがレヴィナスはこの教えを先鋭化させる。他者の生に対する気遣い（souci）が自分自身の生に対する気遣いを超過する（excède）瞬間に、すなわち「善性という峻厳な幸福」（TI, 325／五二二）の時に、神が人間の精神に到来するとレヴィナスは考えるからである。彼は神の到来を、顔の裸性に直面して拒むことのできない責任と結びつける。アダムとイヴは、過ちが裸性から内的な光を奪ったと認めつつ、裸の身体を隠そうとした。そうした身体の裸性とは異なって、顔のこの裸性は決して羞恥に関与しない。保護もなく、裸性が被る危機への意識も時にはなく、裸性を破壊する準備のある闇の力能[51]にさらされて、この〔顔の〕裸性は知らず知らずに神の近さを証しするだろう。神を栄光のうちに見出だそうと渇望するまなざしから神は隠されているのだが、そうしたまなざしは、神の栄光がその実在を認めさせてくれること[52]を期待しているのだ。実際のところレヴィナスの著作は、いかにして「静かにささやく声」が人間たちに触れる

（48）ゾーハルII, 184b. R. Haïme de Volozin, *L'Âme de la vie*, p. 27〔Poche版ではp. 117〕に引用されている。

（49）〔訳注〕シェキナー（*Chékhina*）はヘブライ語で世界への神の居住を表す語である。レヴィナスは、シェキナーという語は「より正確に言うとイスラエルの中での神の居住を意味する語であるから、さらには様態、存在のしかたを示す」と述べている（Cf. ADV, 148／二〇〇）。

（50）*Sefer Michlei* (commentaire au livre des *Proverbes*), Petakh Tiqva, 1985, p. 85.

（51）〔訳注〕ここで言われている蛇の力能のことであると思われる。蛇はアダムとイヴを唆し、結果として二人は裸を隠すことになった。

（52）〔訳注〕たとえば「列王記　上」19:12–13における、預言者エリヤが神の声を聞く場面の表現を指していると思われる。エリヤはここで神の声を聞き、自らの顔を覆った。

のか――それは時には少なくともこの裸性があるおかげだ――を倦むことなく述べ続ける。多大な苦痛に襲われた世界の中で、「神の死」や「虚空（le vide du ciel）」を宣告する最も決意の固い人々が、美徳は報われることなく悪徳は罰されることがないと認めるとき、理解しがたいしかたで、人間のこの対面はそうした人々の唇に無神論の告白をなおもとどめておくことになるだろう。しかし、この対面は、無神論の告白を逆説的な様式にとどめ、証明と反証の規則からその告白を免れさせる。というのも、神の実在についての確信を満足させることを決してせず、また自身の傷を癒すこともなく、この対面は、人間の〔顔の〕裸性に対して善性を義務づけるものとなろうからである。生に闇が訪れるときに神が隠遁しているという痕跡を残す力のみを、この責務が保持しているかのようである。不幸のどん底では、人間は〈彼（＝神）〉が実在するかどうかを知ることさえも、もはや気にかけない[53]。人間は不安のうちでもう少しの間生きのびようとするのだが、そうした不安にあってはそうしたことを気にかけないのである。あるいは、人間に向けられた人間の冷酷さは無思慮で唖然とさせるような宿命であると人々には思われるのであるが、このように思われるものに対する諦念のうちでは、そうしたことを気にかけないのである。

人間の裸性を前にして拒むことのできない責務についてのこの思考は、「よく思考する思考」（DMT, 218／二四二）となることはない。反対に、この思考は、理論的な思弁とは無縁の計画についての〈無限者〉の知解可能性を探し求めることに従事している。レヴィナスは、超越を主題化しようとする肯定神学が自分自身を不可避的に破産に追いやると見込んでいる。ただし彼に従うならば、「静かにささやく声」の力（force）は、「否定神学の表徴（figure）」にいまなお及ばない（AE, 26／四二）。しかしながら、この最後の肯定によって明示的に彼が自分で否定神学から距離を置くとしても、哲学者は、この神学に固有の議論の命題を自分のものにする傾向にあるのではないか。

実際、ノスタルジーやメランコリーの力にもかかわらず、神がその近さという明るさの中で、少なくとも「われわれの側で」、創造の内面に自らを捧げることは決してないのだが、そうした神をいかにして思考するのか。それよりもその超越は知覚可能であったり思考可能であったりするのだろうか。肯定的あるいは否定的な属性による存在の代わりに〈名〉によって神を言い表すことができるのであろうか。この問いはマイモニデスによって哲学的に練り上げられ、ミドラッシュないしは神秘主義の様式にもとづいた、ユダヤ思想の一般的特徴となっている。というのも、この思考がそうするように、〈名〉の問題と対峙することなくして、自然および諸事物の本質――何（ma）――に直面した驚きを、原初的な「誰（mi）」という動揺させるが情愛深い問いにいかにして従属させるのか。さて、この伝統に関してレヴィナスの言葉は忠実でありかつ新しい道を切り開くのではないか。『迷える人々のための導き』において、マイモニデスは、ほとんど両立しがたい二つの神学的身振りを提示する。彼は、「出エジプト記」（3:14）における「私は私がそうであるところのものであろう」

（53） AE, 16／二五、220／三二〇。本書の第四章も参照せよ。また、J. Hatzfeld, *Dans le nu de la vie. Récits des marais rwandais*, Paris, Éd. du Seuil, 2000, p. 54も参照せよ。「はじめには、小さな集団が祈るために集まってくる。このことは、以前には祈る習慣が長いことなかった人々にさえも、不可視の小さな何かをそれでも信じることの負担を軽くしてやる。しかし、それからそれらの集団は信仰の力を失うか、あるいは単に忘却した。そしてもはや誰もこのことを気にしなくなった」。

(*iéheh acher iéheh*) という聖句を、アリストテレスの存在論的な見地から解釈する。マイモニデスは次のように述べる。この言葉によって神はモーセにその存在の充溢と必要性を啓示し、その存在の「証拠」を与える。しかしながら、教育された人間しかその「証拠」には到達できないのだ (I, 64)。マイモニデスは、この聖句を発音できない〈名〉——テトラグラム——に接近させる。テトラグラムの四つの文字〔Y.H.W.H〕は同じ観念を確証する。神はここで、その実存についての存在論的証拠を提示しうる。このことが意味するのは、人間の知性がその存在の諸属性を思索することを〈彼(=神)〉が許すだろうということではない。〈彼(=神)〉は率直に言う。「私は、実在しないものであったことが決してなく、そして実在しないものであることが決してないであろう〈存在〉である」。しかし、その弟子の当惑に直面して、次にマイモニデスは、この存在の実在について議論された証拠を洗練されたものとする。マイモニデスが喚起するのは、無限遡行の不可能性はアリストテレスとともに世界の〈第一動者 (Premier moteur)〉を認めるよう導くのであって、〈第一動者〉は空間的および時間的な規定を逃れ、堕落しうる諸存在は、世代および堕落の法を逃れる存在から自らの存在を引き出すのであり、自らのうちにいかなる潜在性 (potentialité) をも含んでいない行為者の実在を認めなければならないということだ。そしてマイモニデスは、この〈第一動者〉ないしこの堕落することのない存在、さらにはこの純粋な行為、「ここに神が、その名を祝福されているのだ」(II, 1) と結論する。ところが概念のこの同等性は自明ではない。それゆえマイモニデスは、イェフダ・ハレヴィの言葉でいうなら存在論的な道筋およびこの同等性によって、アブラハム、イサクおよびヤコブの神を取り戻す。こうして、〈第一動者〉というアリストテレス的な概念による神についての規定、ないしは純粋な行為についての規定が、聖書において人間をその名で呼ぶ神の超越を欠くおそれがないだろうかと問われるに至るのではないか。

マイモニデスはこの反論を巧みにかわす。というのも彼によれば、存在神学の理論的空間は、聖書のテクストの理にかなった真の読解には不可欠だからである。〈名〉は、存在の思考から出発して規定されうるのであり、また規定されるべくある。しかしながら、彼がその存在を肯定するこの神の本質を描くために積極的な述語を用いようといういかなる主張にも抗して、哲学者〔マイモニデス〕はまた決然たる議論へと身を投ずる。人間になぞらえる（神人同形である：anthropomorphique）がゆえにむなしい内容のために、そうした〔積極的な〕述語は実際には人間について語るのであって、神について語ることにはならないだろう。これらの述語は夢を持ち続けるのであって、これらの述語が描いていると称する神からは遠ざかるだろう。神の本質についての想像上の言説を、自己矛盾しないよう義務づけられた神学の節度へと、その〔神学の〕言語の厳しい禁欲へと置き換えて、マイモニデスが伝えているように、これらの述語は不当で非難されるべき知を主張するだろう。人間に関する述語と神の比較にもとづいて――〈彼（＝神）〉がきわだってそれらの述語を備えているということを明確にしつつも――、この知は、人間は簡単に神の本質を把持するに至るという、神に関する幻想を抱かせるだろう。この知は、知的かつついには偶像崇拝に至る振る舞いにおいて、神の超越を愚弄するだろう。

マイモニデスは、人間と神は比較不能であるという原理にもとづいた言説のみが神学的な正統性を持つと考える。偶像崇拝の危険を予め防ぐためには、神の本質についての肯定的な命題すべてを、その認識の射程を不安定なものにする警告によって修正することが必要である。神の「足」、「指」、「目」ないしは「耳」に言及する聖書の神人同形論（anthropomorphismes）は、「アレゴリー的な諸形象」を構成する。それらの神人同形論は、自分の身体しか知らず抽象化ができないでいる人々のために用意された相似性の価値しか持たない。しかしながら、「神は一である」（「申命記」6:4）という信仰の声明さえも明晰な知と等価値ではない。したがって、信仰の声明は、「〈世界〉に存在するいかなる統一とも比較できない統一[54]」という考えによって、心のうちで確認されなければならない。たとえば、一であり、力能を持ち、善であり正しいなど、人間について語るのと同じく神について語るために使用された数々の語が一致するからといって、それらの語の意味が一致するということにはならない。それゆえ、レヴィナスの表現に従って、超越に関する〈語られたこと〉を語り直すのがよい。その際、肯定的、決定的、暴力的かつ偶像崇拝的な主張のうちにそれが消えるままになることはない。「われわれは、否定による以外のしかたで神に何らかの属性を与える手段を持っていない」。逆説的に、「いかなるしかたにおいても、実際にわれわれが知りたいと望む本質であるものをわれわれに知らせない」ゆえにこれらの否定的属性が肯定的な役割を果たすのである。それらの否定的属性は、「人間が神を把持することが可能な地点まで、精神を連れてゆく[55]」。世界の実在をよく知るようになるためには、その主体についての属性の数を増やさなければならないのに、神の本質が問題であるときに道は反転する。実際、この場合、知性の謙譲と肯定的な知の諦めは、近さを保持しようと望む者の唯一の導きであることがわかる。「あなたが神に対する否定を増やすにつれて、あなたはその認識へと近づき、あなたに否定されるべきものを証明するものを否定しない人よりも側にいるでしょう」とマイモニデスは弟子に教える(I, 59)。神は存在する。しかしその本質は定義されえず、分類されえず、そして記述されえない。詩篇の作者がこの神への呼びかけにおいて言うように、「〈あなた〉にとって、沈黙は賛辞である」(「詩篇」65:2)。

しかしこの沈黙、そして神について語ることの不可能性は、純粋に論理的な難点のある思考の道を通る危険を冒している。思考が生じうると信じた場所で深淵を暴いたダマスキオスが通った道と同様の道である。その時夜はあらゆる言説を覆い、人間の思考はじきに何も意味しなくなるだろう。[56] こうした抜本的なものの見方においては、無神論とニヒリズムは否定神学の企図を脅かすだろう。[57] ところが、言語に関する逆説をそれぞれ綿密に破壊することに腐心する思考にのしかかるめまいは、啓示を台無しにする。マイモニデスはそのことを知っている。だから彼は否定的な属性の肯定的な射程を同時に保持した。そしてそれに加えて、神がその本質を誰にも——モーセにすら（「出エジプト記」33:18）——明かさないということは、神は、預言者たちに彼らの道あるいはその創造のもとでの行動の方式を知らせたということであると確認した。ところが、タルムードの表現に従うならば、そうしたことは、「人間たちの言語において」しかなされない。だから聖書の神人同型が生まれるのである。神の本質ないし神の〈名〉の秘密を人間たちに明らかにすることなく、神は人間たちに義なる慈悲深き道、神の本質や秘密から得られる道を教え、そのかわりに人間たちにその道をたどるように求めた。「われわれの側」にあるものとして自らを与える近さの様態に神の認識をとどめておくとき、この考えはのちに神秘主義の文脈においてミトナグディームの伝統を通じて発展した考えに近い。

---

（54） *Le Livre de la connaissance*, trad. V. Nikiprowetzky et A. Zaoui, Paris, PUF, 1961, p. 30–31.
（55） *Le Guide des égarés*, I, § 58, p. 134–135.
（56） ダマスキオス（Damascuius：462頃–538頃）. *Des premiers principes*, trad. M. Galperine, Lagrasse, Verdier, 1987 et J. Combès, *Études néoplatoniciennes*, Grenoble, Jérôme Millon, 1989, p. 201 s.
（57） Bruaire, *Le Droit de Dieu*, Paris, Aubier Montaigne, 1974, p. 21:「否定神学はあらゆる神学の否定である。その真実は無神論なのだ」。

それゆえマイモニデスは存在神学と否定の道を結びつける。一見この神学的な身振りは困難をきたす。というのも、神あるいは人間が問題となるときに意味するもの（シニフィアン）の同型意義語は意味されるもの（シニフィエ）の同型意義語を含意していないと主張することで、名詞として理解された「存在」という語にはこの語が拒否する肯定的な属詞に関するのと同じ両義性がのしかかるからだ。マイモニデスは、「神よ、御名は讃えられよ」を「超本質性（hyperessentialité）」[58]と名づけることを躊躇わないのであるが、この「超本質性」へと道を切り開くために、神人同型の破壊は「存在」という語を遠ざけるのだ。

ところがレヴィナスは、このことに関するマイモニデスの考え――属性に関する理論の助けを借りて神についての肯定的な議論を練り上げることの不可能性に関する考え――を共有するとしても、まさに上に述べた点についてマイモニデスの考えを存在ともまた関わらせつつ、その幅を急激に広げる。レヴィナスは合理神学を批判する。合理神学は、哲学に対して従属的身分であることを受け入れながら、「存在することの身振り［…］ないしはその顕現の身振りに属するものの彼方」を思考しないよう導かれる。レヴィナスはまた、マイモニデスによって、不変の存在と「神よ、御名は讃えられよ」の間に打ち立てられた同等的価値の妥当性を問う。たとえこの独特なしかたであったとしても神を主題化し、神が「卓越した〈存在者〉」であるとはっきりと述べることで、マイモニデスは聖書における神を捉え損なったのだろうか。レヴィナスによれば、聖書における神は「実に奇妙なしかたで、つまり真実か虚偽かの査問にかけられた観念とのアナロジーなしに、存在の彼方、すなわち超越を意味する」（DDQVI, 94-95／一一五）のだ。しかし、だからといって存在の思考の拒絶は臆見や信仰を信頼することを含意するのではない。レヴィナスは、哲学者の神とアブラハム、イサクおよびヤコブの神の間の形式的な対立を疑う。この対立はイェフダ・ハレヴィによって、ついでパスカルによって打ち立てられた。哲学者の神は知性と合理的な反省に従属しているが、アブラハム、イサクおよびヤコブの神は心のみに話しかけるとされている。ゆえにレヴィナスはこの二者択一を逃れようとして、意味を備えた思考（pensée sensée：良識をそなえた思考）は必ずしも存在の思考を経由するわけではないと主張する。意味（sens：良識）は本当に存在の存在すること（*esse*）と同等なのか。神もしくは〈無限者〉の〈名〉は、思考についての存在論というこのヘゲモニーを逃れるだろう。そもそも、その〈名〉を発音することの不可能性は、真偽の基準に還元しえない超越の痕跡のうえにある、退隠についての思考――〈きみ〉の奥底の〈彼〉――のうちに位置づけられるだろう。

神の名を発音することの不可能性についてのこの思考は何を意味するのか。ボロズィンのラビ・ハイームによれば、「無限（*Ein Sof*）の本質である、〈御名は讃えられよ〉」はいかなる秘密にもまして隠されている。人はそれ（無限）をいかなる名でも名づけることはできない。テトラグラムによってすら、一番小さな文字であるヨッド〔ヘブライ語の第十番目の文字〕の先端によってすら名づけることができない[59]」。それに加えて、人間によって発音されることの可能な他の数々の名は、すべて一つの関係――神と人間の関係――を表現するのであって、一つの本質を表現するのではない。他の数々の名は「主題化

---

（58）J. Derrida, « Comment ne pas parler ? », in *Psyché*, Paris, Galilée, 1987, p. 542.〔ジャック・デリダ「いかに語らずにいられるか　否認の数々」『プシュケー　他なるものの発明Ⅱ』藤本一勇訳、岩波書店、二〇一九年、二二一頁〕

（59）*L'âme de la vie, op. cit.*, p. 74.

し、定義し、総合する認識に還元されえない一つの関係、そして、まさしく同じことから、存在として、有限者として、内在としてのこの認識の相関者を聞く認識に還元されないこの関係」を述べている。それら数々の名は、「現出しつつもその超越を逆説的にも維持しているような様相として、要するに、直観や、さらには概念の容量を超過したものとして啓示を解すること」(ADV, 148／二〇一―二〇二)を可能にする。

したがって、神についての数々の肯定へと追いやられて〈語られたこと〉を前言撤回する否定的な言説は、「超‐本質性(hyperessentialité)」へと道を切り開くことは決してせずに、本質――荘厳さや卓越性といった諸属性で強化されているとしても――には還元されない〈名〉についての思考の道へと進む。レヴィナスは非常に早い時期に、発音しえない〈名〉の痕跡のうちで超越を思考しようとするのだが、この時彼は「超‐本質性」に関係するあらゆる神学的な命題から距離をとる。それと同様に、レヴィナスはまた一貫して強固に、否定的なものに対して肯定的なものを認める優先権、さらに、存在という位置づけに、そして、不在に対して現前を認める優先権のための否定神学を批判した。「超越は否定神学の様態に連れ戻されることのできない」[60]ものであるとレヴィナスは述べている。超越は、神がそれではないものを措定することによって、事実上も権利上も肯定判断の優位を保持するのだが、それは、暗黙の公理という方法でのみではないだろうか[61]。ゆえにレヴィナスは否定神学の支持者が、語りえないもの――それを語ることなく、その正当性のすべてを神の本質についての何らかの知に保つもの――についての言説を練り上げたことを非難する。否定的な属性に関する理論によって監視されていたとしても、マイモニデスであればその存在のうちで神が何であるのかを語るとなお主張していたであろう。

しかしレヴィナスによれば、神学的に〈語られたこと〉を撤回するよう注意をはらう言説は、存在論の支配を免れる〈名〉についての思考を結論として引き出す。神の〈名〉は発音しえない。このことは、話す者および〈彼（＝神）〉に呼びかける者を導いて、自分を無限に超える者へと、そして十全なしかたで——否定的な述語を取り去った見方によってであれ——超越を認識するどんな試みにも還元不能な超越へと開かれるようにする。〈名〉は、神についていかなる知も与えないが、レヴィナスの著作すべてが示そうと心を砕いているように、神の痕跡のうちで人間が自己を——そして他の人間との結びつきを——思考することを可能にする。実際、〈名〉の証人は、自分が証言するものを主題化しない。そうではなく、証人は不安定な自分の生の中で、堂々とした響きをほとんど持たないという理由でごくしばしば呼びかけに気づかない人間と分かち合われた実存の只中で、自分が証言するものをまさに証言するのだ。この証言に関して、「神学ないしは超越者の知解可能性として理解された人間の人間性」をレヴィナスは語るのである。

発音しえない〈名〉もしくは〈無限者〉は、「思考を乱しながら思考に作用することで、思考を召喚する」（DDQVI, 109／一三二）。「存在することとは別のしかたで」についての思考は、聴取のための空間を存在神学からおそらくは解放できるだろうという希望をもって、存在神学の概念体系の評価を下げるのだが、〈名〉は、「存在することとは別のしかたで」についての思考へと思考を開くために、思考を存

（60）DMT, 157–146.
（61）TA, 91.「この《無限者への関係》の記述に介入するあらゆる否定は、否定の形式的かつ論理的な意味に限定されない。そうした否定が否定神学を構成しているのではない」。

在論的な夢から目覚めさせる。しかし、〈名〉は、畏れやその〈名〉が呼び起こす崇拝――この時人間は、自己や自己の生もしくは自分の救済を気遣って、利害関心に沿ってそれに応答するという危険を冒すだろう――によっては、決して必要な力能を持たない。また、〈名〉は、それに対する愛によってさえも、決して必要な力能を持たない――この場合、愛する人はノスタルジーによって、より魅力的ではない、いや望ましくない被造物、そして人間の注意を惹き、人間が神の探求であると信じているものから人間を遠ざける被造物を無視する危険を冒すだろう――。ところが証言、もしくはレヴィナスがいつも「われここに、われをつかわせ」(「イザヤ書」6:8)という聖書の形式のもとに思考する〈名〉の呼びかけへの応答は、彼によれば不可避的に、自分自身の救済についての気づかいの優位と相容れることなく、没利害関心を経ている。さらに、「エステル記」においては血と涙の運命がユダヤ人を脅かすのであるが、この書において見られるように、この没利害関心は、しばしば〈彼(＝神)〉の不在を悲劇的なものとする暗い日々が続くにもかかわらずその不在を支えることの必要性と対になる。その際、神の〈名〉は決して口にされることなく、「〈彼〉の現前(présence)が、どんな呼称をも超えた〈彼(＝神)〉の不在によって表現される」(HN, 57／七三)。しかしながら、不在の基盤を背景としたこの没利害関心は、哲学者〔レヴィナス〕の観点からは、神学として理解された人間の人間性の意味作用に近づくことを唯一可能にする。(62) このことは確かに、彼の思考に属する神に対する畏れと愛を取り除くことを含意してはいない。このことが意味するのは次のことである。すなわち、神に対する畏れと愛は、より多くの条件を必要とするしかたで、存在における人間的なものの、あるいはまた、来るべき神の、いまだ遂行されていない到来の約束のために役立つ。来るべき神は精神に到来するが、だからといって肯定的ないし否定的なカテゴリーに適合することなく、傷ついた時間性を変容させる。

既に言及されたように、レヴィナスの著作の中では、神学的主張についてのこの——否定的でさえある——批判は、「〈きみ〉の奥底の〈彼〉」についての考察と対になっている。この考察は、ユダヤ教の祝福の伝統的な形式の特徴である。こうしたユダヤ教の祝福は、確かに〈きみ〉から始まり（「きみに祝福あれ（*baroukh ata*）」）、そして〈彼〉の様式に続く。〈彼〉は、隔たりと非人称性を再び導入するのだ。そうした隔たりや非人称性は、〈きみ〉が過小評価し、さらには忘却させる恐れさえあったものである。ところが、〈きみ〉のうちには不在の〈彼〉についてのレヴィナスによるこの省察は、カバラー学者の最も深い直観の一つ——マイモニデスの哲学の系譜にも書き込まれていない——に通じている。カバラー学者たちの直観は、〈無限者（*Ein Sof*）〉と神の最初の流出との間の隔たりを超えがたいものと考えているのだ。神のこの最初の流出は、ケテル（*kéter*）[63]の名で一般に知られているセフィラー（*séfira*）である。哲学者たちは、言いがたいものと思考しえないものについての言説をアリストテレスが練り上げたカテゴリーの中に保持することで自然を理解することができると主張した。モーシェ・デ・レオン[64]によるこれらの哲学者たちに対する批判は、プラトンと新プラトン主義の伝統的

（62）Tln, p. 29. AE, 16, 226.
（63）〔訳注〕「ケテル」の原義は「冠」。エイン・ソフから最初に流出してきたものである。「これは《志向性》を示しており、創造を作り出したいというエイン・ソフの願望であるこれは一般的に「隠された光」や「否定の道（否定神学）」のような「逆説的な」の言葉で考えられ、「……ではない」「……何もない」という言葉でしか表現できないものである」（『ユダヤ神話・呪術・神秘思想事典』、前掲書、二二二頁）。
（64）〔訳注〕モーシェ・デ・レオン（Moïse de Léon：1250–1305）。スペインのラビであり神秘思想家であるが、レヴィナスは特に著作の中で彼に言及してはいない。

思考を復権するよう促す。プラトンと新プラトン主義の伝統は、既にして彼らの時代に、「存在の彼方」についての思考へと道を切り開いていたのだ。モーシェ・デ・レオンによれば、プラトンと新プラトン主義の伝統は、アリストテレスの哲学よりも忠実にトーラーの真理に近づくことを可能にする。というのもそれらは、熱狂のうちにある〈存在〉という語彙の媒介によってであろうと、「〈名〉の秘密」を奪おうとしないからである。

モーシェ・デ・レオンは、確かに、神つまり〈無限者（*Ein Sof*）〉について語るために、本質や何性といった語彙には反駁する。〈無限者（*Ein Sof*）〉は「存在論的に分離し、超越し、彼に到来したものとは関係がない」。〈無限者〉は本質を持たない。そして無限者は、必然的で不動の〈存在〉、哲学者たちの純粋な行為と純粋な思考と自らを同一視することができない。セフィロートの十の流出は、生成の只中の近さと実存のその様態を構成するが、それらのセフィロートは、本質という言葉でますます語りうるものになるのではない。「カバラーの研究者たちの〈流出者〉は、絶対に認識不可能であり予測不可能である。それは、存在と非在の彼方なのだ」。「〈彼〉、その名を祝福せよ。［…］これは、思考も熟考も、反省することも思いつくこともできなかった唯一性という一である。［…］〈彼〉は何らかのしかたでそれを想像するわれわれの心の権限のうちにはない。つまり、〈彼〉は、われわれの建物が破壊されるのではないかという恐れ、そしてわれわれの精神がパニックに捕われるのではないかという恐れのうちにはない」。このようにモーシェ・デ・レオンは書いている。めまいに陥ることなしには、そして致命的に破壊的な心理的断裂（dislocation）に陥ることなしには、人間は、自分に固有の魂を思い描くことができない。それと同様に、狂気や死の危険を冒すことなしに神を思い描くことなど、人間はましてできない。しかしながら、モーシェ・デ・レオンは、ヨブ記の「私の肉体から、私は神を見る」（19:26）という聖句に言及しながら、力強く次のことを確信する。すなわち、「私の肉体から隠されているものから、私は〈彼〉の高さと〈彼〉の偉大さを認識し理解しなければならない。彼に祝福あれ[65]」と。こうして、人間にとって一番の秘密であるもの――モーシェ・デ・レオンによれば魂――は、〈名〉の秘密との出会いへと至る。それは、神学の従順な思弁とは無縁の道を通っている。そうした思弁は、存在論の根本的な特徴の公準に対して、存在論が持つ数々の特権に異議を唱えうると思うことがないのだ

それでは、カバラーに対して大きなためらいが認められるレヴィナスの発言から見て、この思考にはいかなる意味を与えるべきであるか。哲学者〔レヴィナス〕がモーシェ・デ・レオンの書いたものに明示的には全く言及していないとしても、この沈黙に反して、カバラーの研究者によって述べられた、〈無限者〉とその流出の間の超えがたい隔たりの意味を、哲学者の不在の神と直面させてみるのがよい。この神の痕跡は、痕跡がかき乱す創造の内在性の只中で、それでも人間を呼び求める。実際、一者にとっても他者にとっても、〈無限者〉ないし不在の神は存在論に属してはいない。そして彼らの思考は同じように、直接的ないし間接的ないかなる啓示からも身を引くこの〈一者〉を語ろうとしてプラトンと新プラトン主義者の方へと向かう。こうしてレヴィナスは、不在の神の〈彼性〉――〈きみ〉の根底の〈彼〉――を思考しようとするのであり、その際レヴィナスは、プラトンの『パルメニデス』の〈一者〉、時間の彼方の、そしてあらゆる可能な認識の彼方の〈一者〉に関する最初の仮説を喚起

(65) Moise de Léon, *Le Sicle du sanctuaire* (chéqel ha-Qodech), trad., introd. et notes par C. Mopsik, Lagrasse, Verdier, 1996. モーシェ・デ・レオンの引用部分に関しては、序論のp. 51, p. 54およびp. 81, p. 83を参照せよ。

する。もし純粋な〈一者〉が存在するならば、それは認識されないままである、とこの対話篇の中でパルメニデスはソクラテス[66]に教えている（137b以下）。この仮説において〈一者〉はどこにも存在しない。自分自身と似ているということもないし、似ていないということもない。他のものと似ているということもないし、他のものと似ていないということもない。〈一者〉は時間を逃れるのだ[67]。ところが、存在を分有する方法は上記のこと以外にはないのであるから、一者は存在しないこと、そして本質と存在のこの不在は、それについてのあらゆる思弁を禁じると結論せねばならない。しかし、哲学的に〈彼性〉を言おうとするために、適合するあらゆる言語の不可能性にもかかわらず存在の彼方の〈一者〉について語ることは、「別の世界」もしくは「背面世界」についての思考を結果としてもたらすことになってはならない。「彼方は確かに「世界」の彼方であり、すなわちあらゆる覆いを取り外すこと（dévoilement）の彼方である」（EDEHH, 197／二九六―二九七）。ところが、それでも、モーシェ・デ・レオンにとってもレヴィナスにとっても、この不在との関係を思考することが問題である。この不在の「意味すること」（signifiance：能意性）は、徹底的に思考された否定神学の、めまいをおこさせるようなアポリアないし深淵に捕われることもないし、それらによって無に帰せしめられることもない。

先達であるカバラー研究者のように、哲学者は、一者を起点とする発出（procession）、一者の不変性と分離を危険にさらすことのない発出を着想したプロティノスの方へと向かう。「もろもろの存在者に先立つ原理、すなわち〈一者〉に関して言えば、〈一者〉はそれ自身の内にとどまる。しかし、とどまってはいるが、〈一者〉に応じて諸存在を産みだすものは〈一者〉とは異なるものではない。それらを産みだすためには〈一者〉で十分なのである［…］ここでは、〈一者〉の痕跡が本質を生じさせるのであり、そして存在は〈一者〉の痕跡でしかない[68]」。レヴィナスは、プロティノスによって――

(66)〔訳注〕シャリエの原文では「ソクラテス」の部分が「アリストテレス」になっている。しかし、『パルメニデス』篇の該当箇所を考えると、ここは「ソクラテス」であると思われる。

(67)〔訳注〕『パルメニデス』における当該箇所の議論は以下である。「〈一者〉はどこにも存在しない」ということについては、137Cから138Cにおいて論じられる。「一なるもの」は多ではなく、また部分を持つ全体ではない。よって始点や終点によって区分されることがない、無限のものとなる。したがって一なるものは直線でもなければ円形でもない。それゆえ、一なるものは、「どこにも存在しない」ということになる。「その理由は、他者のうちにも存在せず、自己自身のうちにあることもできないだろうから」である。

自分自身との、また他なるものとの類似の問題については、運動ないし変化と静止の議論のうちで述べられる(138B–140E)。「どこかにある」ということの不可能性が語られた以上、「どこかに生ずる」ということはなおさら不可能である。ということは、一なるものは、静止してどこかにあるのでもないし、変化や移動というしかたで運動しているのでもないということになる。すなわち、一なるものは「自分自身と同じということもないし、異なる他のものと同じということもない。またさらに自分自身とは異なるということもないし、他の異なるものから異なるということもないだろう」(139B)。同じ箇所で、「一なるもの」が自分自身や他のものに対してより大きい、ないしより小さいということもできないということも論じられる。

ついで、一なるものが何かに対して「年長であるとか年下であるとか、あるいは同年輩であるとか」ということであるかどうかが論じられる(140E–141E)。ここでも、一なるものが何かに対して相違していく、ということを仮定するならば含意してしまう限定が、そもそも一なるものには分有されていなかったはずである、ということから、時間の分有の不可能性が帰結する。「したがってまた一なるものは、時間を分有することもなく、何らかの時間のうちにあることもないのだ」(141D)。

(68)プロティノス『エンネアデス』v. 5 (trad. Emile Bréhier)。レヴィナスの著作では『実存の発見』(EDEHH, 201／二九三―二九四)に引用されている。

したがって、ギリシアのパガニスムの文脈において――描かれたこの状況が、世界の内在において「痕跡の例外的な能意性（signifiance）」への接近を可能にすると考えている。そしてレヴィナスもまた、ただし「われわれのユダヤ―キリスト教的精神性の、啓示＝顕示された神」を参照しつつ、その能意性を思考しようとする。この神は、実際、「人格的秩序そのものの内にある神の不在の全き〈無限〉を保持している。神は、「出エジプト記」三三章にあるように、自己の痕跡によってしか自己を示さない」（EDEHH, 202／二九五）。

プラトンとプロティノスへのこうした共通の言及は、神の〈名〉へのアプローチに関して、モーシェ・デ・レオンとレヴィナスの視点が同じであると結論するには明らかに不十分である。そうしてレヴィナスは、この〈名〉を思考するために、モーシェ・デ・レオンよりもいっそう、プロティノスのテクストにある「原理」という語を拒絶する。

レヴィナスにしたがえば、〈彼性〉は原理と等価値ではない。なぜなら、レヴィナスは、一者の痕跡が書き込まれる「人格的秩序」、〈きみ〉の呼びかけの支配力（souveraineté）を聞かせる秩序を主張するからである。原理はその中立性ゆえに〈きみ〉の呼びかけの源泉となるとは思われない。もし哲学者が、生物に関して、[69] 共通の起源についての「原理」を生物に帰属させようというよりも、とりわけ「父の共同体」について語ることを好むのであれば、それは、この言説の境界それ自体にいたるまで人格的秩序を監視するためである。その上、そしてとりわけ、このプロティノスへの共通の言及にもかかわらず、レヴィナスは自分の哲学のうちで、モーシェ・デ・レオンのカバラーにおいては明らかに中心的なセフィロートの体系に場所を与えていない。レヴィナスは実際、セフィロートについての思考のように、創造に対して発出を優位に置き、その結果多数性――多数性とは、その多数性がそこから生じる〈一者〉の失墜させられた表現であろう——を否定的に考える傾向があるどんな思考からも明らかに遠ざかる。というのも、この観点から見ると、この最初の原理的な〈一者〉への回帰というノスタルジーは、レヴィナスによれば、不可避的に、多数性に対する気遣い、決して十分に知性と欲望を満たすことのできない複数性および他性への配慮に優るからである。幸福ないしは脱自[70]（extase）は、一者と他なるものとの間の区別が「痕跡を残すことなく」（EN 155／一九三）消失するということさえも要求し、そしてついには幸運な合一（communion）ないし永遠のうちへと入るという感情を与える。

ところがまさにレヴィナスに従えば痕跡は〈一者〉の失墜を含意しないのだから、そして被造物の運命によって不可避的に多数であったり他であったりするものにかきたてられた動揺に対してノスタルジーを優位に置くという優遇的措置を含意しないのだから、痕跡を思考するためになされたプラトンおよびプロティノスへの言及は、何を意味するのだろうか。もちろんレヴィナスが十分に注意を払うのは、第一に存在の彼方の〈善〉のイデア、そして第二に諸存在に先立つ〈一者〉のイデアである。この二つの哲学のうちでそうであるのと同様に、痕跡は存在の彼方を思考させる。それでもやはり、この痕跡の決定的な意味に関するレヴィナス、プラトンそしてプロティノスの間の視点は含まれていない。ギリシアの哲学者たちは、ましてやこの存在の彼方を、人間に呼びかけることを想定された「〈名〉の秘密」とは結びつけない。存在の彼方の中立性は声を持たず、人間たちの関心事は名に作用しない。

---

（69）本書の第一章を参照せよ。
（70）〔訳注〕本書の訳語では、extaseに「法悦」と「脱自」の二種類の訳語をあてている。ユダヤ教神秘主義に関わる文脈では「法悦」、ハイデガー哲学に関わる場合には「脱自」を当てている。

〈名〉の純粋な永遠性のうちに退いて、存在の彼方は、時間のうちの予期せぬ出来事（péripétie）とは無縁のままである。この点においてレヴィナスはカバラー研究者に近いのであって、〔ギリシアの哲学者たちの考えとは〕反対に、レヴィナスは人間の苦痛は〈名〉に到達すると考えている。それゆえレヴィナスは現代哲学が、「二〇〇〇年前の古いテクスト」に対して耳を塞いでいることを非難する。そうした古来のテクストにおいて、アマレク人の存在が神の〈名〉の統一性、――すなわちまさしく存在の真理――を毀損する。[71] それゆえ、苦痛と不正、暴力そして不幸のうちで持続する時間は、いまだにこの統合の到来を遅らせる。このことは、そうした時間のうちで、到来を放棄することなく、この統合のために活動させなければならないということを意味している。

モーシェ・デ・レオンにおける〈無限者（*Ein Sof*）〉と第一のセフィラー（*séfira*：セフィロートの複数形）の間の隔たりは、新プラトン主義の概念体系によっては把握されない。新プラトン主義は、時間のダイナミズムよりも抽象的な永遠に価値を置いているのである。カバラー学者は確かに流出は時間の中で生起すると考えており、未来の「〈名〉の秘密」を思考するよう命じている。「こうして固有〈名〉の秘密は、「私はある」（「出エジプト記」3:14）である。すなわち、「〈私〉はなおあるのであり、〈私〉は私の実存の秘密に従って存在の秘密を保持する」。[72] 時間性は神（*Ein Sof*）のこの努力に支えられて、セフィロートのおかげで実存している。ところが、セフィロートから流出するこのプリズムを通じて思考するのではなく、〈創造者〉と被造物の間の分離の実証的な特徴を強調しながら、レヴィナスもまた、時間性が神の〈名〉に充てられているという考えを主張する。このことを思考するために、すなわち記憶不能なものを思考するために、彼〔レヴィナス〕は預言の未来の方を向く。というのも、この未来なしには「未知なる神はその栄光のなかで聴取されることがない」(EN, 175/二一八)からであり、「言葉なき否定神学」(EN, 175/二一八)は決して断ち切られて苦しむことがなかったであろうからである。

(71) MB, 26/三九。
(72) Moïse de Léon, *Le Sicle du sanctuaire*, p. 279.

# 第四章　預言

レヴィナスによれば、真と善の、「哲学者たちと預言者たち」（TI, 9／二一）の結びつきがヨーロッパ文明を特徴づけているのであって、たとえヨーロッパ文明がこの二重の、しばしば相矛盾する結びつきに応じて今日でもなお引き裂かれ傷ついているとしても、その苦痛を和らげるという口実のもとで二つの項から一方の項を取り除くのは好ましくない。ゆえに哲学者〔レヴィナス〕はスピノザの諸命題の抜本的性格とは距離を置く。スピノザの諸命題は専ら理性にのみ仕えようとしているので、預言の言葉を咎める。預言の言葉は、ただ報いを約束し罰を恐れさせることで無知な人々に正義と慈愛を教えることができるだけであって、想像上の曖昧な呟きであるとするのだ。(1) しかしマイモニデスとは逆に、哲学者〔レヴィナス〕は哲学的言説への預言の次元の導入を正当化するという口実で、哲学者た

（1）〔訳注〕スピノザ『神学政治論』第一章「預言について」を参照。この中でスピノザは、預言者が「精神のもつ確実な原理に頼ることなく、ただ想像力だけを通じて受け取ったものごと」に確信を抱いていることを問いに付す（スピノザ『神学政治論』（上）吉田量彦訳、光文社、二〇一四年、九四頁）。

ちと預言者たちの間にヒエラルキーを設けようとはしない。レヴィナスはマイモニデスとは逆なのだ。レヴィナスは実際のところ、預言を「あらゆる神学以前の」（AE, 233／三四〇）証言として、すなわち、哲学的合理性に知られていない観点を謙譲と告白のうちで「人間的な自己」へと開かれる誠実さとして考えている。

一七世紀以来、哲学的領野からの預言の言葉の排斥は、神学の利益に仕えよという厳命に抵抗する合理性を特徴づけている。さてこの身振りは不可逆的であると哲学者たちは言う。哲学者たちはあらゆる権威に対する自らの独立に腐心しており、理性は自ら人間の尺度に応じて何らかの真理へと至る道をたどることができると確信しているのだ。したがってその真理とは、発見すべきであるというよりはむしろ、思弁的な努力のおかげで忍耐強く構築したり破壊したりすべきであるような真理である。レヴィナスは、神学の監視下から哲学を解放するというこの動きに立ち戻るべきであると考えているのではなく、その射程を問う。とりわけ、預言が行う思考の威厳を哲学はあまりにも性急かつ無思慮に拒否するよう誘導しなかったか、そしてその結果、ロゴスに還元しえない数々の意味作用を見誤ってしまうに至らなかったかと問う。過剰な――非合理的であるということと等価ではない――数々の意味作用は、人間の心性に比類なき尊厳、まさしく預言的な尊厳を与える。

マイモニデスは当時既にして、哲学者たちとの関連において預言者たちに与えるべき位置を問うていた。『迷える人々のための導き』においてマイモニデスが考えているのは、両者とも〔預言者たちも哲学者たちも〕修練のおかげで、しばしば一般大衆のうちでは潜在的なものにとどまる――道徳的、構想的そして知的な――数々の完全性の行為を成し遂げることに成功したとしても、前者〔預言者たち〕のみが、真の完成に到達することを可能にする理想的な〈律法（Loi）〉を伝えるための神の同意を受けとったということだ。聖書においては、預言者たちが証言する霊感（inspiration）は大抵はそもそも意志によるものではなく、この霊感は預言者たちに自らの言葉の起源たろうとする気を失わせる。預言者たちはこの起源を神と呼ぶのだが、このことは、彼らがこの神の本性や肯定的な属性について何らかの認識を有すること、あるいは彼ら預言者を神学者へと変容させるある特定の啓示を有することを意味しない。しかしながらマイモニデスによれば、神の本質についての理論的言説――そもそも既に説明されたように、それは非常に問題含みなのだが――を保持していないという理由で預言者が神学者ではないとしても、預言者の地位は哲学者の地位よりも高いことは明らかである。それゆえ理論的なものであれ実践的なものであれ預言者と哲学者が競合する場合には、後者〔哲学者〕は預言者に服従しなければならない。こうして、アリストテレスの哲学とトーラーを和解させようとするその欲望にもかかわらず、それらの対立が解決されえないように見えるとき、マイモニデスはアリストテレスに対するモーセの優位を認めるのだ。特に世界の起源に関する問いにおいてはそうである。世界の永遠性という命題を主張するアリストテレスとは反対に、「われわれの父アブラハム」および「われわれの預言者モーセ」[2]によって教えられた新しさを擁護しなければならない。しかし、預言者の数々の特権は、とりわけ啓示された〈律法〉への実践的な服従に関わる。哲学者は、自分たちの洞察力を言い訳にして〈律法〉への服従を逃れることなく、この理想的な〈律法〉に従わなければならない。マイモニデスの哲学的ではない前提がここでは力を有している。実際マイモニデスの主張するところでは、哲学者は、たとえ次にまた正義や秩序や明晰さを世界に導入するために人間の関心事の世界に

（2） *Le Guide des égares*, p. 315.

再び降りてくるという気遣いをしていたとしても、プラトンの『国家』におけるように本質の光を求めようとはしなかった。預言者が既に理想的な――というのも哲学者が把握したいと思うであろう認識にその現実存在が先行するのであるから――〈律法〉を伝えていたので、そうしたことは必要ないのだ。哲学者たちの役割は、反対に――そして本質的に――この〈律法〉の意味作用を明らかにし、彼らに固有の概念的な道具立てを用いてその意味作用を問うことにある。それゆえマイモニデスは「〈律法〉を起点として」哲学を正当化する。ユダヤ人には完全な〈律法〉が預言者たちによって伝達されるのであり、ユダヤ人が哲学者たちを必要とするのは、この〈律法〉が「律法が伝える数々の真理を理解し証明する」よう求めるためである。哲学と〈律法〉はそもそも同じ目的を有している。その目的とは、神の愛および認識へと伸びてゆく人間の知的完成である。

したがって、マイモニデスにとって預言者は哲学者であるとともに立法者でもあり、政治的指導者でもある。というのも、もし人間の諸情念が賢者の生を含む各人の生を避けがたく危険に晒し、そうした人間の諸情念の常に過度な帝国に混沌や人間の暴力がはびこるとしたら、誰もこの知的愛にたどり着くことはできないのであるから。人間は社会へと組織化される必要があるので、法制度と政府の領域で、彼らの力量によって逸脱を遠ざけ、人間たちに固有の達成の道を示してくれる人々に出会わなければならない。さてそのことを可能にする〈律法〉は預言者によって伝達される。つまりマイモニデスによれば、預言者が与えられているのは「人間の真の完成に向かって方向づけられている」(3)〈律法〉、そしてこの資格において、哲学者たちの服従をも要求する、「社会の創設者」という比類なき役割をも与えられている〈律法〉である。

預言者のこの政治的役割について、レヴィナスは一つのことのみを取り上げる。政治と聖職者の権威を前にした預言者の言葉の危険である。「預言は極度に大胆果敢な言葉である。というのも預言はいつも王の前で話すからである。預言者は地下に潜行し、その啓示を密かに練るのではない」[4]。権力と民衆におもねる偽の預言者とは逆に、真の預言者は人々に「こびへつらうことなく語りかける」。真の預言者は「彼らに倫理を思い起こさせる」のだ。「旧約聖書には、国家自体を告発する表現はまったく見られない。そこにあるのは、国家と世界の政治との端的な同一視に対する抗議である」[5]。ただし、不正の告発および王、司祭、そして民衆の度重なる不正行為および卑劣な言動の告発の秩序において預言者には特権があるのだが、預言者のこの特権は、決して理論的認識の秩序における優位を意味してはいない。レヴィナスによれば、預言者が本質的に政治的な機能を保持するのは、より優れた知性を与えられているからではない。そうではなく、預言者が神に呼びかけられ、さらに彼らの意に反してその言葉に把持されているからである。「人の子よ、目の前にあるものを食べなさい。この巻物を食べ、行ってイスラエルの家に語りなさい」と〈永遠なる者〉はエゼキエルに命じる（「エゼキエル書」3:1）。そもそも、哲学者ないし賢者の弟子（*talmid hakham*）になるためには、つまり「世代が続いていくにつれて」、数々の意味作用の発展に貢献するという配慮をもって、トーラーとタルムードの学習において能力ある人になるためには学習がどうしても必要であるのだが、聖書が預言者の学派

（3）L. Strauss, *Maïmonide*, trad. R. Brague, Paris, PUF, 1988, p. 88 et p. 128.
（4）〔訳注〕EN, 124／一四九。
（5）〔訳注〕EN, 124／一四九。

に言及するとしても、忍耐強く熱心に預言者になろうとする人は誰もいない。さて、預言は人が思い描く理想とは比較しえない。預言者は、自分自身が欲さなかったし選びもしなかった使命を担う者である。預言者が自分の人生の危機にあろうと、〈御言葉〉を伝えること以外の活動に身を捧げる余裕をもはや〈御言葉〉は残さないのであって、預言者の心性は〈御言葉〉に捕われ、動転させられている。だからレヴィナスはマイモニデスに抗い、その潜在的な哲学的諸性質に関心を持つことなく、「証人」という術語で預言者について述べる。ユダヤ教の伝統は信仰心に関して、〈神殿〉[6]の破壊に伴って預言が消えたために預言者（*navi*）という型を除く三つの理想的な型[7]──賢者の弟子（*talmid hakham*）、義なる者（*tsaddiq*）そして信仰あつき者（*hassid*）──を提示するのであるが、レヴィナスは自分の著作の中で、伝統的なユダヤ教から見れば慣例とは異なるやり方で人間の心性の預言的な次元を主張する。その際レヴィナスはこの次元を、知的かつ道徳的な長い道のりの最終地点で、正当な権利として、ある人々に再び戻ってくるような性質であると考えることはない。スピノザに忠実な哲学者たち、最終的に合理性の領野の外に預言者たちを押し出してしまった哲学者たちにとっては一見すると面食らうような、受け入れ難くさえあるこの命題をいかに思考するべきか。

預言者たちが伝える〈律法〉に万人が服従しなければならないという理由から、聖書の預言者たちは、マイモニデスもその一員である狡知ある哲学者たちにはあまり似ていない。本分析にとって、このこと〔両者が類似していないということ〕よりも重要なのは、今日、この〔預言者であるという〕資格を生かすことは誰もできないという確信の方である。レヴィナスは、預言を「魂の心性そのもの」（AE, 233／三三九）として検討するとしても、幾人か預言者がいるとは言わないし、ましてや彼らに従うのがよいとは決して言わない。それでは、決して理性を罷免しようとはしない哲学の行程で最も厳しい瞬間になされた、特に執拗なこの言明は何を意味しているのだろうか。ここで思い起こすべきなのは、預言者になることで、提示されるべき理想ないしは他人に勧めるべき理想をつくることができないとしても――誰も預言者になることを選びはしない――、ユダヤ教の偉大な師たちは長い間、預言の次元を省察し、預言者はもう存在しないのだという口実で、この次元を遥か過去に属するものとみなすことを避けてきたということである。こうしてリトアニアの伝統において、ヴィルナのガオンは、トーラーは三つの異なる面に従って人間の肉体の形をとると考えた。人間が戒律(*mitsvot*)を完遂したとき、学習しているとき、そして最後に、「知恵(*hokhma*)の預言的な段階」においてである。ヴィルナのガオンによれば、この最後の段階は思考の純粋さ、分離と孤独を要請する。[8] したがって、最終的には、賢者の弟子(*talmid hakham*)の理想は預言の事実と調和することである。トーラーを学習することを通じて、人間は神の意志と神の言葉に結ばれるのであるから。さらにその弟子であるボロズィンのラビ・ハイームは、ダビデの「詩篇」の一節、「〈きみ〉の口から出るトーラーはわたしにとって幾千の金銀にまさる」[9](「詩篇」119:72)に注釈をつけながら述べている。「私がまさにその時に学習するトー

(6)〔訳注〕「歴代誌(下)」第三章で述べられる、ソロモン王が建設したイェルサレム神殿のこと。バビロン捕囚時に破壊される。預言者であるエゼキエルおよびエレミヤは神殿の破壊を預言したが、偽りの預言を告げる預言者が現れ(「エゼキエル書」22:28,「哀歌」2:14)、民は偽りの預言の方を聞いた。
(7) G. Scholem, «Trois types de piété juive», Ariel, *Revue des arts et lettres d'Israël*, n° 28, 1973, p. 7.
(8) Jb 4, 13, Aderet Eliyahu, 11b, A. Brill による引用。« The mystical path of Vilna Gaon », *Jewish thought and philosophy*, vol. III, Harwood Academic Publishers, 1993, p. 137.
(9)〔訳注〕*L'âme de la vie*, Livre de Poche, p. 312 において引用され、それ以降で分析がなされる。

ラーの語句のそれぞれは、すべて〈きみ〉の口から生じるのであり、生じ続けている」[10]。ゆえに学習は、かつて幾人かの男女が預言者となることを可能にした心的傾向性に近いものを自らのうちに含んでいる。というのも、学習が要請するのは、読解の時に読まれたり、詠唱されたり、また問われたりした語句(mots)を、〈永遠なる者〉の口から生じて自分に宛てられたものとして、自由に聴取することであろうから。あるいはまた、〔それらの語句を〕、聴取する者の肉体に宿ろうとするものとして〔自由に聴取することであろうから〕。そのように聴取する者は、自分なくしては打ち捨てられてしまう、それらの言(verbe)に自分が求められていると知ることの恐れと愛のうちにあって、注意深く、聞こえる語句を基準として自分の生の謎を解読するという欲望にしばしば熱く燃えているのだが。ただし、こうした聴取が可能にするのは、全き他人の歴史に代替不可能なひとりの人の歴史に伴って[11]、聖書の語彙の数々が心性のうちで、そしてひとりの人に固有な肉体のうちで鳴り響くことである。そしてこうした聴取は、聖書の語彙によってひとりの人が照らされるようにするのであり、またこうした聴取は聖書の語句を宿らせる秘密への連続した問いかけへと向かう知的な作業を通じてなされる。それは、聖書の語彙の意味作用の権能を刷新する唯一の問いかけである。ゆえに、これらの語句のうちに忘我するほどにひとりの人を法悦し魅了するままにしておくような感動が問題であるのでは決してない。しかし、この聴取から現れる「自己」は、知を与える権威によって認められたテクストに向かう準備ができている自己、存在のうちに、確固として粘り強く熱意をもって定位する自己とは似ていない――あるいはもはや似ていない――。それは、証人という脆い〈自己〉なのである。ところが証人は、そうした聴取を送り届ける者の〈名〉をあらかじめ知らない。証人は、自分が証言しなければならないものが何か、そして、自分のために準備されるであろう迎え入れがどのようなものかもあらかじめ知らない。その上、ある人々は、人間の語をすべて支配する権利を持つと不当にも主張するのであり、治療されるべき症状や、さらには狂気と証人の言葉を同一視して、言葉がもたらす問いかけをよりうまく処理しようとするのだが、そうした人々からは、証人は嘲笑され、軽蔑され拒否される危険があるということが知られている。古来、理性的な人間を狂人[12]から分けるために定められた数々の措置が、さらに学問として承認されてきた。現代においては、「厳密な学としての哲学」というフッサールの理想への忠実さによってであれ、現実の重みを持たない発言をすると非難されないために学問に匹敵するものであろうという欲望によってであれ、多くの哲学者が、分割したうちの良い方〔理性〕に集まろうとし、ロゴスとの均衡を危険にさらすと思われる〈語ること〉の不都合性を信仰や臆見、したがって狂気のうちに投げ入れた。それでは、こうした文脈のうちで、いかにして敢えてレヴィナスがするように、魂の心性そのものとしての、あるいは、「同の中の他」としての預言について語るべきなのか。レヴィナスの読者には、しばしばゆきすぎた思考をもって、このことに対して哲学的排斥という暴力を用いて片をつけてしまうごく性急な人々がいる。〔レヴィナスの〕この大胆さが彼らを導くことがないのならば〔いかにして預言について語るべきなのか〕。

（10）*L'âme de la vie*, p. 183. (Poche版ではp. 312)
（11）〔訳注〕旧約聖書は、預言者たちの個人史を集めたものでもあるという解釈をここではとっているのであろう。
（12）フーコー『狂気の歴史』を参照。M. Foucault, *Folie et déraison. Histoire de la folie à l'âge classique*, Paris, Plon 1961 ; réédition sous le titre *Histoire de la folie à l'âge classique*, Paris, Gallimard, 1972.

マイモニデスが迷える人々に教えるのは、いかにしてトーラーと哲学を、イェルサレムとアテネを和解させるべきか、しかもそれぞれが属する領域を混同することなく和解させるべきかということである。しかしそこで実際のところレヴィナスは、数々の境界線の適切さを問う。境界線の特徴とは触ることができないことであると明言されている。しかし境界線は、不確実性によって確かに地位が損なわれているものを、不動の諸本質へと変容させるのだ。レヴィナスは、哲学者と預言者の間の緊張を緩和しようとしないし、両者の間にヒエラルキーを設けようともしない。レヴィナスはむしろ、一方〔哲学者〕が他方〔預言者〕から学びうることを問う。人間の逸脱は、個人のものであれ集団のものであれ、しばしば歴史を変容させ、逃れられない苦しみとなるのに、人間のこの逸脱に応じるには、哲学的言説は悲劇的なまでに無力である。たとえばこうしたことを確認することで、この逸脱が責任へと差し向けられた人間の使命を消し去ることはできないという、合理的な証明に反する確信はどこからやってくるのか、ともレヴィナスは問うのである。さて、この逸脱およびこの責任を記述するのに適した概念の道具を現象学が提案するとしても、現象学はこの問いに答える力がないままである。そして、使命としてレヴィナスが提示するこの非‐消去、もしくはより肯定的に言うならばこの痕跡は、哲学的言説の只中に──余白にではない──、他所から到来する次元、すなわち預言の次元を導入するように要求するだろう。

哲学者は光への上昇という術語で、不動の実在や観念の永遠性──美や正義や、さらには〈善〉──を観想するが、預言者は時間性の只中で呼びかけてくる言葉を聴取する。哲学者は行為を認識するのであって、行為を超越する状況を認識するのではない。(13) 預言的なものとして人間の精神性を思考することでレヴィナスは、心性の平静を永久に覆す言葉から成るこの出来事に関心を抱く。というのも、レヴィナスは聴く者の「自己」を強く求めるので、聴く者は、日々の務めの通常の流れをすぐに回復することができないからである。それは、あたかも〈至高者(Très-Haut)〉へと向かう欲望の声が、それ以降聴く者に宿らないかのようである。しかしこうした理由によってもまた、聴く者は観想ないし至福の状態にとどまることはいっそうできない。というのもこの〈御言葉〉の力動性は、スピノザが神への知的愛に関して考えたように自己に永遠の喜びを与えるということはなく[14]、聖書の中で王、司祭、裁判官あるいは富者と名指される権力者たちの不正な振る舞いに固有の醜聞を思いだすように強いるからであり、また、彼らにその醜聞を記憶させるように強いるからである。寡婦、孤児そして異邦人さえ――これらの諸表象は伝統的に弱さを表す[15]――しばしば隣人に対して不正者の立場となるがゆえに、この〈御言葉〉の力動性はそもそも誰のことをも排除はしない。したがって聖書の預言者たちはみな、神の〈御言葉〉を弁護するという課題を引き受ける。神の〈御言葉〉を忘却したいと思う人々、人間の歴史はただ人間の日々の務めであって、「伝道の書」がなお述べるように[16]人間の歴史は人間に固有の空しさのうちに閉じていると考える方がよいと思う人々がいて、聖書の預言者たちはこ

(13) J. Heschel, *The Prophets*, vol. II, New York, Harper Torchbooks, 1962, p. 212.
(14) 〔訳注〕スピノザ『エチカ』定理27において、神を認識する人は「人間の最高の完全性」に到達するのであり、したがって「最高の喜びを感じる」と書かれている。
(15) 〔訳注〕「異邦人、寡婦、孤児」に関しては聖書に幾度も出てくる。たとえば「出エジプト記」第二二章では、「寄留者を虐待したり圧迫したりしてはならない」(22:20)、「寡婦や孤児はすべて苦しめてはならない」(22:21)とある。レヴィナスは、「他人の悲惨」を「異邦人の、寡婦の、孤児のまなざし」(TI, 74/一二四)に見て取る。
(16) 〔訳注〕「コヘレトの言葉」は「空の空(なんという空しさ)」(1:2)から始まって、「空しさ」という言葉が頻出し、「太

うした人々の傍にありつつ、そうした課題を引き受けるのである。ところがまさしく聖書の預言の核心部には、外部性との関係に入ることの外には、あるいはまた神の〈御言葉〉による自分自身の方向づけなしには、人間の条件はいかなる意味も持たないという思考がある。預言者から見れば歴史はまさに一つのドラマである。ただし、人間どうしの関係のみに関わるのではなく、また、人間たちが自分の生成をなすものに与えようとする相矛盾する意味作用のみに関わるのではないドラマである。それは、たとえ人間がさらに堕落して各人の不幸を理由に神を引き合いに出すようなものであったとしても、人間の神への関係に関するドラマであり、人間がしばしば〈彼（＝神）〉に挑戦する時や場所に関するドラマである。(17)

「不条理は、無意味のうちにではなく、無数の意味作用の孤立に、それらを方向づける意味作用の不在のうちにある」（HH, 37／五九）と主張することで、レヴィナスは預言のこの教えに接近している。預言を生じさせる、言葉を用いた出来事は、まさしく、不条理という宿命を逃れるための無数の意味作用を欠いた方向づけであろう。しかしながら、このことは、哲学の知性――レヴィナスによって常に無神論的であるとみなされる知性――によって練り上げられた理論的真理に匹敵する理論的真理の担い手としてこの出来事を考えることを決して含意しない。このことは、哲学はその固有の力によって、哲学を驚かせ途方に暮れさせ転倒させるものを、自ら表象し、主題化し、思考しようとするということを、批判することなく意味する。ただし、レヴィナスは、苦しい経験と引き換えに預言により高い価値を与えるために哲学の無神論について語ることは決してしてない。レヴィナスは確かに「無神論者として絶対者と関わることは、聖なるものの暴力から純化された絶対者を迎え入れることである」(18)と書いている。ところが逆説的にまさにこの点について、レヴィナスによれば決して対立することなく、絶対者の無神論的な探求すなわち形而上学と預言者たちの教えが一致する。この時にどちらか一方をよしとするために神学の権威に頼ることは決して必要ではない。レヴィナスは実際のところ、形而上学者に固有の無神論を預言者によって聞かれた言葉と接近させ、両者ともに神学者の観想と対立させる。こうして、「無限の聖潔性——言い換えれば、その分離——が現前する高さの次元では、無限はみずからに向けられる眼を焼くことはない。無限は語るのであって、直面することが不可能な、自我を不可視の網の目に絡めとるような神話的形式をもつわけではない」(TI, 75/一二六)とレヴィナスは主張する。ところが、無限者が語るということは、聖書の啓示を特徴づける言葉についての出来事を明らかに思い起こさせる。レヴィナスは論を続けてこのことを確認している。「神話から純化された信仰、一神教的な信仰は、それ自体が形而上学的な無神論を前提としている」(TI, 75/一二六)。レヴィナスは次に、絶対的なものによる人間の生の方向づけを記述するのであるが、その際に、絶対的なものとの合一の可能性をすべて排除し、あるいはまた、知的であれ情動的であれ、措定された絶対的なものの本質への融即(participation)の可能性をすべて排除している。絶対的なものを認識することは、たとえそれが「類比による神の諸属性の認識」(TI, 76/一二八)であったとしても、法悦や神秘的合一を熱望する、この神に酔った熱狂と等価ではないし、神学的な知の厳密さと同等なのではいっそうな

陽の下、人は労苦するが、すべての労苦も何になろう」(1:3)から始まり人間の務めとその空しさが多く示されている。

(17) J. Heschel, *The prophets*, vol. I, p. 190.

(18)〔訳注〕TI, 75/一二六。

い。常に「私たちの人間どうしの関係こそが〔…〕、神学的な諸概念にそれが含みもつ唯一の意義を与えるのである」[19]と簡潔にレヴィナスは結論づける。

さて、レヴィナスが形而上学者に認めているこの無神論に忠実に、形而上学者は聖書と預言を無視しようとするのだが、レヴィナスによる形而上学のこうした解釈が明確かつ決定的に神学から形而上学を区別することを狙うとしても、この解釈が形而上学者たちを満足させうるかどうかは定かではない。ここで哲学者〔レヴィナス〕によって形而上学と「一神教の信仰」は接近させられ、この接近はさらに二つの重要な困難を提示する。〔第一に〕レヴィナスが述べるように〈無限者〉が「語る」ということは、聖書とは無縁の形而上学にとっては自明ではない。レヴィナスがこれらの箇所で援用するデカルトの〈無限〉でさえ、この様態でデカルトと語り合ってはいない。デカルトの〈無限〉は、知的統制への意志に抗する〈無限〉の観念を考慮することによってその思考の尺度を超え出て、真理の探究を突き詰めるようにデカルトを誘う。ただしデカルトの〈無限〉はデカルトに語りかけることはない。他方で、そしてこれが二番目の困難であるのだが、「一神教の信仰」は、〈無限者〉の生との合一と融即への欲望と無縁なわけではない。マイモニデスにおける神への知的愛の形式のもとにおいてであろうと、神秘主義思想家、特に合一の理想を宗教的人間が抱く最高の憧れとみなすハスィディームにおけるものであろうと、合一（devéqut）という理想がユダヤ教のうちにあることは知られている。合理性の極端な数々の要請にもかかわらず、そして、神人同形論および神話による想像的なものとの和睦の拒否にもかかわらず、知的な禁欲の果てに、マイモニデスは実際「称えられるべき〈聖なる者（le Saint）〉への愛は、人間が狂ったように取り乱して絶えずその愛を諦めるのと同じくらい長い間、人間がこの愛以外、世界にあるすべてのものを断念して座っているように、称えられるべき聖なる者への愛は人間の心にしっかりと打ち立てられるのではない」[20]と主張している。愛における自己の「無化（anéantissement）」という美徳を知らない人は、敷居にとどまる。「彼は決して神の近くに、神の本来的な近さにあることを望むことができない」と彼の側にあってラビ・ドーヴ・バアル・ド・ルバヴィッチは自分の立場から言う[21]。

レヴィナスは形而上学と預言の間にごく早い時期から結びつきを立てていたのであるが、上記の二つの困難は、レヴィナスの議論に対する反論であるというよりも、この結びつきが、神学からの隔たりと同様、形而上学の意味作用に関わる哲学的決定および預言への固執――他の次元、特に神話と神秘の次元を犠牲にするユダヤ教の卓越それ自体としての――をどれほど含意するかを強調する。それでは、哲学的なこの決定と〔預言への〕この固執は何を意味しているのか。形而上学とユダヤ教に関して、どのような地位を哲学的なこの決定と預言へのこの固執に与えるべきだろうか。

人間たちは、しばしば理性の名において、そして理性が告げる幸福な明日の名において、さらには神とその約束――実現されたりその途中だったりする――の名において、互いに絶えず不幸や悲劇を課している。哲学へと向かうレヴィナスの入り口は、こうした不幸や悲劇についての、そして夥しい数の人々が地上にてあまりにも早く〔死を〕宣告された二〇世紀を覆う闇についての鋭敏な意識とお

（19）TI, 77／一二九。
（20）*Le Livre de la connaissance*, p. 423.
（21）R. Dov Baer de Loubavitch, *Lettre aux hassidim sur l'extase*, trad. G. Levitte, Paris, Fayard, 1975, p. 129.

そらくつながっている。そうした理由から、明らかに暴力的で無慈悲な思想家たちの数々の闘争にもかかわらず、レヴィナスは思弁が属する公明正大な地平に形而上学とユダヤ教の真理の試練を位置づけることを拒否する。レヴィナスいわく、形而上学が飛躍を遂げることのなかったのはプラトンやアリストテレスが原因である。ハイデガーが決してその誤りを指摘されることなく執拗に主張するように、プラトンやアリストテレスは存在を見守るという課題を人間に忘却させたのであるが、あらゆる存在論以前に、〈同〉と〈他〉の関係のうちで、形而上学は認識としてではなく「言説」として始まる。この〔形而上学の〕定義は次のような考えと対になっている。形而上学者は、熱心にかつ忍耐強く行われる長い知的労働の最終地点で、絶対的なものや〈無限者〉、さらには〈他〉の本性ないし本質を認識することを第一の課題としているのでは決してない。形而上学者はただそれらの本性ないし本質と向かい合わなければならず、そのことはずっと多くを要請するものなのだ(22)。この定義によってレヴィナスは存在論と形而上学の結びつきを解体し、不可逆的な関係――瞬間ごとに〈同〉と〈他〉の間の隔たりを維持している関係――の観念を、認識の観念の代わりに置こうとする。認識の関係は、全体性や合一、さらには融合を再構成しようとするのではないかとレヴィナスは常に疑うのだ。ところがこうした〔レヴィナスの〕主張を支持することは、西欧の形而上学の歴史に照らし合わせて見ると困難なしには進まない。この歴史は、その主張にいかなる確証も与えないように思われるのだ。レヴィナスはそもそも、自分の言明の基礎をこの歴史に置こうとはしていない。その反対である。諸人格の他性や神の他性を思考することが問題であるときでさえも、レヴィナスは、存在論の支配下、そして理論的関係の魅惑の下に置かれたこの形而上学を批判する。そして、まさにこの点についてレヴィナスは、彼が形而上学と呼び続けるものについての最も核心となる点で、この支配および魅惑に挑むために、預言的な次元――それを証言するよう召命を受けた人格の特異性に呼びかけられた発話の観念――を導入する。ただし、この〔形而上学という〕語彙に、明らかにこれまで用いられていなかった意味作用を与えることによってであるが。

レヴィナスいわく、この形而上学は存在者――存在ではなく――を気遣う。なぜなら瞬間ごとに絶えず暴力と死によって脅かされているのは存在者たちだからである（TI, 38／六三）。したがって形而上学は、ハイデガーの数々の主張に反して、いかにして存在者たちのアレルギーなき関係が唯一の本来性――そのために思考し生きる価値がある本来性――となるのかを考えなければならない。さて、この関係は常に動揺しており、常に危険を警戒しており、必然的に達成されていないと述べるために、レヴィナスはイスラエルの預言者に目を向ける。こうした振る舞いは、哲学の側から見て正当であるか。預言者の言葉は、権威として、もしくは論拠の形をとって引用された聖句としてレヴィナスに援用されてはいないのであるから、十分に正当であるように思われる。たとえばハイデガーにおいてギリシア語の言葉が数々の起源となるのと同じように、預言者の言葉は一種の思考の源泉となるのだ。それゆえ、スピノザの企図に倣って、哲学的な合理性はロゴスとは無関係のテクスト性を無視しなければならないと考える人々に対してのみ、預言者の言葉は問題提起をする[23]。

だから形而上学と預言が重要なのだ。両者とも人間を忘却することで絶対的なものを認識しようと

（22）TI, 29／五〇―五一、32–33／五六―五八。
（23）この点に関しては、拙著〔シャリエによる著作〕を参照。*« L'amour de la sagesse » et sa source philosophique*, Paris, Albin Michel, 1996.

するよりも、また聖書の言語に従って創造を認識しようとするよりも、人間たちの関係の側を優位に置こうとする。しかし、両者とも絶対的なものの聴取にこだわるので、自分自身に閉じられている内奥性のうちで戯れるであろう人間たちへの関係をも警戒する。第一の危険は、神秘主義と同様神学——合理性が刻み込まれているものでさえ——に関するものだ。第二の危険は、人間を自分自身に、根底的に存在論的な、見捨てられた状態でさえあるような孤独に引き渡す——人間の尊厳や愛について語り、決然として人間の解放に努めるとしても——数々の思想を狙う。

預言に特権性を与え、神話と神秘的なものを警戒しつつ、レヴィナスは、ユダヤ教のうち「成年者の宗教」と自分が呼ぶものを擁護しようとする。その際レヴィナスは、「成年者の宗教」を聖なるものの神秘による熱狂や虜の諸形態、つまり「その諸権能と、諸意志の彼方の人間」に我を忘れさせる諸形態と対立させる。ところが、いかなる預言者も〈永遠なる者〉の証人となることを選んではいないので、一見したところ逆説的なしかたで、レヴィナスはまた、このユダヤ教のみが人間の自由を見守るのであり、この資格において、哲学に「極度に近しいと感じている」と主張する。彼いわく、この自由は神聖なるものおよび「支配不可能な余剰」、そのおかげで神の一番の秘密に近づける——彼によればそれは間違っているのだが——と信じる人々もいるような余剰と対立するのであって、この自由は、学習と不可分であり、すなわち知的で自存しており危険の多い対面、そして伝統に関するテクストの数々とともにある人間と不可分である。疑いも、孤独も、そして反抗に至ってさえも[24]、「神話の神々」に捧げられた信仰よりもよきものであろう。「神話の神々」は、畏れとおののきとともに、ただし完全に偶像崇拝的なしかたで尊ばれているのだ。

当然ながらレヴィナスは、神話と神秘思想がユダヤ教のうちにあることを知らないわけではない。

そしてカバラーとハスィディズムに関する彼の否定的な諸考察は、その点に関して彼が非難されえたような、無知な人もしくは素人のものではない。レヴィナスは、カバラー学者と同じくらい、しかしおそらくはカバラー学者とは異なるしかたで、聖書の〈語ること〉はしばしば曖昧さのうちにとどまっているということを知っていた。そして、人間のいかなる知性も、この知性が鍛え上げてきた諸概念を用いて聖書の〈語ること〉を「欠落のない言説」の合理性に適合させることで、聖書の〈語ること〉を知に対して――哲学の並外れた野心からの諸批判が時に信じるようには[25]――明白にすることはできないとレヴィナスは知っていた。だからこそそもそも、マイモニデスに対する大いなる賞賛にもかかわらず、主要な解釈の鍵をアレゴリーから作り出したこの哲学者〔マイモニデス〕とは逆に、学習した聖書やタルムードのテクストの「曖昧さ」を明らかにするためにレヴィナスがアレゴリーの手法を用いることはない。レヴィナスの言明において神話なしですますことは、トーラーそれ自体の最初の幾つかの章や、さらにはタルムードのアガダー[26]の幾つかの節をはじめとした多くのユダヤ教のテク

---

(24) DL, 29, 30, 31／一八―二一。

(25) この二つの批判として以下を参照。C. Mopsik, « La pensée d'Emmanuel Levinas et la Cabale », dans *Emmanuel Levinas. Le Cahier de l'Herne*, Paris, L'Herne, 1991, p. 436. 著者は、レヴィナスによる決定のうち、彼の哲学的著作を聖書注解から分離すること、「宗教的言説に関心を抱こうとしない職業哲学者の先入見」に「疑いを抱いている」。pp. 437–438も参照。レヴィナスはカバラーのうち、その否定し難く宗教的な特徴を拒絶するだろう。そしてユダヤ教に関する彼のヴィジョンは、「事実上、そして客観的に」あるものを軽視するであろう（シャリエによる強調）。しかしこの最後の肯定を打ち立てるのは難しいのではないか？

(26) 〔訳注〕「アガダー」はタルムードのうち、説話的な叙述としてまとめられたものを指す。表記はHaggadah（ハ

ストの神話的な次元を彼が知らないという意味ではない。そうではなくこのことは――レヴィナスが好んだ言い方では――イマージュの誘惑者としての権能を警戒するべく要請する。というのも、イマージュは、イマージュをもたらす言葉――概念ではなく――を忘却させる危険があるからである。聖書の預言に忠実に、彼は〈御言葉（Parole）〉が彼に与えた衝撃を、脱自（extase）を知れという招きとして分析するのではなく、人間を前にして生を賭してさえも証言せよという呼びかけであるような言葉として分析している。

「エゼキエル書」による神の玉座（*maasé merkaba*）としての天の光輪（char céleste）の姿（「エゼキエル書」1:28）について言えば、これに関するユダヤ教の神秘主義にとって重要な通説がレヴィナスの中心的な主題をなしている。[28] その通説を個人の経験に変容しようとすることで、そして、いかにして人間が守護天使のおかげでその最も高度な神秘を探るに至るのかを示すことで、レヴィナスの側は、エゼキエルが聞いた声を強調する。「〈永遠なる者の栄光〉の像を映したもの」（「エゼキエル書」1:28）を見ることでその顔に遭遇したまさにその時に聞かれた声である。なるほどエゼキエルは、法悦に類したものを長くはここで享受しなかった。というのも、この声は彼に直接に自ら現れることを――あたかも〈永遠なる者〉が、エゼキエルを証言者とするより他のしかたでは聞かれえなかったかのように――要求するからであり、この声は巻物を食べ、次にイスラエルの家に語りに行くことを要求するからである（「エゼキエル書」2:1–9, 3:1–26）。さて、預言者によって「食べられた」この言葉、彼が蜜の甘さと比較する言葉は（「エゼキエル書」3:3）、[29] 厳格であるという特徴もすべて備えている。預言者が悪人を戒めないならばその悪意に責任を負うまでに、〔預言者の〕この言葉は悪人を戒めるよう呼びかける（「エゼキエル書」3:18）。そして義人がその〔正しい〕振る舞いを続けるために義人を見守るよう、この言葉は呼びかける。預言者がこの使命に背けば預言者にも同じ危険があるのだ。(30) 神秘主義者が自分の立場でエゼキエルの物語の最初の部分を確認するのは、神的な秘密に最も近い場所に到達するためである。その一方でレヴィナスがこうしたものの見方をいかに反復すべきかを問うことはない。むしろレヴィナスが問うのは人間が新たにその心性の核心部で言葉を聞く可能性であって、その言葉によって、レヴィナスにとって法悦の探求が最も高次の宗教的欲望となることは禁じられる。したがって、決して打ち消しえない注意深さをもってレヴィナスが問うのは、いかにして人間的な心性が、他人に対する責任

ガダー、ハッガーダー)、Aggadah(アガダー)などがあって、シャリエの著作の中でも二種類が用いられている。この訳においては「アガダー」に統一した。本書の補遺「レヴィナスとタルムード」も参照せよ。

(27)〔訳注〕「そのまわりにある輝きのさまは、雨の日に雲に起る虹のようであった。主の栄光の形のさまは、このようであった。わたしはこれを見て、わたしの顔をふせた時、語る者の声を聞いた。周囲に光を放つ様は、雨の日の雲に現れる虹のように見えた。これが主の栄光の姿の有様であった。わたしはこれを見てひれ伏した。その時、語りかける者があって、わたしはその声を聞いた」(新共同訳)(「エゼキエル書」1:28)。

(28)〔訳注〕DL, 38/二八では、シャリエが以下で論じる箇所が扱われている。

(29)〔訳注〕「そして彼はわたしに言われた、「人の子よ、わたしがあなたに与えるこの巻物を食べ、これであなたの腹を満たしなさい」。わたしがそれを食べると、それはわたしの口に甘いこと蜜のようであった。「人の子よ、わたしが与えるこの巻物を胃袋に入れ、腹を満たせ」。わたしがそれを食べると、それは蜜のように甘かった」(新共同訳「エゼキエル書」3:3)。

(30)〔訳注〕「また、正しい人が自分の正しい生き方を離れて不正を行うなら、わたしは彼を躓かせ、彼は死ぬ。あなたが彼に警告しなかったので、彼は自分の過ちのゆえに死ぬ。彼がなしてきた正しい生き方は覚えられない。また彼の死の責任をわたしはあなたに問う」(「エゼキエル書」3:20)。

へと宿命づけるこの言葉を証言するのかということだ。まさにこのことが、預言的なものとしてこの心性を記述するようレヴィナスを導くのである。

このことに関して言えば、狂気や死や背教の危険を理由として、神秘主義の性急さにはためらいを示すタルムードの伝統にレヴィナスは忠実である。タルムードの伝統は、ラビ・アキバ[31]（「ハギガー」15a）の知恵を持たないが神の秘密を知っていると主張する人々のうちに神秘主義の性急さを含むのではあるが。ただし、タルムードの伝統に忠実であるとしても、レヴィナスは、各人に――義人にも悪人にも――対する責任へと預言者を義務づける言葉にのみ注意を払っており、責任に先立つ法悦の瞬間に関心を抱くことはない。レヴィナスにしたがえば、責任は神の認識への唯一の道となるからである。聖書において預言者たちは神の本質に関連するいかなる理論を提示することもないし、そもそも神の本質を認識しようとしているようにも思われない。彼らはむしろ〈彼（＝神）〉の言葉に追われているのだが、この言葉は創造に対する無限の責任を彼らに強いるので、彼らは繰り返し〈彼〉の言葉を逃れようとしている。〈彼〉は創造に際して語りかけ、〈彼〉の証人にするために預言者を要請するのであるが、それでも〈彼〉に固有の本質を何も明かすことはない。それゆえ、「人の子」――この物語のなかで神はエゼキエルをこう呼んだ――にとって、神的なものに関する唯一の可能なものの見方（optique）は、見ることと、命法的に彼が隣人に呼びかけるよう誘われる言葉を通じてなされる。しかし、よりいっそう根本的なのだが、レヴィナスは、「私を他人に従わせる命令は、他者の隠遁の痕跡を通して以外のしかたでは、隣人の顔として私に現れることがない[32]」と思っている。それゆえ、あたかも「天の光輪（*maasé merkaba*）」の極度の細部について考察したおかげで、もしくはこのヴィジョンのイメージに魅惑されたおかげで、エゼキエルに立ち上がるよう命じ、無限の責任の重みを担うよう厳命する言葉よりも人間たちにとって重大なことが明らかになる何らかの教えが引き出されたかのように、「天の光輪（*maasé merkaba*）」の極度の細部に拘泥するのは無駄だと思われたのである。

以上のことは、確かに哲学者〔レヴィナス〕による、神話、神秘思想および聖なるものについての批判の争点である。神的なものの神秘による魅惑は倫理のものの見方を失わせてしまうだろうし、もしくはともかく究極の秘密を知りたいという欲望に倫理のものの見方を従属させてしまうだろうが、この究極の秘密はこのそのはかりしれない深さのために、倫理のものの見方の緊急性を絶えず繰り延べてしまうのだ。それゆえ神秘主義の熱望は他人を忘却する危険を冒すだろう。そして、聖書の言語を説明するための、たとえばカバラーの神話といった神話の援用は、この倫理のものの見方を覆い尽くしてしまうだろう。そうしたことは、神聖なるものの威信によって不当にも――レヴィナスいわく――飾り立てられた非合理性に対する媚びへつらいのために、レヴィナスが断固として拒絶するものである。神聖なるものは、それ自体結局のところ誘惑に等しいであろう。さらに、呪術もしくは魔術の振る舞いへと誘うことで神的なものそれ自体を保護し、神的なものを濾過すると思われている薄明は、ある人々にとっては、抗しがたく感じられる魅惑に等しいであろう。ところが、常に神聖なるものに潜在する

（31）〔訳注〕*Haguiga* は、ミシュナーの第六番目、安息日と祭りに関する「モエード」書のうち、第一二番目に属している。シナイ山に神が降臨した日の記念であるシャブオットの祭り、過越の日を祝うペサハーの祭り、出エジプトの際に仮庵に住んだことを記念するスコットの祭りというユダヤ教の三大祭とイェルサレムの巡礼の際の持ち物を規定する。

（32）AE, 220／三二〇―三二一。本書第三章「神の不在」も参照せよ。

こうした頽落が、それ〔神聖なるもの〕に有罪の宣告を下すことになるのだ（DSS 89, 109／一二七—一二八、一五四）。

しかしながら、この〔レヴィナスの「神聖なるもの」への〕批判が揺るぎないからといって、一神教の人類をつくる偉大なる数々の神話——創造、過ち、大洪水等——について「語りうること」に関する問いかけが哲学者〔レヴィナス〕の注意を引くことはあまりないと信じさせるべきではない。その際、彼がこの問いかけを何らかの概念統制に適合させようとすることはないのだが。哲学者〔レヴィナス〕は実際しばしば、自身の注釈を提示する前にあれこれの偉大な注釈者、とりわけラシの解釈を思い起こすことで、そして神の本質についての知と自称するものへの熱狂的な過剰に抵抗することで、その諸象徴やその「示唆的な」力を慎重に、かつ忍耐強く問う。意味の刷新（*hidouch*）という危険を冒す前に知性によってあらかじめ準備された、伝統的な諸解釈——口伝トーラー——からのこの迂回は、レヴィナスの側からは、そうした伝統的な諸解釈に対する従属も、純粋に形式的な尊敬の念も意味していない。この迂回がレヴィナスに許すのは、そのまなざしがそれらの聖句に注がれる瞬間に聖句の聴取をきめ細やかなものにすることである。ヴィルナのガオンはそもそも、視覚に与えられた成文トーラーおよび聴取されるべき口伝トーラーを参照してはいなかっただろうか。[33] 成文トーラーの非常に古い語句のうちに新たな意味を聞き取ることは、実際にこの迂回を要請するだろう。こうすることで哲学者が明確に距離を置くのは、生もしくは神の本質についての重要な部分を暴くと——レヴィナスいわく無分別にも——主張する諸解釈である。そこからカバラーの神智学に対する彼の留保——先入見であると反対する人もいるだろうが——が生じる。しかしながら、レヴィナスは、彼自身としては、どんな測り知れなさ（démesure）も断念しない。言うなれば、レヴィナスは、場と争点を単に移動させるのだ。彼は、思弁にも神話にも、さらには神秘的なものにも属することのない地平にその測り知れなさを位置づける。つまり倫理の地平、もしくはより正確には、聖潔の要請の地平にそれを位置づけるのである。[34]

聖句は、教導的なしかたでは、聖書を開こうと決意した人にいかなる意味内容も強要することがない。成文ないしは口伝のトーラーは、ある思考――レヴィナスがミトナグディームとともに主張する、要請の多い思考、知性の働きを要求する思考、そして情に動かされたのではない思考――を息づかせるとしても、強制はしない。聖句の弱さは顔の弱さに比肩しうるものであり、いま、それらの思考に生命を吹き込む解釈を呼び求めるのであるが、読んだり聴いたりするように強いることはできない。聖句が弱いのは、人間の疑いや悪意に、また逆に教条主義的な暴力に左右されるためであり、レヴィナスはしばしば、顔の傷つきやすさについて語るしかたで聖句の弱さを描写する。実際〔聖句と顔の〕いずれも無限者の痕跡のうちで言葉を理解させるのだが、エゴイストの無関心や横柄な侮蔑によって、あるいはまた自分の気がかりで一杯になって、その言葉を聞かないということはいつでもありうるのだ。それでも顔は絶対的なしかたであらゆるコンテクストの外で意味するし、聖句の側は何らかの意味作用を受け取るために、あるコンテクストのうちにある。既にスピノザ以来、系譜学的で批判的な聖書の読解方法が示すように、過去においては、一般的に口頭の伝達の後で、文献の上に聖

（33）*Sefer Michlei*（「箴言」への注解）, *Petakh Tiqva*, 1985, p. 66 et 153.
（34）本書第七章も参照せよ。

句が層をなしており、このコンテクストは、成文トーラーと口伝トーラーの総体からなる。ところがレヴィナス及び一般的なユダヤ教の伝統にとっては、このコンテクストは、終わった過去の歴史的諸条件を考慮に入れることを本質的に要求しない。当然ながら哲学者〔レヴィナス〕が〔トーラーの〕テクストへの歴史的批判を知らないわけではないが、この歴史的批判は彼の注意をほとんど引きつけはしない。歴史的、社会的、政治的等々のコンテクストによる聖書の説明は、豊かな学識をもって過去についての知識を伝えるのだが、その打ち消しがたく学術的な関心にもかかわらず、こうした説明が徹底的なものになったと称するとき、過去が後の諸世代に固有の数々の問いと響き合うことはないからである。それゆえ、歴史的批判が注解の代替となるとき、批判の方法はテクストに現存する生を欠いており、「読者とテクストを分ける距離が、精神の生成自体が宿る間隙である」ことを知らずにいる。タルムードの賢者と同じくパリサイ人はそれを既に理解していたが、それでもこの距離こそが、意味の刷新（*hidouch*）を可能にするのである。実際注解が直面しているのは、「読者の現在の関心事（個人的な関心事であれ、彼の世代に共通な関心事であれ）について読者の蒙を啓き、他方では、それと相互的に聖句がこの光明にもとづいて刷新される、そのような読解」（ADV, 203／二七七）である。

この注解は、ヘブライ語で書かれた聖句の「語る力」の、何かに還元することの不可能な超過を前提している。激動の歴史における人間の数々の問いを待つ超過である。そうした問いは、喜びにも不安にも由来しているのであって、存在する者もしくは存在した者を知りたいという欲望のみに由来しているのではない。しかしレヴィナスは、ただ単純に――可能に思われるところでは、ギリシア的な概念体系を特徴づけるとみなされた明晰性と判明性をヘブライ文字の代わりにすることで――、そこから緊張を減じようとはしていない。神話と聖なるものの暗がりへと向かう人々への媚びに対するその批判の過激さは、マイモニデスのように聖書と哲学の和解のために弁明するようレヴィナスを導くことはしない。逆にこの過激さは、聖書にしたがえば言語の最初の形は預言的であるか、または息を吹き込まれたものであるというこの事実が哲学にとっても意味するものを考えるようにレヴィナスを仕向ける。さて、この預言的なものの特権は、想像上のものと神話を賞賛するようにさせることはなく、あるいはまた理性を厳しく非難することもない。この預言的なものの特権は、レヴィナスにとっては、言語を〈無限者〉が通過する「場所」として、あるいはまた、証言への呼びかけとして考える哲学者を要請するように思われる。

心性が預言的であるということが実際に意味するのは、心性が〈無限者〉を証言するということである。「証人の声によって、〈無限者〉の栄光が称えられるのだ」(AE 229/三三一―三三三)と、ある節でレヴィナスは述べている。レヴィナスいわく創造という出来事と結びついた、分離に関する彼の思考に対する考察を要請する節である。実際、分離は、確かに神がなくともやっていけるようにさせるし、存在論的なエゴイズムさえも称揚することで自分に固有の欲求で満足させようとするし、あるいはまた、この隔たりから神を求めることもさせる。しかしこの隔たりが欲求やノスタルジー的な依存の関係に変質することはない[35]。現象学の面では、この分析は次の命題と結びつく。その命題にしたがえば、超越は志向性の必然的帰結となるか、もしくは超越を内在に反転させようと腐心する心性となる。こうして「神という観念、さらには神という語の謎までが[…]一般に流布している解釈では、志向性

(35) 本書第一章を参照せよ。

の秩序のうちに組み込まれてしまう」(EN, 86／一〇〇)。神という観念はノエシス－ノエマの構造に書き込まれるのであり、その超過が過度に動揺をもたらすようなことはない。現象学者は、この超越に直面して充足を試すことすらする。本来的に言えば、超越は現象学に何も要求することはない。超越は現象学の好奇心をそそり、現象学は超越を認識しようと欲望するから、現象学者が好奇心をもって超越を目指しうるのだ。ところが、心性の預言的な性質についての思考は、こうした現象学には還元不可能なものとして現れる。この思考は知への渇きを先鋭化させつつ、認識の秩序のうちで哲学者と学者が知性を競うようにさせる筋立てとは別の筋立てを導入する。実際、預言に伴って、無神論における――神を思考するときですら――満足して晴れやかな心性は、人間たちの傍らで証言する〈御言葉〉には必要だと感じられる。必要な場合には忍耐をもって築かれた概念の建築物の堅固さと美しさに亀裂を入れる〈御言葉〉に〔満足して晴れやかな心性が必要だと感じられる〕。

　合理性は長い間この筋立てを知らずにいた。あるいはより正確に言えば、合理性は、あたかも想像上のもの、もしくは共有しがたい信仰に関する非合理的なものに属するかのように、この筋立ての超過を矮小化しようとしていたとレヴィナスは主張する。レヴィナスもまた、非合理的なものによる誘惑を退け、諸々の感情のパトスを放棄することへの誘惑を退けるのであり、また、ヘブライ的な知恵への信頼を語るための極度の恥じらいとともにしか、「信仰」の語を用いる危険を冒すことはない。しかし逆に彼は、「もう一つの合理性、あるいはより深遠な合理性」を導入しようとする。「アリストテレスからハイデガーに至るまで、神学は〈同一性〉ならびに〈存在〉の思考にとどまってきた。それは、聖書に言う神や人間、さらには両者の類義語にとって致命的なものであった。しかし、新たな合理性はこのような神学の冒険に組み込まれたりはしない」(EN 88／一〇三)のであり、こうした「もう一つの合理性」を彼は導入しようとするのである。「もう一つの合理性」は実際、語りえない信仰へのノスタルジックな帰還ではなく、あるいはまた、論理構成や他人との知的共有が欠けている主観的な意見への後退でもない。聖書が教える合理性であり、存在論の諸基準の下に置かれて神学の努力が忘却させる合理性である。この合理性は超越を目指すことなくして超越へと開かれているが、超越は合理性を目指しており、合理性は超越に応答する。この合理性が心性を変容させると同時に、心性に亀裂を入れる。しかし合理性は創造に内的な分離をもまた問いただす。人間は、神の呼びかけを聴取し、それを受け入れたり拒否したりすることができるので、この分離は、絶対的な存在論的孤独に至らせる断罪に関わる諸特徴を失うのだ。だから、言語──呼びかけもしくは〈語ること〉──は創造者の身振りにそなわったこの分離の絶対的ではない性質を保証するし、レヴィナスによれば、必要がなくとも遠くから神を探すことを可能にする。しかしながら、聖書において〈語ること〉はとりわけ人間の応答に対する神の呼びかけの特権性を意味している。既に神を忘却する準備のできている被造物に神が呼びかけるのは、被造物が欠乏の状態にあると分かるときに、衰弱している時や悲嘆の時に、すなわち、この神を、そして神の超越を、そこにおいてもなお被造物に固有の志向性の必然的帰結とするときに、被造物が自己充足を享受し、神への欲求を感じていないからである。神学が「〈同一性〉ならびに〈存在〉の思考」として神を主題化するのとは別様に、聖書は神へと目覚めさせるとレヴィナスは保証するのだが、聖書はさらに、幾人かの人間がまさにこの呼びかけに応答するという保証を与える。そしてこの最後の点は、不幸および人間の逸脱に関する、この生来の無関心──そこにおいては人間たちが習慣的に他者に対する一者であり続ける──および人間たちの殺人的な暴力に関するレヴィナスの数々の分析に立ち戻るように要請する。たとえ心が調和していないときであっても、愛が不在であるように思われるときでさえも、そしてとりわけ、ミトナグディームが――ミトナグディームは他者に対するひとりの人間を時に保つ儚い感情的な跳躍に直面して非常に懐疑的であるのだが――確かに恩寵もしくは「驚嘆」の時に心動かされるように見えるとしても、もしくは、レヴィナスが好んで言うように、人間が呼びかけに応答するときにも、人間学のこの暗い画を、レヴィナスはとりわけ、神と人間に対する戒律に従うことを主張する一般的なラビのユダヤ教と共有している。〈語ること〉への共感を持たないか、あるいはただ無関心である人間を前にして、心性には〈語ること〉を通じて証人となるよう請われるという恩寵がある。アブラハムによって人間は「塵あくた」(「創世記」18:27)であるという特徴を肯定されているのだが、哲学が言うように、心性に対するこの恩寵は、そうした肯定に対する歯止めともなっている。実際、神の証人となる「塵あくた」である人間によって神の呼びかけが聴取される可能性は、何を意味しているのか。

グルのラビは、『真理の言葉』においてハスィディズムの教えを伝えているのだが、それによると、この可能性は、彼が「内奥の点(*néquda penimi*)[36]」と名づけるもののうち、魂の最も秘められた深みに隠された存在を人間に啓示する。各人に現前するこの「点」は、聖潔のきらめきに対応している。自己への配慮から生じる排他性と、自己を――感謝することにも奉仕することにも抗いつつ――自己に固有の自同性において肯定することへの欲望で人間が心を一杯にすることをやめる瞬間に、聖潔は増大し強大になるのだ。グルのラビが時に描写するところでは、この「点」は、知られざるまま忘れ去られるまで心性の奥底に隠された神の像のことであるかのようだという。[37]神の像は、人間に対して彼自身の彼方を、すなわちその対自存在の彼方を見ることを禁じる殻(*kelipot*)に囚われていることがよくあるからである。しかしながら、「像（*tselem*）」という語は、もしその範型と区別された実在を想定するならば、まさにこの場合過ちにつながる危険がある。というのもグルのラビは、自己における生の力動性（*hiout*）の源泉の現前、すなわち神それ自体の現前について語るように、像について語るからである。時間と自然はこの「点」に対していかなる影響力も持ってはいない、と彼は幾度も述べる。実際のところこの点は、一箇の人格の——この人格について言えば、時の運のもとに置かれている——魂の内部の最も秘められた部分にあるというのに、時間と自然を超越するのだ。いずれにせよ、この人格が自らのうちなる永遠性のこの次元をしばしば知らないということに変わりはない。そして、不安定な生のうちでは、数々の激しい闘争によって、一箇の人格が自分自身や他人たち、そして神との対立関係に置かれるのだが、この人格がそうした闘争の中で、もがくことに変わりはない。ラビが知っているのは以下のようなことである。殻（つまりグルのラビにしたがえば、戒律（*mitsvot*）の呼びかけに耳を貸さない野蛮な欲望に由来する悪への囚われ）と、この「内奥の点」との間には、内的な戦いがある。あるいはまた、自らの存在を守るためにある情念的あるいは理性的な利害関心と、それを説明するとみなされる理由や動機に帰着しない没利害関心の間には、内的な戦いがある。人間の善性と相関的関係にある全くの愚直さからはほど遠いのであるが、この内的な戦いが、各人の魂のうちで、しばしば極度

(36)〔訳注〕本書第一章を参照せよ。

(37)〔訳注〕「殻」はユダヤ教においては呪術的な目的で用いられる様々な殻（卵の殻、亀の甲羅）などを意味する（『ユダヤ神話・呪術・神秘思想事典』、前掲書、一七六頁）。グルのラビにおける「殻」の意味は、*La langue de la vérité*, p. 128 や p. 177 の脚注も参照。

に暴力的な特徴を帯びているのだ。他人、自己そして神に対して、諸感情と内的な分裂（déchirement intérieur）の両価性は、休息と平穏が生じる余地をほとんど残さない。しかしグルのラビは、生きている間にこの戦いがずっと続くと予想しつつも、神による何らかの罰という脅しやそうした罰への恐怖を見込んで問題を打開することを拒む。グルのラビは単に道徳的に有益な発言をしたいと思う傾向をそもそも持っていないのだ。ハスィディズムの方法では、聖書の聖句がどのように各人に元来特有のしかたで内奥の生を照らすかを考えることがいつも気にかけられているのであるが、この方法で、グルのラビは次の聖句を解釈する。「あなたたちはこうして、わたしがあなたたちの神、主であり、あなたたちをエジプトの重労働の下から導き出す（*hotseti*）ことを知る」（「出エジプト記」6:7）。グルのラビは、イスラエルの各々の子に対してなされた神による約束としてこの聖句を解釈している。その約束とは、神の呼びかけは悪からの赦免（rémission）に、さらには治癒に値するというものだ。悪は、最も過酷な時にこの「内奥の点」との個人的な接触をすべて人間から奪うことで、人間を荒ませる。また、相矛盾した破壊的な力によって悪への囚われのうちに見捨てられたのだと、悪は人間に信じ込ませる。しかしどうしたら神の呼びかけを聞くことができるのだろう。グルのラビによれば、聖なる日々、とりわけ安息日の召命（convocation）に、適切な振る舞いを通じて〔神に〕応答することによってこそ、一時だけであるとしても、これらの殻の恐るべき囚われの外に出て、人間はこの呼びかけを聞くことを学ぶ――あるいは再び学ぶ――のである。したがって、グルのラビによれば、自己――自己には傲慢であるという、もしくは逆に自信喪失しているという特徴がある――に閉じこもっている状態から外に出ることは、意志的で自由な決意に、あるいはまた「自分の人生を変える」という断固とした意図と合致してはいない。自己に閉じこもっている状態から外に出ることは、最初の永遠なる神の呼びかけへの応答に依存している。神のみが唯一、再び悪へと陥る危機にある、常に脆弱なこの「内奥の点」をあらわにすることができるのだ——この「内奥の点」は、一般に、関心を惹くものという観点からすればほとんど重要ではないにもかかわらず、破壊されることなく人間である自己の襞のうちに隠されている。しかし、逆もまた同様に——レヴィナスの考察とこの考察を一望のもとに眺めるために重要であるのだが——、長い間誤解され、忘却され、否認されてきた自己のうちなる「内奥の点」の現前なしには、この応答は思考不能なままにとどまるだろう。「わたしは永遠なる者、あなたの神、あなたをエジプトの国、奴隷の家から導き出した神である」(「出エジプト記」20:2)と、「永遠なる者」の声は語る。しかし、この声が実際に永遠なる者の超越に由来するとしても、この声が一人称で人間の魂に関わる命令として、人間の魂によって聞かれうるのは、ある条件においてのみである。その条件とは、最も自己に近しいこの神の現前を、まさにその瞬間に人間の魂に見出ださせるというものだ。そして、心性への神のこの内在をこそ、グルのラビは「内奥の点」と名づけるのである。〈御言葉〉を啓示する神の力は、こうして独自に各人に呼びかけるその能力にある。そして、一見出口のない内部の暗がりの時にも、いかなる知にも還元されることのない形式、つまり「内奥の点」の形式のもとで神がその心性に住まうのであるが、そうしたことを人間が見出だせるようにする能力に、〈御言葉〉を啓示する神の力がある。その点との接触を再び見出だすことで、一つの傷つき力尽きた生でさえも、再生の恩寵を感じるのであり、祝福の言葉がその唇にのぼるのである。

したがって、ハスィディズムについてのこの省察は、「塵あくた」である人間が〈永遠なる者〉の証人となる——もしくは、心性が預言的なものになる——可能性についての問いかけに応答する。その際、この省察が主張するところによると、トーラーの巻物の中にある言葉が拒みがたい呼びかけの形をとることができるのは、呼びかけがこの「内奥の点」を覚醒させ、この「内奥の点」を囚われのものとする「殻」を出現させる諸瞬間においてのみである。この「殻」は「内奥の点」をあまりにも強力に囚われのものとするので、大抵の場合、人間は自分のうちなるその「内奥の点」の現前について何も知らないほどなのであるが。ところが、この覚醒が生じるためには、ソドムの義人たちをよりよく弁護するために自分を「塵あくた」と言うアブラハムのように[38]、自存して分離された実在を自我が構成すると信じることを諦めなければならない。神を無視し、否認し、時には少なくとも自分の脆弱さを発見しながらも、神へと向き直ることに同意することなく、神と相対して傲慢にそびえ立つ実在を。ハスィディームが言うところによると、自律に関するあらゆる主張が偽物であることを発見するためには、「自我」の無化（*bitul*）、つまり、この「自我」がいかなる固有の存在論的な一貫性も持たないという意識を経験しなければならない。それゆえこの応答において人間の側は、自己のうちで仮象と戦うという、常に未達成のこの苦役のうちにある。その仮象は、〈創造者〉すなわち自律的な実体から存在論的に分離された実体を作るのだ。恩寵の側に関して言えば、恩寵の側は、のしかかる重石から人間が解放されるとき、呼びかけへの応答を可能にする「内奥の点」のこの現前において、自己のうちで啓示される。これらは神の文字であって、聖書に書き込まれた神の文字に応答する人間の魂に現前する、とグルのラビは教える。応答がもたらすのは、人格に触れ、人格を変容させ、同様に人格を取り囲む世界をも変容させるような生の刷新である[39]。

レヴィナスは、ハスィディズムの伝統に属するこの本を引用することはしない。そして、『真理の言葉』の場合はカバラーの遺産由来の数々の隠喩に頼っているのだが[40]、レヴィナスはそれらの隠喩に頼ることのない概念体系を洗練させようと努める。恩寵に関する思考が人間の労力を節約するとしても、レヴィナスはこの思考に対する警戒を述べる。創造の分析においてレヴィナスが最後に主張するのは、隔たりのうちで、諸欲求の秩序には決して還元しえない欲望によって人間が神を探し求められるようにする、分離の積極的な性格である。それでもやはり、レヴィナスいわく不当にも自由[41]と同化した自律をレヴィナスが弁護することはない。なぜなら、彼が擁護するのは、自由を奪うことなく自由と両立可能なだけではなく、自由の生き生きした源泉を構成する他律的性質だからである。最終的にレヴィナスは、心性の最も高い次元に属するものとして「魂の預言」について語る。レヴィナスは、心性を「内在における超越」あるいはまた「同の中の他」としても記述するのである。

(38) 〔訳注〕「塵あくたに過ぎないわたしですが、あえて、わが主に申し上げます。もしかすると、五〇人の正しい者に五人足りないかもしれません。それでもあなたは、五人足りないために、町のすべてを滅ぼされますか」(「創世記」18:27–28)。

(39) A. Green, *The Language of Truth, The Torah Commentary of the Sefat Emet*, Philadelphie, The Jewish Publication Society, 1998, p. xxxvm, p. 296. さらに、M. Piekarz, « Hanequda hapenimi etsel admor R. de Gur ve Alexander », dans *Mekhaqim beKabala vephilosophia iéoudit ouvesifrout hamousar* en l'honneur de 1. Tisbi, Jérusalem, Magnes, 1986 を参照せよ。

(40) 人間の悔い改めによって中断されたメシアの到来に関するラビ・エリエゼルの意見について述べられているDL, 102／九九を参照。「ラビ・エリエゼルにとっては、もし治療が必要なほど病悪が存在をむしばんでいるなら、いやしを恩寵として外部から受け取ることはできません」。

(41) この点に関しては、『知の彼方の道徳のために——カント、レヴィナス』において論じた。*Pour une morale au-delà du savoir. Kant et Levinas*, Paris, Albin Michel, 1998.

しかしながら、上記の二つの表現〔「内在における超越」と「同の中の他」〕は、『全体性と無限』第二部において描かれるような「人間的自我」の個体化から生じる諸形容という観点から困難を提示する。自我は被造物として思考され、それゆえ分離されており、無神論者であり、幸福でエゴイストであるのだが、この自我はそれでもこの〔『全体性と無限』第二部の〕箇所において、ほんのわずかも道徳的責めを負うことがない。レヴィナスによれば、あるの闇に満ちた恐ろしい支配は、不安をもたらす脱人称化へと向かう支配である。実際、レヴィナスが描くのは、いかにして、この支配の外での出現が諸欲求に関するエゴイスト的な満足と結びついた幸福な生への愛のこの瞬間を必然的に経由するのかということだ。諸欲求が、各人を、分離されて世界のうちで「我が家に」いる個とするのだ。享受のうちに「肉体の弱さ」への何らかの譲歩を見ることなく、反対に「生の恩寵」をなすものとして、そして少なくともひと時は自分が「楽園の住人」であると考えさせるものとして、レヴィナスは享受を記述するのである。しかしながら、『存在の彼方へ』が手を切ろうとする存在論的言語にいまだ依拠しているこの著作〔『全体性と無限』〕以降レヴィナスが指摘するのは、個体化が分離と「自我」の孤立を要請するとしても、「分離した存在の孤立から単なる対照によっては呼び起こされえない予見不可能な運動において、外部性がこの存在に語りかけ、この存在に啓示されうるには、この孤立は内奥性の外への脱出を禁じることはしない(42)」のでなければならないということだ。この啓示は、少なくともこの第二部で提示された形容による自我自身から出発しては、説明されえない。というのも「幸いなる時」の「恩寵」は、享受によっていかなる他のものにも還元不能な人格の誕生と結びついているのであって、啓示については考慮しないからである。この「啓示」は、自己および、予測可能であったり不可能であったりするその志向性の諸運動と境界を接している。ところが啓示は志向性の秩序から外れている。啓示は、「動物的な条件から離脱」（TI, 159／二六三）をさせる明日への配慮が自我にとって避けられないときに始まる——いまだエゴイスト的な気遣いという様態ではあるが。そして、この自我が人間の顔という還元不能な超越に出会うとき、啓示は執拗に、さらには強迫的にさえなる。『全体性と無限』においてはすでに、分離された被造物どうしを結びつけるのは既にして、顔の呼びかけの聴取の可能性——したがって、言語という事実——である。この結びつきは、聖書において人間という被造物が〈創造者〉とは隔たりつつ、その呼びかけによって再び〈彼（＝創造者）〉に結びつけられるようには、合一や融合に変質することがない。しかしこの著作においてレヴィナスはかなりの部分で、この呼びかけを聴取し、この呼びかけに応答することのできる人間の心性の記述を未解決のままにしている。レヴィナスは、顔を通じた〈無限者〉の啓示を分析するのだが、顔が「開示する本源的言説の最初の語は責務であり、この責務はいかなる《内奥性》によっても避けられない」[43]。しかしこの責務は、自己自身に説明されないままであるだけにいっそう多くの条件を必要とするのであり、測り知れないものであるように見える。自我は知らないうちに、たとえば『真理の言葉』に描かれている「内奥の点」に似ているような秘密を持っており、顔の無限が、その全き高さとその全き惨めさからこの秘密の意味を「明滅」させるのだが、いずれにせよこの責務はそのような秘密を自我に明らかにすることはない。逆に、いかなる神秘的な次元も、このような誘惑もしくはこのような曖昧さに抗する倫理を主張するこれらの箇所に姿を現すことはない。レヴィナスはそもそも、「他なる

---

（42）〔訳注〕TI, 159／二六二—二六三。
（43）〔訳注〕TI, 220／三五六。

ものは自我のうちにはなかったものを、自我に導入する」[44]と非常に明確に述べている。ソクラテスの産婆術とは逆に、自我に既に現前しておりエゴイストの多くの関心事によって隠蔽されている真理を、他なるものが露わにすることはない。他なるものは、自我のうちに何らかの「内奥の点」を見出だすように、あるいはまたデカルト的方法で自我の心性に内在する〈無限者〉の観念を見出だすように私を助けはしない。他なるものは、決して自我が自分から得ていないものを自我に教え、自我に暴露するのだ。というのも男性ないし女性である自我は分離しており、無神論と存在論的なエゴイズムのうちに静かに住まうのであるから。〈無限者〉の観念とは、他人を前にした無限の責務という形で自我に課される観念であって、この観念はデカルトのやり方で神を通じて自我のうちに置かれるのではない。

それでもなおそれ〔〈無限者〉の観念〕はレヴィナスの最終的な語ではない。『存在の彼方へ』において、人間の主体性は「〈無限〉によって凌駕された存在すること（本質：essence）の破砕点」（AE, 27／四四）もしくは「〈同〉の中の〈他〉」（AE, 46／七一）として、意識に還元不可能な様態で記述されるのであるが、人間の主体性は、刷新された、より複雑なしかたでこの責務を思考させる。それゆえ人間の主体性は、主体性の没利害関心と極度の受動性を含意しており、露出と真摯さ——つまり自己の他なるものへの純粋な暴露——を含意している。レヴィナスいわく、露出と真摯さは、とりわけこの〈無限者〉をそもそも直ちに聖書の神と結びつけつつ〈無限者〉の栄光とここで名づけるものにとって必要である。「《われ関せず》という暗き片隅の外への主体の脱出をとおして、〈無限者〉の栄光は称えられるのだが、エデンの園の日の昇る側を歩まれる永遠なる神の声を聞いて、アダムが身を隠した楽園の茂みさながら、《われ関せず》という暗き片隅は、始まりとしての〈自我〉の措定を、そしてまた、起源の可能性そのものを揺るがす召喚からの逃げ道を提供するであろう」（AE, 226／三二九）。人間である主体性はこの栄光を証言するのだが、イスラエルの預言者たちのようなしかたでそうすることを選んだのでも、そうすることを望んだのでもない。彼に託された使命の対象を正確なしかたで検討するための最小限の時間も使うことなく、「われここに、われをつかわせ」[45]（「イザヤ書」6:8）と彼に応答しつつ、人間である主体性は自分を選ぶ言葉を聞くのだ。人間である主体性には、自分に固有の関心には邪魔になるような呼びかけに耳をふさぐ傾向が常にあるのだが、「自己に関して」は、親密さと数々の秘密を保つことに腐心し、もしくは自分に固有の諸関心を保つことに腐心しているのであって、「髪をつかまれて」（「エゼキエル書」8:3）、自我は、その直前にはまだ「自己に関して」の正当性とみなすことができていたものから引き剝がされる。逆に、「自己に関して」および親密さを主張する余裕のない人は預言者になる。それはまさに聖書の預言者の場合である。聖書の預言者は、神の呼び声に捉えられて、自分の意に反して応答するという「任命のもとに」置かれており、狂気と死を含む、多くの危険をしばしば冒すのである。これらの危難の根本的性格にもかかわらず、レヴィナスは躊躇することなく預言を人間の心性の素晴らしい範型とみなす。彼によれば、預言者は、死すべき者どもたちが誰も知らない歴史の流れに関する数々の真理を知っている人ではない。ましてや、神の本質もしくは死後に人間を待ち受けるものに関する未曾有の啓示を受け取った人でもない。預言者が自分のうちへのいかなる滞留も禁じられるほどに、神の〈御言葉〉は預言者に住まい、預言者に霊感を授けにやってくるのであるが、預言者とはそうした人である。預言者は、連れ去りという、動揺をもたらす

（44）TI, 220／三六〇―三六一。顔についての考察に関しては、本書の第六章を参照せよ。
（45）〔訳注〕「わたしがここにおります。わたしを遣わしてください」（新共同訳「イザヤ書」6:8）。

度を越した暴力を被る。そして、預言者は、自我――分離されて自らの住まいに引きこもる――という身分に結びついたこの幸福を失い、嫌でも自我を〈無限者〉の証人に転身させる使命への怯えを感じる運命にあるように思われる、とさらにレヴィナスは記述する。彼〔預言者〕は、ヨナのように逃亡すれば証言の要請を伴う苦しい衝突を避けられるだろうと期待することができず、「内面的生の全き秘密」を失って、十全な真摯さ、つまり他性の「大風」に対する十全な暴露へと至るのだ。(46)

人間は預言者ではないが、預言は「魂の心性そのもの」(AE, 233/三三九)、「同の中の他」であろう、もしくは人間の精神性は「預言的」であろうとレヴィナスは主張する。ところが最も生き生きと、最も密かに心性に他性を書き込んでいくこの記述は、無神論におけるように還元しえない同一性のうちに分離された自我の記述――『全体性と無限』において垣間見られた記述――と一致することはない。より正確に言えば、この記述は、なぜ顔の侵入によって、自我が自らに固有の自由を恥じるべきものと感じ、この自由を善性と正義へと亢進するに至るほどにこの平安とこの無神論がかき乱されてしまうのかを説明することになる(TI, 219/三五五―三五六)。実際のところ、ボロズィンのラビ・ハイームの表現によるところの「われわれの側に」ある固有の実存は、存在論的かつ存在的に、他人たちおよび〈無限者〉から分離された者だと感じていると、この記述は示している。そして固有の実存は理解しがたくも不当なしかたで、このような〔存在論的かつ存在的〕観点から、顔の還元不能な要請によってその幸福が打ち砕かれることを認めており、そうした固有の実存は、同様に全く異なる分析の様態に属していると、この記述は示している。全く異なる分析の様態とは、顔の侵入の命法の力で彼に固有の生のうちに、自己に対して唯一意味を与えるそのもう一つの面を明らかにする様態である。しかし、レヴィナスがこのもう一つの面を述べるという危険を冒すのは、『存在の彼方へ』において、存在論的言語を離れることによってである。預言はそれを証言し、もしくは、ボロズィンのラビ・ハイームが述べるように、預言は短い瞬間においてさえ、いかにして「彼の側から」、つまり〈無限者〉の側から存在論的な分離が仮象を構成するのかを垣間見させる。レヴィナスが言うように、顔の呼びかけへの応答が切迫しているのは、心性が「他人のために構成されている」からではないか。あるいはまた、他なるものもしくは〈無限者〉が、意識する知に最も抵抗する深奥に住まうからではないか。現代の反人間主義的構造主義は、自律的で、真に自身とともに始まる行為する能力のある反省的主体の地位を人間に対して認めないためにのみ、したがって、自由についての仮象を証明しそれらの仮象とともに人間自身の概念の次なる抹消を証明するためにのみ「構造」という語彙を呼び起こしているのであるが、彼〔レヴィナス〕によれば「他人のために」というこの奇妙な構造は、現代の反人間主義的構造主義の多様な形を知らないままである。[47] しかし人文学は、この「他人のために」を把握することができないだろう。というのも、この「他人のために」は、心性を「知」に変える機会を心性に与えることなく、心性に関する預言の時にしか流れこむことがないからである。この「他人のために」はある受動性をむき出しにするのであるが、この受動性は、原因の構造に対する結果の受動性、もしくは内密の苦しみに関連する徴候の受動性、心性の最も親密なものに由来する霊感（inspiration）すなわち証言へと導かれる霊感の受動性には還元不能な受動性である。ところがレヴィナスの術語にしたがえば、

(46)〔訳注〕「ヨナ書」第一章。

(47)「波打ち際の砂に描いた顔のように人間は消滅してしまうと賭けてもいい」(M. Foucault, *Les Mots et les Choses*, Paris, Gallimard, 1966, p. 398〔『言葉と物』前掲書、四〇九頁〕)。

こうした受動性の記述、この非‐志向的なものの記述、あるいはまたこの前‐反省的なものの記述は、無意識的なもの（知のうちにあるのではないもの inconscient）という概念に属していない。というのも、この概念は、その名が示しているように、知に従属しているからである。逆にこの記述は、存在すること（本質：essence）の彼方で言語に参入することを命じる。なぜなら、他性は、他性ではあっても《自己の最も内密なもの（au plus secret du soi）》に書き込まれており、存在のうちでの固執の意味とは異なる意味で、自己の力動性を刷新するのに適しているのであるが、先の記述は難聴の表現そのものとして、他性に「固有なもの」を締め出すからである。概念的な知はこの「他人のために」に内在する意味を支配することに失敗しつつ、しばしば唯心論的キメラを軽蔑するようにこの意味を軽蔑するよう誘惑される。レヴィナスが分析するのは、いかにして聖書に伝えられるような預言という出来事が、この「他人のために」に内在する意味に近づけるのかということである。

レヴィナスの言明は、現代のハスィディズムの創設者である、ハバドつまりリアディのシュネウル・ザルマンの主要な直観のいくつかと別の言葉で出会う。リアディのシュネウル・ザルマンは、人間が〈自己の‐ための‐存在〉であるという仮象、心性に属する神性の内在を隠す仮象を告発する。この心性は、リアディのシュネウル・ザルマンの後に、ラビ・イェフダ・アリ・リープ、つまりグルのラビが「内奥の点」と名づけるものである。したがって、自律的で分離された〈自己の‐ための‐存在〉を構成する感情が心性の主要な疑似餌を表象していたということを、構造主義よりもずっと前にこうした思想家たちは想定していた。しかし彼らが言うには、この疑似餌は「われわれの側」の現実の知覚にもまた結びついていた。つまりこの疑似餌は経験的事実として必要なのであって、このことは乗り越えがたいように思われる。もう一つの光は恩寵の瞬間にのみ到来する。その瞬間、神秘的な合一（*devéqut*）

によって、人間は「〈彼〉の側」の現実を垣間見ることができるのだ。この観点から心性があらわになったのであるが、それは、自律的で、幸福において自分が支配者であると思う傾向のある「自己のために」としてではないし、もしくは逆に不幸のうちで出口なき悲嘆のうちに見捨てられたと思う傾向のある「自己のために」としてではない。そうではなく、内奥の光を通じて創造を照らすように運命づけられた、〈無限者〉[48]の単なる容器としてである。心性は、そうすることで最終的に「ここにおける住居」を〈無限者〉に与えている。

レヴィナスは二つの主な理由からこの言語に抵抗する。まず、たとえ法悦あるいは神との合一という神秘体験が、人の言うところによれば「〈彼〉の側」の心性が意味するものを束の間理解させるとしても、その神秘体験は単独で例外的であり、とりわけ世界の人々を見捨てたり忘却したりさせる状態にある。逆に、預言は脱自的な享受を禁じ、「われわれの側」――すなわち不正、暴力、そして死によって脅かされる脆い生の数々の側――をなお見ることを求めるので、預言は全注意に値するはずであるとレヴィナスは考える。その上、『存在の彼方へ』において「同の中の他」としての魂の預言を思考するからといって、『全体性と無限』で分析されているような存在論的分離についての主張をレヴィナスが拒絶することはない。実際、この分離は「われわれの側」すなわち存在論的視点にとどまっており、疑似餌にも呪文にも属してはいない。むしろこの分離が述べるのは、神を探すことができる人間という被造物の偉大さである。とはいえ、この分離が自己の存在に固執しその自存を肯定するために神を必要とすることはない。神が預言者に到来するように、存在することの彼方で心性が

---

(48) R. Schneour Zalman de Liady, *Liqoutei Bemidbar*, 82b ; R. Yehoua Ari É li Eb, *Sfat Emet*, t. IV, 43b.

〈無限者〉に触発されること、もしくは神に要求されることは、「自我」のこの存在論的分離を中断することがなく、この分離を仮象の周縁に定めることがない。とりわけ、暴力でもってこの自我がどれだけ自らを顕示しているかはわかっているし、他の被造物たちに場所を譲ったり道を譲ったりするというよりもむしろ、そこに住まう無慈悲な活力を課しているかはわかっている。諸瞬間において、心性には〈無限者〉が住まう。もしくは、レヴィナスの表現によれば、「神の－みもとへ」として――つまり、その無限性を理由としてはいかなる関係も加わることのない不可視の神に審問されるものとして――、可能的に描かれる。人間に直面して人間のために、〈無限者〉に責任ある証人の唯一性を確信して自我を確実に覚醒させるので、諸瞬間は〔存在論的分離における自我とは〕全く異なる自我の思考を出現させる。リアディのシュネウル・ザルマンもしくはグルのラビの場合において、存在論的分離が蜃気楼となるという考えとともにそうであるように、この拒絶できない任命は、「存在の一プロセスではない」(DDQVI, 265／三二四)にもかかわらず変化することがないのである。

それでも、〈無限者〉に強いられた証言として――「秩序の知覚が、それに従う者によってつくられたこの秩序の意義と合致するところの反転」として――思考された預言の導入は、存在論的分離に関する諸々の所与を覆す。自己の同一性を気にかけ、そしてそれゆえに他性と自己の差異を気にかける自我は、自分のうちにこの他性が住まうと気づく。この他性は、証言するようにと執拗に自我に呼びかける。とはいえ、自我が従わない際の罰の脅威によって、もしくは従う際の報酬の約束によって、この他性が自我を束縛することはない。そのように自我が従う場合、自我は自己自身を見守るために従うのであって、他性への配慮によって従うのではないだろう。その時〔自分のうちに他性が住まう〈気づく時〉自我は、存在論的同一性が隠すものをも見出だす。それは証人の代替不能な唯一性である。そして、レヴィナスが驚きとともに一つの命題で述べるところでは、それは「概念の外なる唯一性、狂気の種としての心性、既に精神を病んでいる心性、〈自我〉なるものではなく、召喚されたこの私」(49)(AE, 222／三二三)である。この命題は、グルのラビによる「内奥の点」の分析と関連させる価値があるように思われる。

実際、この「狂気の種」は、自己に固有の同一性の感情における断絶、つまり存在することにおける分裂を意味しているのでなければ、何を意味しているのか。この分裂が逆説的に示すのは、この存在論的分離――「われわれの側の」現実――は同と他の区別を肯定するとみなされているし、少なくとも時折、自己のために存在することの幸福を称揚するとみなされているが、堅固な基盤を欠いているということだ。預言的な霊感が存在論的な合理性から見て狂気であるのは、存在論的分離が告げ、あるいはあらわにするこの傷つきやすさのせいなのである。存在論的な合理性から見れば、「同の中の他」は治療されるべき、さらには閉じ込めておくべき精神病と狂気を意味しているのであって、聞くべき言葉を意味しているのではない。しかし、狂気とその他のものの間、疎外化と精神の健康の間にある

(49)〔訳注〕ここで「狂気の種として」と訳したものの原語は comme grain de folie であり、合田訳では「一握の狂気として」と訳されている(『存在の彼方へ』四四五頁を参照)。フランス語で grain は穀物の種子を意味するとともに、un grain de で「ごく少量の」という意味を持つ。ただし、シャリエはこの後すぐに見るように、グルのラビの「内奥の点」とレヴィナスの grain de folie を対比させる形で grain を「殻(*kélipot*)」に覆われた点とみなしているので、シャリエの解釈に対応させる形で「種」と訳した。

分水嶺が明らかに脆いものであるとしても、そしてデカルトに反して「良識」の擁護は良識の投影図をたどるには十分ではないとしても、レヴィナスは「良識」の不確かな境界線を打ち立てることを求めるのでもない。むしろレヴィナスが示しているのは、自己のうちに閉ざされた狂気と、パスカルが言うような[50]「一周した狂気」とを区別することだ。自己のうちに閉ざされた狂気は、知の傲慢さのうちであれ、もしくは自分たちしか対象としない数々の語や諸概念が優勢であることの傲慢さのうちであれ、まさに存在論的分離のうちにある。そして「一周した狂気」は、その証人となる自己を待ち望む〈御言葉〉を聞くことにある。しかし、証人が自らに固有の同一性に囚われたままであることはできない。なぜなら、証言が他人の〈言葉〉を伝達することであるなら、同一者の神格化――つまり死――による魅惑にも似たこの主張を激しく傷つけるからである。他方、聖書の預言は、一箇の人格の選びとして証言を思考するよう提案する。一箇の人格とは、名によって意味される代替不能な唯一性のうちにあり、それゆえ生き生きとした自由のうちにあるものだ。また、一箇の人格とは、人間と向かい合い、人間の利益のために〈無限者〉に応答しつつ、〈無限者〉によって意味される代替不能な唯一性のうちにあるものだ。こうして、自分に固有の情動に由来する倦怠や狂気に陥ることはあっても、「狂気の種」は解放をもたらすだろう。つまり「狂気の種」は、存在論的エゴイズムの中での孤立、そして亀裂なき同一性という滅ぶべき要求の中での孤立からの解放をもたらすだろう。その際、あるの――疎外を招くような、黙するか、または騒めいているが生き生きさせるような言葉を持たない――恐怖のうちで、「狂気の種」が、自己の解体という恐るべき危機を心性に与えることはない。この「狂気の種」は、各人を「自己の‐ための‐存在」にするような習慣もしくは攻撃性や嘆きを断ち切るように強いるだろう。「狂気の種」は、そのようなものとして同化されることのない「新しさ」の到来を意味するだろう（DDQVI, 264／三二四）。また、〈無限者〉は、創造――汎神論によって試みられたハスィディズムの解釈の幾つかとは逆に、仮象ではない――の只中で、自己のうちで呼吸することで、代替不能な唯一性を自己に割り当てるのであるが、「狂気の種」は、自己が〈無限者〉に対して無‐関心ではないことの到来を意味するだろう。実際レヴィナスが考えるところでは、創造は善くはあるが脆い現実である。神によって、創造は、〈彼（＝無限者）〉から分離された被造物に対して作り直された。このことは、〔被造物が〕無神論を主張するくらいに、もしくはもはや全く〈彼〉を思考しないくらいに、〈彼〉から遠ざかる危険を伴っていた。しかし、自らの哲学のうちに預言的な証言を「魂の心性それ自体」として導入しているものの、レヴィナスはその〔創造という〕現実に反して、存在論的分離は絶対的ではないと告げる。レヴィナスによれば、神とは、〈彼〉は存在し、人間はその被造物であると思い出させる事実や振る舞いを通じて、現れることを決意する神であるが、やはり、創造を諦めから救うものは何らかの神の力能ではない。心性において、この「狂気の種」の謙虚な現前のみが、〈彼〉から分離された創造の只中でいまなおその栄光を語るのだ。

したがって、グルのラビが生の刷新（*hidouch*）の源泉としての「内奥の点」について述べるところでレヴィナスが思い起こすのが、「狂気のこの種」である。「狂気のこの種」は、〈無限者〉によるそ

（50）『パンセ』「人間は、こんなにも必然的に狂気であるので、狂気をもう一周すれば、狂気でないことも狂気であるということになろう」。*Pensées*, 184 (484) : (éd. J. Chevalier, Paris, Gallimard, « Bibliothèque de la Pléiade », 1954, p. 1134).

の選びが要請する恩寵において、「概念の外部にある唯一性」の「新しさ」を告げるのだ。ただし、神秘主義に言及してその観念を示唆するよりも、哲学者〔レヴィナス〕はむしろ、この卓越性の源泉と範型としての預言へと向かう。しかしながらいずれの場合においても、自己のうちにあって超え出るものとの接触こそがまさに、存在論的領域のうちで思考された自我を刷新する。自己に似た表象を予見えないしかたで引き裂きながら。あるいはまた、自らに固有の関心を超えて認識することを妨げる不純物つまり殻（*kélipot*）に等しいものを自我から取り除きながら。自我に住まう〈無限者〉は、力動性の源泉として啓示されるのであるが、自我は力動性について、自己の存在を保護し増すことに注ぐことのできた活力にもかかわらず、自分が啓示を受けることを知らなかった。レヴィナスが「同の中の他」を描くために預言を──神秘主義よりも──選ぶのは、この「狂気」に内在する選びの次元を強調するためである。神秘的なものは、神との合一というこの「内奥の点」へと向かう長い道を進み始める。それはノスタルジーによってであり、あるいはその利益のためにであり、そしてその欠如を感じているからでもある。預言者はノスタルジーのないまま快適にその住まいに身を落ち着けたにせよ、急に呼ばれるのを聞き、人々が滅多に聞くことを好まないことを彼らに語り、また語り直すために、人々へと向かって外に出るよう命じられる。預言者が語るのは、あらゆる被造物に対する正義の命令であり、愛をもって、つまり責任をもって、有限性の刻印に、脆弱さに、そしてしばしば質料的そして精神的な絶望に記しづけられた彼らの諸実存を監視する命令である。

しかし、こうした差異を超えて、レヴィナスが言うほど神秘主義者と預言者は隔たっているのだろうか。アリストテレスのカテゴリーの中で預言を記述することで、マイモニデスはその起源に人間の精神と〈知的行為者〉との合一があるとした。ヴィルナのガオンの方は、哲学に抗する言語で「神の現前（*Chékhina*）との合一（*devéqut*）は、預言の源泉である」[51]と主張した。レヴィナスの側が述べるように、いずれの場合においてもこのことが示すのは、「狂気の種」——そこから預言者が応答すべき声がやってくる——は、自己のうちなる〈無限者〉の近くにあるということだ。〈無限者〉はその栄光を告げるために、倦むことなく証人を呼び求める。だからこそ「狂気の種」は、グルのラビが述べる「内奥の点」に似ているのではないか。「狂気の種」が約束し許す生の刷新においては、実際にそうであるように思われる。苦しみや幸福によって人間が自己へと追い詰められるとき、外部性——つまりレヴィナスによるところの顔、グルのラビにとっての宗教的な召命、とりわけシャバトの召命——のみが道を開くのだが、そうした事実においては、実際にそうである〔「狂気の種」と「内奥の点」が似ている〕ように思われるのである。こうして、二人の思想家〔グルのラビとレヴィナス〕において、顔もしくはこれらの召命は、熱意に満ちて暴力的でさえある情念や理性的確信の重荷——各人を「自己のための」存在にする重荷——を少なくともわずかに脆くする。それは、存在論的分離が隠すものを自我が知らないときに、自我に内在する麻痺状態——陽気であるかもしくは復讐をする精神のうちにあって、力いっぱいに人生の選択の場を切り開くときであっても——を、〔顔もしくはこれらの召命が〕転覆させることによってなされている。〔「自己のための」存在とは〕不安を通じて、自分で作り上げる自分の像（image）に似ることばかり気にする存在である。この存在は、他人が自分について何を言うか様子を伺ってはそれを否認し、もしくは期待を募らせては他人からの承認を享受する。しかし、相互的かつ平和的であっても承認の追求には還元できないしかたで、「内奥の点」もしくは「狂気の種」の、心性との記

（51） Ruah haMochel, *Biourei agadot hazal al pi haGra*, Jérusalem, 1997, p. 61.

憶不能な近さが自己に現れる。その近さは不可避的に思いがけない未来の刷新と遭遇し、刷新を引き起こすのだ。未来においては、自分の時間とは他なる時間に対して責任あるものになることを拒むことのできない責務が人間に現れる。つまり、未来において人間の繁殖性もまた告げられる。しかしながら、このこと〔近さが自己に現れること〕は、自分に即して企てられるものについて人間は明晰に意識するということは含意しない。また、外部性との対面は、不確かではあるが有無を言わせぬ未来に向かって立ち上がれと人間に命じる言葉であるのだが、外部性との対面が、その警戒と欲望をなぜ掻き立てるのかについて、人間が知っているということも含意しない。この対面が人間に啓示するのは、哲学的認識と反省性が一般的な方法で把握したり主題化したりすることができないままでいるものである。つまり心性にとって最も親密な〈無限者〉の近さである。ソクラテスの「汝自身を知れ」は慎み深さ、そして正当な方策を擁護するのだが、二人の思想家〔グルのラビとレヴィナス〕から見れば、これはその用心深さにもかかわらず以下の意味作用を知らないということになろう。それは、最も深い謙譲のうちに巻き込まれている偉大さ――心性を無限の責任へと運命づける偉大さ――の意味作用である。

したがって、言語が異なるにもかかわらず、そしてレヴィナスの哲学的配慮にもかかわらず――グルのラビの神秘主義的な省察にはレヴィナスの哲学的配慮が決定的に欠けているのだが――、「内奥の点」もしくは「心性における狂気の種」に関する彼らの分析の近さは単に形式的なものではない。呼びかけという要請的な恩寵を通じて、両者とも自己のうちなる〈無限者〉との近さを生きるよういざなうのであるが、その呼びかけは、自我が関与したことのない、ある約束を呼び起こすものなのだ。〔その約束とは〕奇妙なことに魂の静けさにとって価値が高いと認められた魅惑という観点から自己をかき乱し、このノスタルジーもしくはこの誘惑から自己を解放する、そうした約束だ。実際、グルのラビによって思考された神秘思想は、創造を放棄するように促すことはない。その神秘思想は、時間の肉（la chair du temps）のうちで活動するように人間を宿命づけ、「この世での住まい」を神に与え、そのうちで日々を刷新する源泉に最も近いところにいるよう促す。ところでレヴィナスによって「魂の心性」として描かれその闇から外に出る預言的な証言もまた同様に持っているのは、無限者がその栄光を「主体性によって、他人への接近という人間の冒険によって」（AE, 231／三三六）見いださせる召命である。それではなぜ、神秘思想に対するレヴィナスの警戒が問題となるのか。

哲学者——神学者ではなく——に荷担しようという彼の明瞭な意志は、この警戒を説明するのに十分ではない。というのも、古典的な合理性、さらには現象学に関して、預言とヘブライ的な「数々の動機」を、しばしば彼の諸分析の最も決定的な諸契機に導入することは、この意志の正当性についての疑惑を投げかけ、さらに無効にするには十分だからである。したがって、世界を見捨て、世界に対する配慮と手を切り、是非はともかく神秘思想に回帰するように見える固有の救済（salut）を探し求めようという抑えきれない誘惑に加えて、それ〔預言とヘブライ的なものの導入〕がむしろ主張することになるのは、次のことであるように思われる。それは、〈無限者〉への欲望がいかなるノスタルジーにも適合することなく、人間たちの善意志にも様々な傾向性にも依拠しないということである。そして、レヴィナスは預言を選び、神秘思想を顧みないということである。その呼びかけを記憶させる数々の顔を途上に置くことで、主体性を探し求める主導権を取るのは〈無限者〉なのであるから。生き生きとした明るさで〈彼（＝無限者）〉が人間に安らぎを与え人間を喜ばせることを目的として、悲嘆から〈彼〉を探し求めるのは人間ではない。〈無限者〉が心性を捉える際に、この瞬間まで心性を占めていたものについて、無配慮に——そのように見える——〈無限者〉が人間に教えるのは、いかに〈彼の〉言葉がそうするよう強いるかということである。それは、聖書において、前もって望むことなく預言者たちが証言へと運命づけられていたしかたである。ゆえに、神秘思想よりも預言に優位を与えることとは、レヴィナスにとって、被造物のノスタルジーもしくは彼らの偶発的な善なる意向を信頼することを拒否して、〈無限者〉によって変容させられた人間の冒険に関する、絶えず日延べされる希望を思考することであり、神を思考することである。人間が神の栄光について証言するために[52]、神の栄光は、人間の代替不能な唯一性において人間に声をかける〈彼（＝無限者）の〉言葉の力に専ら依拠している。

預言を思考することは、不可避的に言語を思考することである。ところが、たとえばフーコーと並んで言語を探求し、「起源の約束は無際限に後退していく[53]」と考えている現代の哲学者たちの主張とは反対に、レヴィナスは、誰かへの語りかけ（adresse）として、あるものを陳述し主題化する数々の〈語られたこと〉に還元不能な〈語ること〉として、この約束に接近することを提案する。〈語ること〉ないし呼びかけは、「知解可能性は」人間の言葉に「先立つ」（LC, 45／二三〇）ということ、さらに、対話ではなく証言——他による同の目覚め——は言語の最初の形式を構成することを聞くままにさせるが理解させることはない。「狂気の種」ないし「同の中の他」は、『全体性と無限』で描かれていた無神論的分離の幸福および存在論的なエゴイズムから自我を引き離し、この起源と共鳴して心性を震わせる。「狂気の種」ないし「同の中の他」は、他人の顔の呼びかけへの応答にその全き意味作用を与えるであろう。その応答はほとんど合理性を欠いており、いずれにせよ関心にもとづいた相互性の諸基準によっては測ることのできないものであるのだが。

ところが、この起源の約束は、各人に固有の歴史の始まりに先立っている。各人に固有の歴史は、暗闇の時代に最も弱く最も脅かされた人々を、あるの厳しい試練と直面させる。また、喜ばしいときには最も強靱で最も幸運な人々が、世界の中で我が家にいるということに時折興奮し、そして幸福は続きうると信じさせる傾向を持つ感情と直面させる歴史である。ところがあるも幸福もこの起源については語らない。あるも幸福も、いかにして歴史が始まり、知には還元されない原初的な謎にもとづいて探求されるのかをただ述べるのみである。しかし預言は、この歴史の流れに反してこの起源を証言するだろう。まさにこのことゆえに、預言は、『存在の彼方へ』において練り上げられている言語と同様、言語が存在論的言語と手を切る危険を招くだろう。「神の－みもとへ」(à-Dieu)の意味作用を起源に吹き込みながら時間の各々の瞬間を更新する記憶しえない言葉として、預言は――開始ではなく――起源を思考するよう駆り立てるであろう。

(52)「申命記」4:35に関するものである。「あなたにこの事を示したのは、神が《永遠なる者》であって、ほかに神のないことをあなたが知る(*ladaat*)ためであった」。グルのラビは、われわれがその証人になるという条件でわれわれに対してわれわれによって自らを啓示しようとする〈彼(Celui)〉について述べている。

(53) Michel Foucault, *Les Mots et les Choses*, Paris, Gallimard, 1966, p. 395.〔ミシェル・フーコー『言葉と物』渡辺一民／佐々木明訳、新潮社、一九七四年、四〇六頁〕。

# 第五章　時間性と終末論

おそらくこの〔終末論という〕主題に関する性急かつ危険な数々の混乱に応じて、レヴィナスは、歴史に関するあらゆる目的論的観点から終末論を区別することによって終末論を思考する必要性を強調する。そうしてレヴィナスは、「預言的終末論」あるいは「メシア的平和」という「並外れた現象」に言及し、この「並外れた現象」は「歴史の方向性を教える」(TI, 6-7／一八) ことにあるのではないとはっきりと述べる。また、この「並外れた現象」は、現在のうちで予感される数々の明証性を最後には十分に解明する未来を、そしてその成就のために要求される努力や犠牲を正当化する未来を約束することにあるのでもないとも述べる。終末論は全体性および歴史の彼方との、つまり「常に全体性の外部にある一箇の余剰」(TI, 7／一八) との関係を創設しうるが、逆説的にもこの余剰は「全体性および歴史の内部に、経験の内部に」(TI, 7／一八) 映し出されるだろう。歴史のうちで「映し出される」とされた、謎めいた一箇の「余剰」に関するこの驚くべき命題は、当然ながら解明されるべきである。実際のところ、このことから何を理解するべきだろうか。ともかく哲学者〔レヴィナス〕は明示的な言及によるように預言者に着目させようとするのであるから、あらかじめ「預言的終末論」の意味を問うのがよいであろう。

預言者の表現の多くは、実際のところ来たるべき時に関連するのであって、歴史の彼方に関連するのではないように思われる。だからこそアモスは「永遠なる者の日（*iom haChem*）」（「アモス書」5:18–20）、つまり、闇が光をしのぎ、人々が「永遠なる者の〈御言葉〉（*divrei haChem*）」を聞くことへの渇きに苛まれる深い悲しみの日に言及する。この日の後にはよりよい時が来て、捕虜は戻ってくるであろう。「彼らは荒らされた町を建て直して住み」、「ぶどう畑をつくって、ぶどう酒を飲み」「わたしが与えた地から再び彼らが引き抜かれることは決してないとあなたの神なる永遠なる者は言われる」（「アモス書」9:13–15）。したがって、「永遠なる者の日」は最後の大火やこの世界の消滅を意味することは決してないということが預言を黙示録から区別する。黙示録にそのイメージが似ているヨエルの預言の第二章(1)でさえ、悔い改めへの扉を開いている。「いまこそ、心からわたしに立ち帰れ」（「ヨエル書」2:12）。〈永遠なる者〉が思い直され「その後に祝福を残してくださるかもしれない」（「ヨエル書」2:14）。この「日」は、ある未規定の持続を記述しており、この持続はアモスの預言のうちでは、地上の幸福な生と結びついたよりよき日々に到達する前に経験されるはずの多大なる数々の苦しみによって特徴づけられている。しかし、数々の苦しみの中でも、神の言葉への飢えと渇きをおぼえるという恩寵によってもたらされた、うずく傷を考慮しなければならないとしたら――アモスは飢えと渇きは本能的な欲求であるのではなく、神に由来すると確認する（「アモス書」8:11）(2)――次のようにも述べるのが適切であろう。歴史上のこの幸福な地上の日々は、この言葉に照らされること以外の意味を持たないのだと。レヴィナスは、預言的な終末論を、唯一「発話がなされることのない戦争や帝国からなる全体性を打ち破る」（TI, 8／一九）「発話の能力」に結びつけるのであるが、そうしたレヴィナスの言明から見れば、これは重要な確認である。ただしこの確認によって、この預言が明確に終末論と目的論を区別すると主張することはいまだできない。

神学は、懲罰を与えたり報償を与えたりするとされる力能を神と混同することで、とりわけ自身に固有の利害関心に配慮する恐れと気がかりを抱かせるのであるが、神学の強化に貢献することを避けるためには字義どおりではないしかたで終末論の意味作用を認めるのが確かに適切であるとしても――過ち、罰、改悛と救済という――、一連のことがらは、実際に預言の特徴を際立たせる。流浪と頑迷を脱した民は光を知るであろう。「見よ、〔新しい契約を結ぶ〕日がやって来る（*hiné iamim baim*）」（「エレミヤ書」31:31）とエレミヤは説く。その日に「わたしはわたしのトーラー（*torati*：律法）を彼らの胸の中に授け、彼らの心に（*al libam*）それを記す。わたしは彼らの神となり、彼らはわたしの民となる」（「エレミヤ書」31:33–34）。預言者は、この約束――追放された人々が戻ってきて、このことが戦争と抑圧の終わりとなり、イェルサレムの都市が再建されるという約束――を地上の時間という側面から切り離すのだが、他の人たち以上にそうするわけではない。政治と道徳の改革はよりよき日々に到達するためには不十分であるように思われるという理由で、ホセアの側が神の恩寵（*hèsed*）の次元を強調するとしても、(3)ホセアもやはり葡萄酒が再び流れ、イスラエルの民がその地に帰る時を望む。たとえイスラエル

(1)「エゼキエル書」三八章および三九章におけるゴグとマゴグの戦争も参照せよ。また、「ゼカリヤ書」一二章、一四章、イザヤ二四章、二七章、三三章、六五章を参照せよ。

(2)〔訳注〕「見よ、その日が来ればと主なる神は言われる。わたしは大地に飢えを送る。それはパンに飢えることでもなく水に渇くことでもなく主の言葉を聞くことのできぬ飢えと渇きだ」（「アモス書」8:11）。

の民が悔い改めることがなくとも神はその〈名〉にかけて働くとエゼキエルは強調する。しかしそうすることで、言われた一連のことがらをエゼキエルが覆す時に（「エゼキエル書」36:22–23）[4]、イスラエルの家の子に「新しい心」と「新しい霊」（「エゼキエル書」36:26）を与えることで、追放された人々の彼らの地への集結からこの告げ知らせを切り離すことはない。神は彼らに「木の実と畑の作物」を増やすことを約束する。神は彼らに、町の人を再び住み着かせ、「その廃墟を建て直す」（「エゼキエル書」36:33）ことを約束する。そこで人々は「荒れ果てていたこの土地がエデンの園のようになった。荒れ果てて破壊されて廃墟となった町々が、城壁のある人の住む町になった」（「エゼキエル書」36:35）と言う。

これらのテクストにしたがえば、預言者は、政治的、経済的、および社会的な観点から、そしてそれと同じくらいに精神的、道徳的、そして宗教的な観点から、終末論をよりよい未来の希望に関する思考と連関させている。聖書ではダニエルが受け取った「最後の時」（「ダニエル書」12:4）の〈啓示〉は封を開かれることなく（「ダニエル書」12:9）黙示録を垣間見させるのだが、預言者は黙示録を無視しても、逆に、人間の時間性および「太陽のもとで」行われる御業を照らすと思われる希望を伝える。「平和の盟約（*brit chalom*）」、「永遠の盟約（*brit olam*）」（「エゼキエル書」37:26）は実際のところ、最も生き生きとした、最も単純な具体性においてこの時間性に関わるのであって、この時間性の彼方に関わるのではない。預言者は、物事の終わりであるような、不正と不幸への忍従、私的なあるいは集合的な苦しみへの忍従を禁じる。未来へと向き直りつつ、彼らは涙が拭われ不正がただされる日が来ることを請け合う。それではなぜレヴィナスは、預言的な終末論の「真の射程」（TI, 7／一八）が「存在の究極目的を啓示することによる未来についての解明」（TI, 7／一八）をもたらすことに存するのではない、と主張するに至るのだろうか。

このような解明は不十分なのであろう。というのもレヴィナスは、「幸福な出来事の期待はそれ自体では希望ではない」[5]と述べるからだ。幸福な出来事の期待は、現在によって引かれた数々の線が明日に進む方向に関していまだに蔓延している不確実さに依拠しているにすぎない。しかし希望には現実的な意味があるはずだとすれば、状況を把握する知性が垣間見させることはできる――確実ではないが――「信念的推測」[6]にもとづく目的論に希望が属することはありえない。現在の不幸の強度を弱める未来の約束に希望が吸収されることはなおさらありえない。最初の〔目的論に希望が属する〕場合、推測が知に変わるのに応じて希望は消失することになるだろう。第二の〔未来の約束に希望が吸収される〕場合、希望は、未来での代償、さらには購いと混同されるであろう。ところが、「この《代償の時間》は希望にとっては充分ではない。涙が拭われ、死の報復がなされるだけでは希望にとって充分ではない。いかなる涙も無駄にされてはならないし、いかなる死も復活なしですまされてはならないのだ」[7]。したがって、真の希望は不幸それ自体の瞬間に関わる。「人類の幸福が個人の不幸を正当化しないように、

(3)〔訳注〕「恵み（*hèsed*）の業をもたらす種を蒔け。愛の実りを刈り入れよ。新しい土地を探せ。主を求める時が来た。ついに主が訪れて恵みの雨を注いでくださるように」（「ホセア書」10:12）。
(4)〔訳注〕「それゆえ、イスラエルの家に言いなさい。主なる神はこう言われる。イスラエルの家よ、わたしはお前たちのためではなく、お前たちが行った先の国々で汚したわが聖なる名のために行う。わたしは、お前たちが国々で汚したため、彼らの間で汚されたわが大いなる名を聖なるものとする」（「エゼキエル書」36:22–23）。
(5)〔訳注〕EE, 153／一八七。
(6)〔訳注〕TI, 7／一九。
(7)〔訳注〕EE, 155／一九〇。

未来の報酬は現在の労苦を汲み尽くせはしない」[8]。イスラエルの子らの自分たちの地への帰還、そして預言者によって彼らに約束された平和な実存は、不正や飢饉や諸々の戦争による暴力のもとにおかれた彼らの父祖の喪と苦しみを償うことはない。一人の人間の死、彼の黙した涙とその苦しみは、その没後にあるよりよい未来によって補償されることはない。したがってレヴィナスは、預言的な終末論を別様に解釈するよう誘い、終末論を現在のための希望として読み取る。このことをいかに思考すべきか。この解釈はユダヤ教の伝統のある流れを刷新するのであろうか。それともそうした流れと結びつくのだろうか。

「時間が非連続的である」からこそ、終末論は、ベルクソンにおけるように新しいものについての創造的で連続的な持続をあらかじめ措定する目的論とも、いつの日か完全となるべく積み重なる経験をあらかじめ措定するヘーゲル流の目的論とも混同されない。精神は「否定的なものを存在へと転換する」[9]のであり、「絶対的なものに関して語られなければならないところは、それが本質的にいって〈結果（*Résultat*）〉であり、終わりにあってはじめて、それが真にあるありかたで存在する、ということである」[10]とヘーゲルは確かに言う。逆にレヴィナスは、ある瞬間は、機械的あるいは脱自的なしかたで他の瞬間へと間断なしに続くのではなく、「一つの死を見いだし、復活する」（TI, 317／五一二）と主張する。しかしこの復活は、ヘーゲルが述べるようなしかたで、死がある否定的なものの契機になるということを決して意味しない。ヘーゲルが述べるのは、「同じように、果実を通じて花弁は、植物のいつわりの現存在であると宣言される。だから、植物の真のありかた（vérité）として、果実が花弁にかわってあらわれる」[11]ということだ。死という取り返しのつかないものは、他なるものの時間への移行を呼び求める。しかしたとえこの他なるものが、唯一で置き換えのきかないその移行によって創造（「創世記」2:3）を「なす（*leasot*）」ことに寄与したとしても、息子であれ娘であれこの当の他なるものが、永遠にいなくなってしまった彼ないし彼女の日々を長らえさせることはない。だからレヴィナスは「諸世代の非連続性」に言及する。この「諸世代」とは、赦しと再生を確かに約束するが、連続的かつ発展的で累積的なしかたで時間を思考させることのないものだ。こういうわけで、生成の意味作用に関する諸々の仮説がいつか確証され、〈絶対者〉が最終的に真に存在するものであり、目的論が現在の見当においてはまさしく歴史の真の方向を見定めることができたと仮定しても、それによって各々の生の唯一性が救済されることは決してない。それゆえ、目的論なき預言的な終末論を思考することは、終末論を歴史の流れの包括的な意味作用についての考察から切り離すことであり、とりわけ各人の唯一の生によって生きられた瞬間の地位を確立することをとりわけて望むことである。そ

---

（8）〔訳注〕EE, 156／一九一。

（9）*La phénoménologie de l'Esprit*, trad. J. Hyppolite, Paris, Aubier Montaigne, 1939, t. I, p. 29.〔G・W・F ヘーゲル『精神現象学』熊野純彦訳、ちくま学芸文庫、六〇頁〕

（10）同書 p. 19／三七頁〔ヘーゲルの原文および日本語訳では〈結果（*Résultat*）〉のみではなく、〈終わり（*Ende*）〉もイタリックとなっており（日本語訳では傍点による強調）となっているが、イポリットの訳では〈結果（*Résultat*）〉のみがイタリックとなっており、シャリエもイポリット訳を踏襲している〕。

（11）同書 p. 6／一二頁〔なお、ヘーゲルはここで直接に否定的なものと死の関係について述べているのではなく、「つぼみは花弁がひらくと消えてゆく。そこでひとは、つぼみは花弁によって否定されると語ることもできるだろう」という例を挙げている。次のシャリエによる引用が「同じように」から始まるのは、つぼみと花弁の例の続きから始まる文章だからである〕。

うするのは、瞬間が準備するもののためにではない。歴史のより豊かな発展を待機することなく、全体性の彼方が現在、「その〔歴史の〕うちに映し出されている」[12]からである。

しかしながら、ユダヤの伝統においても他の諸解釈があることを忘却させるほどしばしば預言者の目的論的な読解が蔓延しているのは、おそらくは民が甘んじて受け入れることを認めない、痛ましい集団的歴史の流れゆえである。それゆえに民は子孫が迫害と暴力を免れることを望み、子孫は――少なくとも子孫は――平和と正義の預言の実現を目の当たりにすることを望んでいる。マイモニデスは、各々の人格の最終的な実現は神を認識しようと努めることにあると考えていた。そのマイモニデスでさえ、いまやいっそう悲劇的な歴史の只中で、一神教へと向かう人間の長い道のりという目的論的観点からこの歴史を描いている。この場合、一神教のうちでは、イスラエルと他の諸民族に対する神の「教育学〔pédagogie〕」が主要な役割を果たす。こうして神はヘブライの民に、人間を供儀に捧げる実践を放棄させることを少しずつ学ばせる。神は、自らの策を実現させ（「イザヤ書」10:5–7）[13]、イスラエルを悔い改めさせるために諸権力――バビロニアやアッシリア――を利用するのだ。哲学者〔マイモニデス〕によれば、預言者たちによって告げられたメシア的な諸時間は、何にもまして歴史の頂点となるであろう。その際、必ずしも自然の秩序における根底的な変化をなかったことにする必要はない。ゆえに、預言の名高い言葉――「狼と小羊はともに草をはみ獅子は牛のようにわらを食べ、蛇は塵を食べ物とするだろう」（「イザヤ書」65:25）――は、隠喩的なあり方をしていると見るべきだろう。というのも、「〈メシア〉という主題についてこうしたものと関わるものはみな寓話であって、〈王であるメシア（Roi-Messie）〉の時代、すべては寓話と寓話に隠れたものが重要であるような何らかのしかたで啓示されるからである」。したがって、イザヤ書はここで、あえて単純に言うならばイスラエルが暴力のもとに置かれることのなくなる時代について述べている。「その時には飢饉、戦争、ねたみや不和はないだろう。というのも、地は豊穣のうちに所有されるからだ。世界中が神の知以外の心配事を持たなくなるだろう[14]」とマイモニデスははっきりと述べている。マイモニデスの思考において否定しようもなくユートピア的な要素となるこうした記述にもかかわらず、哲学者〔マイモニデス〕は歴史的目的論を修復という観点から解釈する。それは、かつてあったもの、つまりダビデの王国の再興、再建された神殿、集められた亡命者、そして復元された法に「この時」が類似すると予期するゆえである。

しかしながら、そして重要なことであるのだが、マイモニデスは預言者と同様、歴史の流れの中で進行中の過程、つまり一段階ずつ「この時」へと導く過程という考えにこの修復を結びつけることはない。超越的なあらゆる媒介者を排除した、固有の努力による人類の可能な進歩という考え、啓蒙主義の哲学者たちのものとなる考えに、この修復はもとづいていない。実際、もしこの修復が超越的な

---

(12)〔訳注〕おそらくシャリエは『全体性と無限』序文における「とはいえ、全体性と客観的経験のこの〈彼方〉は、単に否定的なしかたで記述されるわけではない。この〈彼方〉は、全体性および歴史の内部に、経験の内部に映し出されている（Il se reflète à l'*intérieur* de la totalité et de l'histoire）」（TI, 7／一八）という文章を念頭に置いている。

(13)〔訳注〕「災いだ、わたしの怒りの鞭となるアッシリアは。彼はわたしの手にある憤りの杖だ。神を無視する国に向かってわたしはそれを遣わしわたしの激怒をかった民に対して、それに命じる。「戦利品を取り、略奪品を取れ。野の土のように彼を踏みにじれ」と。しかし、彼はそのように策を立てずその心はそのように計らおうとしなかった。その心にあるのはむしろ滅ぼし尽くすこと。多くの国を断ち尽くすこと」（「イザヤ書」10:5–7）。

(14) Michené Torah, XIV. A. Fukenstein, p. 146. *Maimönide, Nature, histoire et messianisme*, trad. de l'hébreu par C. Chalier, Paris, Éd. Du Cerf, 1988, chap. IX.

媒介者を明確になくすことがないとしても、万人にとって正当かつ平和的なやり方で大地を任めるようにするために、この修復が忍耐強く、謙虚でかつ野心をもつ人間の規定にのみ依拠するということはない。この修復は、神がアブラハムおよびその子孫たちと交わした約束の記憶を保持している。〈彼(＝神)〉の言葉は恩寵の意味の中で時間を方向づけるのであり、そしてまた逆に、この約束は、〈父祖〉に端を発する諸世代の思い出に対して、この諸世代がばらばらになることも失われることもなく時間を通過するようその力を与えるのであるから、時間は虚しく持続しているのではないという約束の記憶だ。諸世代が思い出さなければならないのは、暗黒時代にあってさえ、苦痛とともにもたらされた生成は、約束によって方向づけられている(「創世記」12:2–3)ということだ。預言的なテクストの合理的な解釈への努力にもかかわらず、マイモニデスは絶えず超越への、むしろこの〈約束〉への開けに場を譲る。ゆえに、もしこの進歩ということで、不正とともに終わり平和をもたらされた正しい世界を構築するという人間の企図の力のもとにある歴史、もしくはさらに、ヘーゲルの方法で、歴史の終極にたどり着くために人間の諸情念と不幸を利用する〈理性〉の狡知の効果のもとにある歴史に内的な発展を理解するのであれば、マイモニデスが「救済への進歩という観念のすべてを排除する」[15]というのはこの意味においてである。マイモニデスに関していえば、彼が予期しているのは、「この時」の歴史は、いまよりもいっそう、神の〈御言葉〉によって、隠喩的に言うならばいかなる人間も決して自分自身には与えることのできない光によって方向づけられているということである。マイモニデスはこの時を、いかなる目も見たことがなかった現前する生の彼方に関する「来たるべき世界」からとりわけ区別し「メシア的なもの」と呼ぶ。

レヴィナスによって提案された終末論と目的論の分離は、歴史の包括的な意味作用に関するあらゆる思考を排除するように見える。たとえマイモニデス流のやり方で、超越へと向かうこの開けを通じてこうした思考が明らかにされたのだとしても、そうである。この分離はユダヤ教の伝統とは無縁であるのか。そうは思われない。というのも、ユダヤ思想家、とりわけ神秘思想家は、終末論を目的論に依拠させることなく終末論を検討したからである。むしろそうした思想家たちが考えているのは、災厄が絶えないため消え去るのが一番良いような歴史の流れに、終末論が根本的な切れ目を入れるということだ。「黙示録」の書物は、古代のアガダーに表れるこの傾向の絶頂期をもたらした。「詩篇」45:3[16]に関するこのミドラッシュでは、イスラエルが失意の底で倒れるときに、イスラエルを贖うために神が到来すると告げる。黙示録における数々の終末論がもとづいている考えは、歴史は確かに必然的な流れに従っているが、今度は不可避的に最悪のもの――可能的な後悔もなしに、黙示録的な数々の終末論を、終末論および預言的な目的論から区別するもの――へと伸びているというものである。[17]また、数々の終末論は、こうして時間のうちに非連続性、切断および現在の瞬間においてはいかなるものも準備しない根底的な新しさという観念を導入する。しかしながら、この新しさは、預言者によ

(15) G. Scholem, *Pour comprendre le messianisme juif*, trad. B. Dupuy, Paris, Calmann-Lévy, 1974, p. 6 l.

(16)〔訳注〕「あなたは人の子らのだれよりも美しくあなたの唇は優雅に語る。あなたはとこしえに神の祝福を受ける方」(「詩篇」45:3)。

(17) J. Dan, *Apocalypsa az vearchav* (*L'Apocalypse alors et maintenant*), Iédiot Aharonot, Sifrei hamad, Hertzlia, 2000, p. 11.
〔シャリエはヘブライ語の著作を参照している〕

って告げられた新しさ――昔のことを思い起こすことのない新しい天、新しい地、イェルサレムの住人たちと分かち合うことのない喜び――には似ていない（「イザヤ書」65:17–18）。というのも、黙示録においては、時間はそれ自体で全うされるからだ。それは選ばれた者たちがその定めを受け取るために立つことに先立つ「日々の終わり」となり、選ばれた者たちの、憩いへの入り口となるだろう（「ダニエル書」12:13）。

しかしながら、レヴィナスによって思考された時間の非連続性、およびあらゆる目的論から区別された終末論は、黙示録のこの伝統とは無縁であり続ける。時間の非連続性と終末論が歴史の総体の流れに沿って否定しがたい悲観主義と並行して進むとしても、そして、それらが進歩という観念を排除するとしても、レヴィナスの哲学が思考するよう呼び求める非連続性と新しさが黙示録の諸要素となることは決してないだろう。現在の終末論は、むしろ、「おのおのの瞬間にその十全な意味作用を、その瞬間そのもののうちで[18]」取り戻させなければならないのであって、「論議はすべて尽くされ、結審の時を迎えているのだ。重要なのは最後の裁きではなく、時間内のあらゆる瞬間での裁きであり、そこではひとが生者を裁く[19]」。レヴィナスが述べるところでは、「永遠の前に」そして「歴史の成就より前、時間がなお存在しているあいだに」、瞬間の裁きが行われなければならない。したがって、目的論が――しばしば意味なきものに意味を与える訓練をするために――するように、ただひとりの孤独な人が今日被る不正義が、その後に続く人々にとっての未来の偶然的な幸福の原因を与えるとしても、そしてとりわけ、この苦しみのうちに固有の救済（salut）を見つけられるかどうかを知ろうとしなくとも、問題となることはないのだ。

しかし、一瞬で生ける者を裁く、この謎めいた「ひと」とは誰なのか。レヴィナスはこの思考を預言的な終末論の思考と結びつけるのだが、純粋に人間的なものであるかぎりの裁きが問題なのだろうか。聖書の言葉と各人の同時代性という観念と相関的に、この「ひと」が思考されるべきだということは、おそらくはそのなかで探されるべき道を示している。実際、ユダヤ教の典礼と学習は、各人をこの同時代性へと開くという条件においてのみ意味をもつ。「この日（*haiom*）、あなたたちは、全員あなたたちの神、主の御前に立っている」（「申命記」29:9）。「見よ、私はこの日（*haiom*）、命と幸い、死と災いをあなたの前に置く」（「申命記」30:15）。ところがこの日はノスタルジーや抵抗とともに保持された遠き過去に属しているのではなく、また〈盟約（*brit*）〉はこの時にモーセとともにあった人々のみに関わるのではないのであるから、《この日》はいま到来する。この〈盟約〉は、かつて一度も彼らの側にあったことはなく、この日に（「申命記」30:15）[20]、つまりいま、この言葉に相応しく彼らに固有の生の秘密を解読する人々にとって価値がある。それゆえ〈盟約〉は、しだいに生の意味作用を損なってしまうような持続、生の遠いノスタルジーを保持し、さらにはそれを忘却させてしまうような持続に属することはない。また反対に、その意味作用を何世代にもわたって累積的なしかたで深めるような進展にも属することはない。〈盟約〉は、どんな他のものにも代替不可能な人格が、民族のうちにある同時代人を知りながら、同時代人のうちでその〈盟約〉を生かす瞬間に依拠している。こうして毎年ペサハー〔過越の祭り〕[21]の時にユダヤ人は、その物語を開始するまさにその瞬間に自分に対して、そして

(18)〔訳注〕TI, 8／一九。
(19)〔訳注〕TI, 8／一九。
(20)〔訳注〕シャリエの原文では30:14になっているが、「この日」は、「申命記」30:15に登場する語である。

自分のうちで到来する出来事を思い出すように出エジプトを思い出す。この物語、つまりアガダーにあるいにしえの言葉が現在に住まうことができるように、ユダヤ人は口（*pe*）を開き、語り出す（*sah*）のであり、これらの言葉を調べ始める。それらの言葉が彼〔ユダヤ人〕に対して、そしてそこにいる人々と分かち合う瞬間の解放に対して意味するものをユダヤ人は問う。こうしたものの見方において、ハスィディズムの伝統は、伝統的な言葉が人間の内奥性に向ける光の明るさをとりわけ強調する。したがってグルのラビが『真理の言葉』[22]において主張しようとするのは、殺すべき「初子たち」は死すべき古代の人々のこの苦しみを表しているのであり、死に至るほどの苦しみの重圧が〔この古代の人々を〕囚われて傷ついた状態にしていたのだ、ということだ。声高にエジプトの初子たちの死の物語を口にする人は、その言葉を通じて自分を生気づけなければならない。初子たちが彼の人生を色づけたとき、彼は自分を呼ぶ〈声〉を聞く。その〈声〉は、彼を見捨てたとしばしば思っても、彼自身の発話の最も秘められたところで彼を呼ぶ。他方、この物語のおかげで、物語る人は、彼個人の苦痛の首枷を解き、そこで不満を言ったり沈黙のうちに自分を傷つけたりするのをやめる。というのも、彼は他の人たちと調和して苦しみを生きるからだ。彼は、ただ一晩であるとしても各人を夜から解放する〈声〉——もしくは〈語ること〉——を聴くことを彼に許す細い糸を、まさにそれらの語——物語の〈語られたこと〉——のうちに見つける。彼がそれらの語〔物語の〈語られたこと〉〕をあらかじめ聴き、他人たちに〈声〉〔〈語ること〉〕を聴かせておくとしても、あたかもこの〈声〉が伝統的ではあるが、いかなるものも決して生き生きとしたしかたで宿ることのできないこれらの語の最深部に巻き取られていたかのようである。

ひとが生ける者を裁くまさにこの瞬間に、ひとが「全体性と歴史の内部に、経験の内部に」〈無限者〉の反映を結びつけるこの瞬間に、「全体性を、あるいは歴史を超えた」[23]現在の終末論にレヴィナスが言及するとき、レヴィナスは同時代性というこの観念の近くに留まり、その意味作用を刷新する。実際のところ、彼にとって預言的な終末論を同時代的なものと考えることは、グルのラビと同様のことのみを意味してはいない――グルのラビにあっては、預言的な終末論を同時代的なものと考えることは、生のすべてを照らし出す〈声〉の道を見出だすという欲望の中で、心性につきまとう苦しみからの解放を追い求めることを意味していた。だから――とりわけ――過ぎ去る瞬間を、そして人間が共有する瞬間を「裁く」ことが重要である。レヴィナスは、犠牲や裏切りの数々を正当化するとみなされた歴史の終わりを待つに値する理由など存在しないと主張する。これらの犠牲や裏切りは、人間に常にそうであるように――自分では認めていない役割を演じさせるときに、この歴史の終わりが要請するものだ。このように主張することによって、レヴィナスは戦闘的な熱狂を中断させ、瞬間への注意を喚起する。

(21)〔訳注〕「出エジプト記」一一―一二章において、「過越の祭り」の由来となった出来事が語られる。エジプト人に強制労働をさせられていたイスラエル人はエジプトからの脱出を願ったが、エジプトの王はそれを許さず、主(=神)がたびたびエジプトの領土に災厄をもたらしても、頑なにイスラエル人を解放しなかった。最終的に主はエジプト人の初子をすべて死なせるが、主の指示に従ってあらかじめ印をつけておいたイスラエル人の家は通過するのみであった。

(22) I. IIを参照。祭りに関してはp. 153以降に述べてある。

(23)〔訳注〕TI, 7／一八。

ここにおいて歴史は裁きの最中であるように思われる。「運命とは歴史である」（EN, 41／四二）とレヴィナスは他のところでも言っている。歴史に入り込む意志は「自分自身から分離しつつ実存するからである。自分自身のために意欲しつつも、意志は他のひとびとのためにも意欲していた自分を見出だす。これは歴史には何一つ負うことなく歴史を創始する疎外、存在論的疎外である」（EN, 41／四二）とレヴィナスは述べる。歴史の不正およびその避けがたく悲劇的な次元は、数々の苦しみのうちに、そして存在論的疎外がもたらす無数の死者のうちにあるのみではない。それら〔歴史の不正およびその避けがたく悲劇的な次元〕は、その参与に意味作用を与える意志から意味作用を奪うことにも存している。実際歴史に一度入ってしまえば、第三者はこの参与および意志の営為を奪うのだとレヴィナスは述べる。彼は、この意志が目的としていたものとは非常に異なる、さらには反対でさえある意味作用をそれら〔この参与および意志の営為〕に与える。それは、ギリシア悲劇において、オイディプスが自分の行為が自分のものであると認めつつ、それでもなお父殺しも近親相姦も欲していなかった[24]と認めるようなしかたによってである。

それでは、歴史の終わりはいつかこの意志を正当なものたらしめうるのだろうか。歴史の終わりは数々の悲劇の終わりを告知するのではないのだと本当に主張しうるのだろうか。その時「自由かつ理性を備えた世界において」、「不幸な人は自分の不幸を欲するのであって、万人は〔幸福を望んだり夢想したりするのではなく〕幸福であろうと意志するという唯一の条件のもとで幸福であるという理由で、そして、幸福であろうとする意志を妨げるものはなにもないという理由で[25]」、人間の数々の不幸と悲劇が「人間に固有の不幸」であり「人間の悲劇」であるという事実を歴史の終わりは告知するのだと本当に主張しうるのだろうか。レヴィナスは決してそうしたことを認めない。というのも、レヴィナスは歴史を全体として捉えるあらゆるものの見方、もしくは全体性の観念による魅了と袂を分かつからである。ゆえにレヴィナスは、歴史の終わりのあらゆる重みを、瞬間に、そして未来の司法および歴史の法廷からまさしく引き剝がす裁きに与え返そうとする。ヒレル(26)は、「歴史をその宿命に委ねた場合(27)、歴史は裁くのではなく「犯罪を波及させる(28)」ということを知っていたのであるが、レヴィナスはヒレルを参照して、「誤って、われわれは時間を埋め尽くしてきた一連の暴力を歴史の裁きと考え、歴史自体を司法官と考える(29)」と述べている。ところが「神学的言語」は、歴史的出来事が意識を裁くことの不可能性を独自のしかたで保証し、「そうした自由の驚異のすべてを推し測りながら、神だけが裁くと語る」(DL,41／三二)。しかしまさしく、神を「心の奥底を探る、統括的な裁判官(30)」(「エレミヤ書」

(24) この主題に関しては、メルロ＝ポンティ『ヒューマニズムとテロル——共産主義の問題に関する試論』(Maurice Merleau-Ponty, *Humanisme et terreur*, Paris, Gallimard, 1947, 合田正人訳、みすず書房、二〇〇二年)を参照せよ。この時哲学者は、スターリン主義の過程と歴史にとって不可避な悲劇的なものの原因を擁護している。人間は「歴史の法廷の権限に異を唱えること」(158／一一二)はできない。「それというのも、行為することで、彼は他人たちを捲き込み、少しずつ人類の運命を捲き込んでいったのだから」(158／一一二)。
(25) E. Weil, « La fin de l'histoire », *Revue de métaphysique et de morale*, octobre-décembre, 1970, p. 383.
(26) 〔訳注〕ヒレル(Hillel)は紀元前一世紀の律法学者である。
(27) 〔訳注〕DL, 41／三二。
(28) 〔訳注〕DL, 41／三二。
(29) 〔訳注〕DL, 41／三二。
(30) 〔訳注〕「新共同訳」においては、「万軍の主よ、人のはらわたと心を究め正義をもって裁かれる主よ」(「エレ

11:20）と考えることは、その裁きの正当性を最終的に理解するためには歴史の終極を待たなければならないという考えと袂を分かつことにつながる。逆に瞬間の中で裁きの正当性を認めることが重要なのだ。というのもこの裁きは歴史の可視的かつ明示的な流れを逆向きに捉えるからである。いかにしてこのことを理解しうるのか。

「主体性にとって必然的に不正であり、不可避的に残酷である最後の言葉を述べる権利を歴史が失うためには、不可視のものが現出しなければならない」（TI, 272／四三七）。ところが、何らかの明証性には還元できない《不可視のもの》のこの現出が、経験の内部への「彼方の反映」である終末論的観念にすぐさまその意味全体を与えるのは、歴史の正義を超出する正義への呼びかけを聞かせることによってである。それゆえこの瞬間は、エルンスト・ブロッホが述べる驚嘆（étonnement）の瞬間に等しいものではない。ブロッホによれば、この瞬間において主体の闇は、死を超える「ユートピア的な未来のようなものから到来する光によって貫かれる」（DDQVI, 73／八六）。というのも、このような思考は「メシア的であり、終末論的な」（DDQVI, 74／八八）歴史の内奥性を問いただすことがないからである。レヴィナスはといえば、この現出を次の考えと結びつける。ある意識が自分自身に固有の生のためにおののくよりもむしろ殺人を犯すことを恐れる瞬間に、「太陽のもとで」なされる事柄の可視性を超えて、「神の裁き」が現出するという考えだ。歴史の流れではなく意識の唯一性のみが善性（*bonté*）への呼びかけに応答することができるのであるが、その呼びかけを聞かせることで、正義（*justice*）のこの瞬間は、確かに「法に直接連なるもの」を超える。さらにそれはまさしくその〔意識の唯一性の〕選びの契機、その隣人になされた不可視の侮辱が一人称で選びに関わる契機である。主体性が「選びによって変貌を遂げる――選びは、主体性をその内奥性の資源に向かわせることで、当の主体性を任命する――」（TI, 275／四四一）のであるが、この瞬間に、内在における彼方の「反映（reflet）」が生じるだろう。それは主体性が《無限なもの（l'infini）》を発見するためであって、《無限なもの》は「貧しい者、異邦人、寡婦および孤児」に奉仕するための呼びかけという様態のもとで――そうした様態のもとでは主体性からもまた呼びかけに対して与えられうる最大の正義が問題となろうから――主体性に宿る。したがってこの奉仕の単純さは、最後の裁きの急迫に固有のおそれとおののきを保持することは全くなく、黙示録的な想像の産物が保持し増幅する、その裁きにつきもののしばしば耐えがたい叫び声や苦痛とともに、過ぎ去る瞬間にその最も深い意味作用を与えるだろう。この奉仕の単純さは、「神の裁き」のもとにその瞬間を位置づけるであろうし、あるいは少なくとも時折は、《不可視のもの》が歴史の並外れた厚みをいかにして穿つのかを示すだろう。ある人々には寛大に、そしてまた別の人々には臆面のない態度で、人間は幸福な達成に向かって歴史を意のままにすると主張するのだが、この奉仕の単純さは、決してそうした達成を享受することのない無数の死者たちの立場を取るだろう。ところがレヴィナスから見ると、歴史の犠牲者たちが被る侮辱の不可視性は、後に現れる人々がより善き日々に容易に入るために必要であるとはもはやみなされない。この不可視性は、可視的なしかたで、特異的な主体性の各々に向けられた呼びかけのかたちで現出するのである。実際のところ、侮辱された者は、不幸に際して一見沈黙した忍従にあってさえも、常に主体性に呼びかけるだろう。恐るべき、盲目的な熱情に囚われたこの地上で、あれほどに待ち望まれながら否認されてきた「神の裁きの秘密裏の次元」[31]を、この主体性だけが自分自身の最も秘められたところに守っているということをあたか

---

ミヤ書」11:20）とある。

も予感しているかのようだ。終極の時にもかかわらず、そして諸事実によってもたらされたあらゆる反証にもかかわらず、侮辱された者がいまなお望むであろうことは、この脆い主体性が、歴史のなかで、そして経験のなかでこの裁きの裏にあるものを「反映」させることなのであるが、まさにこの瞬間にその生は嘲笑され、すぐさま征服されて、主体性に無関心な歴史の脅威のもとに残されるのだ。

覚知（gnose）が正義と善性を対置させるのとは逆に、歴史の只中で各人に分け与えられた短い生においては、正義と善性は不可分である。実際のところレヴィナスにとっては、「神の裁きのもとに」「歴史の裁きの彼岸に身を置くこと」[32]は、歴史の暴力や名づけがたい不公正を理由としてなされる歴史の流れへの不信や拒絶を意味するのではない。諸時代の終わりには数々の書物が開かれ、各人は最後には「自分の運命」（「ダニエル書」12:13）[33]を受け入れるであろうが、このような諸時代の終わりはしばしば報復の精神によって活気づけられるのであって、「神の裁きのもとに」「歴史の裁きを超えて身を置くこと」が、このような諸時代の終わりに対する熱のこもった期待を意味することはなおさらない。反対に、「神の裁きのもとに」（TI, 276／四四三）身を置くことは、過ぎ去ってゆく取り返しのつかない決定的な瞬間に「主体性を高揚させること、主体性が諸法則を道徳的に乗り越えるよう呼び求められること」（TI, 276／四四三）に等しい。「神の裁きが私を確証するのは、まさに私の内奥性においてであり、内奥性の正義は歴史の裁きより強力なものである」（TI, 276／四四三）。しかし、内奥性を通じて行使されるこの正義の力は、必要な場合にはあらゆる抵抗運動を打ち砕くために数々の道具を自由に用いる政治的、経済的、そして軍事的な諸権力と同じ秩序には明らかに決して属してはいないので、この正義の力はそれらの諸権力に対する必要な力量を備えてはいない。したがってこの正義の力は、力や暴力には、同じ性質の力や暴力で応じなければならないと確信している実在主義の信奉者には取るに足らないものであるように思われる。正義と善性に固有の力は内奥性に由来しているのであるが、そうした力を「預言的」と形容することで、レヴィナスはこの力を別の領域、すなわち発話（parole）の領域のうちで思考するよう仕向ける。発話は、非連続的な時間の網目のうちに編み込まれ、その結果全体性を中断して傷ついた諸存在を少しなりとも照らし出す。(34) 発話はまた、発話者にとっての危険や危機を冒して、数々の法律を作成し諸権力を保持する人々にも向かう。そうした人々は、時代や歴史の必要性もしくは関心事といった口実のもとで幾つもの人生を忘却してきたのであるが、彼らにそれらの人生を思い出させるためである。聖書において、預言者は王や聖職者を叱責し、「不義の判決」(35)や「暴虐の宣告」をなして「貧しき人々から権利を奪う」人々、「寡婦を獲物とみなし」、孤児のものを奪う人々（「イザヤ書」10:1–2）に不幸を約束するのであるが、そうしたしかたで、預言的なこの主体性は正

（31） TI, 279／四四四。
（32） TI, 276／四四三。
（33）〔訳注〕「時の終わりにあたり、お前に定められている運命に従って、お前は立ち上がるであろう」（「ダニエル書」12:13）。
（34） AE, 265／三八七を参照。「いっさいの終末論およびいっさいの中断を包摂する全体性がもしも沈黙であるならば、黙した言説がもしも可能であるならば、この全体性は自閉したものでありえたかもしれない」。
（35）〔訳注〕「わざわいなるかな、不義の判決を下す者、暴虐の宣告を書き記す者。彼らは乏しい者の訴えを引き受けず、わが民のうちの貧しい者の権利をはぎ、寡婦の資産を奪い、みなしごのものをかすめる」（「イザヤ書」10:1–10:2）。

義と善性の要請を思い出させる。

「終末論的見方は、発話がなされることのない戦争や帝国からなる全体性を打ち破る」（TI, 8／一九）のであり、「この見方は、全体性として理解された存在内での歴史の終わりを目指すわけではない」（TI, 8／一九）のであって、この見方はいますぐに〈無限者（l'Infini）〉と関係づけるとレヴィナスはさらに述べる。ところが、《無限なもの（l'infini）》のこの痕跡との間に再び見出だされた接触こそがまさしく、心性の最も生々しく、また最も顧みられることのないところで人間の口を開かせるのだ。このとき、無限なる者は歴史によって裁かれるままなのではなく、むしろ歴史を裁く。しかし、もし存在のうちで自らを肯定するという欲望が人類の最終的な真理となるのだとすれば、いかにしてこうしたことは可能になるのだろうか。キルケゴールが述べるように、もし「人間が永遠の意識を持っていないとすれば、もし一切のものの根底に、暗い激情の中でのたうちつつ、偉大なるものであれ些細なものであれ、あらゆるものを生み出す激しく湧き立つ力能しかないとすれば[36]」、こうした思考はいかなる意味作用を有しているのだろうか。この意識なしに、人間は、瞬間を裁くために必要な隔たりを保つことができるのだろうか。ユダヤ教の伝統はグルのラビと同じく、「内奥の点」あるいはまた心性の襞に住まう神の閃光の近くにとどまって見守ることが各人にとって必要であると語る。ただし、レヴィナスはより哲学的に調和するものに従っており、またキルケゴール式の永遠の観念を参照することもしない。先ほど分析したように、レヴィナスはこの伝統に忠実に、心性を「同の中の他」として、もしくは「有限なるもののうちなる〈無限者〉」として描いている。ところがこの他性もしくはこの〈無限者〉は「ア・プリオリよりも古き」先行性の諸様態に応じた心性のうちに宿る。歴史のうちにごくしばしば消え去る隣人に「われここに」と各人が応答する瞬間に、この先行性は、まさしく、各人をその不可視性の外に出す言葉のうちで感じられる。その瞬間とは形而上学的瞬間である。というのもこの瞬間は〈無限者〉へと開かれているのだから。この瞬間の刷新は、〔人間性に対する〕「裏切りの時」あるいはまた「非人間性」(TI, 23/四三)を「たえず先延ばしにすること」(TI, 23/四三)を可能にする。実際のところ〈無限者〉は、〈語られたこと〉に吸収されることなく、主体性を証言と責任に帰す〈語ること〉に開かれており、逃れるための言い訳を探す暇を主体性に与えない。

この〈語ること〉の力のもとで、証言へと向かう力動性として、あるいはまた《同の中の他》の鼓動として時間が思考されるのであり、このことによってレヴィナスは〈語ること〉の力を「神のみもとへ」として分析するよう導かれる。つまり、永遠性へのあらゆる欲望とは独立に〈語ること〉の力を思考するようにもレヴィナスは導かれる。というのもこの場合、この力動性のディアクロニーは逸された永遠に似るのであり、またその冒険は帰還のノスタルジーに似るか、あるいはまた「現在」の仮象的な理念化にそもそもほとんど常に従属する休息への憧れに似ることになろうからだ。ところが、呼びかけもしくは《同の中の他》の鼓動の責苦によって完成や集約の可能性なく瞬間ごとに刷新されるために、ディアクロニーは動揺させるような予見しえないリズムへと運命づけられているのであり、その限りにおいて、このディアクロニーのスカンシオン〔シラブルを切って発音すること〕は、「無限者へと向かう時間の上昇(*montée*)[37]」を意味している。あるいはレヴィナスが述べるには、〔このディアクロニ

(36) キルケゴール『おそれとおののき』(『キェルケゴール著作全集』第三(上)巻、尾崎和彦/大谷長訳、創言社、二〇一〇年、二三頁、シャリエの引用は、Kierkegaard, *Crainte et tremblement*, trad. C. Le Blanc, Paris, Rivages poche, 2000, p. 53 からのもの)。訳語はフランス語に合わせて適宜変更した。

ーのスカンシオンは〕「神への上向（ascension）」（DMT, 236／二八六）を意味しているのであり、この上向は安らぎや永遠なる幸福を約束するのではなく存在の彼方へと通過させる。実際、「神のみもとへ」は、存在の一過程となるのではない。というのも、記憶不能な呼びかけからその力動性が生じるのであるが、その呼びかけは、自己への回帰という抗いがたい魅了から離れ、日々新たなしかたで他人へと送り返されるからである。それゆえレヴィナスにとって預言のメッセージの卓越性は、この力動性から出発して歴史を思考させる可能性のうちにとどまっているのであり、現在当然の成り行きを示す歴史の只中に、ほとんど常にまったく正当性なくして、今後「反響（reflet）」を導入する可能性のうちにとどまっている。それゆえ「神のみもとへ」の力動性は、予想しうる期日もなく自らを各々の瞬間の営為とみなしている。各々の瞬間の営為は忍耐強く無限者へと向かう上昇の糸を織り成しているのであって、この無限者は、イスラエルの賢者たちが「来たるべき世界」（*haOlam haba*）と呼ぶもの、あるいは「神の裁き」のもとで絶えず来たるべき世界と呼ぶものと関係しているように思われる。おそらくこうしたことを理解しなければならないのであって、ボロズィンのラビ・ハイームの言い方ではこのようになる。「来たるべき世界に参与することが意味するのは、人間がいまや来たるべき世界の一部となって命令（口伝律法：*mitsva*）を完成するということ、そして来たるべき世界は人間自身の営為であるということである」[38]。

「神のみもとへ」として時間を思考することで、レヴィナスは、他人に対する責任への参与に言及し、この参与を「まだ世界ができあがっておらず、世界のなかに存在してもいないのに、「創世記」の「…あれ」という命令に応答する被造物が示す図式」（DDQVI, 250／三〇四）と比較する。このように関連させることは何を意味しているのか。聖書において、被造物のいずれも発話を聞いたり聞こえないふりをしたりする自由を意のままにしてはいない。しかし、発話が被造物に生命を与えることは知られている。極度の受動性の、それゆえこの場合には能動性の反対でさえもない受動性の瞬間に、発話こそが、一つのものから分化した生命の息吹からあらゆる実存を出現させるのであるから。この被造物が創造者を認識しているということはいっそうできない。というのも「もしそれ〔被造物〕が彼〔創造者〕を認識しているのだとすれば、被造物はなおその始まりを引き受けていることになろう」し、それゆえに、たとえば神についての神学的な言説をこの息吹の代替物とすることで、被造物のうちにあるこの息吹の痕跡を失ってしまうだろうからである。被造物は「生来の、もしくは無神論の孤児」であって、それゆえ、「被造物」という語にその意味を与えるだけのこの記憶不能な受動性の根底で、傷ついた時間性の隔たりのなかに〈彼（＝神）〉を探すことしかできない。その「周囲に織りなされた文脈よりも古い意味作用を指し示す」（AE, 179–180／二六四）この名の「神学的文脈を正当化する」こと（AE, 179–180／二六四）は必要ではないのだ。

再び聖書にしたがえば、発話がこの実存[39]に息吹を取り戻させるのは、たとえば〔この実存が〕善悪の尺度となることを望まれた後にその尺度を失って神から身を隠すとき、つまりその〔実存の〕生の源泉と調子を合わせてその〔発話の〕うちに実存を保つ者から身を隠すときである。つまり神がアダム

（37）〔訳注〕DMT, 236／二八六。
（38）*Commentaire du traité des Pères*, Pirqé Avot, trad. E. Smilévitch.
（39）〔訳注〕cette existence. ここでは「創世記」三章において、善悪の知識の実を食べ、神から隠れることになるアダムを指している。

との対話を再開するのは、アダムが〈彼〔＝神〕〉から身を隠すときである。アダムは発話から突如見捨てられた裸を見出だし、恐怖に身が竦んでいる。アダムは、この発話の現実を、現実に等しいとみなされた認識によって支配しながら、まさに自分自身でありたいと思ったために――あるいはレヴィナスが述べるように、人間の尺度で〈語ること〉を〈語られたこと〉のうちでとらえようとして、被造物という名の元となる無始原的な受動性の基底を追い求めたために――、息が詰まりそうになっている。「あなたはどこにいるのか（aïéka）」[40]とこの時神はアダムに問う。実際、呼びかけのみが、自分で招いた諦念の状態に直面して怯え混乱して生気を失った人や身を隠す人に生気を取り戻させうるように思われる。あるいはまた、〈語ること〉の聴取のみが、哲学もしくは神学における数々の〈語られたこと〉の概念の堅固さ――この堅固さは、人間の尺度に応じた言明のうちにそれ〔呼びかけ〕をあまりにも性急に囲い込もうとして呼びかけを忘却する傾向にある――を、毎日新たに揺るがすように思われる。それではいかにして耳を傾けることができるのか。

神学に対するレヴィナスの疑念にもかかわらず、聖書に従って、この「どんな受動性よりも受動的な受動性」を基底として、神（Elohim）「の像に似せ、それをかたどって」（tselem ; démout）人間は創造された（「創世記」1:26）と考えることは、レヴィナスが記述していないこの類似の意味作用についての考察を促す。しかし事実そうであるように、神の存在に関する神学的な知を練り上げることもまた拒否し、それゆえ存在論の領域の外部でこの類似に由来する命令を考察しようとしてきた以上、神に似ること、もしくは像を持つことのない〈彼〔＝神〕〉に象られることは何を意味するのか。もし哲学者〔レヴィナス〕が主張するように、いかなる主要な語彙も〈無限者〉の観念に近づくことがないということが明らかであるならば、いかにして〈無限者〉との類似を思考するべきか。

　エロヒームとの人間の類似の意味を明らかにするためには——発音しえない〈名（テトラグラム）〉（「出エジプト記」4:22）を持つ神の「初子の息子」としてイスラエルを語りつつも、神の他の数々の名との偶然的な類似に関して聖書は沈黙を保っているのであるが——、まずボロズィンのラビ・ハイームとともに、エロヒームの「諸力の総体の主」という側面からエロヒームが神を指し示していることを思い起こさなければならない。その発話によって、エロヒームは「開始の営為」を創造し（*maasé beréchit*）、日々その実存を刷新する。人間が神に似るのは、「その行為によって、その言葉とその正当な思考によって、神は優れた数多くの聖なる世界を支え強化する」というまさにこの点に関してである。そこから人間のこの上ない責任が生じるのだ。というのも「神の行為、神の言葉そして彼の思考の数々」は細部に至るまで失われていない[41]のであるから。より一般的には、ユダヤ教の伝統の多くの師は、この類似のうち言葉（*parole*）の最初の役割を強調してきた。人間は言葉によってあらゆる現実を聖なるものと化す能力、つまりあらゆる現実を、現実が由来する〈無限者〉と結びつける能力を有しており、それゆえに人間はエロヒームに似ている。人間は神の閃光を解放すること、つまり各々の実存を取り巻く（*maquif*）とともにその内部に住まう言葉（*davar*）を解放することができる。逆の場合には、言葉はすぐさま再び無に帰してしまうのであるから。人間の発言（propos : *dibbour*）はまさしく、たとえば食物や彼に固有の身体といった、人間が出会う主に質料的な諸現実を神に向かって高めていくことを

（40）〔訳注〕「創世記」3:9.

（41）*L'âme de la vie*, p. 10 et 11.

可能にするものである。ここから実存の具体的諸側面に関連する口伝律法の重要性が生じる。人間がそれら口伝律法を高みへともたらしながら、口伝律法によって生きることができるように、これらの口伝律法は、常に彼らの享受に祝福（*bérakha*）が先立つようにするというものだ。ヴィルナのガオンが言うところでは、人間は永続的な巡礼者であって現実を聖なるものと化す。もしくは決してそうなってほしくはないのであるが、中性的なものにとどまろうとする選択肢を決して拒否することができず、現実を冒瀆する。この世界（*haOlam hazé*）の責苦の只中でエロヒームに象る者の課題——そして試練（*nisaion*）——は、避けがたいこの選択に立ち向かうことにある。諸行為は確かに重要であるが[42]、発言（*dibbour*）がないならば、つまり人間の言葉がないならば、それらの諸行為は、現実——したがってそこには質料的な現実も含まれている——を表象不能な源泉へと追いやる。現実もまたその源泉に由来しているのだが。

ヴィルナのガオンは、この観点から被造物に固有な証言の次元を主張する。しかし、まさにこの場合、自分が証人であると知っていることは、同時代のものであった出来事を見たり聞いたりしたということを含意してはいない。このことが根本的に意味するのは、人間が「自己の‐ための‐存在」となることは決してなく、人間の内奥性に隠され忘却された深奥よりも人間に親密な（*penimi*）〈言葉〉が宿っているということであり、全く同様に、人間を超え出て、さらには人間を取り巻き（*maqif*）、選ばなかった課題へと人間を向かわせる言葉が宿っているということである。その課題が聖化（sanctification）である。ところが《自己の‐ための‐存在》[43]は証言を拒否する。というのも人間は、神——存在論的充溢および自己への永遠の充足として思考された神——との類似を演じるからである。それではいかにして、預言者がするように、人間に神の言葉（*davar*）が宿るままになりうるのだろうか。生を、その最も肉体的な側面に至るまで聖化するよう人間に求めることで、神の言葉が人間を彼の選ばなかった奉仕に向かわせることが明らかになるとしても、いかにしてその心性の内奥で、人間がエロヒームに似ること、その言葉に耳を傾けることがありうるのだろうか。無始原的なしかたで――精神においては再記憶や予期の行為によってそうなりうるとしても、その言葉は決して同時代のものとなったことがないのであるが――、他性が意識の現在を動揺させるという考えへの同意のみが、実際のところ「顕示可能なものの光明を消去し」(AE, 158／二三五) 証言の意味を開く。ところが還元不能なこの動揺――レヴィナスはこの動揺のうちに痕跡の意義を位置づける――と並び立つのは、その固有かつ極度の、精神的、心理的そして肉体的な可傷性が、何らかの永遠で全能の神の卓越性についての諸言説よりも、神との類似の意味についてよく語るという発見である。いかにこのことを考慮にいれるべきであろうか。

殼 (*kélipot*) の背後に可傷性を見出だす者は、殻の中で自己へと閉じこもり、完全性および自己への充足を模倣して、他性への無関心あるいはまた生の無益さを確信する。こうした者には絶望はなくなるのだが、同様に、こうした者は突如として自己の確証を失う。レヴィナスの著作において可傷性〔という語〕は執拗に現れるのであるが、実際のところレヴィナスによれば、可傷性〔という語〕が自己のための嘆きや訴えに定められることはない。可傷性は、〈語ること〉が《意味すること (signifiance)》

(42) *Sefer Michlei*, p. 143.

(43) 〔訳注〕前述の「自己の‐ための‐存在 (l'être-pour-soi)」と同じものであるが、ここでは、この語は原文において引用符なしで用いられている。

を聞こえるようにするのであり、典礼に似た裸性を、《意味すること》に対してさらけ出す。〔可傷性は、〕哲学者の言語ならざる神話の言語においては、人間であり被造物であるところの「壊れた数々の壺（*kélim*）」とともにのみ〈永遠なる者〉は働くと述べつつ、思考させるであろうものである。〔可傷性とは、〕次のようにグルのラビが確認して述べる観念でもある。「聖潔は、イスラエルの子らの魂の内奥に見出だされる。〈聖なる者〉である〈彼（＝神）〉が祝福され、《私は永遠なる者でありあなたの神である》と述べるとき、イスラエルの子らは自らを聖化し、〈彼〉に奉じられた壺（*kélim*）になったのだ」と。したがって、レヴィナスによれば、傷や可傷性は不幸の一部となることはなく、還元不能でそこから人間的なものが作られた「縫い目（coutures）」を白日のもとにさらし、「本質を引き裂く」(44)。しかしたいていは、固有の同一性の感情および《自己の－ための－存在》の感情が、傷や可傷性を隠し忘却しようとするのだ。それは責任およびそれらの傷や可傷性が含意するおおいなる擾乱のためである。たとえ縫い目にいかなる領土（terrain）も譲るまいとするときであってさえ、縫い目はつけられるやいなや人間的なものを傷つける。というのも、何も準備できずあるいはまた慣れることのできない瞬間に、縫い目は人間的なものに対して、各々の実存の不安定性へのその固有の可傷性および各々の実存に対する責任をあらわにするからである。人間的なものは〈語ること〉によって生きるのであるが、〈語ること〉の息吹に本質をさらけだしながら、縫い目は引き裂かれるときにだんだんと本質をむき出しにする。傷つきやすい実存のみが、「自己統覚よりも広範な筋立ての結び目をつくる。この筋立てにおいては、私は自分の身体に結びつけられるに先立って、他人たちに結びつけられている」（AE, 123／一八六）。

〈語られたこと〉へと向かう〈語ること〉が人間から言葉（parole）を引き出す契機として描かれたこの筋立ての意味作用は、人間に意のままに自己意識を抱かせることなく、〈他者〉に、〈他人〉に由来している。脆い肉体、暴力、さらには憎しみを除外しない死の脅威にさらされた〈他人〉の肉体において、〈他人〉こそが、この〈語られたこと〉もしくはこの言葉から責任を引き出すのだ。〈語ること〉は、「傷を負わせる召命」に、「証言もしくは受難（martyre）に」（AE, 124／一八八）訴えるとレヴィナスは述べる。ところがレヴィナスはそうするにあたって、西欧哲学において伝統的な、意識の特権および〔意識が〕時間性と歴史の節目を区切るしかたの特権に異議を唱えている。実際、レヴィナスが認めているのはそれとは異なる時間性であり、「表象が続いている歴史および記憶に回収可能な時間を解体する」時間性である。現象となるには「あまりにも脆い」顔が、〈語ること〉は顔を要するのだと人間に対して意味するとき、〈語ること〉は過ぎ去る瞬間の切迫性において人間を呼び求める。〈無限者〉の痕跡においてこの顔が命令によって求めるのは、一方から他方へと向かうあらゆる同時代性の外部の、責任に関する人間的な〈語ること〉である。「近さにおいては、いわば記憶不能な過去から到来

（44）E. Amado Lévy-Valensi, *Poétique du Zohar*, Paris, Éd. de l'Éclat, 1996.《壊れた壺（*chévirat haKélim*）》という主題は、神の光を受け取るためのものであったのにこの光が壺に対して強すぎたために壊れてしまった壺のひび――有限な諸現実――に関するカバラの神話を典拠としている。この神話には複数の解釈がある。以下を参照せよ。G. Scholem, *Les Grands Courants de la mystique juive*, trad. M.-M. Davy, Paris, Payot, 1960, p. 283 s. - R. De Gur, *Sfat Emet*, t. III のうち、*parasha*（聖書の章）にかかわる部分 *Qedochim* (Lv 19, 1 s.)。「本質を引き裂く」という表現および「縫い目」という考えに関しては、HH, p. 98／一六〇を参照せよ〔訳注：「人間は責任によって縫い合わされている。責任によって、人間は本質をずたずたに引き裂くのである」（HH, 98／一六〇）〕。

した命令が聴取される。一度たりとも現在であったことのない命令、どんな自由のうちにも端緒を有さざる命令である。隣人が命令するこのようなしかた、それが顔なのだ(45)」。

ここでは近さとは、空間における地理もしくは位置に関するというよりも、歴史と時間に関するものである。近さは、実際のところ自己意識から隔たりを消し去り、共通の時計や暦の時間には還元不能な時間に入らせる。「時計によって刻まれる共通の時間、それは、隣人がイメージとして開示され引き渡されるような時間である(46)」。逆に、他人が隣人となる時間は彼とした約束に依拠することなく、あらゆる共時性の適用外となり、逆説的に同時代人であるというあらゆる感情の適用外となる。「近さは記憶可能な時間の擾乱である(47)」。「黙示録的な言い回しを用いて、このような事態を、時間の炸裂と呼ぶこともできる(48)」とさえレヴィナスは書いており、その際直ちに、問題なのは「非歴史的なものとして、語られざるものとして抹消されながらも、飼い慣らされることのないディアクロニーである。記憶や修史によって、このディアクロニーを現在のうちで共時化することはできない。非歴史的な時間の隔時性においては、現在も記憶不能な過去の痕跡にすぎない」(AE, 142/二一四)と確認する。〔レヴィナスがここで述べているのは、〕表象不能であり、それゆえに――そしてそれでも――緊急性が非常に高い中で絶対的に義務を課す過去である。さらに、近代性が「記憶の義務の数々」という表現のもとで思考するよう自己に義務として課すものへの最小限の参照もなく、と付け加えなければならないだろうか。それは隣人の近さによって義務づける記憶不能な過去であり、そして相関的に、刷新される瞬間ごとにこの〔隣人の〕近さからやってくるので予見不能な出来事にその意味作用を与える過去である。歴史を裁きに到来する余剰、常に全体性の外部にある余剰とこの瞬間が関連づけられているために、『全体性と無限』はこの瞬間を終末論と呼んだ。あるいはまたこの主著は〔この瞬間を〕神の裁きのもとにある瞬間と呼んだ。時間に関する経済の発想とは逆に、「苦役への報い」を各人が受け取るときに、この瞬間がより後もしくは永遠のうちでの慰めや補償を約束することはない。瞬間は、希望に唯一意味を与える現在を「復活させる」よう運命づけられている。レヴィナスは非常に早い時期に、「絶望のなかでの希望の切実さは、あげて絶望の瞬間そのものが求める償いの要請から生じる」(EE, 156／一九二―一九三)、「すべてが失われるその時、すべてが可能となるのだ」(EE, 158／一九三)と述べていた。

しかし、レヴィナスが諸著作間でその糸を解きほぐそうとしている、これほどに並外れて矛盾するこの要請をいかに理解すればよいのか。どんな未来の安らぎからも区別された瞬間のこの贖い(*rachat*)は何を意味しているのか。なぜ瞬間のこの贖いを、最終的に記憶不能なものという観点から検討しなければならないのか。

一見したところ、この思考は――ともかく形式的には――キルケゴールが絶対的なものおよび反復という名で分析して宗教的信仰の印とさえするものと呼応している。実際のところ、キルケゴールがイサクの「犠牲」について主張するのは、アブラハムが「不条理の名において」、この生において再びイサクを受け取ったと信じたということである。「アブラハムは自分がいつか来世において祝福に

(45) AE, 141／二一二。顔に関しては、次章を参照せよ。
(46) 〔訳注〕AE, 141／二一三。
(47) 〔訳注〕AE, 141／二一四。
(48) 〔訳注〕AE, 141／二一四。

与かるだろうと信じたわけではなく、ここ現世において幸福になれるだろうと信じたのである」[49]。キルケゴールが教えるところでは、瞬間の逆説は、とりわけ必然性が優先されなければならないと思われるその瞬間に、神にあってはあらゆることが可能であると信じることのこの不条理――理性と倫理から見たところの狂気――に存している[50]。ゆえにアブラハムは、「不条理の名において」息子が彼に返されると信じ、神がそうすることを要求したからと、イサクに対して取り返しのつかない振る舞いをすることに同意する。アブラハムを「人間の犠牲を禁じることで倫理的秩序に」連れ戻した「声」をキルケゴールは考慮しなかったために、レヴィナスは確かにキルケゴールを批判して「アブラハムが〔犠牲を命じる〕最初の声に従ったということは驚嘆すべきことであるが、このように従いつつも、アブラハムが第二の声を聞くために必要な距離を保っていたということ、このほうが本質的な点である」（NP, 113／一二〇）と述べるのだ――ただしレヴィナスは、取り返しのつかない瞬間を救うことに希望が存しているという考えをキルケゴールと共有するのではあるが。しかしながらレヴィナスによると、最も危険にさらされている瞬間に希望を思考することは、宗教的なもの――神にあってはあらゆることが可能であるからと信仰を守る騎士には理解できない孤独――に参入するために倫理を超出することを意味してはいない。それは、記憶不能なものとの関連において「現在というものの逆説」（EE, 167／二一四）と「赦しの逆説」（TI, 315／五〇九）をともに思考することである。ところが、記憶不能なものへの忠誠は、キルケゴールが強く勧めるように倫理の彼方へ向かうよう促すことはせずに、人間的な自己にとって予見しえず命令的なしかたでその意味作用を刷新するのである。

　創造されなかったあらゆる真理という観点から、また〈彼（＝神）〉が命じるものに関する合理性にかなった見解という観点から、キルケゴールは聖書における神の自由を強調しつつ、神にあってはあらゆることが可能であると主張している。しかし、キルケゴールが主張するように本当に神にあってはあらゆることが可能であるとすれば、実際レヴィナスが言うように、なぜ、〈彼（＝神）〉に向けて証言する務めを人間に、そして人間だけに任せておかないのだろうか。レヴィナスは確かに、神の自由に関するいかなる神学的主張も提示しないのであるが[51]、人間の証言と専ら結びつく〈無限者〉の「栄光」を喚起している。この証言は「真であるが、開示の真理には還元不能な真理についてのものであり、〔この証言は〕自ら現れるものを何も語らない[52]」。哲学もしくは神学の――存在論的であれ現象学的であれ――言説がその尺度となることは決してできないだろう。他人に対する責任の言葉として思考された証言は、存在するものについては語らないし、諸現象がいかにして諸現象を狙う志向性に与えられるかを記述することもなく、理性によって措定された概念的な諸境界を超えるのである。ただし、この証言は神学的認識のうちでは決して具体化されることなく意味する。ところがこの意味作用は、そ

（49）S. Kierkegaard, *Crainte et tremblement*, p. 80.〔『キェルケゴール著作全集第三巻（上）』五〇頁〕

（50）「可能性！　それによって絶望者は息を吹き返し、蘇生する。可能性なしには人間はいわば呼吸することができないのである。時には人間の想像の発明力だけで可能性が創り出されることもありうる、――だが結局は、神にとっては一切が可能であるということのみが救いとなるのである」（S. Kierkegaard, *Le Traité du désespoir*, trad. K. Ferlov et J.-J. Gateau, Paris, Gallimard, 1949, p. 97 et 99〔キェルケゴール『死に至る病』斎藤信治訳、岩波書店、一九九六年〕）。

（51）この主題に関しては以下を参照せよ。L. Chestov, *Kierkegaard et la philosophie existentielle*, trad. T. Rageot et B. de Schoelzer, Paris, Vrin, 1948.

（52）〔訳注〕AE, 226／三二九。

の意味作用がむき出しにする人間の主体性の最も生身の部分を通過する。というのもこの意味作用には通過するための他の場所がなく、記憶不能な過去以来、そもそも通過させることしかしないからである。美のうちであろうが、思弁的、哲学的もしくは神学的な構築の厳密さのもとであろうが、この意味作用はどこかに落ち着くことはできない。この意味作用にはその時間がなく、したがって他人に対する責任にこの意味作用をさらけ出して自身が心性のうちに残した痕跡を通じてしか到達可能ではない。自分の側からあらかじめなした選びはなく、この意味作用はこの心性を変質させ、あるいはまた心性を緊張のもとにおく。「自己に関すること」の「暗い片隅」では、アダムが「永遠なる神の声」から逃れようと身を隠すように自分は避難できると思っているのだが、この意味作用は、そこに心性を探しにいって心性につきまとう。こうした変質は、自己のための少しの静けさを求める恐怖や欲望によって、この意味作用を逃れる者を探し求める。レヴィナスが述べるところでは、それでも、この意義のおかげでこそ、「魂は主体を賦活する」（AE, 221／三二二）ことができるのであり、そして魂は、〈存在〉の栄光ではなくて、「〈無限者〉が過ぎ越す」（AE, 235／三四二）ことである神の栄光の証人となることを主体に赦すのである。

　赦しの深淵とその観念の周縁部で、現在のための希望は傷ついた時間性を刷新するのだが、希望は、瞬間が再開することを可能にすることで（TI, 315／五〇八―五〇九）、ある一つの意味作用を見出だす。その意味作用とは、『存在の彼方へ』の上記に引用した文中では、繁殖性および息子の時間への移行に関連した『全体性と無限』の意味作用と矛盾することなく、この意味作用を超出する意味作用である。実際、記憶不能な〈声〉は、人間自身の最奥で人間を呼び、〈彼〉の栄光の息吹を人間の近さへと通過させるのであるが、記憶不能な〈声〉を聞く瞬間に、身体の繁殖性によるものとはまたも別様に、人間の心性はこの希望とこの赦しを証言するのである。したがって、それは「魂が主体を活気づける」瞬間であるとレヴィナスは明確に述べる。

人間の魂は、哲学者〔レヴィナス〕の形容によると反時間的（anachronique）で逆説的な瞬間に神の「栄光（*cavod*）」を証言するのであり、この瞬間においては、イザヤに対するように、魂は人間に「彼らが呼ぶ前に、私は答えるだろう」（「イザヤ書」65:24）という語句を吹き込む。それは命令の聴取に先立つ語句であり、拒むことのできない責任を証言する語句であり、シナイ山のふもとでヘブライびとたちのものであった「私たちは行い私たちは聞き入れます（*naasé venichma*）」（「出エジプト記」24:7）という語句である。そして最終的には、隣人の呼びかけに対する「われここに（*hinnéni*）」がいまなお、そもそも知らず知らずのうちにその語の意味作用を保持するような、そうした語句である。魂とは、自己のうちで、自由の秘密よりも心性の内奥にある秘密を見張るものの名であり、ある秘密の名であろう。その秘密は、地から切り離された精神性、被造物の脆い身体を軽蔑する精神性を弁明させようとすることなく、次のことを証言するだろう。おそるべき見捨てられた状態（déréliction）がしばしば優位を占めるのだが、この地とこの身体は、そうした見捨てられた状態へと放置されることはないのだ、と。しかしこの魂は、魂にとって必要なものとなりうる力能を意のままにすることはないであろう。この魂は、関心や配慮や固有の野心の重み（*cévédout*）が心性のうちで支配的な地位を占めるとき、これらのもとでしばしば消失するだろう。意識的および無意識的な内奥性の責苦は、慰めも希望もなしに彼ら自身の日々の有限な持続を苦痛へと追いやり、この持続を耐えるよう強いるのであるが、この魂はこの内奥性の責苦の重荷にも屈服するだろう。瞬間において、思考や言葉や行為のうちに魂が現れる。瞬間において、人間の傷つきやすい心性が、隣人に「われここに」と応答するよう人間を運命づける声の証人となる。しかし瞬間はまさしく瞬間でしかないだろう。持続は生じる不幸という観点からほとんど常に無関心また無能力におののいている人間の諸権利と固執をすぐさま取り戻すであろうが、いまや人間が警戒しているにもかかわらず、この瞬間が持続に形を変えることはないだろう。しかし持続的に歴史に光を当てられない無力にもかかわらず、それでもなお、この瞬間は、希望と時間の刷新（*hithadchout*）を思考するよう呼びかけるだろう。

ユダヤ教の伝統もまた、この瞬間の逆説と反時間性（anachronisme）を考察する。「箴言」が戒律（*mitsva*）をともしびもしくはろうそく（*ner mitsva*）に、律法の教えを光にたとえる（「箴言」6:23）ときには、「箴言」は同様に既に人間の魂（*nichmat adam*）についても、「腹の奥を探る神のともしび（もしくはろうそく）（*ner haChem*）」であると述べている（20:27）。したがって同じ象徴は、戒律と魂の喚起に役立つだろう。〈無限者〉（*Ein Sof*）はそもそも精神的なものとして、肉的なものには知られ得ず不可視のままであるのだが、それでも戒律（*mitsva*）のおかげで人間は〈彼（＝無限者）〉の光の炸裂を認識できるようになる。タルムードによれば、「来たるべき時代の義人たちには隠され留保されている」（「ハギガー」12a）創造の第一日目の光は、有限な被造物には支えがたいそのあまりの強大さのために、トーラーの言葉の中に逃れることになろう。有限な被造物は言葉のうちに住まい、その秘密の拍動となるだろう。したがって、各々の戒律（*mitsva*）が人間の理性にとって馴染みのないものであっても、その戒律を自分に向けられたものとして聞いて実践する人の時間を照らす理性の閃光を、この戒律は告げるだろう。そうした人が、戒律の射程全体、意識に第一の場を常に失わせる選びを反省的方法で理解しうるということではない。そうした人にあって人間の魂は、各人に固有の生の意味の反省的で意識的な把握を超えており、自分自身では光らないが炎をきらめかせる油脂に似ている。数々の戒律（*mitsvot*）に従いながら、「腹の奥」

に至るまで、質料性の闇に至るまで、人間の魂は無限者（*Ein Sof*）の光を流出させるのに貢献する。

したがって、とりわけハスィディズムにおいて発展してきたこの象徴主義は魂を器（*keli*：元々は「道具」の意）とするのだが、その器自体、神の本質であって、その器のおかげで〈無限者〉の光が、この世界の暗闇から各人に方向を与えに降りてくる。しかしハスィディズムの人々いわく、〈無限者〉の光が到来するためには、人間は絶えず自らの「自我（*ani*）」つまり自らの《自己の‐ための‐存在》の囲いのうちに閉じこもるのをやめなければならない。それらの囲いは光が通過するのを妨げ、あるいはまた戒律（*mitsvot*）の呼びかけを聞こえなくさせるからである。(53) それゆえ、自己とその存在（*bitul haiech*）の何らかの無化――自己否定もしくは疎外であるようなこのひどい模造品と混同してはならないのだが――は、〈無限者〉の光が自己のうちで、創造に際して輝くことができるように要請される。実際、個体化すなわち《自己の‐ための‐存在》を構成する感情は欺くものでありうるし、もしそこまででやめておくのなら、神の光が彼のうちで、そして彼の周囲で輝くことを見出だすいかなる機会もないだろう。しかし相関的に、光のうちに閉じこもり、光がしばりつけることのできない人間たちに直面して、この光は流罪を宣告され未決済のままであるだろう。ハスィディズムにおける「壺のひび」は、ルーリアのカバラーにおけるような、単独で統治しようとする第一の者の発意による人間と神の間の断絶を意味するほどには、神性に影響を与えうる神話的な出来事ではない。しかし、自我が

(53) ハスィディズムにおけるこれらの二つの主題に関しては、フランス語ではたとえば以下を参照せよ。J. Eisenberg et A. Steinsaltz, *Le Chandelier d'or*, Lagrasse, Verdier, 1988, p. 325 s. et Y. Jacobson, *La Pensée hassidique*, trad. C. Chalier, Paris, Éd. du Cerf, 1989, particulièrement chap. IV.

自分の無化に同意しつつ、神の〈虚無〉の光が自分のうちに、そして外部性のうちにあることに気づく時に、修復（*tikkun*）の瞬間は今もまた始まる。

ところが、光が生を通過するこの瞬間は二つの理由で反時間的であり逆説的である。第一に、この瞬間は時間の連続性を中断させるので、この瞬間を記憶によって生き生きと保つことはできないし、この瞬間は予期することもできずに突如現れる。他方、実際、まさしく影響を及ぼす者にとっての死の危険なくして中断されることのない持続の色合いを帯びることのありえない無私もしくは無化（*bitul haiech*）を前提としているため、この瞬間は束の間のものである。そのとき、自己の個体化と感情は諸権利を回復し、特権を行使しようとする。しかしながらグルのラビによると、この瞬間は戒律（*mitsva*）のその都度の完成の際に刷新されて、トーラーの光全体の現実をも照らす。各々の戒律（*mitsva*）は「トーラーの全体を含んでいる」のであり、また驚くべきしかたで「死者たちの復活」を付け加える。[54] 出エジプト（*mitsraïm*）——つまり悲嘆（*metser*）からの脱出——の後、トーラーの贈与によって刷新される瞬間に（*ibid.*, p. 326 および 338）トーラーを受容したおかげで死者たちは〈永遠なる者〉の「証人」（*édim*）となるので、イスラエルの子らは、自然や時間のうちに創造をおしとどめておくような縁の外へと創造を脱出させるようにもまた運命づけられている、とグルのラビは説明する。この意味において、戒律（*mitsva*）に関する「復活」について述べることは、ここでは有限な生の彼方へと向かう希望を持ち続けることを意味してはいない。このことが命じるのは、悲嘆が強まる時期にさえ、そしておそらくはとりわけそうした時期に、そうした悲嘆を生きる者が戒律（*mitsva*）のおかげで〈無限者〉と接触しているときに、いかにして各瞬間が解放する刷新（*hithadchout*）へと約束されているのかを学ぶのに同意することである。

「あなたがたがわたしの証人だと〈永遠なる者〉は言われる」と「イザヤ書」の預言にはある（43:10）。ところが発音できない名をもつ神の証人（*ed*）は、その〈名〉の最初の語である記憶不能な〈言葉〉への開けなしにはその固有な持続を生きることができない。[55] その語は、語られるやいなや語り直されるべき〈語られたこと〉によるしかた以外では語りがたい語である。また、その語は、他のすべての語の源泉となり、自然と時間の内奥にある拍動となり、もしくはレヴィナスが述べるように、この時間のディアクロニーとなる語である。意識は微かな記憶によって存在した一瞬を想起し保持し、もしくは想像しながら存在するであろうものを予期し、明日のための諸計画をつくるのであるが、ディアクロニーは、両者ともに意識の現在を起点とするとみなされた過去と未来に関するフッサールの教えには還元できない「瞬間の位相差[56]」へと向かう。ディアクロニーは、心的連続性のうちに突如分裂と断絶の空間を開き、「修復（retrouvailles）」を許すことなく、意識による時間の「回復」、あるいは「赦し（rémission）」を揺るがせる。レヴィナスが述べるには、休息をかき乱す「同の中の他の鼓動」は意識をその諸特権から引き剝がすのであって、その結果、自我が習慣的にしがみついている持続の中断

（54）Sfat Emet, t. II. Chavouot については、p. 344を参照。

（55）「首尾一貫した思惟は、首尾一貫した言説へと強制するものなのである。しかし、まさにそのことによって、首尾一貫した思惟は、おのれが戦っている〈常軌を逸したこと＝外部にさまよい出ること〉を了解し、既にその謎を承認している。なるほど、この最初の〈語ること〉は一つの語にすぎない。しかし、それは神なのである」（EDEHH, 236／三四九）。

（56）〔訳注〕AE, 22／三六、51／七九, 116／一七九, 253／三六九。

の突発性、および全く予見してないしかたで自我を〈他〉へとさらけだす心的外傷を暗に示唆することになる。それゆえ哲学者〔レヴィナス〕は、鐘（*paamon*）を打つこともしくはその衝撃音を指すヘブライ語の*paam*という術語を参照してこの鼓動の意義を思考するよう示唆する。*paam*は確かに「一度」を意味するが、「士師記」の聖句ではサムソンについて、「永遠なる者の息吹（*ruah haChem*）が彼をかき乱し始めた（*lepaamo*）」と言われており、この聖句が示すように（13:25）、*paam*は「かき乱す」という動詞に由来している。ところが、まさしく〈他〉の息へのこの曝露こそが瞬間を刷新し、いまから「希望」という語に意味を付与するのであって、それはあたかも、他者に無関心ではいられないという配慮への、曝露が喚起する責務によって、曝露が「不可視の神の〈王国〉」の光を垣間見させるかのようである。この王国は、レヴィナスが明示的に聖書の神の〈王国（*Adonai malakh*）〉という発想に結びつけるものである。しかしながらこの時レヴィナスが説明するところによると、重要なのは、主題化しえない神、同時代的でなく非現在的な神の〈王国〉であって、神は、〈彼（＝神）〉を主題化するための諸概念が不在であるところで、「主体性の形で、生の受動的総合のうちで指名された唯一性として、隣人の近さならびに償還不能な債務として〔…〕逃れられない服従を意味する」（AE, 88／一三五）。

意識には到達できず認識に依拠しないにもかかわらず、記憶不能なものは、他性の呼びかけ――〈語ること〉――に応答する人間の主体性による語句――〈語られたこと〉――のうちに痕跡を残す。ところがレヴィナスが言うには、この応答は精神の若さを前提としている。「若さ」ということで「それを担う存在に対する意味の剰余」[57]が理解されるのであって、人生の限られた時代すなわち過ぎ去るはずであると想定する過渡期が理解されるのではないのであるならば、だが。時間性と終末論についてのこうした省察の際立った結び目としての若さのこの契機を、いかにして思考するべきだろうか。

　このように「意味の剰余」として思考されるので、人間の心性のうちなる若さは、通例のように自発的な躍動（élan）もしくは熱狂と結びつくことにはならないだろう。人間の心性のうちなる若さは、想起不能な呼びかけに応じる主体性に、近さという性質を与えるだろう。近さとは、老いや衰え、またあらゆる存在論的固執、さらには若くあることへの固執に固有のエントロピーを、純粋かつ単純に被ることを免れさせるであろうものである。ところが、まさにこうしてレヴィナスは一見したところ驚くべきしかたで、根本的で存在論的地平に先立つ意識の生――「いかなる声も歌うことができず、いかなる楽器も生み出すことのないような響き」（HH, 73／一二三）を自己のうちで聴かせる意識の生――の生の開始よりも古い受動性を分析する。このメロディー《不可視のもの》――ハスィディームは ***nigun*** というところであるが――は、実際、「前‐起源的な感応性（susceptibilité）」（HH, 75／一二四）に、諸事物の不活性に遡る。それでもそれ自体として言い表しがたい諸事物の痕跡は、人間の責任の瞬間に現れる。したがって、若さ、受動性そして責任の間の逆説的な結びつきは、生きることへの熱

（57）HH, 101／一六六を参照。「語られたことの以前の語ることのうちにわれわれが捉えた主体は、若いと形容されていた」。ブーバーの『ナフマンの物語』（M.-F. Lévy および L. Marcou 訳、Paris, Stock, 1981 を参照。難破の生き残りは誰一人予期しないようなしかたで現れた小さな島にたどり着く。各人は思い出せる、自分の一連の記憶の一番最初となる一番古い出来事を語る。最年少の盲目の浮浪者は、最初の創造の瞬間と、そして虚無の瞬間を道連れとして思い出す。「時間のなかで最も遠く遡るのが最年少の人々の記憶だったということ、そして子供が最年長の人々が思い出すより出来事よりも古い出来事を思い出したということを認めてみな茫然としていた」（p. 143）。

意、そしてしばしばその責任に直面したためらいといった、若さについての慣習的な言説を逆向きに捉えている。この結びつきは、年齢とは無関係に、主体性の若さをこの真摯さとして思考するよう促すのだ。この真摯さにおいては、少なくとも一瞬の間は時間における自己に固有の開始から引き剝がされるということが、ひとりの人格を「無限者の栄光」へと方向づけているのであって、その人格は責任に関する「われここに」によって無限者の栄光を証言している。若さとは、正確な年齢とは関係なく、他者による責任の任命への極度の曝露として思考された「真摯さ」、「内面的主体の秘密」(AE, 227/三三二)を語るために生の連続性を断ち切る真摯さに関する年齢であることになろう。

こうして、レヴィナスによって探求された終末論的な瞬間は、開始に先立つものについての思考を通じて、極度の若さの瞬間となるであろうし、〈死‐へと‐向かう‐存在〉の絶望した時間性を再び方向づける若さの瞬間となるだろう――この瞬間は歴史を裁きつつ、歴史が続くことを阻む。目的論が命じるという口実で修復不可能な数々の不幸をもたらすが、そうした不幸に対しては無関心であるような歴史だ――。哲学者〔レヴィナス〕は、プラトンおよび存在の彼方の〈善〉の観念に言及した後で、この瞬間を聖書の《不可視のもの》として熟考するよう促す(58)。《不可視のもの》とは、記憶不能なしかたで主体性を責任へと導くことで、主体性が依って生きるところの「秘密」にその最も深い意義を付与するものである。主体性は、責任から自分の身を守るために、認識および自由によって「正当な」尺度を保持していると主張することはできない。《不可視のもの》とは、他なる人間に対して責任ある〈語ること〉を通じて接近することしかできないものである。というのも、思弁的な〈語られたこと〉はその本質の秘密にかけられた覆いを取り除くとされるが、〈語られたこと〉が〈彼(=神)〉が命じる善に勝ることを、〈彼(=神)〉は決して許さないからである。

聖書における《不可視のもの》を、「ダニエル書」の見事な隠喩は意味ありげに「日の老いたるもの」(7:9)と呼ぶのであるが、そうした《不可視のもの》もしくは日々の開始に隠された最初の源泉は、疲労や倦怠や死によって脅かされる瞬間を、瞬間それ自体のうちで蘇らせる。そしてこの《不可視のもの》は、その瞬間と調和して、心性を――逆説的にこの心性を若返らせる、他なる人間を見張るようにという強制の様態においてではあるが――振動させる。もっともこうした省察は、肯定的なものであれ否定的なものであれ、この《不可視のもの》に関する神学の概念体系を練り上げることを目指してはいない。レヴィナスにしたがえば、「私たちの人間どうしの関係こそが［…］神学的な諸概念にそれらが含みもつ唯一の意義を与えるのである」(TI, 77／一二五)。ところがこの主張はレヴィナスに固有のものではなく、ユダヤ教の伝統の幾つもの流れを決定的にしるしづけるものである。こうしてヴィルナのガオンは、その著作(59)におけるカバラー学者としての部分においてさえも次のことを思い出させるのだ。思弁的もしくは想像上の何らかの酩酊状態を口実にして、モーセがイスラエルの指導者そして「預言者の君主」となるにふさわしかったのは、神的なものを考えさせ想像させる彼の態度によるのではなく、「成長して後、同胞の所に出て行って、そのはげしい労役を見た」(「出エジプト記」2:11)からだということを忘却してはならない、と。しかしながら、それらに関するレヴィナスの留保にもかかわらず、とりわけハスィディームはこの配慮を強調して、カバラーの神智学の数々の思弁の射程、カバラ

(58) HH, 78／一二八参照。「聖書の不可視なるものは、存在の彼方におけるイデアである」。
(59) ヴィルナのガオンのカバラについては、R. Itshaq Isik Haver, *Sefer Pitrei Chéarim*, Tel-Aviv (二巻、ヘブライ語)を参照せよ。

ーの人間の諸省察についてのR・イサアク・ルーリアの射程を変えるまでに至る。実際ハスィディームは、神に関する様々な秘密を明らかにすることよりもむしろ、いかにしてこれらの思弁が人間の魂の生に光を投げかけるかということを見てとろうとしている。したがって彼らによれば、とりわけその道に通じた人々のためのこれらの思弁を用いて、神の生を動かすとみなされる神秘的な運動と過程を描写することが重要なのではない。このカバラーによって練り上げられた諸カテゴリーの光のもとで、この世界の持続の只中に、苦痛や喜びのうちにある人間の魂を思考することが重要なのだ。しばしば弱さにとって危険で脅威を及ぼす時間性にさらされているこの世界の中で、希望が人間へと与え返される。ハスィディームが言うには、それは、精神の合一（*devéqut*）の瞬間、つまり最小のものにもあるような魂に隠された現実の内部にある神と魂の合一の瞬間においてである。この合一（*devéqut*）は、自律的な自我であろうとする傲慢さという、自我に固有の死すべき誘惑との厳しい闘いの代償として到達されるのであり、この合一は、その〔合一の〕喜びを味わう者に、神からの隔たりは現実のものではないという確信を与える。[60] この合一はその日々を刷新し、今日自我が自分を取り囲む世界の救世主（rédempteur）になることを可能にする。というのも、自我がいる内奥性の逃れの場（exil intérieur）を破壊することによって、合一（*devéqut*）は、自我にその責任が付与される世界の一部を高めるために必要な活力を自我に与えるからである。「あらゆる人間は自分のものである世界の救世主となる。彼が、彼のみが担わなければならないものを、彼は担っている。彼が、彼のみが被りうるものを、彼は被る」とヒレル・ツァイトリン[61]は、ハスィディズムを参照しながら書いている。[62]

一見したところ、これらの節は神について述べているように見えるのではあるが、その幾つかの節のあれこれの解釈の際にタルムードに関してその固有な神学的沈黙を正当化するために、レヴィナスは、こうした態度が非常に古きものであることを思い出させる。「マイモニデス以来、ユダヤ教の中で神について語られたことはことごとく人間的実践を経由してはじめて意義を有することを私たちはわきまえている[63]」。実際、レヴィナスとは反対にマイモニデスが主張するのは精神性が認識のうちで最高潮に達するということであるとしても、『迷える人のための導き』においてマイモニデスはまた、博愛（*hésed*）、正義（*michpat*）、そして平等（*tsédaka*）がこの認識に力を与えるとも述べている。これはタルムードにおいて、たとえばラビ・エリエゼル[64]によって既に擁護された考えであり、ラビ・エリエゼルは次のように述べている。「その作品が学問に勝るような者は、少ない枝と多くの根をもつ木に似ている。世間の風は彼に対して荒れ狂うが、彼をぐらつかせることはできない[65]」。ところが、根底的に思考された作品は、「〈他〉へと向かう決して〈同〉に回帰することのない運動」であり、この〈他〉の反省的かつ概念的な把握に似ることはありえない。反対に作品は、倫理であるようなこの「奉仕（liturgie）[66]」（EDEHH, 191, 192／二七八）の「絶対的に忍耐的な」行動において感じられる。多くの人間にとって悲

(60) R. Schneour Zalman de Liady, *Liqqoutei Devarim*, 86b.
(61) 〔訳注〕ヒレル・ツァイトリン（1871–1942）は、イディッシュ語とヘブライ語を用いるロシアの詩人である。
(62) G. Scholem, *Le Messianisme juif*, Paris, Calmann-Lévy, trad. B. Dupuy, 1934, p. 285. そのハスィディズムの分析に関しては、以下も参照。Hillel Zeitlin, *Al Gevoul chnéï olamot, TelAviv, Yavné*, 1976.（ヘブライ語による）
(63) QLT, 33／三七。本書の補遺「レヴィナスとタルムード」も参照せよ。
(64) 〔訳注〕ラビ・エリエゼル（紀元一世紀末—二世紀初頭）。タナイームのひとり。
(65) *Les Maximes des Pères* (Pirqé Avot), trad. M. Schuhl, Paris, Colbo, 1977, p. 35, 111, 22. 逆の関係もまた確認されている。作品なしには、学問は嵐によってすぐさま根こぎにされてしまうのだ。

痛と不安で満ちた、過ぎ去る瞬間に、この奉仕のみが真に光を当てる。というのも、この奉仕のみが、神の裁きのもとに、つまり本章の冒頭で分析されたような、殺人を犯すことを恐れる意識の裁きのもとに、無限に（*infiniment*）責任ある意識の裁きのもとに、瞬間を置くことを可能にするからである。人間がその主導権をとるであろう自由にレヴィナスがこの責任を限定することはない。またヒレル・ツァイトリンがそうするように、それら個別の人間と個別の世界の一部における同じ神のきらめきの現前を理由として、個別の人間と個別の世界の一部の間にあると想定された精神的類似性にレヴィナスがこの責任を限定することもない。この無限の責任は、のちに確認されるように、心性を貫く聖潔の召命に合致する。

歴史に対するその暗いアプローチにもかかわらず、レヴィナスはある種の希望を捨てることはない。彼の著作における痕跡という術語の中心的性格は、その意義を垣間見させるだろうか。

(66)〔訳注〕liturgie は教会用語では「典礼」という意味であり、本書でも幾度か「典礼」の訳語をあてているが、その語源であるギリシア語の leitourgia は「公共奉仕」という意味である。『実存の発見』三九〇頁（六）も参照。

# 第六章　希望の方向づけとしての痕跡

無限の責任を思考することは、まずは以下のように主張することである。各人が為したことやその振る舞いに由来する、世界の総体への無限の反響に応じて生じる問いについて、世間の不正に直面した時の無実であるというアリバイも、そして、避けがたく各人を脅かす死に直面して無力だと悲嘆にくれて苦しむ弁明さえも、この問いの重みを軽減するための十分な議論とはならないのだと。この確信は理性によっては証明できない。そして、自らの言葉と行為の諸帰結を正確に推測して、これらの諸帰結を超えるあらゆる動揺を免れることができると思っている主体にとって、この確信は厄介なものである。この確信は、各人の生に受動性という強力な要因を導入するのだ。実際、この確信が含意するのは、意識的に望むことすらなくとも、また彼自身の振る舞いが他人におよぼす有害な影響を注意深く綿密に避けようとしてさえも、彼の行為や言葉、さらには思考の結果として、意識が知りうるものよりも多くのものが無限に生じるということである。しかし、この「より多く（« plus »）」は何を意味しているのか。悲劇的なものの見方では、各人が敢えて語り行為する以上は疎外が各人を待ち構えているのだが、そのように主張することを促すよりもずっと、この「より多く」が責任についての思考の道に引き込むのであるならば。ユダヤ教の伝統は、遥か古代からこのおそるべき問いに取り組んできており、神秘主義のテクストにおいてこの問いに見事な表現を与えることもした。ユダヤ教の伝統によれば、儀式的なものを含む人間の振る舞いは、現実の状態に決定的に影響し、人間の振る舞いが覚醒させ確固たるものとする〈上方の〉世界に作用するのである(1)。

レヴィナスは、無限の責任を、存在のうちに落ち着くことのない主体の生の急所であるとするのだが、この教えの哲学的説明を提案することでレヴィナスが満足することは決してない。そもそも彼は、たとえこの〔無限の責任という〕観念が、カバラーで採用される神話的諸形式を決してとることなく、レヴィナスの言明を生き生きしたものにするとしても、宇宙について人間が思考したり語ったり為したりするものの無限の反響についての意識へと、人間を単に覚醒させようとしてはいない。実際、レヴィナスがとりわけ示そうとしているのは、いかにして主体――魂もしくは自己とも呼ばれる――の誕生という活動が自我のうちでこの空間の開けを経由するのかということである。この空間はおそらくは法外で耐えがたく、ひとを傷つけるようなものであり、この責任の度はずれさ（démesure）に固有のものである。主体性もしくは自己は、本質主義的かつ同一化しようとする言語のうちで思考されることからは程遠く、本質と自同性を解体する出来事、つまり休息――責任の担い手に関して自己は無実であるという感情に由来するものであれ――をほとんど認めることのない出来事と不可分であろう。ところがこのように描く際に、レヴィナスはためらうことなくそれを「迫害」「心的障害」「強迫」そして「癒えない」傷、さらには「犠牲」といった魅力的ではない言辞と結びつけ、それを自己における「創造の原初的な善性(2)」と彼が呼ぶものの痕跡として思考することを暗に示す。このような要請をいかに認めるべきか。そしてこの言語は、理解しがたい様態でこの迫害を「〈善〉の歓び(3)」（AE, 200／

二九二）へと結びつけるように見えるのであり、平安を約束しそうにないのであるが、この過剰で逆説的な言語をいかに認めるべきか。「〈善〉の歓び」とのあらゆる対立を避けるためにこの哲学がマゾヒズムを擁護していると断言する重大な錯誤があるのだが、とりわけこの錯誤に屈することなくして、この言語をいかに分析すべきか。レヴィナスは苦しみをいささかも斟酌することなく、創造の根源的な善性、あらゆる過ちに先立つ善性の痕跡として、心性のうちで責任を検討する。この責任の緊張は、あまりにも暴力的で慰めるのに適してはいないのだが、ユダヤ教の伝統は、極度のこの責任の緊張を思考するための、何らかの観点を切り開くのか。

「〈自己〉という被迫害者は、自由に先だって犯した過ちを超えて、その明かしえない無実をも告発されるのだ。とはいえ、原罪を犯した状態にあるものとして〈自己〉を考えてはならない——逆に、〈自己〉という被迫害者は創造という最初の善性なのだ」（AE, 193／二八一）と記述する以上、哲学者〔レヴィナス〕は課題を簡単なものにはしない。各人は自らの意に反して、意識的であったり意識されなかった

（1）C. Mopsik, *Les Grands Textes de la Cabale. Les rites qui font Dieu*, Lagrasse, Verdier, 1993.

（2）〔訳注〕本書第六章では、以下、「創造の原初的な（originelle）善性」と「創造の根源的な（originaire）善性」の両方の語が用いられる。

（3）〔訳注〕「〈善〉の歓び」（l'allégresse du bien, シャリエは"au"を"du"にしている）と訳した箇所の原語はl'allégresse au Bienであり、シャリエは『存在の彼方へ』のポッシュ版を引用している。ただし、ナイホフ版ではl'allégeance au Bien（〈善〉への忠誠）と記されており、合田訳はナイホフ版を参照している。ここでは、シャリエの文章の通り「歓び」と訳出した。

りするその無罪のうちにまで原罪の傷痕を抱えており、直接的で明確な罪責性を欠いたこの無限の責任は自己に対する原罪の影響力から帰結すると考えるのが、一見したところ確かにより簡単そうである。しかし、この神学的な命題は、創造におけるこの原初的な善性のあらゆる痕跡の消失を受け入れることになる。この神学的な命題は、急進派のキリスト教徒の書いたもののうちにとりわけ現れるのだが、そこでは、創造の根源的な善性は「堕罪」以来、救いがたく失われてしまったと主張されるのだ。それゆえ使徒パウロが書くような「虚無（vanité）に服す」（「ローマの信徒への手紙」8:20）創造には、創造をその呻きから解放する救世主を待つ以外の救いはないだろう。使徒パウロによれば、〈律法〉は「怒りを招く」（「ローマの信徒への手紙」4:15）のであって罪人を癒すことはしないので、この〔創造のうちに善性を見出だすという〕課題に成功することはない。〈律法〉は、〈律法〉が要求する善を作動させる力を与えないだけではなく、罪過をより重くするのみである（「ローマの信徒への手紙」4:15, 5:20、「ガラテヤの信徒への手紙」3:19,「コリントの信徒への手紙」15:56）とパウロは述べる。肉体をもった存在の根底的な弱さを阻むことができないために（「ローマの信徒への手紙」7:7–25）、〈律法〉は罪人に対する隷属へと運命づけられている。ゆえにキリストへの信仰のみが人間を救うであろうが、[4] パウロが改宗と呼ぶものは、罪人によって決定的に損なわれた「創造の原初的な善性」を十分に再発見することはさせないので、新たな創造の夜明けを許すことはないだろう。「わたしの内に、すなわち、わたしの肉の内には、善なるものが宿っていない」（「ローマの信徒への手紙」7:18）と使徒は教える。復活したキリストへの信仰のみが、年老いた人が没してついには新しい人の衣服を身につけるという恩寵を与える（「エフェソの信徒への手紙」4:24）。こうしてこの信仰とは関係なく、「創造の原初的な善性」の痕跡は永遠に失われてしまったので、そのほんのわずかな痕跡も認めることは不可能であるように思われる。それに、「ローマの信徒への手紙」の注釈でカール・バルトは述べている。「われわれが信仰の代わりに混乱（scandale）を選べば、絶対的に謎めいたその性質において、世界は神の怒りの唯一の痕跡となるだろう。この場合を除けば間違いなく、全世界は神の痕跡である(5)」。

明らかにレヴィナスは、キリスト教への信仰も、信仰なくしては世界が神の怒りの痕跡しか持たないという確信も共有しないのだが、罪の人間に対する害をレヴィナスが見誤っているということにはならない。「〈善〉から分離することへの誘惑は主体の受肉そのものである(6)」と主張することで、レヴィナスはこのことについての非常に鋭い解釈を提示することさえしている。存在することをやめるのでないかぎり、誘惑を抵抗しがたいものというようなものだ。したがって、個体化された肉としての人間は、無責任もしくは存在論的エゴイズムに魅惑されるのみであり、人間の自由がその参与の特異な尺度であることを望むしかない。しかしレヴィナスは次のように強調する。この誘惑と魅惑がどんなに避けがたく、自己や他人や個人的かつ集合的歴史に対するその帰結がどんなに劇的なものであっても、この誘惑と魅惑は「〈善〉への服従」となるのだと。つまり、悲嘆の深淵にそうした誘惑と魅惑が入り込むにもかかわらず、それら〔誘惑と魅惑〕は、心性の深奥に隠された〈善〉の痕跡との絶対的な断絶を招くことはない。また、それら〔誘惑と魅惑〕は生涯を通じて、そもそも無意識的なものに

（4）この点に関するさらなる分析としては、以下を参照。C. Chalier et et M. Faessler, *Judaïsme et christianisme. L'écoute en partage*, Paris, Éd. du Cerf, 2001.
（5）Karl Barth, *L'Épître aux Romains*, trad. p. Jundt, Genève, Labor et Fides, 1972, p. 49–50.
（6）〔訳注〕HH, 80／一三二。

よってそうであるように意識によって見誤られ続けているとしても、〈善〉の痕跡へのあらゆる臣従の破壊を招くこともないのだ。しかしながらこの臣従は、時折、突然「無意識的なものの夜」の通過から――とはいえ意識化を含むことなく――、予見しえず困惑させるような、耐え難く強迫的なしかたで生じる。それは、既にヨナが試みたような「自分の責任から逃れる」ことの不可能性という形で生じるのである。もちろん、とりわけそれらの責任は休息を引き裂き重くのしかかるものである。というのも、主体があらゆる意識に、そしてあらゆる自由に責任を数え入れていないので、責任は、不当にも生から幸福の一部を奪い、度を外れた重みから幸福を遠ざけるように見えるからである。〔度を外れた重みとは、〕意識にとって価値のある理性を伴わず、無意識的なものに対してさえも意味作用を伴うことなく、他者によって存在の力動性に与えられたこのような厳しい苦しみであり、「心性の中の狂気の種」とレヴィナスが別の箇所で呼ぶものである。しかしこの狂気は、自閉症の責苦や固有の錯乱による破壊者へと人々を追いやるものではない。というのも、この狂気は逆に、他人の――壊れやすい、そして常に既に隣人の死に脅かされている――生のための動揺を意味する語を唇にのぼらせるからである。したがってそうしたものは、明晰判明な観念のように意識に現出することなく、「創造の原初的な善性」の痕跡を自らに与える。哲学者〔レヴィナス〕がいわゆる「本性的な善性」のすべてから、あるいはまた「利他的もしくは寛容な本性」(7)のすべてから、非常に厳しく区別する痕跡だ。実際、痕跡は決して自然な現象に属しておらず、それゆえ、その近さのうちに身を保つことは、人間にとって、他人に対する寛容さや同情の躍動を感じるということを意味してはいないし、あるいはまた、自発的に彼の隣人の類に責任を持つと決めるということを意味してはいない。すぐさまマゾヒズムの診断を受けることなしには、いかなる健全な意識も責務や告発や迫害を欲することも認めることもできないのだが、同の中への他性の理解しがたい侵入、つまり痕跡は、そうした責務、告発、さらには迫害を意味している。それ〔同の中への他性の理解しがたい侵入ないし痕跡〕が意味するのは、次のことだ。この極度の受動性は、他性を意識に到来させるための、そして、議論される主題的言説のうちで他性を表現するためのあらゆる努力に抵抗するのであって、この極度の受動性の根底では、「われわれに反して」、われわれが選んだことはないのに、そしてそれを受容する確固たる理由を意のままにすることもないのに、われわれは他人の運命に責任を負っているのである。

痕跡すなわち〈善〉への無始原的なこの服従は、災厄的な出来事の支配のもとで消失することはない。災厄的な出来事は、個人の生および集合的生に刻印を入れることで、ごく頻繁にその生を惑わせてどん底に突き落とし、そうした生を更生するためのわずかな手がかりも見つけることができなくさせるのではあるが。この痕跡は忘却されたままである。そして、自分に固有のヘゲモニーの原因、さらには自分に固有の悲嘆の原因とさえもより接近することを目指して形而上学的〈欲望〉(8)を自己のうちで消そうとする熱意によって、この痕跡はほとんど無となる。それでは、いかにしてこの非‐抹消性の主張を証明することができるのか。この主張に激しく抵抗する人々、非常に敵対的な人々を納得させる合理的論証はあるのだろうか(9)。この服従のうちに、マゾヒスト的な兆候もしくは奴隷の道徳に対す

(7) HH, p. 80, 109, n°. 18.／一七二。「受肉——それは根底的にエロス的なのだが——は、また自己から逃れること、つまりみずからの責任から逃亡することの不可能性である。それを通して、従属との断絶が幻想だということが示される」。
(8) 本書第二章を参照せよ。

る無力な媚を見つけ出す準備がすっかりできている人々を〔納得させる合理的論証はあるのだろうか〕。レヴィナス自身、この非‐抹消に関して疑念に襲われてはいないだろうか。というのもレヴィナスは次のように述べているからである。「誘惑するものであり、容易である悪には、おそらくは、端緒‐以前の、歴史‐以前の臣従を断ち切ること、手前にあるものを無化すること、けっして主体が契約したわけではないものを拒絶することはできない」[10]〔強調は筆者による〕と。痕跡は、概念的かつ論証的な〈語られたこと〉には属していないないし、例外的かつ極めて注意を引くに値するしかたであっても、数々の現象と同じように現出することはない。痕跡は心性を「端緒‐以前の」「歴史‐以前の」〈語ること〉に、あるいはまた人間の生を〈善〉へと運命づける「無‐始原的な」〈語ること〉に結びつける。しかし、実際のところは、しばしば驚くべき悪への熱意や絶望を前にして、〔心性と〈語ること〉との〕この緊密な結びつきの持続を疑いうるのではないだろうか。男女の大いなる道徳の力とは他人のための励ましであるように思われた。しかし絶望はそうした力を持つ男女を乱暴に支配することさえするのだ。ニヒリズムが希望に打ち勝ってしまうと恐れうるのではないだろうか。しかしながらレヴィナスが続けて述べるには――彼の言明を揺るがす恐怖が、恐るべきあるへの回帰の危険が、痕跡を打ち負かし抹消し、したがって彼自身の言明のうちにおいてまで打ち負かし抹消してしまうこの契機にもかかわらず――痕跡は現在を動揺させ、現在に取りつき、現在の平衡を失わせ苦しめ、その全き弱さから、絶望とニヒリズムが自分たちの勝利を祝うことを禁じる。あたかも知られておらず治癒しがたい外傷に由来するように、この痕跡は絶えず存在論的エゴイズムおよび他人に対する勝利の欠落を探し、数々の生に忍び込む。しかしながら、レヴィナスが自分の側で外傷について述べるとしても、直ちに以下のことを確認しておかなければならない。それは、遠い幼少期に由来する昔の外傷が問題なのではないということである。まして、意に反して子孫のうちのひとりの実存のうちで表出されることになる系譜を密かにしるしづける出来事に由来する、昔の外傷が問題なのではないということである。無意識の外傷は人につきまとい、様々な症状の苦しみを伴う反復の力のもとでついには人を疲弊させてしまうであろうが、実際、重大な錯誤がなければ、痕跡が無意識の外傷に帰着するということはない。痕跡は「無始原」および〈善〉との「同盟関係」の「外部」に送り返されるのであるから。同盟関係は、確かに他者に対する一者の責任に関わる努力のおかげで維持されるが、同時に、この同盟関係の結び目は心性のうちで打ち消しがたい――悪の濃密さに対して瑣末なことのように思われようと――のであって、この同盟関係は主体の善意志に依拠しない。主体が一つの意志となる前に、この結び目は結ばれているからだ。

しかし、このような錯誤の危険を常に冒すことなしに、痕跡についていかに語るべきなのか――そうした錯誤は、そもそも痕跡に関するレヴィナス自身の言説の曖昧さに起因するのだ――。時間性にも無意識の伝達にも属さない外傷について、いかに語るべきなのか。グルのラビのようなユダヤ教の伝統の思想家たちは、「内奥の点（*nequda penimi*）」を以下のようなものとして語る。心性は、自分自身の満足の排他的あり方へと延長され、時には自分と他人にとって最悪の事例へと向かうのだが、この心性に逆らって、外傷を不意に見つけて刷新へと割り当てることで外傷を絶望の瞬間にとどめるもの

（9）フリードリッヒ・ニーチェ『道徳の系譜』第一論文（Fr. Nietzsche, *La Généalogie de la morale*, trad. H. Albert, Paris, Gallimard, 1964, 1er dissertation）。ユダヤ教およびキリスト教の「価値」の源泉は、憎しみである。

（10）HH, 81／一三三。

として〔「内奥の点」を語るのである〕。このとき、痕跡についての本考察に有意義な何らかの要素を、知識なしにそこから引き出せるだろうか。ただし、レヴィナスが神学的認識の観点もしくは信仰上の真理の観点から痕跡を参照することはないのだから、なぜこの接近を検討しなければならないのかという反論があろう。哲学者〔レヴィナス〕は何度も繰り返してはっきりと、神学の存在論的言説および宗教的訓話への警戒を呼びかける。彼いわく、宗教的訓話はあまりにも容易に、教化的で楽観的な慰めの言明になってしまうのだ。彼によれば、神学的言説の只中で痕跡について語ることは、それ〔痕跡〕が最終的には諸現象の現出の秩序に入るよう望むことである。すなわち、知解可能で触れることのできる「記号」――少なくともある瞬間、幸福な終わりへと向かう感情を希望して維持する「数々の理由」を与える「記号」――を優先させるために、痕跡の無始原を中断するよう求めることである。レヴィナスが喜んで認めるように、確かに善が最終的には勝ることを「宗教は希望しなければならない」し、何らかの楽観論を伝達し人間を慰めなければならない。しかしそれは同様に哲学者の課題ではないか。彼〔レヴィナス〕はこれに答えて述べる。「哲学者は沈黙している」[11]。というのも哲学者は、諸概念を意のままに用いてこうした希望や楽観論を自分の言説の秩序に適合させたりはしないからである。だからそもそも「この沈黙は、人間がそこに帰っていく存在への人間の解消として捉えることができる」(HH, 81／一三四)のである。しかしこの心得違いが打ち勝つとすればそのとき、現代の反人間主義が最後の教えとなるであろう。現代の反人間主義とは、「人間の死」――「波打ち際」[12]の「砂の顔」[13]のような人間の「顔」は「歴史のうちに消失するはずだ」[14]――を告げるミシェル・フーコーの反人間主義のようなものだ。フーコーによれば、人間に固有なものに関する問いに応答することの不可能性は、この顔の抹消と沈黙へと運命づけられる。レヴィナスに関していえば、彼は教化的な慰めの言明も、このニヒリズムの知的な巧みさも甘受することはない。神学と宗教の数々の約束に対するある種の沈黙を彼が擁護するのは、今度は人間の解消を賞賛するためではなく、人間的なものを存在によって測られず、いかなる決定に先立つこともないものの痕跡のうちで思考するためである。

さて、レヴィナスによれば、《存在の彼方》の痕跡はまさしく責任ある〈語ること〉に帰着するのであるが、この痕跡は聖書なしに思考しうるのであろうか。ユダヤ教が口伝トーラー――神学ではない――と呼ぶものの観点において問われ、慰めるような確信となることなく、人間の混乱ぶりおよびレヴィナスが痕跡について語る際に彼自身の言明を方向づけるのは、この源泉ではないだろうか。

タルムードにおいてラビ・エリエゼルは言う。「《彼女は口を開いて知恵（*Hochma*）を語る、その舌には（*al lécnonah*）善きトーラー（*Torat hésed*）がある》（「箴言」31:26）をいかにして理解すべきか。善きトーラー（*Torah*）と、そうでないトーラーがあるのか。いや、このことはただ、無私なる（*lichma*）しかたでトーラーを学習するのであれば、それは善きトーラーであるということだが、もし利己的な動機のためにそれをするのであれば、それはもはや善きトーラーではないということだ」。他の人々は言う。「善きトーラーは、他の人々に教えるために学習するものである。もしこの目的のために学習しない

---

（11）〔訳注〕HH, 81／一三四。

（12）*Les Mots et les Choses*, Paris, Gallimard, 1966. p. 324 et 398.〔『言葉と物』前掲書、四〇九〕

（13）〔訳注〕『言葉と物』398／四〇九。

（14）〔訳注〕『言葉と物』324／三三三。「歴史の中に解消されねばならぬ一つの相貌」。

のであれば、それはもはや善きトーラーではない」(「スカー書」49b)。ヴィルナのガオンは、その注釈において付け加える。「そしてそれら〔善きトーラーと、善きトーラーでないもの〕は互いに依拠している」[16]。善きトーラーの意味は知(savoir)と叡智(sagesse)の諸境域を超える。そして、その善性をただちに失わずに善きトーラーを手元に置いておくことは、一瞬たりとも誰もできない。だからこそ、善きトーラーはこの知と叡智に依拠するのだろう。実際、利害関心から学習する人に固有の満足のために知と叡智が探求されるとしても、それらは自らを啓示する瞬間に、つまり没利害関心すなわち他人への伝達の瞬間に、この善さの意味に関する啓示の手がかりを与える。自己のためには何も保持することのないままに、その場に身を持し、その近くにいるが遠ざかる準備ができている人——何らかの贈与によって生きており、この路銀なしにはその日々が死の脅威にさらされているとしても、贈与を要請する権能を持つことは決してないままに、贈与を得ることのない人——そうした人に言葉が与えられる瞬間に〔知と叡智がこの善さの意味に関する啓示の手がかりを与えるのだ〕。恩寵においては一者が他者にこの言葉(*davar*)を与える。その言葉は、そもそも一者にも他者にも属してはいないが、しばしばそうとは知らずに彼らを生かすものだ。恩寵のこの契機として、善きトーラーは自らを啓示する。だからこそ、学び認識する特権を持っている人が、その知と叡智を伝えなければならないのであって、この時そうした人は、次のことを知っている。それら知と叡智を真に伝達する際に自分が伝達しているのは、もはや正確には知ではなく、古代や近代の叡智と同じく生きる助けとなるような叡智でもなく、この瞬間にそこで止まることなくその瞬間を通過して他者の時間へと過ぎ去る創造者自身である言葉(*davar*)だということを。それ〔自分が伝達しているもの〕は、その知が知らないものであり、その意識的もしくは無意識的な意向が知らずにいたものである。ただし、それ〔自分が伝達しているもの〕は、創造者である言葉（*davar*）の――もしくはいかなる人間の過ちにも先立つ創造の原初的な善さの――打ち消しがたい痕跡が、たとえ、そしておそらくはとりわけ、悪の執拗さに善が勝ると望むだけの理由が不在でさえあるかもしれないのに、意味を与えるものである。実際のところ、善さ（*hésed*）のトーラーは、「希望する理由がないのに生を照らす希望」（DL, 297／三〇六）を通じて、束の間、人間の日々を過ぎ去る。それは、希望についてのこの一節の文章がそもそも示すように、逆説的に、たとえそれを語るために求められても、哲学的なロゴスが知りえないものである。

「〈知〉は意味を啓示し、語ることを可能にする。しかし、そうは言っても、知は有意味なものが最終的に配置される場ではない。知は、自分が啓示する意味のなかに痕跡を残さない。啓示に必要な諸形式は、啓示されるものを変質させないのである」（EN, 178, n. 1／二一九）。啓示されたもの――善さ（*hésed*）のトーラー――は、知のうちに落ち着くことができず、現出に属することがない。ある語もしくはある身振りがそれを保持し、いわゆるその本質を把握し、もしくは自分がその真理の保持者であると信じるやいなや、啓示されたものは退いてしまうのだ。善きトーラーは、痕跡を方法として用いることで「世界の秩序をかき乱す」（HH, 60／九七）。というのも、正しく平和な世界を作ろうという目的で、寛容、そして他人との配分という配慮から導かれたものであっても、それ〔善きトーラー〕はあらゆる言説およびあらゆる支配の企てを逃れるからである。それ〔善きトーラー〕は、この不安定な「点」

（15）〔訳注〕「スカー書」は、ミシュナーのうち安息日と祭りに関するモエード書におさめられている「仮庵の祭り」に関する書であり、五つの章から成る。
（16）*Sefer Michlei*, p. 337.

のうちに、言葉（*davar*）の伝達によって一者が他者をただちに活気づける常に消失ぎりぎりの境域に、完全にとどまっている。常に既に死が待ち構え脅かす人と共有されたこの瞬間は、しかしながらまた「始まり、そして誕生」（DEE, 130／一六三）でもあり、生の希望と約束でもある。この瞬間は、創造の神秘を反復する。存在すべく呼びかけられた者が、その呼びかけを聞いたことがないのに、そしてその呼びかけに応答する意向を持ったことがないのに、さらには、生ける者たちの大きな鎖の中に位置を占めることになる――この呼びかけのうちに全存在があるのだから――この召喚の理由を議論する可能性をもったことはなおさらないのに、〔この瞬間は、〕呼びかけに応答する瞬間の〔神秘を反復する〕。ところで善きトーラーは、善きトーラーが必然的に前提する没利害関心と他人への伝達によって、この呼びかけの痕跡のうちに自らを保持し、この呼びかけを今日他人のために刷新するのであろう。

レヴィナスによって痕跡と顔の間に築かれた繋がりはその時輝く。痕跡は世界の秩序のかき乱しを示すのであり、このかき乱しは、人間――とりわけ威厳あるものになろうと欲して永続的性質を要求する人々――によって引き起こされたどんな変動よりも根底的で解決不能である。いまなお認識できる何らかの跡の残る過去に痕跡が送り返されることはない。痕跡は、瞬間という先端部で、「絶対的な過去」の「あらゆる過去よりもそしてあらゆる未来よりも遠く離れている」（HH, 63／一〇一）過去の息吹きを過ぎ去らせる。ところが、この記憶不能で把握不能な息吹きは――語られるやいなや語られ直すことになるのであるから――裏切りもしくは偶像崇拝の危険を冒して、他人の顔を通じて意味する。「退隠の痕跡によって隣人は顔としての位格を授けられる」（AE, 192／二八〇）とレヴィナスは述べ、退隠の痕跡がいかにして生ける者に顔としての「位格を授ける（ordonner）」ことができるのか問うように促す。

それゆえ、傷つきやすく死すべき顔、最悪のものの脅威にしばしば翻弄される顔は、存在のあらゆる開始に先行するものの痕跡を帯びる。〈彼（＝神）〉の像も十全な概念も存在しないが、顔は〈彼〉との類似の痕跡を帯びる。このことは顔が神のイコン、もしくは不在の範型の似像であるということを決して意味しないとレヴィナスは確認する。このことが、顔は啓示された神の痕跡のうちにあると考えさせるのであって、神の痕跡に属する彼性――〈きみ（Tu）〉の奥底の〈彼（Il）〉――という概念は無限者を表している。[17]あたかも顔の近さによって有限者のうちなる無限者が言葉となるかのようである。だからといって無限者が肉と混同されることはないのであるが。実際レヴィナスは書いている。「〈他人〉は神の受肉ではない。顔において〈他人〉は脱受肉化しているのであって、まさにかかる顔を介することで、〈他人〉は神がみずからを啓示する高さの現出となるのである」（TI, 77／一二九）。共時性に属する、そして人間たちの間での親しさに属する「きみ」は、顔に直面して突如唇から消え、この顔が「彼」の痕跡を記しているこの「彼」の迎え入れに場を譲る。無始原的もしくは起源に先立つこの「絶対的な過去」、顔を通じて人々に訴えるこの「絶対的な過去」に、その弱さと高さのうちで、自分では知らないうちに顔を向ける人々を、顔は方向づける。しかしこのような呼びかけは、決して集合的に聞き取られることはないであろう。この呼びかけは、各人の特異性に声を掛ける。身を隠す辺境から呼びかけが特異性を解放するために、無限の責任の奉仕を目的として特異性を選ぶためにその唯一性において狙うのは各人の特異性なのである。そもそもレヴィナスによって引用されたイェフダ・ハレヴィが神について、〈彼〉は「一人一人の人間に別のしかたで話しかける」（AE, 282／四一一）

(17) 本書第三章を参照せよ。

と述べている。そうしたしかたで、この呼びかけは、各人の特異性に声を掛けるのである。

「イブン・ガビーロールの有名なテクストでは、人間は神から避難して神のうちに逃げ込むのだが、それと同様に、生を逃れて生のうちに逃げ込む」[18]というこの神秘主義的な待望にレヴィナスが対置するのは、顔の呼びかけのおかげで、神の他性もしくは〈無限者〉のために、誰かのために存在することの可能性である。その他性もしくはその無限者の退隠が諸現象との妥協に苦しむことはなく、そして逆に、この誰かの唯一性が、消失するに至るまで無限者に同化されることもないのだ。「神」という語は、自己のために――想定されたその本質に関連する何らかの知には還元不能な――ある意義を見出だすだろうし、また、この呼びかけの力のもとで栄光（*cavod*）――つまり「重み」――を帯びるだろう。

恐るべき不在へと退隠する神は、歴史の終わりなき災厄の只中で、時折少なくとも「われわれの側で」匿名で唖然とさせるような、ある**に**似るのであるが、それでは、神は沈黙することをやめるのであろうか。神は背後世界に住まうとみなされ、多くの哲学者が慰めを与える仮象によりよく立ち向かうために神の死を教えるのであるが、神は精神性のもう一つの様相を許すのだろうか。このように告げられた死にもかかわらず、理論的もしくは経験的な多くの証拠を用いて「神」という語は意味を持つのであって、それは不幸に直面して〈彼〉が救済することはないが、いわば支持するよう要請する怒りや憤激にしばしばかかる圧力のもとで消失したこの存在を参照するのとは別のしかたにおいてなのではないか。「神」という語が意味を持つのは、次のような瞬間ではないだろうか。その瞬間とは、痕跡は「発音しえない書かれた文字（écriture imprononçable）」である。発音しえないというのは、書かれた文字は逆説的に、文字の書記法（graphie des lettres）の最も内部の退隠に担われているからである――が、隠された何らかの秘密を見抜くように促されるというよりもむしろ、その通過に責任を持つよう強いるということを、顔に直面して主体性が発見する瞬間である。〔その通過とは、〕「常に既に過ぎ去った」ものであり「常に「彼」」である通過だ。存在を指し示す名も、この存在の存在することが鳴り響く動詞もこの通過には適しておらず、「名をもちうるものすべてにその徴しを刻印する」(AE, 284/四一三)〈代名詞〉が表される短いこの息吹きのうちに、この通過が保たれる。ある〈代名詞〉が顔への応答となるとき、もしくは他人に与えられた記号となるとき、人間はこの記号以外のいかなるものとも同一のものとなることなく、ある〈代名詞〉を証言する。

聖書において、「あなたはわたしの顔を前にして(*al panaï*)ほかに何ものをも神としてはならない」(「申命記」5:7)と〈永遠なる者〉は言う。ところでこの〈顔〉は、別のところで「あなたはわたしの顔を見ることはできない。わたしを見て、なお生きている人はないからである」(「出エジプト記」33:20)[19]と示された〈顔〉と矛盾することなく同じものを示すことができるのだろうか。アンリ・コルバンに

(18) MB, p. 13/一七。レヴィナスはここでイブン・ガビーロールを引用していないが、おそらく以下と思われる。「もし君が私の欠如を探していたとしたら、私は〈きみ〉から〈きみ〉に逃げるだろう。私はあなたの闇への憤りで自分を覆うだろう。そして私は君の鋳型の房飾り(franges de tes matrices)につかまるだろう。きみが私を鋳型にはめるまで」(*La Couronne du Royaume*, traduit et présenté par A. Chouraqui, Montpellier, Fata Morgana, 1997, p. 68, en 1952, la *Revue thomiste* et en 1956, la *Revue de la pensée juive*, n° 1–2)。

(19) アンリ・コルバン(Henry Corbin : 1903–1978)。フランスの哲学者。エティエンヌ・ジルソンから古代・中世の哲学的テクストを読む文献学的方法を学んだのちにイスラーム学の研究を行う。一九三八年にはハイデガーの『形而上学とは何か』の仏訳を出版する。一神教の比較研究において、それぞれの一神教に共通する点を見出そ

よれば、三つの一神教における天使の形象が、このアポリアを解決させてくれる。「神の〈顔〉としての〈天使〉はまさしくこの絶対的なものである。というのもこの絶対的なものとは神であって、その隠遁という性質によって隠遁しているという性質、知られないという性質、そして人間に対して非−在であるという性質を許されているからである」[20]。その上——ガブリエルもしくはミカエルといったように、《エル》という接尾辞をもってつけられた——天使たちの名の複数性が存在するのは、天使は万人に同時に語りかけるということを決してしないからである。テオファニア（神の顕現）に関わる天使の機能は、自己における唯一なるものの発見と一対のものとなっている。「だから天使はそれ〔唯一なるもの〕を人間に啓示し、その本質において他のすべてと区別されるような各々の精神的な個別性にその都度合致する性質を、自らのために選ぶのである」。天使を前にして、人間は自分ではないもの——作品、言葉、行動、所有物など——をすべて捨て、まさしくこうして自らの起源を、自らのオリエントを再び見出だす。「対面においては、唇から耳に向かって話すように、神はあなたに呼びかけるのであるが、対面においてしか〈彼〉は存続しない」。「〈唯一なるもの（l'Unique）〉の発見は、あなた自身の征服を経ている」のであるが、それでもこの発見は、隠れた神すなわち〈隠遁するもの（l'Absconditum）〉が存在と認識可能なものの彼方に永遠にとどまることをやめるということを含意しない。実際、人間が考えているのは、たとえ天使たちの名が神性を指し示す《エル》という接尾辞で終わるとしても、〈隠遁するもの〉は神人同形論に陥ることなく、これら天使たちの名の支えとなるということのみである。その上、〈彼〉に直接に呼びかけることを欲するというのは、形而上学的な偶像崇拝の危険に際して死ぬことを含意するだろう。天使が〈永遠なる者（テトラグラム）〉と接触することはなく、それゆえに人間は「不確実性と認識不能なものの不毛の地（*les déserts*）」で迷っている。したがって天使は解釈学的およびテオファニー的な、不可欠な機能を持っているのであり、天使なしには、他の全世界は「人間にとっての沈黙」でしかないだろう（*ibid.*, p. 88, 148.）。

アンリ・コルバンがなお思い出させるのは、クムランの典礼では[21]、天使の現前は終末論的であったということ、その現前は世界の孤立を終わらせ、もう一つの世界の敷居の開けを告げたということであった。したがって、彼のものの見方は、歴史に身を落ち着けるように促し、それでもやはりこの歴史の苦痛に満ちた波乱の只中で人間を支えるよりもむしろ歴史から解放するものであった。「彼らのすべての苦しみにおいて、主も彼らとともに苦しんだ。そしてそれを面前にした（*malakh panav*）天使は、その愛と憐みによって彼らを贖い、昔からずっと（*iémé olam*, tous les jours du monde）、つねに彼らをもたげ、彼らを携えられた」（「イザヤ書」63:9）。シェリングによれば、〈面《おもて》（Face）〉をもつこの天使は、到来すべき神を告げる者である。この天使は神に付き従うことなく、神の預言をもたらし、〈彼〉に先行するであろう[22]。

なぜ顔の分析に関して、天使に、とりわけ〈面《おもて》〉を持つ天使に関するこの媒介が問題となるのか。

---

うとした。

（20）Henry Corbin, *Le Paradoxe du monothéisme*, Paris, Biblio Essais, 1992, p. 152.

（21）〔訳注〕liturgie de Qumrân. ヨルダン川西海岸地区のクムラン洞窟で発見された。

（22）F. W. Schelling, Les Âges du monde. suivi de Les Divinités de Samothrace, trad. S. Jankélévitch, Paris, Aubier, 1949, p. 207; cité dans H. Corbin, ibid., p. 155.

実際には、レヴィナスは決して互いを結びつけることなく、そもそも極度にためらいつつでなければ、さらには皮肉とともにでなければ、天使学を参照しない。だから朝のシャバットの講話でレヴィナスは「シャバット書」(89a) のアガダーの一節に長い時間を費やした。その一節が描くのは、モーセがいかに嫉妬と怒りで天使たちに迎え入れられるかというものだ (「詩篇」8:5)。モーセはトーラーを受け取るために天にのぼったが、天使たちは人の子が何者なので〈彼〉がこれを心にとめられるのかと〈永遠なる者〉に尋ねるのだ。そこでモーセは人間のための弁明に取り掛かり、トーラーのいかなる戒律 (*mitsvot*) も天使たちと関わりがないことを示す。その発言の終わりには、天使たちは、トーラーは肉と血を備えた諸存在のみのものだと同意する。[23] レヴィナスは人間のこの卓越性を強調するのだ。その方法は、天使たちの存在論的な脆弱さを示し、苦い経験から人間の価値を高めようとするタルムードのラビたちとは別のものである。天使は聖書やアガダーの諸節において役割を果たすのであるが、哲学者〔レヴィナス〕はタルムード講話の中で、こうした諸節に関して、常に専らこの役割の人間的な意義を引き出そうとするのであり、[24] 決して天使学に関連する何らかの知を引き出そうと主張することはない。古いミドラッシュは「あなたがたの畝溝を濡らす雨の摘の一つ一つは、その目的地にたどり着くまで、一万の天使によって導かれている」[25] と教える。これに関してレヴィナスは、これらの「天使たち」のうちに、人間的な面から解釈しなければならない単一の像のみを見ることを認め、その際次のことを思い起こす。「持てる者たち、裕福な者たちが自分の食糧を自分の侵すべからざる所有物として見ることを止めるとき、そして、それは受け取った贈り物であって、お恵みであり他の人々も所有する権利のあるものだと認める時に、はじめて、飢えた世界の問題は解決することができる」(DSS, 76, 77／一〇二―一〇三)。

しかしながら、レヴィナスは、天使に関心を向けることに対する明らかな拒絶にもかかわらず、驚くべきことにコルバンが天使の形象を喚起するのに近いしかたで顔について語るのだから、この近さの意義を問うことが望ましい。天使と同様に、顔は〈無限者〉の痕跡において神ではなく、その受肉でもないのであって、そのことをレヴィナスは執拗に思い出させる。顔は〈彼（＝無限者）〉を意味し、その厳命に応答する者の精神に「神」という語を、少なくともこの応答の瞬間には到来させるのであるが、この能意性（signifiance）が知に変質することはない。コルバンにしたがえば、天使が自己のうちに唯一的なものを発見させるように、各々の主体性は、顔の呼びかけへの応答のおかげで、置換不能で代替不能なその唯一性、もしくはその自由へと覚醒させられる。(26) それゆえこの瞬間、天使と

(23) 例を挙げよう。「モーセはその時〈彼〉（永遠なる者）に、世界の主、〈あなた〉が私にあたえようとするトーラーにおいて、彼は何を書いたのかと尋ねた。わたしは永遠なる者、あなたの神であって、あなたをエジプトの地、奴隷の家から導き出した者である。（「出エジプト記」20:2）それから天使たちに声をかけた。あなたがたはエジプトへ行ったか。ファラオの奴隷であったのか。トーラーをどのくらい必要としているか」。

(24) タルムードのラビたちによる、天使たちの価値を下げることに関しては、C. Mopsik, *Le Livre hébreu d'Hénoch*, Lagrasse, Verdier, 1989, introduction p. 21. レヴィナスのタルムード講義に関しては、本書の補遺 « Levinas et le Talmud », p. 237. を参照せよ。

(25) 〔訳注〕レヴィナスは『新タルムード五講話』においてこのミドラッシュを引用している（DSS, 76／一〇六）。

(26) 〔訳注〕「対話のこの契機が、この冒頭でわれわれが提起した問いを本質的に提起するのであり、われわれが語ろうとしたもの——それは天使論の必要性にかかわるのだが——をより良く概括するのである。新プラトン主義の天使論の天使と同様に、天使－精神－聖人、ガブリエル、天使というあらゆる予告者は、人間たちにとって、

の出会いの時と同様に、存在の不安にさせるような孤独において人間が絶えず戦わなければならない砂漠およびあるの重苦しい沈黙が、最終的には方向づけられた、つまり良識にかなった世界に場を譲る。顔は東へと向かう方向を与え、《不可視のもの》の敷居で顔を見る者を、つまり聴取する者を保持し、またその現実と呼びかけについて語る。その語り方では、リルケによれば、天使は「被造物であり、そのうちでは〈可視的なもの〉の〈不可視のもの〉への変化が［…］既に完成されたものにみえる」[27]。顔は見られるままになっていることはなく、不可視のもの——顔に仕えるよう呼びかける《不可視のもの》——の敷居にある。この《不可視のもの》のために「死ぬ」準備を人間にさせるほどに、顔は人間にこの《不可視のもの》への欲望を穿つ。それはすなわち、《不可視のもの》に死を免れさせるために自己を犠牲にするということでありうる[28]。顔は、最後には一挙に終末論的時間の観点を開く。それはまさに、先ほど分析したように彼方が「全体性と歴史の内部に自分を映し出す」その瞬間である。対面によって開かれたこの観点について、レヴィナスは確かに、倫理は「精神的なものの見方（optique）」（TI, 76／一二八）であると述べる。『全体性と無限』[29]においては、彼は公現あるいはまた訪れという術語で顔について述べる。意識は安定性を失っており、存在において別様に意識を方向づけるこの顔に、意識はそのことを強いられるので、顔は存在のエコノミーのうちで意識にその第一の地位を失わせる。その口頭の教えにおいて哲学者〔レヴィナス〕が好んだのは、三人の人（*anachim*）のアブラハムへの訪れ（「創世記」18:2）、そして、異邦人の顔への応答の卓越性そのものとしての〈族長〉が彼らになしたに迎え入れを引用することである。ところで伝統にしたがえば、この三人の人は三人の天使（ミカエル、ラファエル、ガブリエル）であり、ひそかに〈族長〉にイサクの誕生の知らせ（ミカエル）、割礼の後でのアブラハムの回復（ラファエル）、ソドムとゴモラの罰（ガブリエル）を告げにやってきたことが明らかになった。

「シャバット書」についての講話の一つで、レヴィナスはある日「ソター書」(31a) のタルムードの一節を援用した。その中で賢者たちは、*lo* という語には、アレフ[30]とともに書かれるかヴァヴ[31]とともに書かれるかによって二つの意味があると言う。*lo* (לא, ラメド、アレフ) は否定を示し、*lo* (לו, ラメド、ヴァヴ) は「彼において」を示す。では、「イザヤ書」(63:9)[32] の聖句の「*lo tsar*」という表現における *lo* はアレ

---

掲示されざる諸世界、すなわち地上の人間世界の上に重なっている宇宙の諸水準に属する解釈されるものなのだ。この神の顕現の機能と天使の解釈学の外部では、他の諸世界は人間にとって沈黙にすぎない。天から天へ、世界から世界へと精神的に上昇すること、天使の導きのもとでしかなされえないのである(カッコ内省略)。天使との接触が見出せなかったり、それを失うということは、まさに不確実性と認識不能性という砂漠の中で道に迷うということであり、それは放棄する〔訳注、砂漠化する〕ことなのである」(Corbin, p. 178–179)。

(27) R. M. Rilke, *Correspondance*, *Œuvres*, t. III, Paris, Éd. du Seuil, 1976, lettre à Witold von Hulewicz (traducteur polonais des *Élégies à Duino*), p. 591.

(28) 「《不可視のもの》のために死ぬこと——これこそが形而上学である」(TI, 23／四二)。

(29) この言語は『存在の彼方へ』においてはもはや現れない。というのもこの言語はなお存在論と結びついているからである。

(30) 〔訳注〕ヘブライ語のアルファベットの一番目の文字。

(31) 〔訳注〕ヘブライ語のアルファベットの六番目の文字。

(32) 〔訳注〕「主は言われた。彼らはわたしの民、偽りのない子らである、そして主は彼らの救い主となられた。彼らの苦難を常に御自分の苦難とし御前に仕える御使いによって彼らを救い愛と憐れみをもって彼らを贖い昔から常に彼らを負い、彼らを担ってくださった」(「イザヤ書」63:8–9)。下線部のヘブライ語原文に *lo* が含まれており、

フとともに書かれているのであるから、神は彼らの苦しみにおいて彼らとともに苦しまなかったと理解すべきなのだろうか。しかしそんなことがどうしてありうるのかと賢者たちは反論する。というのも、その次には「そしてその〔神の〕前にいる天使は彼らを救った……」とあるのだから。「したがって、*lo*（לא, ラメド、アレフ）は二通りに聞き取られることが可能である」のであり、この聖句は「彼（＝神）は彼らとともに苦しんだ」と読まれる「と結論しなければならない」。相対立し擾乱させるような、そして無情な明証的諸事実にもかかわらず、時間の続く間ずっと、天使は「愛と慈しみ」をもって救い、贖い、支えるのだと「イザヤ書」は〔神の〕前にいる天使について保証している。〔神の〕前にいる天使がこの*lo*という語の「良い読解」を決定することになろう。〔神の〕前にいる天使の到来は、人間たちの苦しみに無関心な神という観念と相容れることがないだろう。非常に悲劇的かつ粗暴で、希望が消えた人々の人生の節目となる経験的な反証があっても、天使は逆のことを考えるように強いるだろう。だから、レヴィナスが述べるように、次のように聞き取られることが可能である。ニヒリズム、無関心、そして暴君的なイデオロギーの恐るべき熱狂にさらされた世界の只中で、顔は常にその惨めさと高さにおいて思考されるのであり、知に還元できない啓示の僂き点であるだろう。幾つにも炸裂して、相対的で、その無意味さ（HH, 185／五九）においてただちに等価である数々の意義には「諸意味の意味」や「雅歌の中の雅歌」が欠けているのだが、顔は、そうした「諸意味の意味」、あるいはまた「雅歌の中の雅歌」へと向かうだろう。だからといって、人間たちが衰弱して静かに彼らの悲嘆を叫ぶ時に、言うなれば守護天使が人間たちの歩みを支えるといったやり方で、顔を見る者に正義、庇護、あるいはまた慰めの約束についての良い知らせを告げるということでは決してない。逆にこのことは、その固有の苦しみに対する媚びを追いやり、よりいっそう要求が増すと同時に逆説的でもあるしかたで、こう考えるよう促すのだ。顔を通じて求められる正義、庇護、そして慰めの呼びかけに応答することが、人間的な人格が自己のために、正義、庇護、そして慰めの意義を垣間見る唯一の様相となるのだと。

一神教の伝統において、天使は《不可視のもの》と《可視的なもの》をいかなる思弁とも無縁の様式のもとで結びつけ、孤独と不幸に対する諦めへと向かう数々の誘惑をあらかじめ告げる。ある天使たちが厳しい役割を持ち、とりわけタルムードにおいてしばしば人間たちと競合する状況に置かれるとしても、天使たちもまた、時には暴力的に、世界は自分自身のうちに閉じてはいないということを思い出させるこの被造物である。天使の呼びかけは冷たく情け容赦のないものであるが、絶えず自己への閉じこもりを打ち破る。天使の呼びかけは、その固有かつ至高の孤立の暗闇の中へと沈んでいこうという誘惑をあらかじめ告げるのであるが、だからといって、その訪れの瞬間が、固有の苦痛に香油が注がれる瞬間であるということはないのだ。レヴィナスの哲学において、顔は「絶対的に異邦の領域」[33]から到来して、この領域の本質を人間に開示する約束をすることなく「世界に登場し」、人間に訴える。顔は、存在に属することのないものと関係し、含みこむことも理論化することもできないものへと、レヴィナスが〈不在の者（l'Absent）〉と名づけるものへと世界を開く。指し示すことも啓示することもないが、世界のうちで意義を有するこの〈不在の者〉から、顔は到来する。[34]顔は彼方か

---

この語がここで問題となっている。

(33)〔訳注〕HH, p. 48／七七。

(34) EDEHH, p. 198／二八八。「サルトルは、注目すべきしかたで、しかしあまりに性急に分析を止めて、〈他人〉

ら到来して痕跡のうちにある。このとき、顔が現象と内在の地平に痕跡を現れさせることはない。というのも顔は痕跡のうちでその超越性を失ってしまうのであるから。いかなる明示的な〈語られたこと〉も、人間に応答すべき呼びかけを定式化する必要はそもそもないのだが、顔の裸性は、応答すべき呼びかけという様態のもと、「存在するとは別のしかたで」という度はずれさ（démesure）を意味する。この呼びかけは、正義、庇護および慰めを受け取るためのものだ。しかし、ほとんど悲劇的なしかたでレヴィナスは次のことを明らかにする。痕跡の能意性はいかなる意向にも、いかなる企図にも属さないのであるから、自らが見出だされる痕跡のうちで〈不在の者〉が自分の媒介者を通じて意味させるという意向を有することなくして、顔はそうしたことを意味するのだ。哲学者〔レヴィナス〕は、不在の〈彼〉を「われわれのユダヤ－キリスト教の精神性によって啓示された神」（HH, 63／一〇三）と明示的に結びつけるのであるが、それでは、抽象的で中性的な原理の痕跡ではなく不在の〈彼〉の痕跡上に顔の訪れがあることが真であるとすれば、意向も企図もなきこの能意性をいかに思考すべきか。それではこの神は被造物に対して意向も企図も持たないのだろうか。神は悲劇的にも、被造物のためにもはや何も望まないほどに、自らの創造から退引してしまうのだろうか。しかしこの場合、痕跡の観念と純粋で単純な諦念の観念との間にわずかなりとも差異は存在するのだろうか。

それでもレヴィナスが断念することの決してないこの差異を理解するためには、哲学者〔レヴィナス〕が立てた問いに、いまこの分析を結びつけるのがよい。[35] その問いは、約束も慰めもない宗教の時間――レヴィナスには二〇世紀を特徴づけるように思われる――に入ることの意味と射程に関するものである。さて、彼は痕跡に言及する際に意向と企図を認めない。次に彼は、現存する宗教について述べる際に、なされた悪行と被った苦しみの規模という点から見て、なお弁神論を思考することが不可能かつ慎みのない、憎むべきことになってしまったとき、約束と慰めを断念することを認める。それでは、多くの他の知らせの後で、「われわれのユダヤ－キリスト教の精神性によって啓示された神」の消失を「神の死」と同一視して、「神の死」の知らせを甘んじて認めなければならないのであろうか。あるいはむしろ――そして以下が哲学者〔レヴィナス〕の立場であるのだが――、人間に対するこの神の近さ、非常に逆説的で、多くの人には受け入れがたくさえもある近さを、意向もなく企図もなく、約束もなく慰めもないからといって別途否認するべきだろうか。近さというものが注意を引くことは難しい。というのも近さは庇護に関するどんな具体的経験にも、さらに控えめに言えば、感覚可能な諸記号によって伝達された希望のどんな微かな光にも反しているからである。それでもなお、〔それは〕いまや唯一の思考可能なものだとレヴィナスが主張する近さである。ショアー、そして、不可解でやむをえない理由から打ちのめされた多くの人生が全く見えていない世紀の測り知れない不幸の時の後で、かつてよりもずっと困難な信仰――しかしそれでも信仰である――のうちで、〈聖史〉を継続することが重要である。そうしたときには、この逆説的で、自己にとって切迫した近さのみがある。〈聖史〉は、知には還元不能な信仰を経ており、慰めることも、何かを約束することもなく、「これまで以上に各

は世界における単なる穴であると言うことになる。〈他人〉は絶対的な〈不在の者〉から生じる。しかし、〈他人〉と〈他人〉がそこから到来するところの絶対的な不在の者との関係は、この〈不在の者〉を指し示してはいないし、この〈不在の者〉を啓示しない。だがそれにもかかわらず、〈不在の者〉は顔においてある能意性を有す」。

(35) 補遺「レヴィナスとタルムード」を参照せよ。

人における自我の能力に、他の人間の苦しみに触発された自我の苦しみに訴えている」（EN, 117／一四〇）。

ある哲学は、哲学的言説に還元できない懐疑論の種を導入することによって、存在論的な保証を思想家から奪う。そうした哲学と照らし合わせて見ると、深淵から取り出されたこの信仰、不安な思いで彷徨う日々の明日に現れるこの信仰は、何を意味するのか。近さとして解された〈語ること〉の知解可能性はロゴスによって把握されないままであり、レヴィナスは、非人称的なロゴスの知解可能性のおかげで練り上げられた、哲学的な〈語られたこと〉の数々の意味作用に〈語ること〉の能意性を対置する。しかし、その「存在すること〔本質 *essence*〕の集合に属することのない痕跡」は、人間的な主体性を拘束し、この主体性を顔と再び結びつける。このようなものが「信仰の心理学と信仰の喪失を超え出る」宗教なのだ。ところで痕跡の能意性はまさにそこにある。合理的な数々の〈語られたこと〉は、論理的に、もしくは時系列に沿って記憶可能な諸前提にもとづいている。そうした〈語られたこと〉の連続性の只中で、能意性が断絶をもたらす。断絶は、存在において別様に自我を方向づけ、無始原的なしかたで自我に命じて、自我が選ばなかった責任へと自我を向かわせる。この能意性は、自我にこの秩序を正当化させることを許すようなどんな原理も決して他人や自分の目の前に開示することはない。それは確かに常に魅力的であるが、裏切りの危険を冒してそのようなことはしない。この能意性は、諸現象の隙間に集められる明かりのように、彼が顔の呼びかけに応答する瞬間に他人のうちで頭をもたげるのだ。確かに、能意性はロゴスを挫折させて、理性的言説のうちに懐疑論を導入するのであるから、能意性はあらゆる否認の準備ができている。理性的言説を挑発するこの侵入に対抗して、今度は理性的言説が自分を守ろうとするのではあるが。したがって、理性的言説は能意性が無分別であると明言し、能意性を数々の想像の意見からなる空想的な世界へと格下げする。「西欧哲学史はまさに超越に対する反駁であり、またまさに懐疑論に対する反駁であった」(AE, 261-262/三八三)とレヴィナスは述べるのであるが、それはあたかも、ロゴスが最初の語を持つ代わりに少なくとも最後の語を保持し、懐疑的な問いによって、あるいは超越の痕跡によってロゴスが中断されたところで筋道を回復することを欲していたかのようである。

信仰は〈語ること〉の能意性として思考されるので、証明できず真らしくない、あるいはまた「心で感じられる」真理の内容に精神が固執するという考えとは、信仰は断固として無縁である。ただし、人を嘲笑し踏みにじるような形容表現をしばしば招くその弱さのうちでさえも、信仰にやはり力があることには変わりない。その力とは、存在の固有の思惑のための約束を何もせず、思いがけない――人間が発した語の核心部でうねりながら彼性(illéité)へと向かう――道を人間に開く方向づけを注視する力である。一貫した言説に生じるとりわけ深い裂け目のように「存在の彼方」から出現する「われここに」を通じて自我が顔に応答するとき、この方向づけは荒れ果てた世界でなお「またたく」。ところで、この信仰は、歴史の犠牲者たちの貧窮と孤独な落命を支持するように見える世界の災厄を生き延びるが、慰めも自己への報いも約束することはない。信仰は主体性の「受難(passion)」の時を開始する。救いの足音にむなしく耳を傾けながら、昼夜問わず冷酷な無慈悲さを主体性に残しつつ、神を感覚することのできる近さの恩恵がこの主体性を見捨てるときに、ユダヤ教の伝統と照らし合わせて、いかにしてこの時間を思考するべきであり、いかなる意義をこの受難に与えるべきであろうか。

マイモニデスの著作はレヴィナスにとっては「聖史の偶発事[36]」とはならないということが思い出さ

れるのであるが、マイモニデスは、慰めもなく報いもない信仰という考えを主張している。マイモニデスは実際、説明しがたいほどに厳しい運命に対するヨブの嘆きに同調することはない。というのもマイモニデスによると、真なる唯一の善すなわち神の認識から見れば、人間たちが嘆き悲しむ悪はすべて想像に属しているからである。また、以下のような人々にも同じように警戒するようにとマイモニデスは弟子に言う。おそらくは自身でも気づかないまま何らかの報酬を受け取るという希望を抱いて、もしくは慈悲なき神への恐怖が再現前するという恐ろしい罰を避けるために、トーラーを学習し口伝律法（*mitsvot*）を綿密に実践する人々である。そしてマイモニデスは、唯一の真なる信仰は愛によって神に仕えることのうちにあると主張する。〔この愛とは〕波乱に満ちた人生の運、さらには人間の背徳に由来する落命――神が信徒を助けるために介入することはない――に従属することのない愛である。過去何世紀もの間、多くのユダヤ人思想家がこの見方を支持してきたが、一般に彼らは、愛にあまり思弁的でない意味合いをも与えようとしている。実際、マイモニデスにとって信仰は神への知的愛から成るのであるが、神への知的愛に到達する人々は稀である。ヴィルナのガオンは学習に関する諸情動への譲歩なき数々の要請で有名であるが、そのヴィルナのガオンでさえも思考すべく配慮しているのは、足りない時間の中、苦しみに打ちのめされ、すり減らされて生きるのが非常に困難に思えるときに、トーラーに与えられた保証もしくは信頼（*bitahon*）と力（*oz*）が単なる人間とどのように関わるのかということだ。しかしながら、神が見ているという保証が意味しているのは、試練や貧窮や喪の解決策が信仰を持たない人々を待ち受ける解決策とは異なるということではない。この保証は、ただ恐れは無用であるということの証拠となる。ヴィルナのガオンが述べるには、「この世界では神への恐れを抱いてはならず、神への信頼を抱かなければならない」。預言者は次のように述べている。

「見よ、わたしを救いたもう（*iéchouati*）神を、わたしは信頼して（*évtah*）、恐れない（*lo éfahed*）。というのも永遠なる者こそわたしの力（*oz*）、わたしの歌であり、〈彼〉はわたしの救い（*lichoua*）となってくださったからである」（「イザヤ書」12:2）[37]。しかしながら、この信頼とこの力は、テクストが自らのうちに残した痕跡を生き生きと保つために日々刷新される努力に依拠しているのであって、これに比べれば、テクスト理解の細やかさや複雑さによってこの信頼とこの力が十分に測られることはない。これは瞬間ごとの口伝もしくは成文のトーラーとの関係を含意する。というのも想起はまさしくこの痕跡を注視することができないのであるから。単に記憶可能なものが力と信頼を与えるだろうか。かつて学んだ知は興味深くそれゆえに喜びの源であるとしても、その知はいまや名残やノスタルジーに似るのであって、その知のやり方では記憶可能なものは薄れてしまう危険がありはしないだろうか。だからこそ、そもそもユダヤ教の伝統に属する他のあらゆる師にとってと同様、ヴィルナのガオンにとっても、数々の聖句の呼びかけに耳を貸さなくなってしまわないように毎日学習する責務、そして諸聖句の測り難くまた近しい他性への開けを自己のうちに生き生きと保つ責務があるのだ。ヴィルナのガオンによって喚起された救済はそこにあるのではないか。実際のところは、この世界で数々の生を蝕む深淵に囚われつつ、最後には光を見るかもしれない主体性の期待に救済が類似することはありえない。ただし、主体性は人間たちの底知れなさが救済から排除されていると考えるかもしれないのであるが。だがやはりこの世界で、救済はなおも続く呼吸の諸特徴を呈しうる。それは、立ち上がって進

(36)〔訳注〕HN, 202／二八七。
(37) *Sefer Michlei*, p. 314. p. 252, 280, 303, 316も参照せよ。

み、被造物を聖句の光のもとで眺め、その時被造物への責任を担う力を与える数々の聖句の呼びかけのおかげである。

ハスィディームの通説はさらに信頼を強調する。信徒になされる、神の近くに身を置くようにという要求、すなわち信仰を基礎づける要求と、神に形を与えること、あるいはまた〈彼（＝神）〉が認識された実在に類似すると考えることの禁止の間には逆説的な緊張がある。この緊張は時に実り多きノスタルジーの昇華に到達し、精神の美の味わいを与えてきた。それはあたかも、神の現前（*Chékhina*）[38]が、その創造において創造されなかった光の美しい閃光が輝きを放つそこに、そこにのみ位置づけられなければならなかったかのようである。[39] しかし、ハスィディズム運動の祖であるバアル・シェム・トーヴによると、人間から見て醜いものであれ瑣末なものであれ、あらゆるもののうちにこの現前は見出だされる。というのも、ヒレル・ツァイトリンがハスィディズムについての諸省察において述べているように、大部分の人々が自分たちに固有の関心や欲望や幻想に応じてしかこの現実を見ていないようなところで現実を変容させるのは――より正確に言えば現実のうちに神の現前（*Chékhina*）の反映を知覚するのは――精神のまなざしだからである。義人たち（*tsaddiqim*）がいわば神を彼らにとって無意識的なものにするとラヴ・ドブ・ベール[40]すら主張しているが、それは明らかに極端で常軌を逸したとさえ言える言明においてであり、この言明はいずれにせよ次のような考えとはほとんど両立しえない。その考えとは、無意識的なものの力が微かにではあるが確実に、あたかも脅威的な闇であるかのように歓喜の時に入り込むまで人間につきまとって、人間を反復および死へと運命づけるというものだ。しかしこうしたイマージュの妥当性を疑い、さらにはこうしたイマージュについて皮肉を言うことさえすべきだとしても、このイマージュは、少なくともハスィディズムの観点から以下のように考えさせる。幾人もの人が学習と祈りと観想の生を通じて、刷新された瞬間ごとに、不安の重荷という彼らの《自己の‐ための‐存在（être-pour-soi）》を純化するに至るのであり、つまり、不可避的にエゴイスト的な責め苦の重荷、各人の日常的な領分すなわち秘められた惨めさの覆いとなる責め苦の重荷という彼らの自己の‐ための‐存在を純化するに至るとのだ、と。しかしながらハスィディズムにとって、義人は〈無限者〉に奉仕する道具（*kelim*）となる。というのも、トーラーへの不断の近さ、トーラーの言葉への彼らの献身、そしてトーラーの呼びかけを前にして日ごとに維持される驚きのために、彼ら義人の心性とその肉は、現世に降りてそこに「玉露」――伝統的には覚醒と復活の芳香を意味するもの――をもたらす生の力によって辿られた道筋となるからである。それゆえ、何よりも彼らに固有のものである闇を穿つ生のこの力に照らしてこそ、ほとんどすべての人間が難解さもしくは虚栄への非難のみを知覚するところで、彼ら義人は光を見るのである。だからこそ義人の振る舞い――生に属するごくつまらないもののうちに至るまで――もまた同様に、それらを取り囲む人々にとっての光となるのだ。神の現前（*Chékhina*）は義人のおかげでこの世界へと降りてくるのであり、彼らなくしては何の力も持たない。したがって神の現前が追放（*galout*）の状態にあるのは、彼ら義人が離反し、

(38)〔訳注〕本書第三章を参照。
(39) Shraga Bar-Sella *Ben saar ledemama*（『嵐と沈黙の間で。Hillel Zeitlin の人生と思考について』）[1871–1942], Tel-Aviv, HaKibbutz Hameouhad, 1999, p. 124 et 126. 表象の禁止および造られなかった光との関係における美については、本書の第二の補遺「表象の禁止」を参照せよ。
(40)〔訳注〕ラヴ・ドブ・ベールは、本書第三章冒頭に登場したメゼリッチのマギードのもう一つの呼び名である。

隣人に侵害されたという動揺もしくは悲劇の時代を忘れ去り、もしくは隣人の喜びを妬んでその希望に対する軽蔑を証しするところにおいてであり、したがって彼ら義人が無限に責任を負う彼もしくは彼女を承認しないところにおいてである。

「永遠なる者がシオンの囚われ人を連れ帰られるとき、わたしたちは夢見る人（*holmim*）のようになった」（「詩篇」126:1）と、「詩篇」は見事に述べ、追放と夢を結びつける。地上でのよそ者であるという感情や、救済なくして死にゆくよう運命づけられた生の虚しさに対する諦めの感情は、目が覚めているときに抱かれる希望の中で夢に似ているかもしれない。神の現前（*Chékhina*）は夢見る人々に気づかれず彼らとともに追放されてそこにとどまるのだが、レヴィナスが述べるように、目覚めた状態では夢見る人々はついに酔いから覚め、ここではシオンによって象徴化された神の現前（*Chékhina*）への近さを人間が現実のものとするかもしれない。つまり夢もしくは追放からの脱出である。この脱出においては、その混乱、さらにはその崇高な躍動の中で、生は出口なき内奥に閉じこもるので砂漠に類似する。ただしそれは――重要なことであるが――遠い瞬間や不確かな明日のためにではなく、過ぎ行く瞬間のために望まれた脱出である。以上がハスィディームの信頼もしくは信仰（*émouna*）である。神の現前（*Chékhina*）は人間を離れず、その追放（*galout*）のときでさえ人間を見捨てないのであるが、人間自身が覆い隠されたまなざしと心を持っているので、また人間が追放された状態にあるので、あるいはまた夢を見ているので、神の現前はしばしば覆い隠されている。実際、日常の苦役の中で、しばしばその魂に内在する神の輝き（*nitsout éloqut*）の道を見失うということが人間には生じる。だから、あるときには祈り（*tefila*）の際に〈創造者〉の愛によって変容し、そしてすっぽりかぶっていたショール（*talet*）[41]を脱いで世俗の仕事に戻って精を出す人は、祈りのときには感じていた愛をよく忘れる。再び追放が人間を捕らえ、そして、再び人間に情熱の雷鳴を担わせたり解放の曙光を告げたりするその夢は、覚醒に勝る。そして追放と夢は、人間を仕向けて〈永遠なる者〉を忘却するように、あるいはまた〈彼（＝永遠なる者）〉ならざる者を〈彼〉と混同するようにさせる。ところで信仰は同じ力をもって忘却と混同に対抗するのであるから、信仰が現世の数々の課題の空虚さや欲望の軽視を教えることはしない。信仰が示すのは、世界の極度の物質性に至るまでこの世界（*haOlam hazè*）に求められたあらゆる労働のうちに神への奉仕（*avoda*）が見出だされるということであり、そして神への奉仕は欲望を破壊する禁欲主義を要求するのではなく、神の輝きによるその方向づけ、神の輝きもまたそのうちに住まう方向づけを要求するということである。信仰は追放の過酷さのうちに失われた生を目覚めさせるのであって、それは夢の神秘的な像においてそうであるのと同様である。夢の中で〈永遠なる者〉は〈彼〉がヤコブとともにいること（*anokhi imakh*）[42]、そして〈彼〉は各人の歩みを見守ることをヤコブに約束する（「創世記」28:15）のであるが、信仰は、まさしく夢の力のもとで、眠りから覚醒したヤコブの数々の言葉によって表現される。覚醒から脱出するように夢から脱出して、実際にヤコブは述べる。「まことに永遠なる者（*Adonaï*：主）がこの場所におられる（*bamaqom hazè*）のに、わたしは知らなかった（*anokhi lo iadati*）」[43]（「創世記」28:16）。こうしてこの聖句についての省察がラヴ・エフライム・ドゥ・セルジュコフを導いて、追放を魂の眠りと同一視させた。追放は、夢となる傾向があったり、利害関

（41）〔訳注〕talet はユダヤ教で祈りの時に身に着ける衣服。「民数記」15:38–39,「申命記」22:12 によると房のついたものである。

（42）〔訳注〕「わたしはあなたとともにいる」（「創世記」28:15）。

心にもとづく配慮から脱出することができないために時に挫折に至らせる誘惑へと傾いたりはするのであるが。さらにこの省察は、覚醒を信仰あるいは救済のこの瞬間――たとえ感覚的認識からは覆われているとしても永遠なる者はそこにいることをこの省察は知っているのであるから、この瞬間は自由の端緒で突如として生を照らす――と同一視するように彼を導いた。この省察が予感しているのは、〈彼〉は生を隷属させてうめき声をあげさせようとする人々から逃げる力（oz）を人間に与えるだろうということである。それでは、ハスィディームは、自分もまた「なぜわれわれは恐れなければならないのだろうか」とはなぜ言わないのだろうか。

レヴィナスはノスタルジーなしに信仰を思考し、自己のための慰めと約束を欠いた信仰を思考し、そして意向も企図も持たない痕跡を弁護するのであるが、そうすることでレヴィナスは、この長きにわたる信頼、最も命にかかわる幾つもの夜を生き抜いた少なくとも幾人かの人々への信頼の伝統と手を切るのか。まず確かなのは、レヴィナスによれば神学的言語は「超越の宗教的あり方を破壊してしまう」（AE, 192／四四二）のであって、彼の哲学は神学的言語を裏づけることはないのだが、それにもまして、彼の哲学はここで検討されたばかりの信仰の言語には適合しないということだ。信仰のこの言語は、不平や苦痛、神に見捨てられた状態（déréliction）、また詩篇作者の言葉を記す賛辞、信頼そして希望とも響き合っていて、その惨めさの経験および固有の希望のうちにこの言語の源泉がある。「主に向かって声を上げれば、〈彼〉は聖なる山から答えてくださいます。身を横たえて眠り、わたしはまた目覚めます。主が支えてくださいます」（「詩篇」3:5–6）。ところがレヴィナスは、〈永遠なる者〉の呼びかけに「われここに（*hinnéni*）」と答えるアブラハムを引用するのを好み、詩篇作者の苦い経験や悲嘆もしくは懸念を考慮することがないというよりはむしろ、詩篇作者に固有の恐れもしくは幸福を考慮することがない。さらに〔レヴィナスは〕経験的な数々の試練に抗する彼の感情、諦念へと運命づけられることのない彼の感情、そして、唯一の心の支えを保ち、深淵に直面しても屈することがない彼の確信さえも考慮することがない。哲学者〔レヴィナス〕がおそらく見積もっているのは、絶望がその測りしれない力にもかかわらずその堪えがたい厚かましさを誇示するとき、今度は、絶えて止むことなきこの信仰は、自己にとってのわずかな光を望むというときでも、あまりにも多くの心配や恐れに譲歩をしているということだ。

確かに、マイモニデス、ヴィルナのガオン、あるいはさらにラヴ・エフライム・ドゥ・セルジュコフと同様にレヴィナスもまた恐れを禁じ、加えて信頼について思考しようとする。さらに正確に言えば、彼が思考しようとするのは、見渡す限り人間の悪事が広がる中を生き残り、なおも実存に意味（*taam*）と味わい（*taam*）を与えるであろう「能意性」である。しかし――自己に固有の死に対する現存在の配慮が唯一の本来的な様態であるという考えをハイデガーと分かち合うことを拒否して――レヴィナスが恐れに対するあらゆる心遣いを警戒するのであれば、他人を脅かすものである暴力や悲嘆や死によって自己のうちにかきたてられた恐れは、この恐れに関して言えば還元不能なものにとどまる。「死――それも他人の死――は、このような悲劇的な性格と不可分である。死は感情を動かすものの最たるものであり、情動の最たるものである」(44)。自分に固有の運命に直面したソクラテスの平静さで

(43)〔訳注〕ラヴ・エフライム・ドゥ・セルジュコフ（R. Ephraïm de Sedylkov : 1748–1800）。メゼリッチのマギードのもとで学んだ初期のハスィディームの一人である。

さえ正当性を持ち得ず、ソクラテスを囲む人々の嘆きは、死に還元不可能な超過の程度に応じている。ところで、他人の運命を考慮することのない真理があまりにも早く、あまりにも容易に生を方向づけられると信じる誘惑に屈してしまうことなしには、信仰はこの恐れから逃れて身軽になることはできない。レヴィナスは利害関心を物事の正当な尺度とする哲学を非難するのであるが、それは、あらゆるものが揺らぎ、神の愛（「詩篇」44:27）にもかかわらず、神がその信者を自由にしようとするようには思われないときに、自分に固有の救済に腐心する信仰、自分の行く末および自分の生涯の程度の大きさを知りたがる信仰（「詩篇」39:5）を非難するのと全く同様である。レヴィナスがむしろ考えたいと思っているのは、他人の運命への配慮の打ち勝ちがたさ、そしてその臨終に直面した感情の打ち勝ちがたさが、いかにして実際のところ、神さえも逃れることのできない意味作用を恐れに与えるのかということである。実際、この恐れはパニックもしくは狼狽に屈することはない。この恐れは神への呼びかけとなって〈彼（＝神）〉にその不満や苦悩を叫ぶこともしないし、なぜ自分の民をその隣人の「嘲りの的」にしたのかと問うこともなく、〈彼〉との契約を裏切ることもない（「詩篇」44:14, 18）。この恐れは無限の責任を課すのである。それは哲学者にとって、人間の生は神と対面しているという確信に、その唯一の意義を与えるものであるように思われる。あるいはまた〈彼〉の呼びかけ、つまり〈彼〉の記憶不能な痕跡の呼びかけから逃れることは不可能であるという確信に、その唯一の意義を与えるものであるように思われる。

信頼（*bitahon*）、力（*oz*）、さらには喜び（*simha*）の輝きは、時折予期されないしかたで剝奪の中の逸脱もしくは失墜の時を訪れると宗教思想家たちは知っており、この輝きが他人に伝わるという希望を抱いて「なぜわれわれは恐れなければならないのか」と問う。しかしながら、この問いかけが垣間見せる希望にもかかわらず、あらゆる知の諸境界で、この問いかけは、恐れ――神が各人に託すので、神がその激しさを和らげることはない――が存在するということについて無知を装ってはいないだろうか。〔その恐れとは、〕恐れに立ち向かい恐れを打ち負かすと強く決意した者を締めつける倦怠、常に災厄の試練を受ける歴史に直面する倦怠にもかかわらず、自己のうちで不可避的かつ持続的に被造物の脆さを注視せよという命令が掻き立てる恐れである。

したがって、こうした注視は、自分を破滅させる危険が迫っているときであってもソクラテスのように自分本来の平静を保つことを許しはしない。こうした注視は、時代の諸価値を自分のものにし、数々の知と技術の成功と発展を保証し、あるいは人間的なものが人間のうちで損なわれないために民主主義が獲得してきたものを守ることで十分であると考えることでは満足しない。実際のところ、こうした注視は、瞬間ごとになお「歴史が実現する不条理の部分」(DL, 128／一二九)をなお思い起こさせることを強いるのであり、いかなる神も、通常は無関心のうちでそうした不条理の部分によって打ち砕かれている人々を助けにくることはない。ところが奇妙なことに、この不条理へと向かう感受性が理性の進展を証言する歴史の可能性への信に反するほどには、この感受性は希望に反してはいない。というのも、諸観念や諸関心といった名のもとで人間たちはあまりにも考えなしに未来の祭壇の上の供物に捧げられた数々の生の唯一性との争いを導いてしまうのであるが、この感受性はそうした諸観念と諸関心を混同しないように強いるからである。レヴィナスはこの感受性を不条理と再び結びつけるのであるが、この不条理とはつまり、歴史の特異的なあらゆる悲劇を方向づけ、さらには正当化さえ

(44) DMT, p. 18／一二。

するような一つの客観的意味を見出だすことの不可能性であり、人間の主体性のメシア的な次元である。主体性は奉仕するために選ばれている。というのも、自分からの意識的ないかなる選択にも先立って〈善〉とともに選択がなされたのであるから。主体性は顔の呼びかけと、それに直面する人の傷つきやすさが主体性に喚起する恐れに服従している。暴力と死というそもそも常に差し迫った危険にさらされる瞬間において、傷つきやすさはいかなる庇護も奪い去られている。それゆえ主体性は彼への責任に服従しており、自分の恐れからの安らぎを与えるよう神に祈る暇を持つことはないし、「私は災いの過ぎ去るまで〈あなた〉の翼の陰を避けどころとします」(「詩篇」57:2, 61:5) と打ち明けることもない。というのも無関心や冷酷さと協定を結ぶことなく顔を脅かす災いから〈彼〉の翼の陰に避難することなどどうしてできようか。しかし主体性は、イデオロギー的ではないしかたで、いまだ歴史には欠けている方向づけと意味をそこに見出だす。そして主体性は、非常に逆説的ではあるが、その固有の悲嘆に関しては、この非常に要求の多い奉仕においてこそ〈永遠なる者〉が彼に応答すると感じている。

「顔だけが超越を言い表しうるのだ。とはいえ、それは神の存在証明を提供することではない。問題は神という語の意味、その最初の言明の回避不能な情勢である。最初の祈禱、最初の典礼の回避不能な情勢である」(HS, 142／一五六)。顔との出会いがこの情勢であるのだが、この情勢から神の観念を切り離すという誘惑は、確かに神秘主義的、宗教的そして神学的態度を特徴づける。これらの態度は、神の愛はその被造物の愛を超えはしないという考えに抵抗する。これら神秘主義的、宗教的そして神学的態度は、神の観念と顔の間のこの切り離しないし隙間によってさえも生きる。レヴィナスは、ただし宗教戦争もそうなのだと付け加える（HS, 142／一五六）。したがって希望がこの道を借りることはできない。逆に希望は、個人の日々――最も悲嘆にくれるものであっても――の方向づけが、各々の主体性を見つめる〈無限者〉の痕跡によって、束の間の顔の近さのおかげでこの〈無限者〉の恩寵を証言することを決して忘却しないように強いる。

数々のイデオロギーや相矛盾する数々の意味作用に惑わされ、もしくは、慰めなき労苦や喪といった不条理を経験したために深淵を信じる状態にある実存を、顔が方向づける。しかし、いかにして深淵を思考すべきか。レヴィナスが述べるところでは、痕跡の能意性は、意味させるという意向も、さらには企図さえも前提しないのだ。顔が主体性を目指し、顔に応答するよう主体性に呼びかけるとしても、顔は顔自体を知らない。というのも、明示されたものであれ明示されていないものであれ、いかなる意志も、主体性の側のいかなる欲望も、この目指されたものの尺度を与えないからである。

詩篇作者は神に求めて言う。「〈彼〉の顔（*panav*）の輝きをわたしたちに向けてくださいますように」（「詩篇」67:2）。神の僕は「深い沼にはまり込み足がかりもない」（「詩篇」69:3）のであり、不安に苛まれ大水の深い底に飲みこまれているのだが、詩篇作者は数多くの聖句で、〈彼〉の顔（*panékha*）を、その僕に対して隠さぬよう懇願する（「詩篇」69:18）。ところがレヴィナスの観点では、神は〈彼〉の顔の開示によってこの熱心な期待に答えることはないだろう。というのも、「栄光は、自分を求める大胆さを拒否する」からであり、モーセさえもが栄光を前にして目を伏せなければならなかったからである[45]。

（45） EDEHH, 211／三〇九。レヴィナスは脚注で「出エジプト記」3:6に関する「ベラホット書」7aを引用している。それは、この身振りをモーセの利点とみなすものだ。注釈の続きもまた参照せよ。「出エジプト記」33:23「〈わたし〉

る。実際、超脱の瞬間を肉体のうちで感じるかもしれないが、人間にとって神の「面《おもて》を見ること」は、何を意味するのか。しかし、神秘主義者がまさしく言うように、超脱が自己意識とその肉体に結びついているとしても、超脱はなお非常に漠然として、幻想的でさえあるのだ。逆に、ラビ・ドーヴ・バアル・ド・ルバヴィッチが言うところでは、本質的な超脱——つまり神的な魂の超脱——が深ければ深いほど、人はそれを感じにくくなる。というのもその衝撃は、その反省性のあらゆる可能性を奪われているようなものだからである。(46) トーラーの所与に関してタルムード(「シャバット書」88b)が既に述べているように、しばらくの間この衝撃の力のもとで、神的な魂は人間から脱出して神のうちに「恍惚状態となる」。「〈非常に聖なる者〉の口から出る言葉のそれぞれに〈彼〉は讃えられよ。イスラエルの魂は没してしまった。というのも「私の魂は彼が話している間恍惚としていた」からである(「雅歌」5:6)。

レヴィナスは確かに神秘主義を警戒し、神秘主義が創造の配慮を神秘主義に固有のノスタルジーに従属させることを疑う。そして、自我の無化の恩恵を受けた、〈面《おもて》〉の近さの探求へのハスィディズムの応答は、決してレヴィナスのものではない。しかしながらレヴィナスは、その痕跡もしくは人間の顔が告げる《不可視のもの》へと向かう開けによって〈不在の者〉は意味すると主張しつつ、倫理的平面上で、超脱の何らかの形式への道、もしくはいずれにせよ形式的にこの無化に似る自我の外への脱出への道を切り開くのではないか。実際のところ痕跡はあらゆる現象学を、いいかえれば世界へと向かう志向的意識のあらゆる運動を中断し、逆向きに捉え、いかなる受動性よりも受動的な受動性においてその運動に反省性の時間を残すことさえなく、存在へのその固有の関心、あるいはまた、自我に内在する存在論的エゴイズムを犠牲にすることを要請するまでに至るとレヴィナスは述べている。

自我は他なるものに対する、つまり顔に対する危惧と怯えにおいて〈自己〉の選びに固有の諸要請を聞こえるようにするのであるのだが、それら諸要請は、各人における還元不能な唯一性というこの点、替えの効かない無限の責任というこの点、あるいはまた他人の側からの相互性を待つことも、〈高き－者〉から到来する補償を待つこともない無私というこの点にある。したがって、〔その犠牲は〕自我の「自己」への犠牲であって、哲学者〔レヴィナス〕に「同の中の他」あるいはとりわけ「純然たる選びの同一性」（AE, 227／三三〇）とも呼ばれる。この同一性は、生命を奪おうとする攻撃と憎しみに常にさらされ、犬どもと獅子によって襲われて悲痛の声を神に叫ぶ「唯一者（*yéhida*）」（「詩篇」22:21, 35:17）の名で詩篇作者が描く同一性に類似する。ところで、この「唯一者（*yéhida*）」――まさしく「唯一性（unicité）」を意味する名――は後にユダヤ教神秘主義者たちによって、神的な魂の至高の点として描かれることになった。〔神的な魂は〕人間の魂のうちに秘められているのだが、そこでは、自我および諸事物のある（*iech*）による隠蔽がより不透明で重苦しくなり、固有の意識という衝立が光を遮る。そして超脱（*hitpaalout*）は、やはりユダヤ教神秘主義者たちによって、「自我」および存在する（*iech*）ものの厚みから成る衝立が断罪する恐るべき辺境からの脱出の恩恵を受けて、この唯一性の解放の際立ったこの瞬間として

---

が手を離す時、あなたはわたしの後ろを見るが、わたしの顔は見えない」という節に関して、R. Hama b. Bizna は R. Simon le Pieux を引用している。彼いわく、「この節がわれわれに示すのは、〈聖なるもの〉は、〈彼〉に祝福されれていようが、モーセに護符の結び目を示すだろうということだ」（冒頭部のすぐ後に置かれている）。

(46) R. Dov Baer de Loubavitch, *Lettre aux hassidim sur l'extase*, introduction et notes pas L. Jacobs, trad. G. Levitte, avec E. Ochs, Paris, Fayard, 1975, p. 101.

分析された。しかしながら、神秘学者は、知性や感情を超えて神を認識する純粋意志、もともとは神の一〇の流出（*sefirot*）のうち第一のものである王冠（*keter*）と人間のうちで合致する意志の観念とこの唯一性を結びつけ、ある言辞――神のものであれ人間のものであれ、意志に関する言辞――を導入する。それは、意志的であれ非意志的であれ、苦難の終点や幸福の合目的性を告げるために人間に合図を送る意向や企図に痕跡が帰着することは決してないという思考[47]と相容れない言辞である。同様にそれは、受動性に関する哲学者〔レヴィナス〕の執拗さと相容れない言辞である。レヴィナスにおいて超脱は、顔が張りついた痕跡の中の《不可視のもの》の命令の力のもとにある、まさに自分に固有の利害関心からの脱出に相当するのだが、超脱はその終わりを知らない。実際、自我における「自己」を覚醒させるこの脱出、つまり、自我を剝き出しにし、その固有のある（*iech*）から自我の負担を軽減して固有の同一性のどんな感情にも還元しえない唯一性（*yehida*）を息づかせるこの脱出が、観想的な享受の諸前提となるというよりも意志的な行為に属するということはない。この脱出は、他人の運命へと向かう責任と動揺へと定められているのだ。迫害の際に死を請い願い、おそらくは死に誘惑されるということが「自己」にはあるのだが、このとき、責任ある「自己」は、今度は〈彼（＝神）〉が「自己」を慰め、解放を約束することを神に期待する権利さえない。

それでは、レヴィナスの観点からは「詩篇」の聖句をいかに読むべきか。自己は耐えがたい不安に溺れそうになって、神の痕跡（*iqvot*）を知る者は誰もいなくなる（「詩篇」77:20）と考えながら、もしくは神の痕跡が辱められる（「詩篇」89:52）と考えながら、なおこの神に〈彼〉の顔を自分に隠すのをやめるよう哀願するというときに、詩篇の聖句をいかに読むべきなのか。彼の哲学のすべては彼自身が述べるように、何百万人もの犠牲者を飲み込んだ——神は犠牲者たちを救うことがない——暴虐の夜の予感や思い出によって特徴づけられているというのに、哲学者〔レヴィナス〕はそれでもなおこの叫びへの応答が存在すると考え続ける。しかしこの応答は常に不意に訪れるのだ。というのもその肉体のうちで、最後には少量の香油が彼ら自身の傷に注がれると感じることをこの応答は許さず、またこの応答は他人の顔として、それゆえ同情なき告発として告げられるからである。苦しむ人に対してさえも、「目覚めよ。〈主〉よ、なぜあなたは眠るのか」(「詩篇」44:24)と神に向かって叫ぶ人に対してさえも、顔の非エロス的な近さへと割り当てられることによってのみ、神は応答することができるだろう。これは非常に特殊なやり方であって、神秘主義のこの伝統的な話題に意味を与える観想的な探求という観点からは、おそらくは支持しがたい。「〈下方〉の光は〈上方〉の光を和らげることなくこの光を呼ぶ」(『ゾーハル』III, 219a)。〈下方の〉光は、レヴィナスにとっては、実際に責任ある「われここに」の諸瞬間に似ている。[48] というのも「われここに」は存在のうちに安んじることなく、そして自己の基盤を失った人の感情全体において、顔によって迫害され、特異的かつ代替不能な「自己」になるほどまでに自身の存在のうちで傷つけられるのであるが、この「われここに」こそが諸実存に陽の昇る方角を教えるからである。最奥に束ねられた、責任ある対面のこの光こそが、「神」という語に

(47)「というのも、終わりも終点もないからだ。絶対的に〈他なるもの〉への〈欲望〉は、欲求のように、幸福のうちに消え果てるために到来することはないだろうからである」(HH, 63／一〇三)。

(48)「情動は、基盤を失いながら身を持する様態である」(EDE〔シャリエの誤記。実際の出典はEE(『実存から実存者へ』)である〕, 121／一五二)。

意義を託し続けるのであり、あるいはより正確には、そうした希望を精神に到来させる。そうしたことは、〈彼〉が疎外したり和らげたりすることのない数々の不幸による、心性に残された癒えることのない苦痛という忘れられない基底にもとづいている。ゆえに、〈上方〉の光は理性もしくは自己にとっての慰めという観念の形式のもとで精神に到来するのではなく、概念的な支配もしくは反省性によっては把握しがたい、自我の狭き間隔(49)の外で、「自己」の脱出の形式のもとで到来する。それはあたかも、彼の唇が「われここに」と開かれるこの瞬間に、責任ある「自己」が、次の二つの聖句の間に深遠なる同等の価値を発見するかのようである。その聖句は、「あなたの神、〈永遠なる者〉（*Adonai Eloékha*）を愛しなさい。それが、まさしくあなたの命（*hou haiekha*）なのだから」（「申命記」30:20）というもの、そして「自分自身を愛するように隣人を愛しなさい」（「レビ記」19:18）というものである。レヴィナスは後者の聖句を解釈して、この聖句が意味するのは、この愛は「きみ自身」であり代替不能な唯一性（*yéhida*）に生を与えるということであると述べる。自身の同一性は、存在への抑制不能な固着によって、あるいはまたいかなる状況においても支配や自己意識への優先的な権利を保持する意志によって目印をつけられているのだが、同一性へと立ち戻らせる欲望を通じてきみはきみ自身に生まれるというよりもむしろ、この愛を通じてこそ、この愛が強いる数々の要請を通じてこそ、そしてこの愛が与える動揺を通じてこそ、きみはきみ自身に生まれるのである。

人間の魂における唯一性（*yéhida*）というごく小さな点の囲いを外すというハスィディームの配慮には重大な争点がある。実際のところ、「〈彼〉は〈きみ〉の命である」のだから、深淵がその実存を端から端まで包囲しているのではないと看破し感じるよう、信者を助けることが重要である。ところがハスィディームは、祈りが夜と争うとき、そして自己評価ないしは自己に固有の同一性の感情が疑われるときに、襲いかかる絶望ないしは憂鬱をこの看破に対する主要な障害とみなすことがないのであって、絶望ないしは憂鬱は「命」の「源泉」が暴かれることにとって不可欠であると主張する。その源泉がへりくだる（chépal）霊（ruah）の人々に命を得させるのではないかと、「イザヤ書」が既に述べていた（「イザヤ書」57:15）。逆に、そしてそれと相関的に、そうした人々は、自己意識の過剰な支配力と戦うことに参与するのであって、この意識はユダヤ教神秘主義者たちから「ノガ（nogah）の悪」と呼ばれている。というのもこの悪はほとんど抵抗しがたいしかたで、自己肯定と他者支配の強い欲望によって開示されるからである。実際のところ、この欲望は「いわゆる知恵をひけらかす説教者たち（darshanim）たちの間で非常に広まったので[50]」、自己への現前のあらゆる不透明性と重みによって、「〈彼〉はきみの命である」という光をこの欲望は隠してしまう。自己意識によるあまりにも強い監視は、無私による時折の仮象とならんでその弟子の問いかけによってさえも、自分に固有の欲望の熱によっても、さらには厄介な誘惑や他人に影響を与え、他人をその支配の下に置く執拗さによっても決して捉えられるがままには決してならない意志の原因となる。この監視は学習し、祈り、教え、そしてあれ

(49)〔訳注〕coudées: 長さの単位。一クデは約五〇cm。

(50) R. Dov Baer de Loubavitch, *Lettre aux hassidim sur l'extase*, p. 127.「本来の魂における（善と悪の）縺れ合いは、両親によって（魂の憂鬱を知らない若い人に）伝えられた。そしてその結果は、自己が意識されるということであり、そして周知のように、*nogah* の悪である」。カバラにしたがえば、*Nogah* とは魂を取り囲む表層部（*kélipot*）の一つであり、他の表層部と異なって、*nogah*（「エゼキエル書」1:4にしたがえば明るさ、光の層である）は完全に悪いものではない。二つ目の引用に関して、説教者たち（*darshanim*）とは、トーラー解釈者のことである（p. 129）。

これの律法（*mitsva*）を遂行しながら、自己自身を決して忘却するよう運命づけることがなく、こうして超脱のあらゆる可能性を知らないものと運命づけることがない。しかし神的な魂は、そのより高い段階における「唯一性」（*yéhida*）であり、それゆえに超脱なしに呼吸することはできない。したがって、神的な魂への恐れ、その拒絶、あるいはまた他性のリズムを息づかせることができないことからの傲慢さによってこの神的な魂が無視されるとしても、神的な魂は、自己およびその孤独の意識の超過に起因する衝立に捕われたままでいる。

レヴィナスもまた別の観点から、同様に自己意識の超過に対する進展を伝える。というのも、レヴィナスは受動性という性質に訴えるからである。「〈他人〉による召喚への極度の曝露」（AE, 227／三三〇）は、反省性の運動もしくはその「自我」へと回帰する欲望を日延べするのであるが、つまりレヴィナスはこの曝露に訴えるのである。主体性の代替不能な唯一性（*yéhida*）において主体性に命を与える息吹は、その曝露に依拠している。というのも、世界の地平に直面して、感覚されたものの唯一の源泉としての存在のうちに意識が留まるとき、息吹は消えてしまうからである。実際のところ、哲学者が述べるには、〈無限者〉の「栄光」（*cavod*）は、この受動性のもう一つの面であり、あるいはまた、自己意識に戻る時間を残さない応答への召喚のもう一つの面である。この面は自らを示すことなく、それゆえに意識によって目指された諸現象のうちで位置を占めることはないのであって、それらの諸現象へと投げかけられた明晰さを逃れる。反対の場合には、この明晰さはその超越とその他性を失うだろう。こうして、この明晰さは不可避的に意識化を延期する。しかし、それは失敗ではない。というのも、この明晰さは否定しがたいこの責任によって、そして「われここに」が含意する無私によって、まさに輝くからである。しかしながら、レヴィナスは責任を特徴づける没利害関心を、超脱および神秘主義的な観想、とりわけ美的なものとしての観想の没利害関心と対置する。レヴィナスによればそれらの諸観想は、歴史が絶えず維持する不条理な部分の忘却、およびその救済と固有の享受を口実とした人間の顔の数々に対する無責任さと協定を結んでいる疑いが常にある。

しかしながら、神的な魂すなわち唯一性（yehida）――一瞬で人間を神的な〈無〉と結びつける超脱のおかげである――の最も高次の開示と相容れない衝立の特徴に対する自己意識の審問は、ハスィディームにとって、それ以来そこ〔責任〕から解放される意志を意味しない。そのノスタルジーとその精神の熱意の強さにもかかわらずその超脱は決して長く続かないので、神秘主義者は実際のところ、この地上に再び降りてこなければならない。そして今度はしっかりと意識して、救済を奪われた人間の間で、つまり「太陽のもとでは新たなものは何もない」（「コヘレトの言葉」1:9）と感じるよう定められた人間の間で、具体的でつつましい課題に専心しなければならない。神秘主義者は人間を助けて、今度は彼らが高みに昇るようにしなければならないのであり、つまり真に新たなものを認めるようにしなければならない。そして人間たちを促して、自然つまり時間に捕われたあらゆる実存に内的な倦怠および反復と闘うようにさせ、人間たちの内なる神的な〈虚無〉への近さに対して覚醒させる。この覚醒に貢献し、ひとりずつ被造物をこの〈虚無〉へと、すなわちいかなるものも倦むことなきこの活気づける源泉へと導くのはとりわけ義人たち（tsaddiqim）の役割である。なぜならこの源泉は時間と空間を超越して、同様に時間と空間から解放されることを許すからである。自己へと向かう瞬間の面が、いまや世界にほとんど気づかれていない日常の控えめさによって、あるいはまた憎むべき苦しみの闇によって特徴づけられていようとも、この源泉のみが、現在の不安定さを照らす〈顔〉を持っているのだ。それはおそらくは詩篇作者が述べる方法による。「〈あなた〉の近くに生の源泉がある。〈あなた〉の光のうちにわれわれは光を見る」(「詩篇」36:10)。実際のところ、そもそもあらゆる実存がそうであるように、被造物の合目的性の源泉があるのは〈彼〉のうちにおいてであるが、この生のうちで、創造の最中でこの回帰もしくは救済が可能になるというのは非常に驚くべき奇跡である。〈虚無〉から存在者を形成する、創造者の行為を司る奇跡よりもなおいっそう驚くべき奇跡である。「ハニナ・ベン・ドーサの名においてタルムードが述べるように(「タアニート書」25a)、「二度目の奇跡は最初の奇跡よりも偉大である(51)」。

レヴィナスはこうした神秘主義的な言語を決して参照することをせず、また、倫理的な没利害関心や拒否することのできない責任を口実にして自己意識を捨てることもしない。ところがレヴィナスは彼自身、被造物の多数いる中で、主に正義の問題、すなわち他の人間に帰された応答への参入の問題に関して、自己意識を再び導入する。というのも、顔に呼びかけられる「われここに」が、聖潔を口実にして、人間の複数性に対する配慮から――「他人の目の中で私を見つめる」(TI, 234/三七六)第三者から――解放されるということは、法に反し、時には悲劇的に、そして常に不正に、他者を犠牲にして一者を優先する危険を冒すことなしにはありえないからである。したがって、今度は理性にかなうしかたで、責任もしくは聖潔の召命に固有な度はずれさ、および、自我を犠牲にすることの「自己」への要請を評価するために、自己意識を再び導入しなければならない。希望は実際次の問いを経ている。「正義をもって私は何をしなければならないのかという良心の問い」(AE, 245/三五八)である。この問いは、聖潔によって方向づけられた、正義の意義を考察するよう促す問いである。

(51) R. Menachcm Mendel de Prsemisl, *locher Divrei Emet*, 14b, Munkacs, 1905.

# 第七章　聖潔

「歴史上幾人もの義人や聖人がいた」[1]とレヴィナスは主張する。歴史から書き出した、悲劇的かつ犠牲者たちの血と叫びのこびりついた幻想なき一覧表に照らし合わせてこのことがいかに根拠薄弱に見えようとも、そう主張するのである。確かに「人間的なものが完全に消え去る諸時代」[2]がある。そうした諸時代には、義人や聖人が実際にいたという記憶さえもがニヒリズムの愚弄や蛮行の襲撃にあって息絶え、その記憶は一見したところ跡かたもなく消滅する。しかしながらレヴィナスがなお述べるように、人間における人間的なものは、動物性と人間的なものをハイデガー的なしかたで区別する本質的な性質によっては特徴づけられない。ハイデガーの見るところでは、現存在のみが存在の呼び声を聞くのであり、存在の光のうちに存在者を見るのであり、現存在に固有の死に立ち向かう。この哲学者〔ハイデガー〕にとっては、動物はいかなる存在論的な尊厳も持つことはない。というのは、動

（1）〔訳注〕EN, 133／一六三。
（2）〔訳注〕EN, 132／一六二。

物は言語を禁じられて一種の愚かさへと導かれ、「その周囲世界の中に」囚われる運命にあるからである。こうした周囲世界は、動物から、死ぬことの可能性そのものを奪うのと同様に脱－自（ek-sistence）を奪う。動物は、単に生き、滅する（périr）ことへと運命づけられている。現存在は「存在の真理を目指した脱－自」[3]が可能であるから、現存在が、現存在のみが脱－自し、死ぬ（mourir）。しかしながらレヴィナスは、「人間的なもの」を考えようとしながらも、存在へのこの開けによって現存在を他のすべての生ける者から区別するハイデガーの企図と手を切る。ただし、レヴィナスは、古典的なヒューマニズムのやり方で人間にとっての「固有の本質」を擁護することを望みはしない。実のところ、より驚くべき身振りで、レヴィナスは「人間的なもの」という術語を「聖潔（sainteté）が異論の余地のないものである」[4]ということを理解する能力と結びつけている。ところが聖潔は、自己への配慮よりも他人への配慮を優先することに存しているのであるから、聖潔はまさしく「存在論的な不条理」[5]となる。そのため、保証や約束や脅威といったものが宗教の名において発せられるとしても、聖潔がそうした保証や約束や脅威に導かれることはない。

「聖潔」という術語の哲学への導入は無論自明なことではない。しかしレヴィナスは「聖潔という概念の充溢」は「被造物の究極的意味」（HN, 14／八）を明らかにするはずだと考えているのであるから、この術語に卓越した地位を与え、この術語が〈無限者〉の痕跡についての目下の考察をいかに深めるかを問うのがよい。

過ちも咎もない、他人に対するあらゆる暴力を拭い去った振る舞いという考えを持つ「保守的な人」のいかなる素朴さも、哲学者〔レヴィナス〕が聖潔を考察するときにその筆で描かれることはない。〔聖潔という〕このような術語を前にして戦慄し、その耐えがたい犠牲の潜在的な力ゆえにこの術語を否定する人々によって発される、しばしば性急で悪意を含んでさえいる幾つかの批判とは逆である。〔聖潔という術語の力は、〕この術語にとりつかれた人々が、自分の欲望が誘惑的で潜在的には破壊的であると認めることができないようにしてしまうのだ。しかし、レヴィナスの考える「聖潔」を通じて、何も言わず応答もしないまま、他人の攻撃性や悪意に由来する襲撃を耐え忍び、自己を犠牲にする男女についての見事な教訓を省みよと誘惑することが重要なのか。そうした男女は、無垢な被害者であるという完璧な状態、あらゆる対立を麻痺させ、重い罪のある悪意の証拠としてその対立の諸表現を糾弾する状態を自覚なしに切望することで取り囲む人々を生——ひとともにある幸福な生——へと呼びかけようとすることなく、彼らに重くのしかかるのだが、そうした男女について〔の教訓を省みよと誘惑することが重要なのか〕。この哲学をマゾヒズムへの倒錯した称揚と混同するのでないかぎり、そうしたことが重要なのではないことは明らかである。「聖潔」という術語は、あまりにも濫用されて不明瞭となってしまった「倫理」という語の代わりに後期に用いられたのであって、それ以外ではそもそも彼の著作には繰り返し重々しく現れるということはない。(6) この術語は、実際、このような倒錯と

(3) *Lettre sur l'humanisme*, trad. R. Munier, Paris, Aubier, 1964, p. 65.〔マルティン・ハイデッガー『ヒューマニズムについて』渡邊二郎訳、ちくま学芸文庫、一九九七年、四七頁〕
(4)〔訳注〕EN, 127／一五四。
(5) IH, 201／一八五。
(6)〔訳注〕とりわけ一九八〇年代のレヴィナスの諸論考で、『われわれのあいだに』所収のものを指していると思われる。「聖潔」概念自体は一九五〇年代から登場しており、『全体性と無限』においても、「無限」や「他人」のあり方を示す概念として「聖潔」という語が数度用いられている。

は逆に、一人の人間が他人の生と死に責任を負う可能性を意味しているのだ。本来的に、無関心ではないこと（non-indifférence）。その源泉は、好意や援助への欲望のうちにはない。この源泉は、より無始原的な（anarchique）しかたで、〈善〉との「起源に先立つこの同盟関係」のうちにあるのだ。哲学者〔レヴィナス〕によれば、この同盟関係は想起不能な過去に由来し、顔を前にした心性のうちで目覚める。したがって、「人間の出来を通じて、存在ならびに思考がこのうえもなく根底的なしかたで転覆されることとしての聖潔なるものの価値」（EN, 258／三二五）は、聖人らしく振る舞う見かけの謙虚さに反して傲慢な決意や主張には属さない。この価値は主体性を摑み取り、選び、そしてそれを通して彼をその人間性へと呼び求めるのである。

「生ける神」（DSS, 121／一七〇）すなわち創造者から到来する聖潔が、服従や禁欲や犠牲のための何らかの弁明と混同されることは、次のような危険を冒すことなしには確かにありえない。〔それは、〕威厳に満ちた権威ある宗教的言説によって生じる、生への愛と生への憎悪の混同であるこの重大な錯誤である。レヴィナスは聖潔について、哲学的テクストの中で語るのと同様にユダヤ教のテクストの中でも語るのだが、このとき、上記の弁明とは反対に、生のために弁明することが重要なのである。とはいえ、〔ここでいう生とは〕動物的で存在論的なダイナミズムにおける生や、示すべきあらゆる虚しい呵責の重荷を取り除かれたために自由で熱情に燃える生ではない。親切心からではなく、その呼びかけを免れることの不可能性から無限に責任を負う生であり、苦しみに注意深くある生である。〔それは、〕「存在しようとする努力（*conatus essendi*）を解体する、無限という語によって差し貫かれた実体」（HN, 129／一八六）の生としてレヴィナスが描く生である――その際彼は、明示的に、この〔無限という〕語をシナイに降りてきた神の〈御言葉〉という語と結びつける――。あるいはまた、〔それは、〕その心性が彼のうちなる「神のみもとへ」向かう瞬間に、すなわち自我と自我の目覚めおよびその特権が審問される瞬間に、顔の近さを通じて、人間的なものの意味へと目覚める生である。

しかし、「無限という語によって貫かれた」[7]この実体の分析の背後にはマゾヒズムないしは病的なもののいわく言いがたい魅力があるという疑念を決して抱いてはならないとすれば、聖潔とは何を意味しているのか。つまり、生を選べ[8]という聖書の命令（「申命記」30:19）を有効なものとみなすという口実で、このような傷を受け入れなければならないのだろうか。無限という語は、顔の近さを通じて実体を貫き自己にのしかかり、意識と自由にその代価が法外に思われる処遇を課すことで、意識と自由を第一の場から確かに押しのける。そもそもこの処遇は、それら〔意識と自由〕の仮象であるという性質を告発することも、非常に有害で冷酷な隠されたその支配から心性を解放するため疎外された無意識の層を明るみに出すことも目的としていないのだから、なおさらである。逆にそれ〔この処遇〕は各人に、苦痛に苛まれる人に対するのと同様、時が微笑みかける人に対しても課される。殺すな、そして愛せよと呼びかける言葉、つまり「私たちの欲望や悪徳によって犯される、緩慢な不可視の暗殺[9]」（HN, 128／一八五）に抗して戦え、と呼びかける言葉を聞けという命令のように〔この処遇は各人に

（7）〔訳注〕HN, 129／一八六。

（8）〔訳注〕ここで「生（vie：命）を選べ」というのは死の危険にあり災いに晒されても生きることを選択せよという意味である。「わたしは今日、天と地をあなたたちに対する証人として呼び出し、生と死、祝福と呪いをあなたの前に置く。あなたは命を選び、あなたもあなたの子孫も命を得るようにし、あなたの神、主を愛し、御声を聞き、主につき従いなさい」（「申命記」30:19–20）。

課される」。さらに、レヴィナスがアウグスティヌスを引用しつつ述べるところでは、〔この語は、〕告発し審問する――それほどにこれらの殺人は日常的な運命である――言葉である。ただし〔この語は、〕絶望に抗する日常的な闘争を超えるように、審問されている生を超えて、その力が自己のうちなる人間的なもの（l'humain）を目覚めさせる言葉である。いかなる意識においても、いかなる自由においても、この語に忠実であろうと決意したことなくしてこの語に忠実な人間（l'humain）、「最高の価値」（EN, 239／三〇〇）としての聖潔に忠実な人間は、自分が存在のうちに閉じこもったものであるということを知らない。実際のところ、その実体を貫いて「われここに」という応答を少なくとも少しのあいだ発するようにさせるこの語による呼びかけへの応答においてのみ、人間は覚醒するのである。[10]

さて、この誠実さは約束にもとづいてはいないし、約束を計算に入れることもせず、最低限の報酬すら期待させずに課されるともレヴィナスは述べている。ショアー以後、ユダヤの民は、「イスラエル国家の承認されざる復活」（EN, 244／三〇五）に至るまでのしばしば受難にも似る歴史のうちで、見返りを期待することなくトーラーの教えに忠実であるように呼びかけられる。それと同様に、人間における人間的なものは、たとえ聖潔が他人のための受苦（le pâtir）――自分の無能力を主張しながらも、自らを聖なるものであると感じることに存する――と結びつくときでさえ、あらゆる計算や偶然の恩恵の外部で、とりわけ絶妙に傲慢なこの満足の外部で、聖潔へと呼びかけられる。すぐれて人間的なものの様態としての聖潔に対する誠実さへの呼びかけ。この呼びかけは、経験的で可視的なしかたで民族ないし個人を「聖なる民（*goy qadoch*）」ないし聖人へと変容させることなく、それでも彼らが顔に対する無関心に慄かずにいられるようにする。〔それは、〕おそらく理性によっては思いつかない誠実さである。しかしレヴィナスが主張するところでは、〔それは、〕「起源に先立つ同盟関係」、創造の「根源的な善良さ」に関するこのような記憶不能なものの名において、心性——しごく反抗的で否定的であっても——のうちに刻み込まれた誠実さである。そして〔それは、〕少なくとも時には、悲嘆にくれた生に喜びと刷新の息吹を通過させる誠実さである。そこでは聖潔が通過した痕跡が実際に保たれているのではないだろうか。喜び、つまり人間と神自身の希望を刷新する「われここに」の深い人間性のおかげで、〈無限者〉の近さを通じて魅力を備えた喜びの、抗いがたく脆いこの担い手のうちに。レヴィナスが注釈を加えたボロズィンのラビ・ハイームは、人間によって待望された聖潔の振る舞いなしには、神は世界と結びつくことができないと述べていた。ラビ・ハイームから見れば、聖潔は、自らの思考や発話や行為を行うために絶えず維持される努力であり、トーラーの中で倦むことなく人間を呼ぶ神への応答であるが、聖潔自体の大きさのうちなる全き弱さにおいて応答することを強制はしないのだ。レヴィナスは、自分の側では、聖潔を「予めなされたいかなる誓約（engagement）によっても正当化されない責任」として描いている。それは、「いかなるアプリオリもなしに受難が心を捉えるという点において、絶対的な〈受難〉」に似た責任でもあり、また、自分でなしたこと及

（9）HN, 128. 引用の続き「あたりまえの生の無垢な残忍さによって、近き者や遠き者への「潔白なる」無関心によって、さらには、なんとしても客観化し主題化せんとする高慢な執着心によって、個人としての私たちの原子価〔私たち個人の原子的比重：個人としての重み〕と社会体制のバランスに起因する公然の不正によって犯される」（HN, 128／一八五）。

（10）「アウグスティヌスはその『告白』の第十巻で「輝く真理」（*veritas lucens*）と「咎める真理」（*veritas redarguens*）——告発し、審問する真理——を対比させている」（DDQVI, 255/三一一）。

び行為の全面的な起源に自らを定立しようとする意識に対する迫害に似た責任でもある（AE, 162／二三九—二四〇）。しかしそれは、自ら身を任せるものは誰もいないか、さもなければさらに耐え難い罪責性（culpabilité）から逃れるために身を委ねる〈受難〉と迫害である、と哲学者〔レヴィナス〕は主張する。重要なのは「自らの意に反した」責任であり、つまり責任に抵抗し、責任を拒否さえしながらも、疎外によってではなく選びによって他のために自己を知る人の責任である。ところが、代替不能な自己の唯一性を見出だすこの選び、つまりレヴィナスが述べるところの「自己」を見出だすこの選び、あるいはまた彼が〈無限者〉を証言するよう呼びかけられた自己の実存に気づくこの選びにそうした人が同意するのは、貴重かつ稀な瞬間である。

想起不能な痕跡のうちで、ゆえに選びによって、この心性の受動性から他人へと向けて同意された応答を、自己のための（*pour soi*）恐れゆえに、言ってみれば疎外（aliénation）と病気ゆえに与えられた応答から区別することは、とりわけ外部の観察者にとっては確かに非常に難しく、不可能ですらある。しかし、選ばれた者の責任を拒否するために、時宜を得ようが得まいが「迫害」「犠牲」「強迫」「人質」さらには「受難」を強調するレヴィナスの語彙にもともと含まれている両義性を口実にして、十分な議論になるだろうか。痕跡は、想起不能なしかたで〈他〉によって傷つけられた根源を確かに思考させる。そして、他人の運命に対する動揺についての命令を聞く男女が従う深い諸動機に関する両義性という口実のもと、この傷の拒否は、レヴィナスが「神のみもとへ」（*à-Dieu*）と呼ぶもの、〈同〉の〈他〉への召命、さらには聖潔への嘲笑をほとんど常に含み、ニヒリズムに勝利を譲るであろう忘却や拒否を経る。さらに、選びと疎外の区別の基準は、この細く非常に脆い境界線の上にあるように思われる。後者〔疎外〕は反復に、しばしば告白されない憎悪や常なる悲しみに運命づけられている。それに対して前者〔選び〕は時間を刷新し、短いがそれと分かる喜び、常に愛の近さを告げる喜びを経験させる。〔それは、〕時間の刷新、繁殖性および「歓び」（allégresse）に関して、[11] 他のユダヤ人思想家たちと同じほどレヴィナスにおいて明白に練り上げられることはないが、それでも彼の哲学の中に現存する基準である。

ボロズィンのラビ・ハイームを参照することで分かるのは、レヴィナスによって提示された聖潔についての思考が、イスラエルの賢者による決定的な直観と分析のうちの幾つかと実際に出会うということだ。賢者はどれほどに聖潔が混同されやすく、またその粗悪な模造品ができやすいかを知っていて、聖潔の意味を明らかにしようと努めている。たとえばグルのラビは次のように述べている。「聖潔すらも無私なるものであらねばならない。自己目的とみなされた完全性は偶像崇拝となりうる。それは、一種の自我の精神の肥大化であって、自分を神だと思うファラオのそれに匹敵する」[12]。それゆえ、よくある痛ましい、さらには他人にとって茫然として身動きができなくなるような帰結――虚栄、つまり同じ仕打ちを返すことをせずに「悪人たち」が苦しむことに対する言いがたい快さである――に従って、固有の完全性の理想と聖潔を同一視することが問題なのでは決してない。グルのラビはカバラーの教えを述べる文章の中で、トーラーや口伝律法（*mitsvot*）、祝祭日、とりわけシャバト（安息

（11）AE, 200／二九一。「善に服従する歓び（allégresse）」。第六章注（3）を参照せよ。
（12）*Sfat Emet*, t. III, sur la section *qedouchim*（「レビ記」19および20）「聖なる者」についての章。「あなたたちは聖なる者となりなさい。あなたたちの神、主であるわたしは聖なる者である」（「レビ記」19:2）。

日）を通じて、あらゆる被造物になされた生という贈り物として聖潔（*qédoucha*）を記述している。しかしながら、この贈り物を所有する優先的な権利を、勝ち誇った傲慢な態度で主張する者は誰もいない。というのも、この贈り物は、その存在を彼のための住居（habitation）に変容させるための絶えざる努力を要求するからである。いまだかつて成し遂げられていない忍耐のうちで、内奥の点（*néqùda penimi*）を息づかせるために、この贈り物はその到来を妨げる殻（*kélipot*）を自我から取り除くよう促すのであるが、既に説明されたように、この内奥の点は心性の最も秘められたところにある神の愛への近さを意味している。これらの殻は、各人に、自分が一箇の被造物であるということを忘却するまでに一見自律的な「自己のための存在（即自存在）」をなしているのだが、この愛の迎え入れを妨げ、聖潔への召命に応答することができないようにさせるのだ。グルのラビによれば、その時の気分がいかなるものであっても、そして口伝律法（*mitsvot*）の多くに固有の合理性が欠如しているにもかかわらず、それら口伝律法（*mitsvot*）の遵守は聖潔を具体化する。「口伝律法（*mitsvot*）は、〈聖なるもの〉の命令（commandements）、〈彼〉に祝福あれという命令に隠された聖潔の衣服や記号でしかない。そしてそれらの口伝律法は、身体にまとう衣服を身につけている間ずっと、人間がこの世界に聖潔を広めるよう貢献するのに役立つ(13)」。したがって聖潔は、物質から切り離され身体の生を否定する精神の理想ではなく、さらには魂の純粋さを傷つけるとみなされた肉体の数々の欲望に対して侮蔑的な理想でもない。そうではなく、口伝律法によって、学習および典礼の召命への誠実さによって常に維持される神への方向づけにおいて、つまり〈彼（＝神）〉の言葉の聴取において、聖潔は、物質性、身体および肉体とのこの結びつき――グルのラビが自然的で時間的な生と呼ぶもの――を生きることを含意する。それらを通して〈彼〉が人間に呼びかけるのだから。グルのラビによれば、「聖潔の点（*néqùda qédoucha*）」

とも呼ばれる〈内奥の点〉が自己へと現前するという恩恵によって、讃えるべき〈聖なるもの〉は〈彼〉に結びつけられている。各人が聖潔を知らないときでさえ、あるいは神に見捨てられた状態（déréliction）がその信仰を打ちのめす準備ができているように見えるためにもはや聖潔を知らないときでさえ、そうした讃えるべき〈聖なるもの〉の前で、瞬間ごとに各人は自己を見出だす。[14] 苦痛はしばしばその「聖潔の点」を忘れさせ、傲慢さはそれを打ち消すことを望むが、それは希望にうち震え、人間を待ちながら、そこにとどまるのである。

グルのラビは、聖潔のこの探求と結びつけることで、数々の犠牲の意味作用と重要性を考察する。ところが、人間にとって大切なもの、特異で代替不能な生に意味（*taam*）と味わい（*taam*）を与えるものの禁欲、苦痛を伴い、さらには死に至らせる禁欲を意図して彼はそれらを分析するのではない。[15] ましてや、彼は、脅迫的かつ驚異的な力（puissance）によって要請された捧げ物を、そこ〔犠牲の意味作用と重要性〕に見たりはしない。そうした力は、罪悪感や不安を抱かせる非常に問題含みの祭壇上の人に固有の欲望、そして、この世界のうちで保護されることなき犠牲者たちの苦しみや不幸に由来する

(13) *Sfat Emet*, t. III, p. 153.〔シャリエは、「聖句とともに考える」でもこの文章を引用している。*La langue de la vérité*, p. 144. なお、この文章はシャリエによる『真理の言葉』の仏訳にはおさめられていない。〕

(14)〔訳注〕「聖句とともに考える」におけるシャリエの説明によると、この「聖潔の点」は人間の視界から隠されている。*La langue de la vérité*, p. 156.

(15)〔訳注〕グルのラビは、ペサハー（過越の祭り）について分析する箇所で、聖なるものの意志は、口伝律法の意味（*taam*）を知的に理解する「生の味わい（*taam*）と喜び」をもたらすと述べている（*La langue de la vérité*, *op. cit.*, p. 31.）。

のだが、「犠牲」という術語は、まさにこれらの理由や幸福な生への気遣いから犠牲を拒否しようとする現代の精神においてもなお、往々にして犠牲者を含意するのであるから。反対にグルのラビが主張するのは、捧げられた数々の犠牲（*qorbanot*）は、讃えるべき〈聖なるもの〉に創造を接近させる（*leqarev*）――彼が言うには、〔〈聖なるもの〉は〕自分自身に委ねられた人間の力の支配下では作られえないものではあるが――という唯一の目的を有しているという考えである。トーラーの光および生を方向づける光は各瞬間を引き受けるのであるが、そうした光を欠くならば、人間は実際、いましがた喚起された有害な様態に従ってしか、犠牲を思考し感得することができないだろうし、あるいは、人間を取り巻く生の根底にある無関心のうちで、他のことを何も気遣わず存在するという自らの欲望に関して不可避的に自我論者であることの優位性を肯定しつつ、それらから逃れることができないだろう。トーラーのおかげで、おそらくとりわけ心理学的および実存的なこの大いなる危機――人間にとって犠牲の断念の誘惑（*tentation*）である――の瞬間に、人間は逆に深淵の魅力やさらには死や呪い（*qélala*）による魅惑に屈することを拒み、「生」と「祝福（*bérakha*）」それ自体を「選ぶ」（「申命記」30:19）ことができるようになるだろう。トーラーの学習のおかげで、つまりそれぞれ異なる生を創造する〈御言葉〉の近さのおかげで、そしてその御言葉が命じる口伝律法（*mitsvot*）への服従によって、人間は万物を神と結びつけるよう呼びかけられるであろう。ところが、生き生きとさせる接近および創造の営為における刷新（*hithadchout*）の力の開示というこの狙いにおいてのみ、犠牲は価値を有する。したがってそれらの犠牲は不幸を弁明することなく、自己のうちに、あるいは自己の周囲で、歌って聖なる光を目覚めさせるに至るだろう。[16] こうした喜びの基準はハスィディズムの伝統においては非常に含蓄のあるものであり、それゆえ唯一犠牲の価値を高く評価することを可能にするはずであろう。

レヴィナスもまた、聖潔と結びついた犠牲に言及する。そしてしばしばこの犠牲という術語の読解は、いましがた言及された尤もな数々の理由から、その読者の熱のこもった否定的な反応を招く。しかしながら、先になされた分析の観点から、そこに重大な誤解が生じてはいないか問うことはできよう。確かにレヴィナスは、自分の思想の源泉としてグルのラビやハスィディズムに言及してはいない。しかし、哲学者〔レヴィナス〕がそうしたものとして引き受けるトーラー読解という口伝の伝統が彼ら〔グルのラビやハスィディズム〕の教え以前にあるのだから、この読解はある種の妥当性を持つ優れたものでありうる。「犠牲は責任を負っている人への接近である」[17]とレヴィナスは犠牲を定義する。ここでレヴィナスは「犠牲」という語のヘブライ語の語源――接近させるもの――を取り上げている。[18]ところが、トーラーにおいては呪いや死に接近することが重要なのではなく、常に、非常な困難を伴いつつも絶えず刷新する努力によって、祝福と生に接近することが重要である。自分に固有のものよりも他人への気遣いを優先させる、この「存在論的な不条理」としての聖潔に直面した後に、レヴィナス自身は「責任を負っている人への接近」としての犠牲について語る。このとき、それ〔犠牲という語〕を、生への愛や幸福な生を侮蔑するものとして見出だす傾向の強い人々の耳で聞き取ることで、これ〔犠牲〕

(16) *Sfat Emet*, t. IV, sur la section Pinhas, p. 168 et 172.

(17) AE, 190／二七八〔強調はシャリエによる〕。

(18)〔訳注〕グルのラビ『生の魂』では、「バヒル書」（一二世紀末に成立した神秘主義の書）一〇九節に「なぜ犠牲は*gorban*と呼ばれるのか。なぜならそれは聖なる諸形態を接近させるからである」と記されているという指摘がある（*L'âme de la vie, op. cit.*, p. 213)。

からよりよく解放されるというのは適切ではない。さらに、レヴィナスの幾人かの読者のように、この〔レヴィナスの〕犠牲の思想は決してユダヤ的なものと関連を持たないと宣言することも適切ではない。実際、犠牲であるこの「接近」は何を意味するのか。たとえ好ましい誘惑者の顔をしているとしても、この「接近」は他人からの暴力への服従を意味してはいない。その場合には犠牲は呪いと死に接近することになろう。そうではなく、レヴィナスが述べているように、「接近」は他人への「責任」を意味する。責任とは顔における〈無限者〉――その〈御言葉〉によって照らされた生を選ぶように強要することなく要求する〈無限者〉――への応答である。ところが、周囲の苦しみを気にかけることのないエゴイスト的な躍動の力に対してこの責任が犠牲を確かに要請するとしても、この責任が服従を要請することは決してない。ここでも、前述した「神の－みもとへ」の能意性（signifiance）としての聖潔の意義を解明しようと努力する時と同様に、類似性によって惑わせ死に接近させる偽造品から生への接近としての犠牲を見分けるための基準――明らかに脆いものではあるが――は、喜びと刷新の基準である。責任は亢進し息づくとレヴィナスは述べていなかったか。まさしく責任は存在と有限性によって測られず、それゆえに死自体が意味作用を否認できないのだが、責任はこの意味作用を生に負わせるとレヴィナスは述べていなかったか[19]（AE, 198／二八七、205／二九八）。

しかしながら、聖潔と犠牲に関するこの分析は、人間の尺度に応じたものであるのか。ユダヤ教の伝統に属する賢者たちはそれを否定するが、だからといって、その現実化は不可能であると彼らが判断するわけではない。ただし、この現実化が意味するのは、苦痛のために魂の固定が遅れて魂が生から疎外されていると感じられる瞬間に、トーラーの言葉とその言葉による方向づけのうちに魂が停泊することであると彼ら賢者は思っている。遠く離れたところからの秘密の呪詛のせいで、また、無作法や無関心、さらにはキニク主義と喜びを結びつけるような自己の周囲の不幸のせいで、希望はずっと自分に対して静寂を保っていたのだが、おそらく、微かな光が生を希望に変えるから自分は生まれ変わると魂が感じる瞬間と似ている。しかしイスラエルの賢者たちは、忍耐および意志の力で自分の欲望を存在するものにうまく合致させるストア派の類の努力を賞賛することは決してなく、ましてや「自我」をこの聖潔およびその潜在的な数々の犠牲の尺度にする孤立を推奨することなど決してない。イスラエルの賢者たちは、創造の黎明以来、日々を祝福する言葉のうちに源泉を持ついかなる聖潔も、いかなる犠牲にも価値はないと判断を下す。〔その言葉は〕最初の二つのもの〔聖潔と犠牲〕のうちに生と喜びの断念という理想を見るというよりもむしろ、生と喜びという特異な観点から聖潔や犠牲や祝福といった語彙を結びつけるはずのものなのだ。

「神の支配下にはない（*bitel*）が、分離された実体を構成するもの（*davar*[20] *nifrad*）[21]」は、讃えるべき〈聖なるもの〉の聖潔から活力を受け取ることをしない、とたとえばリアディのシュネウル・ザルマンは教えていた。そうしたものの活気は、最も本質的な内奥性から、つまり万物の内部に住まう創造の

(19)〔訳注〕「担いきれない責任によって支えられた自由」（AE, 198／二八七）。「私たちは死にも意味を授けるような責任および愛着を抱くことができる」（AE, 205／二九八）。

(20)〔訳注〕*davar* はヘブライ語で「言葉」のほか、物、実体、対象という意味もある。シャリエによるこの箇所の仏語訳は entité となっている。

(21) R. Schneour Zalman de Liady, *Liqoutei Amarim*, New York, Kehot Publication Society, 1981, p. 23.

言葉の力から生じるのではなく、「より劣った側」(*sitra achra*)、つまり聖潔とは反対のものに由来する。こうした傾向にあっても、いかなる場合であれ世界に関して、その活力が見事な営為を完成することは確かにできる。しかし、その営為に宿る実現の力(énergie)はこの世界およびその居住者を〈創造者〉へと高めることができないまま、逆に自己自身が源泉であり道であるという幻想を強調するので、この世界を〈創造者〉から遠ざける。そもそも非常にありふれたこの状況は、知ろうと思わなくとも核心部を取り囲む殻(*kelipot*)に囚われた世界の状況に他ならず、そして本質的な方向づけを欠いた世界の状況に他ならないとリアディのシュネウル・ザルマンは述べている。そうした世界において人間たちは自分を源泉や道だとみなしているので、世界の様々な事柄はすぐさま堪え難く冷酷な色調を帯び、人間たちは激しくあるいは密かに、無関心や悪意が自分たちもしくは自分たちの周囲で蔓延るまま放置するのだ。しかしながら、こうした薄暗い画が、大人しく受動的に神に服従する生に役立てるために、聖潔は殻に由来する活力を破壊することになるのだろうと考えさせるようなことがあってはならない。今問題となっている観点から言えば、聖潔は、あらゆる生を活気づける欲望を否定しようとするものではないし、暗闇——自分や他人に対して振るわれた暴力のせいで、暗闇が自分に固有のものであったとしても——を破壊しようとするものでもない。聖潔は常に改心と高揚の営みであり[22]、その力のおかげで生の各瞬間、各々の場所、各々の事物と各人がその源泉へと回帰することに貢献するように生の活力を——その消滅をではない——利用する営みである。さて、ユダヤ教の賢者から見ると、人間にこの改心および高揚が可能になるのは、言葉(*dibbour* : parole)のおかげである。

実際、トーラーにおいてモーセが〈至聖所〉と祭具と聖衣を聖なるものとしたのは、言葉によってである[23]。タルムードの「ネダリーム書」[24]の教えでは、物が聖化されるのは言葉によってであり、誓約もしくは宣誓がなされるのも、さらには初子が捧げられるのも言葉によってである。ナフマン・ブラツラフの方は、世界の修復（*tikkun*）がなされ始めるのは言葉によってであり、人間が、生誕の時以来、言葉が黙したものとなるように見える追放の場所においてさえ、神の現前（*Chékhina*）の近くに身を保つことを望みうるのはそれ〔言葉〕において、そしてそれ〔言葉〕によってであると述べる。[25] ヴィルナのガオンの方は、少し謎めいたしかたで、人間が「聖潔の天使、つまり友人を作った[26]」のは、言葉（*dibbour*）のおかげであると教える。

〈語ること〉と〈語られたこと〉に関するレヴィナスの言明に関して言えば、とりわけ人間と聖潔の――

---

（22）*Ibid.*, p. 41. シュネウル・ザルマンは「ゾーハル」（I, 4a）を引用して、悪人を改心させ、聖潔へと高揚させることのできる人は「すぐれた人間」と呼ばれると述べている。

（23）〔訳注〕「出エジプト記」第二五章で主はモーセに幕屋建設および祭具の作成を指示する。「わたしのための聖なる所を彼らに造らせなさい。わたしは彼らの中に住むであろう。わたしが示す作り方に正しく従って、幕屋とそのすべての祭具を作りなさい」（「出エジプト記」25:8–9）。また、第二八章では祭服の作成を指示する。「あなたの兄弟アロンに威厳と美しさを添える聖なる祭服を作らねばならない」（「出エジプト記」28:2）。

（24）〔訳注〕*Nedarim*「ネダリーム書」は、タルムードのうち、ミシュナーの三番目に位置する「ナシーム書」の中にある。「ナシーム書」は家族法に関するものであり、そのうちで「ネダリーム書」は「誓約」を扱っている。

（25）*Liqoutei Moharan*, Jérusalem, Keren hadfasa chel Hasidei Bratzlav, 1983, p. 92. ヘブライ語〔仏訳はシャリエによる〕。

（26）*Sefer Michlei*, p. 216,「箴言」19:4を参照（*Sefer Michlei*はヘブライ語で「箴言の書」）。「財産は友の数を増す。弱者は友から引き離される」。唯一の重要な財産とは、ヴィルナのガオンにとっては、明らかにトーラーの言葉である。

そしてヴィルナのガオンの観点では特に人間と友人もしくは人間と「聖潔の天使」の到来の――出会いの場としての言葉（*dibbour*）に置かれたこの強調は、明らかに非常に重要である。〈語られたこと〉という、人間に応じたこの言葉は、実際のところ〈語ること〉の息づかいを停止させ、それを省察の主題にし、概念的な智恵によってその測りしれなさを支配しようとする。〈語られたこと〉は、その言明の構成のうちで超越に驚くままでいるよりも、鮮明に素描された場所を人間に割り当てることを目指しているのであるから、存在するものを言表するために固有の言語、すなわち〈語られたこと〉は、人間に超越との対決を免れさせる。〈語ること〉に関して言えば、〈語ること〉は、〈語られたこと〉には還元しえないが不可避的に〈語ること〉を把握しようとするのであり、その上その知によって〈語ること〉を圧倒する出来事を構成する。ところが非常に早い時期からレヴィナスは、その〔真理の〕可能性の諸条件を言表すると主張する数々の真理のために〈語ること〉が「はかない」そして束の間のものであろうと、接触の出現としての、あるいはまた「近さという出来事」[27]としての、〈語ること〉の予測しえない出現に言及していた。

〈語ること〉すなわち接触と近さとのこの結びつきは何を意味するのか。レヴィナスがこのテクストの中で書くように、接触と近さは互いに「人間の肌」を、顔を、隣人を前提しており、接触のうちで「感覚可能なものの愛撫」が目覚め、近さが優しさとして認識され、それら人間の肌、顔、隣人を起点として優しさはそれらが触れたすべての物にも同様に広がるということが真であるとすれば、いかにして、そこにおいてそうしたことが「原初的な言語」もしくは「最初の語ること」――レヴィナスはそこに「神」という語を聴取する――であると考えることができるのか。哲学者〔レヴィナス〕にとって他人の近さが責任への召喚であることは知られている。そして彼にとって、近さは強迫するのであって、人間はこのような重荷を引き受けることの拒否を正当化する言説によってこの強迫を追い払うことができないことは知られている。したがって、この召喚（assignation）とこの強迫がここでは愛撫と優しさに結びつくと認めるのは逆説的であるように思われる。強迫的な近さは、優しさを秘めているのだろうか。しかし、応答すべき召喚、やましい意識（mauvaise conscience）、あるいはまた他人との約束に対して影響力を持つ遅れといった語彙が常に哲学者〔レヴィナス〕の筆のもとで強迫的な近さに伴うというのに、いかにしてそのことを了解することができるのか。

〈語ること〉は文も語も伴うことのない責任を意味しており、〈語ること〉が結びつける口頭の言語に、そして〈語ること〉が利用する様々な言語記号に先立っている。「数々の言葉に先立つ序言は、一者と他者の近さであり、接近を誓うことであり、他者のための一者であり、意義それ自体の意味すること（signifiance même de la signification）であり〔そして〕責任の筋立てを仕組む」（AE, 17／二七）のであって、そうした責任は「補償も永生も幸福の愉悦もない」（AE, 17／二七）ように思われる。ここにおいてそれは、過度に多くを要請する非常に暗い画であって、その画はいずれにせよ、人間の肌の愛撫としての接触についての、そして優しさとしての近さについてのこれらの最初の言明から奇妙なしかたで分離されているのではないだろうか。

たとえ〈語ること〉の重さが長い間待ち焦がれた愛する「人の肌」の重さであるとしても、その重さが意味するのは、他性へと向かう意識の志向的運動における断絶である。だからこそレヴィナスは、

（27）EDEE, 235／三四六、「〈近さ〉の出来事」。感覚可能なものの愛撫、優しさ、そして原初的な言語との結びつきについては、228／三三三―三三五を参照のこと。

生の中への他性の闖入を、どんな幸福や柔和さに対しても等しく過度に抵抗するこの様態で描く。しかし、このことが意味するのは、優しさとしての近さに関する初期の言明[28]は妥当性を欠いていたということなのか。あるいは、後には責任を理由として、そして他人を見守るようにという絶えざる命令を理由として、これらの言明は忘却されたということなのか。主体性は、自分に対するわずかな注意を要求する時間もなく責任へとこうして召喚されているのだが、それゆえに、主体性に固有の弱さに譲歩することなき深刻な苛烈さは、優しさについてのあらゆる思考を非難するのか。「汝殺すなかれ」。このとき、存在し続ける生の連続性から主体を引き抜くことで、生は主体を前にしている。この生に対して無限に責任があると知る以外の選択肢は、主体にはない。そして、いかなる因果性の認識によってもいかなる自由によっても通約不能なこの〔主体の〕選びは、控えめであっても、敢えて自分自身でそれを認めるということがなくとも、顔が主体に対して意味する瞬間を主体が待ち構えることを禁じる。顔が意味するのは、顔に対して主体は責任があるものとする指令が主体にも到来するということだ。これはあまりに厳しい思考であると人は反対するだろう。というのもこの思考は、数々の悲嘆――この悲嘆は責任ある者の生にしばしば入り込み、その生を脆弱なものとし、さらには一見孤独なその生の自閉性を覆しさえもする――に対してあまりにも注意を払わないからである。それゆえこの責任ある者は、ある声を、その柔和さが彼に生きることの躍動を与え返すような声を待ってもいるのではないか。ヴィルナのガオンが「友」と呼ぶところのこの「聖潔の天使」の近さを、この責任ある者は望んでいるのではないか。

　レヴィナスがこの点に固執することはないが、以下のことは特筆すべきである。発せられた聖書の言葉――その言葉は顔によって把握される、ある力を備えた、存在の彼方の〈彼〉の言葉であり、人間への道を切り開く、数々の語の彼方の〈名〉の言葉であり、すなわち「汝殺すなかれ」(「出エジプト記」20:13,「申命記」5:17)という言葉である——が、たとえば偽証あるいはまた貪欲(「出エジプト記」20:13,「申命記」5:17–18)に関する場合と同じように、この禁止の対象が「汝の隣人(*rééha*)」に関わるということを明確にしていないということだ。このことゆえ、次のように考えるのは正当であるように思われる。強迫的な近さ——他人に対する無限の責任——は、殺すことの禁止——あるいは、レヴィナスが述べるように自分が生きるために何でもすることの禁止——が顔の呼びかけを聞く主体性にも関わるという事実を曖昧にしてはならないと。だからこそ主体性は生を生のうちで殺すことはできない。すなわち、不安定な生の持続の薄暗がりで喜びや苦痛を覚えつつ、〈無限者〉——伝統的な言葉で言えば神の現前(*Chekhina*)——の近くに身を置こうとする他のあらゆるものに代替不能なその方法を、他人の生に対する責任に固有の度はずれさを理由として、虚無とすることはできない。その生を活気づける欲望は生自体の最大の秘密であるのだが、主体性が犠牲を断念してこの欲望を与えることはできない。また、死ぬ危険、さらには責任自体の観点から殺すなという命令に反する危険を冒して他人の生を維持したり、苦痛や時には自分への暴力との戦いを他人から遠ざけたりするために主体性がこの責任を賛美することはできない。この災厄的なまでの錯誤によって、この責任ある主体性は、日々を方向づけ

---

(28)〔訳注〕哲学コレージュにおける『時間と他者』講義(一九四八)の時期から『全体性と無限』(一九六一)第四部までにおけるレヴィナスのエロス論を指していると思われる。これらの議論の中で、「女性的なもの」との接近は「愛撫」として分析され、「優しさ」という性格が与えられていた。ただし、それ以後レヴィナスの哲学からエロス論は姿を消す。

る〈善〉との無始原的な結びつきを軽視することになろう。また、聖書の不明確さは、他人の生を見守ることが重要な瞬間に生のうちで生を殺してはならないと思わせるのであって、その価値が認められることがいかに難しくとも賞賛すべきなのだが、この災厄的なまでの錯誤によって、聖書のこの不明確さをこの主体性が蔑視するということにもなろう。そこでさらに神学的な正当化に立ち戻らせるような無責任やエゴイズムの逃げ道はあるか。おそらくはある。神秘主義の教えは神の厳正さと優しさという創造の均衡にとって不可欠な両面に関連するのだが、そうした神秘主義の教えの非常に人間的な様相――それゆえとりわけて〈われわれの側〉の様相――を、責任ある者に向けられた、殺すなかれという指令に帰属する二つの面を思考するこのしかたのうちで理解しなくてよいとするならば〔逃げ道はおそらくはある〕。厳正さの面――他人に対する責任に強迫的につきまとう召喚――は優しさを隠されたものとすることしかできず、それゆえ生を損なうだけであるということを知らないならば〔逃げ道はおそらくはある〕。また逆に、優しさの面――自分に固有の生が愛の対象であると感じること――が責任を放棄し、そうして創造を破壊するであろうということを知ろうとしないならば〔逃げ道はおそらくはある〕。ところが、無責任やキニク主義やニヒリズムがこれほど蔓延っているために、この二つ目の危険が疑いなくレヴィナスの著作が絶えず注意を払ってきた危険となるとしても、一つ目の危険を軽視するべきだというのは定かではない。近さの意味論は、責任への召喚のために、あるいはまた反駁不能な召命のために哲学者によって非常に早い時期から言及された「感覚可能なものの愛撫」と「優しさ」を、志向性を超えて忘却させせなければならないのか。隣人の顔を「われわれのユダヤ－キリスト教的精神によって啓示された」神の痕跡の中に見ながら「汝殺すなかれ」を聞き取ることは、確かに「痕跡のうちに身を持する〈他人たち〉に向かっていく」（EDEHH, 202／二九五）ことである。しかしこの神が思い起こさせるのは、殺さぬように召命するこの絶対的な言葉（*dibbour*）によって、直接的対象についてのその補完に関しては制限なしに、〈他人たち〉へと向かうこの運動と彼らに対する責任は即自的な生の殺人を含意しえないということでもある。人を惑わせ不安に陥れるような動乱期には、主体性が隣人の顔に直面して、主体性のうちで生を殺さなければならない、もしくは顔によって主体性が奪い取られるままにしなければならないと想像するのだが、こうした動乱期において、「汝殺すなかれ」という絶対的な性質を想起させるのは正当である。レヴィナス自身、このことを擁護するのだ。というのも彼〔レヴィナス〕は暴君への臣従に対する警戒を呼びかけているからである。レヴィナスが述べるところでは、そうした臣従は、自己自身において彼〔暴君〕が喚起する無意識の恐怖のプリズムを通じて世界を認識する傾向にさえある（LC, p. 32を参照）のであって、ほとんど常に、自分に固有の生がその刷新を受容するところの源泉を蔑視するほどなのだ。

ユダヤ教の伝統は長い間この観念について省察してきた。この伝統によれば、〈われわれの側〉では、エロヒーム（*Elohim*）という名が意味しているのは正義と厳正さの時を告げる神の面である。テトラグラムに関していえばこれは愛と優しさを約束する。ところがとりわけカバラーが教えるように二つの面は十分ではなく、創造の均衡を危険に晒す。こうして数々の生はその不幸のために、厳正さ（*din*）の流出（*sefira*）に属する流体（influx）のもとに、慈悲（*hésed*）に由来する秘匿のうちに、その全体が置かれるのだが、そうした数々の生は恐れしか知ることはないであろうし、死滅するに至るだろう。しかし逆に、世界への慈悲が過度であることは、あらゆる恐れとあらゆる正義の破壊をもたらすであろうし、日毎不正と過酷さによって脅威にさらされている数々の生を、損害の修復（*tikkun*）を待っており、最も強く欲望と希望に到達する生を、死すべき悪で傷つける危険にさらすだろう。「幸福な人間［…］

の主への恐れは愛において理解される」とゾーハルは述べ（I, 12a）、その際ゾーハルは正義の流出と慈悲の流出をともに受容することの人間存在にとっての必要性を考えている。あるいはまた、神と他人に直面して、恐れと愛に住まわれることの人間にとっての必要性を考えている。つまり、各人に愛と優しさをもって存在をもたらす源泉がまた、創造に関しては彼が正義をもって見守ることを要請する源泉でもあるという思考に住まわれることの人間にとっての必要性を考えている。実際ゾーハルは「人間は常に、彼が結びつく側に顔を有している」（II, 163 b）と教えている。そして、この度人間が創造の均衡を維持するのは、三つ目のセフィラー（*séfira*：流出）、つまり他の二つのセフィロート（*séfirot*）との間で均衡の点となる美（*tiféret*）と結びつこうとすることを通じてである。いかにしてそこに至るのか。コルドヴェロのラビ・モーセ[29]によれば、傲慢な態度でそれを誇るためにではなく、その〈名〉のために（*lichma*）、つまり利害関心を欠いたしかたで、トーラーの学習を通じてそこに至るのだ[30]。実際、人間が〈統一〉への道を求め学ぶのは、トーラーを通じて、そしてトーラーのみを通じてであり、そうした〈統一〉の不在は、悲劇的なまでに愛と正義を欠いた数々の生に長期にわたって強烈にのしかかる。

数々の比喩が性急にも「〈彼〉の側」である神の生の数々の運動の秘密に近づく素振りを見せるとき、それらのうちであまりにも大胆に思われるこの神秘主義の言語をレヴィナスは避けている。しかしながらレヴィナスが決然として「われわれの側」に身を置き、神秘主義的なイマージュ（像）の数々に代えて概念的な〈語られたこと〉を置こうとするのであっても、彼もまた対面が責任に呼びかける愛の度はずれさと正義の気遣い——数々の顔の多数性についての意識に内在する正義への気遣い——の均衡点を思考しようとしている。そのためには、「正義の時」についての、「隣人への愛と、私が応答すべき唯一かつ比較不能なその原初的な権利がそれ自身、比較不能なものを比較する〈理性〉に訴え、愛の叡智に訴えたばかりである」ようなこの瞬間についての彼の考察を考慮に入れる必要がある。実際、「人間の多数性は、〈自我〉が――私が――第三者を忘れることを許さない。第三者は他者の近さから私を引き剝がすのだ」(EN, 216, 215/二七〇)。その平穏から、その憂愁から、もしくはその固有の不安から顔によって引きずり出され、そして常に既に顔へと定められている責任ある主体性が見出すのは、第三者もまたこの顔の「目の中で主体性を見つめている」ということであり、主体性が無視できないのは、それに対してその言語が第三者の叫びに耳を傾けない傾向の言語ではなくて、正義の言語でなければならないということだ(TI, 234/三七七)。

さて、このことに関して、レヴィナスは一見ほとんど両立できないが、聖書の二つの形象によって明らかにされる可能性のある二つの観点を提示する。アブラハムの形象と、「苦しむ召使い」(「イザヤ書」53)の形象である。まず、正義は他人に向かう顔の態度――彼は他人を傷つけたのか、彼は他人を肉体的に殺したのか、それともその魂を殺したのか――を省察するよう命じる。正義はその時初めて顔

(29)〔訳注〕コルドヴェロのラビ・モーセ(Moses ben Jacob Cordovero : 1522–1570)。カバラーの発展に寄与した人物であり、イサアク・ルーリアと同時代のユダヤ神秘主義思想の指導者である。

(30) R. Moïse De Cordovero, *Le Palmier de Débora*, introd., trad. et notes par C. Mopsik, Lagrasse, Verdier, 1985, p. 102. セフィロートの樹においては、厳正さ(*din*)と慈悲(*hésed*)は四番目と五番目の位置を占めている。この二つは六番目の位置を占める美(*tiféret*)へと注ぎ込まれる。

が現れるコンテクストを考慮に入れることになる。しかしながらそれは、コンテクストの外部の能意性（signifiance）――主体性の責任への呼びかけ――を巧みに逃れるためではなく、場合によっては侮辱され傷つけられた第三者を蔑視しないためである。コンテクストはしばしば無責任、卑劣さ、さらには犯罪を正当化するために勘案される。[31] しかしレヴィナスの立場から見ると、顔のコンテクストの外部の――それゆえ〈無限者〉の痕跡における――能意性を抹消する機能をコンテクストは決して持たない。そのように抹消した場合にこそ、中立的なもの、無関心、そして不正が常に勝利するからである。ところがまさしく哲学者〔レヴィナス〕は所与の社会における動揺の振幅を思考するために、そして正義を思考するためにそれ〔第三者〕を導入する。「正義とは発話への権利である。もしかすると、そこでこそ宗教という視野が開かれるのかもしれない。宗教は政治的生から遠ざかる。そして、哲学がかならずしも政治的生に導くというわけではないのだ」（TI, 332／五三四）。

発話へのこの権利が含むのは、人間たちが互いのためにあることを高く評価する傾向にある裁きを前にして、彼に対する隣人の態度から見て第三者を弁護するための諸概念と諸議論、共通の尺度と重さ、ロゴスの援用である。そもそもタルムード（「サンヘドリン」6a–b）にしたがえば、ありうる最も優れたしかたで神は裁きの場に現前している。それゆえ裁判官は、〈誰〉を前にして自分たちが裁き、その判決を言い渡すのかを決して忘却してはならない。というのも「正義は神に帰属している」（「申命記」1:17）からである。「列王記」にしたがえば、イスラエルで公的な役割を果たす人はすべて、叡智（*hokhma*）を、知性（*bina*）を、そして知識（*daat*）を示さなければならない。ところがこれらの諸性質はただ人格的なものであるのみではなく、世界の創造を司るのだ。[32]「神はその叡智によって地の基礎をつくり、その知性と知識によって天をつくった」（「箴言」3:19–20）。裁判官は、このような諸性質に備わっているとみなされる〈寺院〉の建設者と同じ資格で実際に創造を見守り、その損害と不正と倒錯によって挫かれた躍動を修復するという召命を得る。前者〔裁判官〕は正当かつ公正な評決によって〔召命を得るのであり〕、後者〔建設者〕は報酬と贖罪としての犠牲を与えられるだろう場をつくることで〔召命を得るのである〕。この観点からプラハのマハラル[33]は、裁きを下すことは犠牲（*qorban*）を与えるのに匹敵すると教える。実際、いずれの行為も〈永遠なる者〉との何らかの近さを創設しようとするのだが、それは、不運によってであれ意志によってであれ、この近さが不当に扱われ蔑視されたときである。それゆえ数々の犠牲と裁きは、神が人間の近くにあることを可能にするだろう。「真理の裁き（*din émet*）を下す裁判官は皆、イスラエルに神の現前（*Chékhina*）を引き寄せる」[34]。逆に所与のものをすべて勘案せず、すべての議論を重くみることなく性急に裁くのであれば、レヴィナスが知るように、神の現前

(31) この主題に関しては、*Devant l'histoire. Les documents de la controverse sur la singularité de l'extermination des juifs par le régime nazi.* Paris, Éd. du Cerf, 1988. とりわけE・ノルトの立場を参照せよ。「このコンテクスト［コミュニズムの脅威］のうちにヒトラーのもとでなされたユダヤ人虐殺を置き直すことの拒絶は、おそらくは非常に尊敬に値する動機づけに応じているが、歴史を捏造する」（p. 21）。「第三帝国のもとで行われたユダヤ人虐殺と呼ばれるものは最初の原初的なものではない一つの反応であり、一つのデフォルメされた複製であった」（p. 21）。

(32) R. Draï, *Œil pour œil. Le mythe de la loi du talion*, Paris, J. Clims, 1986, p. 92.

(33) 〔訳注〕プラハのマハラル（Maharal de Prague：1512–1609）。イェフダ・レヴ・ベン・ベザレルのヘブライ語の略称。タルムード学者でありユダヤ教神秘主義に持続する哲学者。

(34) *Netivot Olam, netiv ha-Din*（「世界の道、裁きの道」）, Londres, 1961, p. 187 et 186. 既出のように、korban「犠牲」という語は、「近さ」という語と同じ語根からなっている。

が「あるの混沌」と混同されるに至るまで、この現前を遠ざけてしまう。そして数々の権力者の狂気のもとに置かれた犠牲者たちの悲嘆、そして信仰を持つ最も尊大な人間たちの絶望といった結果をもたらすのだ。そのとき、差異をもたらす創造は、法とは無縁の脈動である混沌（*tohu bohu*）の暴力、あるいはまたニヒリズムに、そして諸論法の純粋な相対主義に場を譲る。そうした暴力やニヒリズムや諸論法は、被害者と加害者を混同するに至り、被害者を咎め、そしてついには中立的なものの勝利を称揚する。あたかも、あらゆる超越のうちに自閉し、聖書に記されている正義の方向づけ——「汝が生きるために追求するのは正義（*tsédeq*）である」（「申命記」16:20）——を侮ったために、人間たちがこの不幸以外の運命を有することがなかったかのようである。しかしながら、ある社会のうちでいかにしてこの正義の設立を思考するべきなのか。そして義人たちはその社会においていかなる場を占めるべきなのか。

この最初の〔正義に関する〕問いに対して、レヴィナスの応答が曖昧さで損なわれることはほとんどない。というのも彼は正義の諸機構に「愛の叡智」を見守るための管理を、つまり第三者を忘却するかもしれない隣人に対する責任の危険を予告する要請を委ねるからである。[35] 二つ目の〔義人たちに関する〕問いについての彼の考察はより複雑である。レヴィナスがしばしば思い起こすのは、自分が「塵芥」（「創世記」18:27）であると知っているひとりの人間としては大胆かつ執拗に、そこに偶然にも住んでいる義人たちのためにソドムとゴモラを破壊せぬよう〈永遠なる者〉に求めるアブラハムの形象である。悪人たちの倒錯を理由として、神が彼らを滅ぼすことに同意はできないとアブラハムは主張する。逆に〈彼（＝永遠なる者）〉は義人が十人いるとしても、その幾人かの義人たちのためにこの地を許してはならないのだろうか（「創世記」18:24）。聖書においてこの議論が〈永遠なる者〉を説き伏せたことはよく知られている。〈彼（＝永遠なる者）〉は「その十人のために私は滅ぼさない」（「創世記」18:32）と約束するのである。倒錯した、そしてまもなく呪われる地では悪人たちは彼らが創造に課した数々の罰の重さのもとで赤面することすらなく、そしてためらうことすらなく大罪を犯す。アブラハムの弁論の意味は、そうした悪人たちの悪事および潜在的に災いとなる傲慢にもかかわらず、幾人かの義人の現前がこの地を救うだろうと考えるようにさせることにある。したがって幾人かの義人のおかげで神は「その腕」を制止する。神は罰を受けるには相応しくない人々、そしてこうした留保なしに避けがたく冒瀆者と同時に彼らに割り当てられた暗き運命を被るであろう人々を遠ざけるために国を罰することはないだろう。

この聖書の一節は長い間、伝統的にはアブラハムを寛容さおよび愛（*hésed*）と結びつける賢者たちによって省察されてきた。この聖書の一節は、〈族長〔アブラハム〕〉が証言する謙譲のためにレヴィナスの注意を惹く(36)。ところがこの謙譲は黙した臣従と何の関係も持たない。というのもこの謙譲は神の側の寛容および愛の要請と結びついているからである。この謙譲がソドムとゴモラに脅威を与える罰を義人たちには免れさせるとしても、それでもこの要請は、いまや義人たちのおかげでまさしく悪人たちに対する忍耐の身振りを含むのだ。リアディのシュネウル・ザルマンが述べるところでは、アブラハムは至上の愛（*hésed élion*）で彼の生を照らす流れ（influx）を受けている。その愛の主な特性は対立物を持たないということだ(37)。つまりリアディのシュネウル・ザルマンにとって義人（*tsaddiq*）とは、ま

(35) C. Chalier, « La Cité humaine », *Levinas, l'utopie de l'humain*, Paris, Albin Michel, 1993を参照。
(36) この聖書の一節に関する〔レヴィナスによる〕、口頭での教えでありシャバトの朝の講話である。

ず自分のうちで悪を善に変えることのできる者である。義人の召命は、非常に印象的なこの課題に要約される。誰も悪から善への回心が不可能だなどとは言わないだろう。しかしながら、こうした企図のため不可欠な諸力に恵まれたとあまりにも早く見積もる人々の慢心をあらかじめ告げておくのがよいと賢者たちは主張する。そうした企図は、神の輝きとの共通性（*devéqut*）なく人間の射程の外にとどまっている。それゆえ悪人を回心させるという口実のもとで自分が深淵に降りていくことができるなどと誰も信じることはできないと、たとえばラビ・ナフマン・ブラツラフは教える。というのも、「完全なる義人（*tsaddiq gamour*）」であるのでないかぎり、後悔や改悛（*téchouvah*）に尽力することからは程遠く、その夜の魅力の誘惑や悪の常に蠱惑的な美しい数々のものに屈する危険を負うのは自分自身だからである。(38)

「義人」の人格についての考察においてレヴィナスは、悪の昏き深みへの下降という、この伝統的な――とりわけハスィディズムにおける――主題を思い起こすことはない。しかしその点に関してレヴィナスは、アブラハムの形象と、他の人間たちによって――まさに彼の責任と彼の正義という理由で――「迫害された」苦しむ人間の形象を結びつけているのであるから、レヴィナスは十分に〔ハスィディズムに〕近しい思考の道に入り込んでいる。いずれにせよその思考は結局のところ、アブラハムの物語から逸話をとりだす義人たちに安心を与える思考よりもずっと暗澹たるものである。実際、哲学者〔レヴィナス〕は幾度もその著作の中で「苦しむ召使い」(39)（「イザヤ書」五三章）の形象を引用し、無限に責任ある人間的主体性の形象としてそれを分析している。そうした主体性は、世界に対する献身（diaconie）という位置づけにあって、世界の人質となり、さらには世界によって犠牲者として指名され、世界のために贖罪しなければならない地点までに至るのだ。それゆえこの場合、アブラハムが〈彼（＝神）〉に呼びかける祈りにおいて欲したように神によって義人が〔贖罪を〕免れることは決してない。逆に義人とは最も激しく苦しむ人々なのだ。その上レヴィナスは「義人であればあるほど——私は罪深いのだ」と述べている。「他人たちによって、私は「自己のうちに」ある。心性、それは同を疎外することなき、同の中の他である」（AE, 178／二六一）。レヴィナスはシャバトの朝の講話でも同じくタルムード（「ババ・カンマ」[40] 50 a–b）の一節を引用した。そこにおいてネフニア[41]の息子であるR・アハ[42]が教えて言うには、神の正義はその信徒たちに対して厳格である。神は彼ら信徒たちに髪一本も免れさせることはないのだ。

こうしたものの見方においては、アブラハムの祈りが欲するように神によって義人が被害を免れることは決してないのであり、義人は迫害を被る。ここで〔迫害という〕この術語は、抵抗や不服従や反

（37）R. Schneour Zalman de Liady, *Igeret haKodesh*, dans *Ligoutei Amarim*, New York, Kehot Publication Society, 1981, p. 461 :「至上の愛（*hésed élion*）は、偉大なる愛（*rav hésed*）と呼ばれ、それと対立する裁き（*din*）の特性を伴っていない」〔ヘブライ語と英語から筆者が仏訳している〕。

（38）R. Nahman de Bratzlav, *Qitsour Ligoutei Moharan*, Jérusalem, 1987, p. 20.（ヘブライ語）

（39）EDEHH, 96／二八四。「イザヤ書の五三章におけるのと同じように（*comme* dans le chapitre 53 d'Isaïe）、徹頭徹尾責任もしくは献身である」主体性（強調はシャリエによる）。

（40）〔訳注〕ババ・カンマ書は、商売と刑罰に関するミシュナーであるネズィキーン書に含まれており、損害と賠償に関する民事裁判を扱っている。

（41）〔訳注〕ラビ・ネフニア・ベン・ハカナ（Nehunya ben HaKanah）。紀元一世紀から二世紀のラビである。

（42）〔訳注〕ラビ・アハ（Rabbi Aha）。四世紀のイスラエルのラビである。

抗の思考へと傾くのだが、この術語は何をまず意味しているのか。レヴィナスがそこに拒絶への材料を見出だすことがなければ、なぜ義人はこのような運命に服従しなければならないのだろうか。本書の導入部で予告されたように、「迫害」という術語は哲学者〔レヴィナス〕の著作の中で重要である。哲学者はこの術語をヘブライ語の翻訳不能な部分と結びつけ、また責任ある主体性の生と結びつける。「エステルの巻物は迫害についての書物であり、反ユダヤ主義についての書物である。ユダヤ人の言語と〈文字〉で書かれていない限り、この書物はユダヤ人に理解されることはない」(HN, 56／七二—七三)とこの聖書の書物について確かにレヴィナスは述べる。この書は、諸国家の間で神の〈名〉が現れることなく悲劇が演じられる唯一の聖書の書物である。朝晩の聖句の暗唱によって(「申命記」6:4)神とイスラエルの間に認められた親密さは、神の〈統一〉を聞きそれを愛するように命じる——イスラエルよ、聞け(*le chéma Israël*)——。しかしこの親密さに反して、「エステル書」は理解不能なしかたで、いかなる神の援護もなく、いかなる〈神の摂理〉もなく、ユダヤ人をハマンの無慈悲な反ユダヤ主義へとさし向ける。約束された迫害はあらゆる神に見捨てられた状態(déréliction：被投性)を完成するはずであるとみられる。というのもこの巻物では呼びかける神はそれを聞き、愛は人間の絶望を見捨てるからである。迫害は「交換不能な数々の記号によって伝えられる」[43]とレヴィナスは述べて確認する。「神の名はエステルの巻物においては発話されていない。しかしこの巻物において、あらゆる名づけを超えて、まさしく〈彼(＝神)の〉不在によって〈彼〉の現前が表されている」(HN, 57／七三)。

反ユダヤ主義の迫害は、迫害が損害を与える者の言語体系においてのみ言われうるということ。この迫害は、「エステル記」において〈彼〉の不在によって現前する神の能意性を思考することを含意しているということ。人間的な主体性——ユダヤ的な主体性というわけではない——は正義の尺度によって迫害されるということ。こうしたことをレヴィナスがともに考えるよう求めることがある。ところが彼が書いているように、「迫害はここでは、狂気と化した意識の内実を構成するのではない。迫害が指し示すのは、それに従って〈自我〉が苦しむ〈形式〉、意識の離脱であるような〈形式〉である。この意味において離脱とは、意識は常に無始原的なしかたで、他人が彼に与える約束に「遅れている」ということであり、意識はこの遅れにとりつかれ、この遅れに迫害されているということだ。「無始原（l'anarchie：無秩序）は迫害である」（AE 160／二三七）のだ。世界に対する献身（diaconie）をなす立場にある〈義人〉についての考察であるエステルの巻物と、存在するとは別のしかたでの横糸が作り上げる迫害された主体性の思考のあいだにはある結びつきが出現するのだが、このとき、この結びつきは、エステル記に関して哲学者によって主張された、神の現前は、いかなる名づけをも超えて、〈彼〉の不在によって表現されるという考えを参照することを考えさせないだろうか。

もし聖書のこの書において、長い間賢者たちが省察してきたように神の〈名〉が不在であるとしても、それにもかかわらずその〔名という〕観念は、モルデカイとエステルの精神に到来する。〔そうした到来は〕モルデカイの不服従、[44] ハマンの脅迫的な威圧にもかかわらず少しの譲歩も弱さもない不服従という形をとる。そして、エステルによってその〔ユダヤ人であるという〕出自に関して守られた秘密（「エステル記」2:20）[45] につづいて自分の生命の危機の際のその民との仲介（「エステル記」4:16）[46] という形をとる。タルム

（43）〔訳注〕HN, 57／七三。
（44）〔訳注〕「エステル記」3:5.
（45）〔訳注〕「エステル記」2:20.

ードによれば（『フッリーン書』[47] 139b）エステルの名は、神が〈彼〉の面を隠す時——« haster astir »（「出エジプト記」23:17）——を思い起こさせる。エステルは、ハマンによる虐殺へと運命づけられたユダヤ人を救うために死ぬ可能性のある危険を冒す覚悟はできている。エジプトのときには「強い腕」をもって〈彼〉の民を救うために神が到来すると信じられたのだが、エステルの巻物はそのような可能性などほとんどない追放の地での迫害についての巻物であるように思われる。それゆえモルデカイがエステルに「あなたがもしわれわれがこうしているような時に沈黙したままでいるならば、ユダヤ人の解放と救済は他のところからやってくるだろう。しかしあなたとあなたの父の家をあなたは滅ぼすだろう」（「エステル記」4:14）と述べるとき、この「他のところ」という意味の前でモルデカイはわれわれを当惑させ、まもなく疑うようにさせる。

それでは神の〈名〉のこの不在を「あるの混乱」、すなわち中立的なものの勝利もしくは苦い経験の勝利と混同しなければならないのか。そして〔神の〈名〉のこの不在を〕迫害を神に遺棄されて荒廃することと、もしくは少なくとも神の平然とした態度と結びつけなければならないのか。あるいはむしろエステルの巻物（*meguila*）は、その名が示すように——*meguila* は啓示を意味する——、聖書の書物にとって挑戦的でもある沈黙のうちに隠された啓示の可能性を考察するよう促すのか。ユダヤ教神学の神秘主義者がたとえばハバド派のハスィディズムの動向を支持して主張するのは、この書物における神の名の不在は、神的な〈私（*anokhi*）〉の不在と等価ではないということだ。なぜなら「後者〔神的な〈私〉〕はあらゆる名の彼方に位置しているからである」[48]。それゆえエステルの巻物は、追放の地でのこの「私」の意味を理解するためにふさわしい。この巻物は、最大の苦痛の最中で打ち負かされることのない希望を弁護する。しかしながらレヴィナスは直接この道へと進むよう仕向けることはない。

というのも彼は自分の諸著作において、信仰や神学を弁護しないからである。レヴィナスは、まさしく『存在の彼方へ』の迫害された主体性に関するページで執拗にそのことを繰り返すように、「いかなる神－学的な命題」も弁護するつもりはない。

歴史におけるユダヤ人たちの迫害は、あらゆる諸国家の義人たちの迫害と同じく、哲学者〔レヴィナス〕にとって数々の経験的事実に属している。その経験的事実についていえば、彼らの人生に意味を与えるすべてのものの廃墟のうちにいたるまで時折そこに神的な「私」の痕跡を見出だすという口実のもと、その暴力的で唖然とさせるような、そして死に至らせるような響きを和らげることが重要なのでは決してないのだ。レヴィナスがするように迫害は犠牲者の言語体系においてのみ語られると主張することは、実際いかなる哲学的、神秘主義的、あるいは神学的な「止揚（relève）」も期待することはないと知ることだ。それゆえ、『存在の彼方へ』における迫害の言語は、何らかの「止揚」とは全く別のしかたで理解されなければならない。ここではつまり、この言語は「無始原」についての思考と不可分だということだ。主体性の迫害についてのこの箇所を事実的記述であるかのように、あるいはさらに間違ったしかたであるが、有意義なものであるかのように読むことに存する錯誤は、そもそもレヴィナス自身によって拒絶されている。「迫害のトラウマティズム」について語ること、あるいはまた

（46）〔訳注〕「エステル記」4:16.

（47）〔訳注〕「フッリーン書」はミシュナーのうち、生贄の儀式、食事の作法に関する「コダシーム書」の三番目の書物である。動物の屠殺についてのものであり一二章からなる。

（48）R. Schneour Zalman de Liady, *Liquoutei Torah, Pinhas*, 80b.

他人に対する「贖罪（expiation）」について語ることは二つのしかたで理解されうる。まず、私的なものであれ集団的なものであれ、歴史に対するものだ。この場合、モルデカイやエステルのようにこの迫害に立ち向かう方策を探し求めなければならないということ、もしくは他人が嫉妬や憎悪から、あるいは全く単純に自分に即した生を愛することができず課そうとする恐怖政治もしくは贖罪を逃れなければならないということを疑う者はない。もう一つは、無始原的なものおよび記憶不能なものに対するものだ。この場合、存在の彼方で、無始原的なものおよび記憶不能なものが意味することを思考することが問題となり、今度はそうしたものを、存在するものや存在するものに値するものに関連した知を伝えるための言語と混同するという誘惑に抵抗するよう促すべき言語を用いることになる。「言語が無始原的なものに及ぼす影響力は支配ではない。さもなければ、無始原性は依然として意識の始原に従属していることになろう。言語が無始原的なものに及ぼす影響力、それは表出に伴う闘いであり苦痛である」（AE 184注／四三七）。

それではこの闘いおよびこの苦痛の賭金は何であるのか。人々はしばしば暗闇の中で神よりもむしろ砂漠のほうに向かおうする感情と闘うのであるが、そうした暗闇にもかかわらず、「別のしかたで」に意味を与えるこの支配とこの統制の外部で、何を出現させることが重要なのか。リアディのシュネウル・ザルマンが述べていたのは、名のおかげで人間は〈彼〉に声をかけることができるのであるが、そうした数々の名には還元不能な「神的な〈私〉」を認識しようとすることが重要であるということであった。ただしレヴィナスが述べているのは、存在論的エゴイズムと統制の言語に固有な支配の外部で、また〈私〉を閉じ込める数々の像（イマージュ）や語の外部で、人間である〈私〉を出現させることが重要だということである。そうした数々の像や語は、錯覚によって、その生き生きとした「唯一性」は本質的ではあるが生も所与もなき「同一性」に還元可能であると信じさせる。さらに錯覚によってそれらの像や語が代わりに人間である〈私〉を安心させようとしているのだと、そしておそらくは人間である〈私〉に滅びの宣告を下し、そしてしばしばこの同一性を確実に脅かす人々――すべての他人たち――への恐怖による滅びの宣告を下すのだと、信じさせるのだ。「交換不能なものの典型たるこの〈私〉、この唯一者は他人たちの身代わりになる。何ものも戯れではない。かくして存在は超越される」[49]とレヴィナスは述べている。つまりこの〈私〉が自分の唯一性に気を配るのは、唯一性を自分のために保持しようとしないという条件においてのみであり、各瞬間に、責任からの他人への贈与のおかげでその「自我」を忘却する準備ができているという条件においてのみである。この〈私〉が出現するのは、確かに、「近さ――表象以上の――における」顔は、「〈無限者〉の表象不能な痕跡である」[50]という条件においてのみである。「他人の遺棄、他人による強迫、責任、〈自己〉があるのは、〈無限者〉の痕跡――出発の痕跡ではあるが度を‐越した（dé-mesuré）ものの痕跡は現在の中に入り込むことはなく、始原（*arché*）を無始原へと反転させる――が接近のうちに刻印され記入されているからである」（AE, 184／二七一）。

迫害された主体性はこの「自己」を意味しており、義人たちは具体的に歴史の中でこの「自己」を証言し、「その言語、その書物、その立法、その土地」[51]とともにあるユダヤの民は彼らがある特定の

(49)〔訳注〕AE, 184／二七一。
(50)〔訳注〕AE, 184／二七一。
(51)「イスラエルは人類に等しいが、人類は〈非人間的なもの〉を含んでいる。そこでイスラエルは、イスラエル

国家に固有の責任の形象をとりうるということをも喚起する。レヴィナスがエステルの巻物の解釈のうちで提案するように、そこには、その不在によって表現された神の現前の意味があるだろうか。哲学者が〈自己〉の応答を選びから見捨てられた、あるいはまた愛による心性の目覚めから見捨てられた顔の呼びかけと結びつけるだけにいっそう、そのように思われる。「あたかもあらゆる語尾変化以前に、主格のうちでのあらゆる位置付け以前に語尾変化して、自我が他者によって所有されたものとして目覚めたかのようである」。だからこそ聖書は次のように述べることができるのだ。「私は愛の病である」と（「雅歌」2:5, 5:8）。それゆえ選びは寛解することなき病に似ているが、それは愛する人によって引き起こされた病である。愛する人は愛される女性が追跡を逃れ休息するようにさせるよりもむしろ、長大な迂回路をたどりつつ、つまり他人の見捨てられた状態に応答しつつ、〈彼〉をやむことなく熱烈に探し求めるよう命じる。「〈無限者〉の栄光は、ありうべき逃亡の可能性を奪われて狩り出された、そのような主体における無始原／無秩序である」（DMT, 228／二七七）とレヴィナスは述べる。この栄光はそこにおいて愛として振動している。

この愛は何を意味するのか。レヴィナスによれば、隣人への愛は「自発的で容易な躍動」ではなく、「自己に関する過酷な労働である。〈他者〉のもとに赴くこと、そこにおいて、その他性の根底的な矛盾において彼は真に他者となる。それゆえ十分には成熟していない魂にとっては憎しみが自然に溢れ出るか、もしくは確実な論理に従って導かれるのだ」。ところが、神学の長い伝統とは逆に、この愛は宗教的生に不可欠な補完物ではなく、神の愛の後にくる二番目の命令であり、あるいはまた「超越の何らかの退路」である。実際、哲学者［レヴィナス］にとって、他人の顔は、この超越の「最も率直で最も喫緊で最も切迫した運動」の痕跡を担うので、この愛は宗教的生にのうちで格別の地位を占める。アウグスティヌスは次のように述べていた。[52] 自分自身のように隣人を愛することとは、まず「自分自身の幸福を欲することであり、そしてこの目的は神と合一することである。したがって、なすべきように違いに愛し合うことを既に知っている人に、自己自身と同等に隣人を愛するよう命じるとき、その兄弟に、できるだけ神への愛を説き勧めることを以外、人は何を命じているというのか。ここに神への信仰があり、真の宗教があり、そして堅実なる敬虔と神のみに返すべき奉仕がある。それゆえ、はかなき被造物は決して自分自身のために愛されるには値しない。神のみが——というのも〈彼（＝神）〉は存在するのであるから——変わることなきしかたで幸福な生を与えるのであり、愛に値するのである」。[53] レヴィナスは、複数の著作で幾度も繰り返し執拗に、この神学的かつ存在論的な読解とは距離をとっている。というのも、レヴィナスが言うには、博愛（兄弟関係）は「神への愛着という存在論的な重要性」（AT, 107／一〇二）を凌駕するからであり、博愛は「「私の唇を開かせる」神がすぐさま意味をなすところの過剰な重要性」を帯びるからである（「詩篇」51:17, AT, 107／一〇二）。神は、他なる人間との対面を起点としてのみ各人に固有の不安定な実存の時の拍動を方向づける。しかしながらこの愛は根底的に情動的で、感傷的で、さらには情熱的でさえある躍動とは無縁のものでは

に、つまりユダヤの民、その言語、書物、律法、土地へと準拠する」（DL, 288／二九八）。「選びは、それに加えて、ある国民の逃れることのできない責任を表す時、より強固な意味を持つ」（DL, 289／二九九）。

（52） *La Cité de Dieu*, trad. L. Moreau (1846), revue par J.-C. Eslin, Paris, Éd. du Seuil, 1994, vol. I, liv. x, p. 408.「隣人をなぐさめる慈悲さえも、もし神を目的としないのであれば犠牲ではない」。

（53）〔訳注〕*Ibid.*, p. 411.

ないか。もしレヴィナス自身によって引用される「雅歌の雅歌」が否定的に応答するよう激しく駆り立てるならば、今度はこの扇動が求めるのは、哲学者の著作のうちで、エロス的な愛と、レヴィナスが肉欲なき愛とも呼ぶ責任の愛の間に実在する緊張に対して思考されることである。「雅歌」の冒頭の聖句——「どうかあの方が、その口のくちづけをもってわたしにくちづけしてくださるように」(「雅歌」1:2)——は精神の精神との合一(*devéqut*)を教えている、とリアディのラビ・シュネウル・ザルマンは記述し、神へと結びつけられるように呼びかけられるのは、人間の全能力——諸情動、知性、思考、発話そして諸行為——であると明確に述べている。[54] ところがレヴィナスによればノスタルジーを神の探求の至上の原理とするこの解釈をレヴィナスが軽視しているとしても、隣人愛についての彼の考察の中で、情動的な躍動から距離をとることができるだろうか。そしていかにして、ついには他人間への恐れを——神への恐れと愛との関係においてまさしく彼に対する愛-責任を目覚めさせる恐れを——思考することができるのか。

言語体系は肉欲の愛を語るための語しか持たないというのだろうか。そして精神の愛は後悔するためにあるのだろうか。[55] 実際、愛—責任について語るために「肉欲なき愛」という表現を主張しつつ、哲学者〔レヴィナス〕は使徒パウロ以来の、とりわけエロスとアガペーという伝統的な分割法を受け入れているように見える。しかしながら、身体の繁殖性のおかげで回帰することなく身を投じる運動として彼がエロスを語るかぎり、より細心を払うしかたでこの分割法の価値を認めなければならない。レヴィナスによればエロス的な享受は、エロスによって乱暴に望まれた裸がその身体を慎みから、「隠されたものの本質から」引き剝がすために常に愛される女性の顔を欠くおそれがあるのだが、そうしたエロス的な享受を超えて、繁殖性は確かに「息子は私ではないが、私は自分の息子であるのであるから、自我が行き過ぎることのない超越」の運動を描く。「自我の繁殖性は超越そのものである」(TI, 310／五〇〇)。ところがそれこそが、あらゆる超越に対する閉鎖へと向かうものとは別のしかたで、無神論的な分離の、幸福の、そして瞬間の称揚へと差し向けられることとは別のしかたで、その享受の最中でエロスを活気づける欲望を描くことである。それは形而上学的〈欲望〉に、固有の欠如から生じることのない、しかし超越によって自己に穿たれるこの欲望にかたどって思考することである。

ところがそこでこそ、その享受のまさに中心部で、あらゆる超越に対する閉塞へと向かうもののようにとは別のしかたで、分離の、幸福の、そして瞬間の無神論的な祝賀へと定められたもののようにとは別のしかたで、エロスを活気づける欲望を描く必要がある。それは形而上学的〈欲望〉の像を、固有の欠如から生じるのではないが、超越によって自己に穿たれるこの欲望の像を思考することである。

レヴィナスはさらに「子への父の愛は、一個の他者の唯一性とのただ一つの可能な関係を完成する。そしてこの意味において、全き愛は父の愛に接近するはずである」と明言する。この愛が唯一のもの

---

(54) *Igret haTechuvah*, dans *Liqoutei Amarim*, p. 376.

(55) ジャン・マンブリノ『セセリチョウ、夜の国』(Jean Mambrino, *L'Hespérie, pays du soir*, Orbey, 2000, p. 44) におけるトマス・マンの引用を参照。「最も精神的なものから最も肉欲的なものまで、すべての愛を表す言葉がひとつしかないのは、善いと同時に偉大なことではないか。愛はその最も高き敬虔さにおいて受肉したものではありえないし、その最も肉欲的な表現において敬虔さを欠くことはありえないからだ。愛とは常にそれ自身なのだ。生への温かい歓迎、情熱、有機的世界との共感、消え去るべくあるものへの官能的で優しい抱擁。慈愛は、溢れる情熱の中にも見出だすことができる。ためらう意味？　どうか、神への愛のために、愛の意味についてためらうままにさせよう」。

にするのだから、この愛は特筆されるべきである。全き息子は「自分に対して唯一である。というのも息子は父にとって唯一だからである」。『存在の彼方へ』に従えば、とりわけ、主体性の唯一性――〈自己〉――あるいはまたその代替不能な性格、そしてそれゆえその自由は、他人に応答することで生じるのであるが、この時『存在の彼方へ』を起点としてとりわけ弁護された考えとこの肯定を対立させてはならないだろうか。様々な場合に、人間的人格はその唯一性を他者から受け取るのであり、ここでは全き愛の典型として描かれた父の愛から、もしくは〈無限者〉の呼びかけから、つまり隣人の顔が保持される痕跡における〈彼性〉から受け取る。しかしながら、他人らの目には支持しがたい数々の特権もしくは優先権を与えることは全くなく、つまり競合や嫉妬や憎悪を推奨することは全くなく、この唯一性、もしくはこの選びは、責任への召命として姿をあらわすという条件においてのみ有意味なものとなる。この唯一性は、選ばれた者を他の唯一者たちの間での唯一のものとするのではなく、「他人らに奉仕する」ために選ばれた者を他人らの面前に置く。というのも、この唯一性は彼らの弱さの意識への目覚めと不可分だからである。この弱さには父の弱さもそもそも含まれている。父の愛と命令は時折、「家族との奇妙な結びつき」[56]において、弱さを隠蔽し、弱さの意義を変質させる様々な暴力や脅威にさらされているのだ。この目覚めは顔を合わせる彼や彼女の生のための恐れを呼び起こすが、この恐れはただちに彼や彼女に対する愛となる。レヴィナスは述べている。「他者のためのこの恐れのなかで、限界なき責任が解き放たれるのだ[…]。そのまったくの無償性、百歩譲ってそれが虚妄にすぎないとしても、かかる無償性が隣人への愛と呼ばれるのだ。肉欲なき愛。しかしこれを否定することは、死を否定することと同じく不可能なのである」(EN, 170–171/二一三)。

他人に対する「恐れ」は十分に特筆すべき両義性を内包している。当然ながら一見して、自分の生のための恐れ、それゆえ愛もしくは責任へと性質を変えるような恐れが問題である。しかしだからといって、恐れのもう一つの側面、すなわち様々な状況において他人が自己に抱かせる（inspirer）側面、そしてレヴィナスが「迫害者の憎悪」（AE, 175／二五八）に言及する際に呵責なき暴力とさえ言うような側面を排除すべきであろうか。「恐れ」と「愛」という術語からなる一対が聖書の言を聞き取る耳には独特なしかたで響くためによりいっそうこの問いかけは正当であるように思われる。

トーラーにおいて、神への恐れ（*iérah*, crainte）はそれ自体そもそも二つの方法で理解される。明らかに、数々の命令に対して服従しない場合に起こりうる罰への恐怖（peur）は問題となりうる。しかし恐れがより決定的に意味するのは、あらゆる希望から見放され、まもなく放棄される（condamnées bientôt à la déréliction）数々の生に〈彼（＝神）〉の不在が暗くのしかかるときにおいてさえ、神を前にして為したことやふるまいのうちで各人の実存が展開するという意識である。それゆえ恐れの最初の意義が実証するのは、賢者たちがいうところの、自己に対する恐怖である。この恐怖は愛なき信仰の弱さを示す。たとえばマイモニデスは、恐れを、過ぎ去った存在へと向けられた利害関心の開示とみなしている。愛の奉仕を与える人は、愛からは自分のためには何も期待しないのであるが、そうした愛の奉仕によってそれ〔奉仕すること〕が可能な人々においては、恐れは過ぎ去った存在へと向けられた遺憾な利害関心の開示であるとみなすのだ。[57] しかし「恐れ」という語によって——神の前に生はあると知ること

（56）〔訳注〕TI, 311-312／五〇三。

（57）Maïmonide, *Le Livre de la connaissance*, trad. V. Nikiprowetzky et A. Zaoui, Paris, PUF, 1961, p. 420. 財産のために神に仕える人々についてマイモニデスは書いている。「実際、このようなしかたで主に仕えるのは望ましくない。

で――開かれる二番目の視野はずっと決定的である。「恐れ」は不可逆的なしかたで通過する瞬間（*rega*）に全き意味を与えるのである。「恐れ」は無限の刷新という瞬間の側面をあらわにする。ハイデガーの思想とは異なって、レヴィナスにおいて実際のところ、時間の本質をなすのは《無限》である。瞬間を刷新し、死から瞬間を復活させるのは超越への開けであり、そして時間それ自体を構成する赦しのおかげで、実存が運命へと変質しないことを可能にするのは、超越への開けなのである。賢者たちによればこの恐れは経験的な人間の日々を活気づけるのであるが、そうしてこの恐れが人間を不安におののかせることはないし、慈悲を請い願うよう人間を促すこともない。そうではなく、この恐れは人間がその前にいる〈彼〉への愛を人間に抱かせる（inspirer）のであり、瞬間から生まれるものを性急に期待することなく、そしてまたそれを憂えることもなく、瞬間ごとに原因を生と結びつける力を人間に与えるのである。この恐れは愛に屈し、消滅し（*bitul*）さえするが逆の運動は決して生じないとリアディのラビ・シュネウル・ザルマンは教える。それはつまり、いかほどに愛が神の人間への関係、そして人間の神への関係の最も高貴な表現であり続けるかということなのである。それゆえ超越の近さへの同意と、この近さが息を吹き込む恐れは、悲劇的なくびきを数々の生に負わせることはない。まさに反対に、それらの生は〈無限者〉によって照らされた瞬間の面をあらわにしながら、くびきから身を引き離すのだ。それらの生は、諸事物の目的としての存在への自分に固有の執着から解放される。そしてそのおかげで、それらの生は息および〈無限者〉の光へのひらけにおいて瞬間を生きることができるのだ。この息と光は驚くべきしかたでただちにこの瞬間にその激しさへと至るのであり――ハスィディズムの師たちが主張するには――弱々しくも傷つくことのない喜びへと至る。ただしそうした喜びが住まうのは、それらの生が祈る神の聖潔はあらゆる刷新の源泉であると知っている男女の、いかなる証拠にもなびくことのない知を有する魂の中である。

他人の弱さは無始原的なしかたで、それゆえ意識による決定のうちに源泉をもつことなく他人に対する愛－責任へと差し向けられているのだが、ここまでの本書の考察は、他人の弱さによって自己のうちに引き起こされた恐れ――生じうる他人からの暴力に対しても抱かれることになる恐怖を超越する恐れ――についてのレヴィナスの諸分析を明らかにするだろうか。ユダヤ教の伝統にしたがえば、生の各瞬間は神の前を通過する（*iérat haRoummemout*）という意識を目覚めさせる恐れのずっと手前に、罰への恐れ（*iérat haOnech*）はとどまっている。それと同様にしてレヴィナスが説明するのは、他人の傷つきやすさによって、そして死を約束されたその裸性によって自己に引き起こされた恐れが、いかにして恐れを引き起こすかということである。ところが、愛－責任には記憶不能な召命が引き出されるのは、明らかにはじめに述べた恐れからであり、それはユダヤ教の伝統においては、愛へと至る恐れの経路を確証する召命に驚くほど近いしかたでなされる。その恐れとは、たとえばラビ・イザヤ・ハレヴィ・ホロヴィッツが記述するように[58]、愛に含まれるが決してその逆は生じないような恐れである。

（58）R. Isaïe Halevi Horovitz（1565–1630）, *Beasarah Maamarot*, in *Chnei Louhot haBrit*, *Sefer richon*, Varsovie, 1862, Jérusalem, 1970, p. 36を参照。「この内奥性の恐れに、内奥性の愛は由来する」。それは恐れによって〈彼〉に仕えることになろう。そして恐れは預言者の身分でもなく賢者の身分でもないのだ」。「愛によって神に仕える人は［…］罰の恐れに動かされているのでもなければ、報酬が舞い込む希望によって動かされているのでもない」。

愛－責任は恐れから引き出されるのであるが、このことが説明するのは、エロス的な愛が、繁殖性に至るのでない限りはこの愛－責任へと至る可能性に対するレヴィナスの極度の留保である。「顔の意味することとそのものである〈殺人を犯してはならない〉という原理は、〈エロス〉が冒瀆する神秘とは正反対にあるように思われる[59]」とレヴィナスは書いている。『存在の彼方へ』の分析によれば、さらに、そしてとりわけ、他人の生のための恐れの根底にある愛－責任が唯一、自己に唯一で代替不能で意識に還元不能な主体性の誕生を与えることができるのであるから、自己のうちに人間的なもののうちなる最も高みのものの到来を見なければならない。自己のための恐れにおける堕落に自己は常にさらされているのだから、もしくは各人が「愛のうちで」（TI, 298／四七八）互いに愛し合い「超越によって告発される」エロス的な享受における堕落に常にさらされているのだから、この到来は万人がいまだかつて得られなかったものである。レヴィナスが非常に逆説的なしかたで述べているのは、この到来は「高みへと転落し、人間的なもののうちに参入する[60]」ことに存するということである。しかし、いかなる良識にも反する、高みへのこの転落は何を意味しているのか。そしていずれにせよ時間経過の不可逆性のような、この世界を規定する物理の諸法則に反する、高みへのこの転落は何を意味しているのか。この「転落」が自己における、自然の諸法則には還元不能な、そして死へと向かう目標として時間を見積もることには還元不能な息吹きとの近さを確証するのは、自我を追放するものによる、息を吹き込む力（la force d'une inspiration）のもとにおいてである。ただし自我は得られた自分の位置づけを準備したことがない——そこから堕落という観念が生じる——のであり、そしてほとんど常に、他人の侵入に対して固く守られた自分の位置づけを準備したことがないのだ。責任から〈語ること〉の聴取へと自我を開き、自我を追放するこの「高みへの転落」が、それゆえに対面によって引き起こされる衝撃あるいはまた心的外傷から手加減なしに生じるのは分かっている。レヴィナスはイェフダ・ハレヴィを引用して、永遠なる言葉で神は「一人一人の人間に別のしかたで話しかける」（AE, p. 281 et 282／四一一）と付け加えるのであるが、そうしたしかたで〈語ること〉は最も生き生きとしたその特異性において、弱さと顔の高さによって課された責任へのこの召命の恩寵によって、各人に語る。

生への暴力や狂熱や憎しみによる侮辱的で破壊的な支配にもかかわらず、顔は時折、そして知らないうちにさえ、人間のこの唯一性を目覚めさせうるということ。このことは思考の努力に値するのだろうか。レヴィナスは明らかにそのように考えている。しかしながら、厳密に人間に応じて顔を倫理の源泉にすることに存する錯誤、そしてその哲学を道徳主義に変えるような錯誤を予告するためにレヴィナスが分析するのは、いかにしてこの顔が無限者の痕跡のうちにあるのかということである。また、いかにして聖書の神の〈彼性〉がそこにおいて信じがたい――というのも極度の傷つきやすさと極度の力の諸限界にいるのだから――しかたで各人に語るのかということである。あたかも前者〔傷つきやすさ〕によって呼び覚まされた他人への恐れが、後者〔力〕のおかげで愛‐責任となるかのようである。あたかも神への恐れ――〈彼（＝神）〉を前にして生の諸瞬間は展開するという確信――が、その被造物たちのための愛というこの長い迂回をたどることによってのみ〈彼〉への愛となるかのようで

（59）〔訳注〕TI, 294／四七一。

（60）〔訳注〕AE, 281／四一〇。原文にはtomber vers le haut, en l'humainといったようにコンマが有るがシャリエは省略している。

ある。いずれにせよ顔の呼びかけに応答する際に人間的な主体性という観念に到来するのは、レヴィナスによって神に与えられた意味作用である。実際のところ、精神に到来するのは神であって、神の観念を鍛え上げる知性ではない。というのも、この瞬間は、反省性と概念による統制を意のままにできるようにさせてはおかないからである。この到来が最後には存在における固執（persévérance dans l'être）に課された傷であるということは、この固執が〈善〉への約束と混同されないということを意味している。しかし、奉仕するために選ばれた主体性の中核で、人間を無限に生かす愛を意味するために〈彼（＝神）〉がたどる道そのものをこの到来が見出だす時に、〈善〉はこの死すべき固執を明らかにするとレヴィナスは述べるのである。

# 補遺　レヴィナスとタルムード

レヴィナスの読者の多くはレヴィナスのタルムード講話を無視するか、あるいは二次的なものとみなす[1]。繰り広げられる釈義の努力に対して時に関心を抱くことはあっても、これらの読解はひとりの哲学者であるレヴィナスにとってさほど重要ではないと評価するのである。唯一注目に値する「哲学的」著作が一方にあり、ユダヤ教に捧げられた本が他方にあるとされる。しかしながら、レヴィナスがヨーロッパを二重の誠実さ、つまり、聖書とギリシア人、預言者と哲学者、善と真の間の緊張状態と分裂についての誠実さによって定義することを思い出すならば（TI, 9／二〇―二一）、この境界線が

（1）このテクストは、ロバート・バーナスコニおよびサイモン・クリッチリーによって編集された *The Cambridge Companion to Levinas,*（Éd. par R. Bernasconi et S. Critchley, 2002）に英文にて寄稿された筆者の論文の仏訳である。レヴィナスのタルムード講話の大部分は、ショアー以後にフランス語圏ユダヤ知識人会議においてなされたものであった。この会議の主要な目的は、大学によって伝達される知識を得ているが伝統的なユダヤ教育を受けられないユダヤ人に、彼らの受け継いだ遺産が教育にも値すると示すことであった。

確たるものであるのかについてはおおいに議論の余地がありそうである。しかし諸境界が通過されるために作られるならば、哲学とタルムードを分ける境界も、合法的であれ非合法的であれ、あらゆる越境の場合と同じように越えることが可能であろう。ところでこの場合、合法か非合法かを決定する正当な権威を誰が保持しているのだろうか。自らの領域から異質なものを追い出すためにしばしば乱暴にいずれかの立場がとられるにもかかわらず、哲学者に「固有なもの」とタルムード学者に「固有なもの」に関する疑問が残り、こうした権威は存在しないように思われる。確かにレヴィナス自身は自分の哲学的著書とユダヤ教に関する著書を異なる出版社から出すことを望んだ。しかし、だからといって、彼の哲学はユダヤ教の源泉、およびギリシア的なものによる汚染を完全に免れたヘブライ語の文字についての彼の問いと関係がないと考えるよう唆されてはならない。レヴィナスが必ずしも読者に典拠を明示することなく、思考の歩みの数々の決定的瞬間に、哲学的著作の中で境界を踏み越えるならば、逆にユダヤ教に関する書物の中でも同様に境界を越えるのは当然である。この時レヴィナスとタルムードについての考察は、どのように、そしてなぜこの哲学者がまさにタルムード諸篇のうちに「存在のヴィジョンを超えて、神の言葉を聞く聖書的啓示によって思考の中に遺された異常な痕跡」(HN, 62／八二)[2]を見出だしたのか、という問いを導く。ただし、この痕跡がレヴィナスの思考を決定的に方向づけるしかたについても問われなければならない。触れえない境界の性質をレヴィナスが際限なく注視することは許されていないのだ――それゆえ読者にはなおさら許可されていない――。レオ・シュトラウスが確信しているように、本当に聖書と哲学の間の闘争が「西欧の活力の秘密である」[3]としても、この命題はタルムードと哲学の対立には関わりのないものであるように思われる。無知というのは主たるものら、哲学的テクストとタルムードのテクストを同等の能力をもって学習することのできる人は稀だからである。タルムードと哲学の境界を過ぎ越してしまうことの帰結を懸念する人々から非難されても動じることなく、レヴィナスは自らの思考をレオ・シュトラウスによって喚起されたこの活力の航跡の中に刻み込み、思考に新しい息吹きを与える。しかしながら、レヴィナスはギリシア的なものに属するものとヘブライ語によってのみ言われることの間で、諸学問分野の明確な分担が保証することがらを脅かしているのであるから、彼がいかにしてこの境界線の開けを正当化するのかということは問われなければならない。

## 知性による文字の絶えざる蘇生

聖書のユダヤ的読解が口伝トーラーと不可分であるとしても、タルムード諸篇における賢者たち(*hakhamim*)の議論は、聖書を敷衍したりその一貫した註解を提示したり、あるいはまたキリスト教徒が新約聖書について言うような意味で聖書を完成させたりすることを目指してはいない。レヴィナス

(2)〔訳注〕レヴィナスの原文では、「存在のヴィジョンを超えて神の言葉を聞く思考のうちに〈啓示〉が遺した異常な痕跡」である。

(3) L. Strauss, « Théologie et philosophie : leur influence réciproque » trad. C. Heim, dans *Le temps de la réflexion*, Paris, Gallimard, 1981, p. 203.

はこれらの議論を、断固として警戒を怠らず、ヘブライ文字によって与えられた意味の蘇生（*hidouch*）の可能性へと開かれた「理性的精神のうちで」聖典の意味を再び取りあげるものとして紹介する。「タルムード博士の人生とは知性による文字の絶えざる蘇生以外の何ものでもない」（QLT, 18 および169／一七および一九七）と彼は言う。しかしこれは不安の絶えない人生である。というのも、もし文字が意味を担うとしても意味は明証的な事実のように認められるのではないのであって、決定的な数々の確実性を我がものにしたいという欲望や精神の敗北を常に認める欲望に屈することなく意味を追い求め、突き詰めさえしなければならないからである。「〈口伝トーラー〉は、それが〈成文トーラー〉の聖句や文章を乱暴に扱っているように思われる時でさえ、《精神と真理》の言葉で語っている」（DSS, 10／一〇）とレヴィナスは言う。さて、タルムード講話において哲学者〔レヴィナス〕は、「人間的なもの、さらには宇宙的なるものについて考え抜いた果てに最後に理解しえたこととして引き出された倫理的意味」（DSS, 10／一一）と彼が呼ぶ物の見方から出発して、この精神と真理を明るみにするという課題にまさに取り組んでいる。

こうした物の見方が今すぐ必要なわけではない人もいる。ある与えられた主題――時間的空間的に頻繁に範囲が限定されると思われる主題――についての賢者たちのさまざまな意見を理解し、賢者たちが答えようとする問題を解明すると思われる聖句を引用しながらこの問題を明るみにする訓練を積みつつも、議論全体の一貫性を察知することのない人である。ところがレヴィナスによれば、その課題において本質的なものは以下のことである。つまり、これらの議論から合理性の内実を求めることであり、そしてそれらの「至高の自由」（QLT, 119／一四〇）において、〈啓示〉を通じて明るみにされる人間的なものの意味を思考するという唯一の配慮によって、これらの議論が支えられていると示すことである。ただし、哲学的カテゴリーのはじめから普遍的な主張とは逆に、賢者たちの思考は、何らかの態度をとることの――トーラーに関して――正当性の問題に直面した人々の個別的で具体的な態度についての考察から出発して、忍耐強く練り上げられる。それゆえ決疑論がこれらの議論の本質的な側面を構成する。しかしながらレヴィナスは、決疑論は合理性を気にかける読解が妥当性を持つことへの反論ではないと主張する。というのもレヴィナスは、「これまでに何らかの哲学的思考がいかなる態度決定からもまぬかれて世界に到来したことが一度でもあっただろうか。ある態度決定に先行するカテゴリーが存在したことが一度でもあっただろうか」(QLT, 34/三八)と問うからである。他方、タルムードの諸篇の文体――その議論はしばしば晦渋であるとともに情熱に満ちており、様々な意見(臆見)は常にそれぞれの論者の固有名を参照しつつ述べられる――は、プラトンが望んだように「真の思考は存在しない」のであり、「真なる思考」は「魂の自分自身との黙した対話ではない」と主張するように誘う。そしてまさに「思考する人々の間での議論である」と主張しようと思わせるのは、思考する人々とは固有名を保持する人々である。というのも、「真実の全体は多様な人格の寄与から形づくられる。どんな聴取も唯一無二のものであって、それがテクストの秘密を支えている。〈啓示〉の声、まさにひとりひとりの耳によって屈折したこの声が真理の〈全体〉にとっては不可欠である」(ADV, 67/八九、および163/二二三―二二四)からである。これらの議論はついには師と弟子たちを結びつける精神的関係、レヴィナスが「婚姻関係と同じくらいに強い」(ADV, 61/七九)ものとして描くほどに深い関係についての考察と不可分となる。しかし哲学者は、婚姻関係はそのようなものとして自ら瓦解するかもしれないが、それでも融和やコミュニオン〔一致・一体化〕には決して還元されないと述べる。というのも、融和やコミュニオンの関係の意義――それはほぼ常に情感に満ちたものであるのだが――は、他人の他性を中立的なものにすることに存するのではなく、乗り越えられえない二元性という基盤にもとづいて、他性をその〔融合や一致との〕関係と統合することに存するからである。またこの関係が持つ繁殖性のおかげで、未来という観点が人間に開かれ、特定の時代という乗り越えがたい有限性を超越することが可能になる（TA, 77–89／八四―九八参照）。したがって、こうした視点から考えられた、師と弟子たちとの関係は、師の指導のもと学習するために集まった人格の還元不能な複数性に目を注ぎ続けることなくしては達成されえない。豊かな学習――教条主義や師の狭量さによって不毛なものとなることなき学習――の条件とは、ある人々と他の人々との、師と弟子たちとの間での多くの質問からなる絶え間なき問いかけである。レヴィナスはそもそも「問いを深めるよりも、まず回答を求めるという態度は、当のテクストを涸渇させてしまう」（QLT, 134／一五六―一五七）と述べている。つまりレヴィナスは、タルムードの文脈においては、真理の探求と普遍性への関心がいかに各人によってもたらされた光と不可分であり続けるかを問うている。タルムード学習の繁殖性、すなわち来たるべき世代への学習の移行を条件づけているのはこの光である。この光を注視しなければならない。真理――この真理が見えていないということで常に告発される意見〔臆見〕の多様性から分断されて、その輝きで哲学者を惹きつける真理――に到達するために個別の意見を断念することの必然性に関するプラトン的なイデアとは逆に、タルムードの思考は意見〔臆見〕の多様性の只中にあるからだ。ただし、それは相対主義に満足するためではなく、このタルムードの思考が問う〈御言葉〉が無限の深さ、つまり時の流れの中で人格の多様性を要求し、自ら言葉を発し、自ら展開していくような深さを有しているからである。

確かにタルムードの議論が意味を持つのは、人間に対して立てられるしばしば非常に実践的で具体的かつ個別的な問いという観点からこれらの議論が問うていく、あらかじめ準備されたテクスト——トーラー——を参照することによってのみである。実際、ユダヤ人にとって「精神の折り畳まれた羽」(ADV, 162／二二二)と言われる聖書の文字のこの密度は、人間の数々の問いの力と執拗さのもとにおいてのみ展開される。聖書は口伝の伝統のおかげで呼吸するのであり、タルムードはその議論を通じて、呼吸するこの作品(営為：œuvre)にとって本質的なものとなる。そもそもタルムードは幾度も「聖書は人間の言葉を話す」と教えている。レヴィナスによればこのことが意味するのは、神の〈御言葉(Parole)〉が〈聖典(Écriture)〉のうちに収縮したということである。〈聖典〉に働きかけ、今日を生きる人々の生のために〈聖典〉に意味を与え返していくであろう人間の数々の問いを期待して、〈御言葉〉は〈聖典〉にこの無限の密度を与えるのだ。いかなる学識も、いかなる批判的および歴史的な知も、文字による問いかけという不断の営為の代わりとなることはできない——こうした営為の由来する生きた源泉を涸らしてしまうことなしには——。より正確に述べるなら、その文字が知に固定されている〈書物〉を閉じる人に、そしてタルムードの中に取るに足らない不明瞭さしか見ない人に対してこうした感情を与えることとなる。逆に、「語るより以上のものをつねに表現しうるような言語の預言的な威信、人間は霊感の驚異において自分が言表したものを驚きとともに聴取し、すでにしてこの言表を読解し解釈するのであるが、この霊感の驚異」(ADV, 7／二)によって説き伏せられた人は、この威信が絶えず人間に呼びかける場所としてのタルムードへと立ち戻るであろう。

現代の解釈者とタルムードの数々の議論どうしの響き合いとの関わりは、生きたものであり続けるために、休みなく〈聖典〉を脱－神話化する努力と「ひとつひとつの特殊なテクストを〈全体〉の文脈のなかに維持すること」(ADV, 166／二二七)への配慮を含んでいる。ここにこそレヴィナスによるタルムード読解の本質的な点があるのだ。ところで哲学者〔レヴィナス〕によると、まるで神話に対するかのように聖書のテクストに取り組むことへの誘惑は、近代に特有のものであろうという。タルムードの師との直接の議論——まさしく生きた学習に必要なこと——ができずに近代は神話を探し求めてしまうというのである。大学によって独占的に伝達される知のために不断の読解の伝統を忘却するなら、それ以後、現代のユダヤ人の多くにとって、タルムードに学識やユダヤの賢者たちの個別的な見解の無味乾燥な集積以外のものを見ることは困難に、さらには不可能にさえなってしまうであろう。だがレヴィナスは、テクストへのこのような接近方法は、その保証が非常に強力であるためにそもそもそれを疑うことすらないので、文章の学術的な由緒正しさにもかかわらず、タルムードの諸論の精神と真理を欠いていると考える。実際タルムードの諸論は、神話とみなされてしまった聖書の文字の彼方にある意味を確かめることではなく、「人間と神の聖潔との間に、何らかの関係を創設すること、そしてこの関係の中で人間を維持すること」を目指しているのである。こうした諸論が法規的な討論（ハラハー）あるいは純粋に物語的な討論（アガダー）に属しているのであるから、この視点にとどまるかぎりにおいてのみ、ラビたちのあらゆる議論は、一見しばしば非常に実際的でなじみのない些細な部分にこだわっているように見えながらも意味を持つ。しかしながら、対面における「神の聖潔」から人間の生を考えることが重要なのであって、そうした聖潔は、神秘主義の諸概念——聖なるものであるヌミノーゼを思わせるもの、宗教的熱狂、聖なるものによる所有——とは無縁である。レヴィナスによればこれらはすべて偶像崇拝に属する。偶像崇拝とは不安や期待といった人間の尺度のうちで考えられた神について言われるものである。ユダヤの賢者たちの特異な道は、まさにこの古来の聖なるものの概念と縁を切り、いかにして分離やさらに無神論から神を探し求めるかを教えることに存している、と哲学者〔レヴィナス〕は考える。言うなれば、この神は人間の欲求に属することもないし、またこの神は人間の不安や期待の尺度におさまることもない。こうした態度は極限的な要請を伴っているにもかかわらず、普遍的な価値を有している。だからこそレヴィナスはタルムードの特殊主義ならざる特徴を絶えず強調するのである。トーラーを知る異教徒はたしかに大祭司に比肩すると明言される。「それほどにイスラエルの観念は、タルムードにおいては、歴史的、国民的《ナショナル》、地域的、人種的観念から分離されている」(DL, 39／三〇)。これらのテクストにおいて、イスラエルとは――個人として、そして国民として――世界の責任を担うために選ばれた人類の理想を意味している。「しかし、人類は非人間的なものを含んでいる。そこでイスラエルは、ユダヤの民、その言語、書物、律法、土地へと準拠する」(DL, 288／二九八)。つまりこういうことである。歴史の中で生じたいかなる背反ものともせずに、使徒パウロと無数の後継者によって断罪された現世のイスラエルは、その言語、書物、律法、そしてまさにその土地によって、レヴィナスによれば選びに十全な意味を与える〈他〉に対するこの原初的で普遍的な責任の保証人でありつづける。責任は自由よりも、また罪よりも古い。いかなる人も、人間の使命に背くことなしにはこの責任を放棄することはできないのである。

---

(4)〔訳注〕タルムードの分類法の一つでは、タルムードは「ハラハー」(行為規範をまとめたもの)と「アガダー」(説話など)に分類される。それぞれのあり方に関するレヴィナスの説明としては、『タルムード四講話』の序言を参照しうる。レヴィナスによると、「ハラハー」は「外見的には、信者たちの宗教的、社会的、経済的生活上の個人的規範をまとめて」(QLT, 12／一一)いるものであり、「アガダー」は「タルムードの《哲学》」が「教訓的なたとえ話や格言の形で」(QLT, 12／一二)示されたものである。

こうしたものの見方において、今こそレヴィナスのタルムード講話の重要な部分に取りかかることが必要である。実際この哲学者が言うところによれば、彼が公然と表明することに同意する唯一の信仰は、学問および歴史よりも古い「賢者たちの叡智に対するこの信頼」(DL, 95/九〇)、師から受け取った信頼によりどころを持っている。ところで、彼のタルムード読解はまさしくこの信仰の公然たる証しである。しかし、この信仰は、何らかの非合理的あるいは論証不可能な命題に知性を付け加えることを決して想定していない。こうしたことは、レヴィナスが常にそうでありたいと思っていた哲学者の叡智(ソフィア)であれ、レヴィナスが慎み深く営んでいたタルムード学者の叡智(ホフマー)であれ、叡智のあらゆる探求に明らかに原理そのものにおいて相反するであろう。逆に、この信仰の行為は、今度は「テクストの字句さらにはその見かけの教義神学を超克するための数千年にわたる努力、そして聖書の歴史的、儀式的、儀礼的、魔術的とも言われる箇所をも、完全に精神的な真理へと帰着させるための数千年にわたる努力」[5]に参与することを望む。したがってこの信仰の行為は、結局のところ、聖書の「言語の預言的な威信」についての思考に帰着するのであり、賢者たちはまさにこの思考の響き合いを広げていくのである。

## 空間の湾曲

レヴィナスの著作において、アブラハムという人物像はしばしばオデュッセウスという人物像と対比される。オデュッセウスが英雄的な冒険を終えて帰郷し、家族との再会を祝い、おそらくは故郷との長い別離の時を忘れることを夢見る一方で、アブラハムは帰郷することなく、また帰郷を望むこともなく、立ち上がり出発しなければならない。またアブラハムは、この出発が子孫すべてを巻き込むことを知っている。彼は、しもべに、息子の妻を故郷の地で見つけるためにであっても息子をこの故郷の地に連れ帰ることを禁じたのだから（『創世記』24:6）(6)。「あなた自身の方へ行きなさい（*Lekh lékha*）」（『創世記』12:1）。この指令はアブラハムから生まれ故郷を奪い、過去へのノスタルジーを育んでいこうと考えることも禁じる。アブラハムが、地上のすべての部族《ファミリー》の祝福となるよう呼びかけられた人間としてその唯一性を見出だすのは、立ち去るという条件においてのみ、すなわち、彼を過去へと――言葉、像、所有へと――引き留め、約束の地へと前進することを妨げるものすべてを放棄するという条件においてのみである。それでも彼は来る日も来る日もある土地へと向かう。彼を起源とするすべての人が、アブラハムが聞いた呼びかけへの彼の答えに依拠しているからである。そうかといって、彼がその土地に入り定住できるという保証は全くないのであるが。

　タルムード読解の一つである「ユダヤ教と革命」（DSS, 11–53／一三―七二）の中で、レヴィナスは「ババ・メツィア」(7)というテクストの一節（83a–83b）を解釈し、とりわけ、「アブラハムの子孫」という、

（5）DL, 155／一五七。「もしタルムードがなければ、今日のユダヤ人はないであろう」（DL, 230／二三二）。

（6）〔訳注〕「決して、息子をあちらへ行かせてはならない」（『創世記』24:6）。

（7）〔訳注〕ババ・メツィアは、ミシュナーのうち市民法や刑罰について広く扱う「ネズィキーン」の中に収められた十編のうちの一編であり、「ネズィキーン」の中では二番目に位置する。

ゲマラーにおける賢者たちの議論に先立ってミシュナー(8)（紀元二世紀）の中に現れる表現について問いを立てる。ミシュナーは、労働者を雇う主人はただちにアブラハムの子孫に対する責務を担うということを思い起こさせた。土地の慣習によれば、雇い主は労働者の（休息や食事といった）物質的な欲求に気を配らなければならない。したがって、主人の自由は〔労働者にとっての〕権利として、またそれゆえに主人にとっての義務として描かれるこれらの欲求によって制限される。次に、このミシュナーは、「アブラハム、イサク、そしてヤコブの子孫」である労働者の場合に言及する。レヴィナスは「責任と自己意識の充溢に達した人間性」を意味するものとしてこの表現を解釈する。この人間性は、最も低い社会的地位――ここでは労働者の地位――のうちにもあり、この人間性に対して「我々の義務は限界を持たない」。したがって、アブラハムの子孫は、社会的地位という考えとは関係がないばかりでなく、諸国民を超越する。「真に人間であるすべての人は、おそらくアブラハムの子孫であろう」とレヴィナスは明言する（DSS, 19／二四）(9)。

いったいこの言明は何を意味するのだろうか。アブラハムの天幕は日夜開かれており、彼は訪れた人々を、身元をあらかじめ問うことなくもてなした。さらにレヴィナスいわく、天幕をすっかり開くことで「彼は通りかかる人々を待ち受け、迎え入れた」。というのもアブラハムは、砂漠の厳しい気候のもとで、追いはぎの襲撃や内なる苦しみ、また渇きや飢えに苛まれる彼らの傷つきやすい身体に関して自分に責任があることを知っていたからである。それゆえ、アブラハムの子孫であるということは、意識的になされた関与、自由かつ熟慮された関与に先立つ知が宿っているということを意味している。そうした知とは、「真に人間である人間」が、彼の隣人、つまり通りがかりの人、それも死すべき存在のその傷つきやすさのために時には助けを求めることすらしようとしない人を迎え入れるように強いる知である。より正確に、レヴィナスが好んで引用するイスラエルのラビ・サランテル[10]の表現にしたがえば、アブラハムの子孫は「自分の隣人の物質的な欲求は自分にとっての精神的な欲求である」ということを知っているということになろう。しかしながら、この他人の物質的な欲求――これほどしばしば冷酷な世界のうちで見向きもされず見捨てられた人の飢えや渇きや苦痛――とアブラハムの子孫の精神的な欲求が同等であることは決して自明ではない。レヴィナスによれば、欲求とは満足を覚えることや自分自身のための幸福を追い求めることを示している。[11]様々な欲求が各人を〈同〉として構成するのであって、少なくとも欲求を満足させる可能性が手の届く範囲にある限りにおいて、「〈他〉

（8）〔訳注〕ミシュナー（原義は「反復」）とゲマラー（原義は「補完」。ミシュナーの註解）に関しては、『タルムード四講話』序文および内田樹によるその訳註に説明がある（QLT, 10, 11／一〇および二六―二七）。ミシュナーは「タナイーム」と呼ばれる律法学者たちの述べたことをヘブライ語で書き残した」ものであり、聖書本文を含まない。ミシュナーはラビ・イェフダ・ハ・ナシーによって西暦紀元二世紀末に撰修された。対して、ミシュナーの論議に関わった「アモライーム」と呼ばれる律法博士たちの仕事が五世紀末にまとめられ、ゲマラーとして集成された。

（9）〔訳注〕日本語の該当ページではこの部分の訳が抜けている。

（10）イスラエルのラビ・サランテル（1810–1883）はリトアニアにおけるムーサール運動の創始者である。この運動は、とりわけ道徳教育を強調し、弟子たちの道徳的進歩に配慮するものである。

（11）〔訳注〕「寒さや飢えや渇きを覚えること、裸でいること、避難場所を探すこと――世界へのこうした依存はすべて、欲求と化すことで本能的存在をさまざまな無名の驚異から引き離し、世界から自存する存在を構成する」（TI, 120／二〇三）。

に依存するものとしてではない」(TI, 120／二〇三)。ところがこのことは不確かなままであって、こうしたときに他人に飲食物や衣服を与え避難させることは、私にとっての「精神的欲求」となる。しかし、どのようにして人はこのような精神的欲求を抱くのだろうか。レヴィナス自身、精神性と欲求を区別している。しばしば彼は、神を欲望することは欲求とは無関係であると言うのである。たしかに多くの人は無神論のうちで生きており、彼らは安らぎのうちにあり、彼らの魂の偶発的な救済——このことがパスカルを恐れさせたものである——を気にかけることもなく、また神の沈黙が彼らにとっての苦しみとなるということもない。しかしながら、神への欲求を抱かないということは、神は存在せず、まやかしであり、霊性であり、いずれにせよ非常に相対的な性格を持つ、ということに与する議論ではない。このことは、想像界の重荷から解放されてアブラハムの「血縁関係(息子であること)」へと立ち戻ることとでさえありうる。実際この血縁関係に加わることは、このタルムード講話が教えるように、自己のために神——必要とされる神——を欲することではなく、この神を追い求めることと人間を救うこととの必要性の間にある切り離しえない関係を思考することである。したがって、「精神の欲求」は矛盾したものであることが明らかになる。「精神の欲求」はまさしく〈同〉の体制から引きはがすのだから、欲求は〈同〉として私を構成するというレヴィナスによる欲求の定義と相容れないように思われるのである。「精神の欲求」は自己に帰還することなく躍動することとの真摯さへと、自分に固有の生の最中で方向性と意味を与えることへと、つまり根づきを脱すること(dé-racinement)へと、アブラハムの帰還なき出発へと開かれている。

「躍動」という言葉を慎重かつ正確に用いなければならない。「アブラハムの子孫」という表現が利他主義あるいは自発的な寛大さ(générosité)を意味するとの誤解をよぶことになりかねないからである。

アブラハムの息子とその隣人との間に描かれた「空間の湾曲」とは、すなわち彼らを分離する非対称的な隔たりであって、アブラハムはこの隣人が、彼に対し糧を与え、必要なら庇護してくれるかどうかを知らない。しかし彼が自己のために責務を果たすように人間の弱さの訴えを聞くかぎりにおいて、この隔たりは、「高揚へ」（TI, 323／五二〇）と屈曲させられる。ところでいったいどのようにしてこうしたことが可能となり、この「高揚」は何を意味するのか。

タルムード読解の中で、レヴィナスはゲマラーによって与えられている契約の重要性を主張する。この契約は労働者の雇用条件に先立っており、土地の慣習に従って、支払われるべき給料や与えられるべき食事などをはっきりさせる。別様に言えば、アブラハムの子孫は労働者に対する数々の責務にいかなる制限もないと知るであろうとレヴィナスは言う。それゆえ、契約は他人に対する我々の責務の無限を制限したものであって、一般に信じられがちなように、他人に対する最小限の義務を創設したものではない。つまり厳密に言えば、他人に対する数々の責務は無限であって善意志や選択によりどころを持たないということである。こうした責務は自由に先行するのであり、無限の務めへと、引き受けられた参与を超えた責任へとアブラハムの子孫を向かわせる。このゲマラーが教えるように、契約と慣習は、この最初の、より正確に言えば記憶しえない度はずれ（démesure）にまさに尺度（mesure）を導入しようと努める。しかしこうした尺度の超過は、ヘブライ文字がどのようにタルムードの賢者たちの解釈のなかで息づいているのかに耳を傾ける際に、逆説的にも人間の記憶に刻み込まれてしまう。というのも賢者たちが教えるところによれば、こうした尺度の超過はアブラハムの心性を通じて父祖の歴史にその力と意味のすべてを与えるからである。アブラハムの場合では、立ち上がってさしあたって知られていない土地へ行くようにという神による呼びかけが重要である。この呼びかけは「私はあなたを大いなる国民にし、あなたを祝福し、あなたの名を高める。あなたが祝福の源となるように」（「創世記」12:2）という約束に結びついている。しかしこの約束はいかなる保証も与えはしない。アブラハムは約束の地に定住できるかどうか知らない。そしてこの約束はさまざまな危機から免れさせることもないし、さらにその反対ですらある。このタルムード講話においてレヴィナスはまさにこの点を強調し、アブラハムとその子孫が受けた主要な危機を迫害のうちに見る。「心ならずも責任を取ること、それが迫害されることです。被迫害者だけがすべての人の責任を、彼の迫害者の責任をも、引き受けることができるのです」（DSS, 46–47／五九）。レヴィナスによれば、このことが「私のテクストが明言する」（DSS, 46–47／五九）ことである。

レヴィナスに対する反論もある。無限の責任、なおかつ契約や慣習によって制限されない責任への使命と迫害との連関を明らかにするという自身の哲学の中心的な主張のために、レヴィナスは学習したゲマラーの特定の箇所を自分に都合のよいように解釈しているのだというものである。こういった反論に対してレヴィナスは、この点にこそタルムード学者の課題があると答える。というのもレヴィナスの言うところによれば、タルムードのテクストはそれ自身、その生硬さや沈黙、あるいは逆説によって、絶えずやり直されるべき永続的な解読、それも「コードなき暗号解読」を要求するからである。レヴィナスが常に講話の中でそうしようとしているようにゲマラーのある箇所の意味の統一を見出だすことは、決して自明になされるのではない。客観的であるためと称して、ある箇所を自分のしかたで解釈する手間を節約しようとする人の手元には、客観性の見せかけのもとに、さしたる意義を持たない、あるいは奇妙な箇所しか残らないことになろう。自分のしかたで解釈することとは、一個の人格の精神によって文字に問いかけることであり、こうした一個の人格の注視は、問いかけられた文字の可能性へと向かうという性質を持つ。この注視の性質がテクストの気づかれないままでいる意味を明確にすることの条件となる。こうした解釈なしには、これらのテクストは「無言なままにとどまるか、場違いなことを語るだけである」(DSS, 75 および93/一三二)。

複数の講話において、レヴィナスはこのように人間の心性に固有な——自らの意に反して世界の運命に責任がある——無限の責任についての思索を強調するとともに、アブラハムの歴史を通じてこうした思索を明らかに示し、相関的にこうした思考を通じてアブラハムの歴史を明らかにする。ところが、責任についてのこうした思索がレヴィナスによるアブラハムの歴史の読解に先立つのか、あるいは逆に、この歴史がレヴィナスにこうした思考についての着想を与えるのかを解明しようとしても無駄であるように思われる。確かに、このように問うことは、哲学——自律的なしかたで発展しており、個々の思索の伝統、ここではユダヤの伝統によって着想を与えられることはないとみなされる——ことと、思索の伝統——概念よりも発話に重きをおくために哲学的合理性とは無関係であると考えられている——の間に厳密な境界を打ち立てるという目的に向かって専心することである。「私は、哲学と単なる思索の間には根源的な差異がある、という主張にはどうしても与することができません。あらゆる哲学は非哲学的な淵源に由来するのではないでしょうか」(DSS, 58/七九)とレヴィナスは述べる。そして、若干の皮肉を込めて、「哲学を始めたばかりのうるさい人を黙らせるには、新奇な術語をギリシア語の語源から定義してやるだけで十分なことがよくあるのです」(DSS, 58/七九)と続ける。

朝早く起きたアブラハムはこの無限の責任へと思索を向けた。それと相関的に、責任についての哲学的省察は、提示されたタルムードの註解ならびにアブラハムの歴史に関わるヘブライ文字を解読する助けとなる。したがってレヴィナスは、人間の無限の責任という主題を哲学的に練り上げて満足してしまうことはない。彼はゲマラーのいくつもの箇所の釈義を行い続ける。彼によれば、ゲマラーの中でこの責任は賢者たちの議論の核心において現れるのであり、賢者たちは具体的な問いに関して聖書の文字を調べ、問いの中で意味することの力を展開する。しかし、学習された節があるおかげで、レヴィナスがタルムード読解を通じて、その力強さと鋭敏さのすべてを自分の哲学的書物の中に取り入れる思考の前提条件を明るみにすることを目指しはしない。実際タルムードはその議論を通じて、トーラーの生、非概念的な言語のうちで、聖書はただ「質料」を理論的に練り上げようとするのではないということを批判的諸精神に思い起こさせるトーラーの生を生きたものとする。そもそも課題が成し遂げられるやいなや、彼の読解の追求は表面的なものとなってしまうだろう。タルムードの解釈は無限であるから、タルムードはトーラーが哲学的実践とは異なる「存在のしかた」を持つことを思い起こさせる。タルムードは聖書に息を吹き込むのであり、哲学者の思索の知性にもかかわらず、哲学者が――呼吸困難の危険を冒して――この呼吸を支配する主人となっては決してならないとレヴィナスはしばしば述べる。「訓話や寓話や法規解釈から引き出しうる形而上学とは、そのすべてが議論であり対話である」(HS, 196／二一三)と、タルムードの賢者たちの弁証法について彼は言うのである。さて、この形而上学が、賢者たちが述べることについての知――そのようなものとして生を変化のないままにするような知――へと変質しないためには、タルムードの「海の中に潜る」のがよい。つまり、自らに固有の問いかけをこれらのいにしえの議論の只中に書き込むのがよい。生きた〈言葉〉と概念――レヴィナスの言葉によれば〈語ること〉と〈語られたこと〉――の間の二者択一は永続的な緊張関係を持って開かれていなければならない。もちろんこの〈言葉〉の充溢へと直接に到達する人は誰もいなくとも、また狂気や死と隣り合わせになるかもしれないが、[12]それでも「概念の忍耐」に腐心する哲学者〔レヴィナス〕は、彼に関して言えば、この〈言葉〉の聴取をあきらめることができない。彼は、過剰に思索することで言葉を無味乾燥なものとしてしまう危険だけではなく、人間の言語の起源を知りたいと主張して狂気へと至る危険をも避けている。レヴィナスにとって知とはすぐれて人間的なものの完成のありかたではないからである。さらに彼によれば、理性は感覚されたものの唯一の源泉ではないからでもある。飽くことなく哲学の非哲学的な諸源泉に今なお回帰し、こうしてタルムードの読解を提示し続けることが望ましいのである。レヴィナスは「私がとくに心を砕いたのは知とは異なる《知解可能性》、すなわち知の単なる欠如とみなされかねない《知解可能性》ないし意味性にしかるべき地位を授けることでした」(HN, 206／二九一)と述べる。ゆえにレヴィナスのタルムード講話は彼の思索のうちで二次的な契機となることなく、その地位を証しする。すなわち「言説の合理性にしてからがすでに、それに先立つ対話ないし近さの意味性によって担われている」(HN, 206／二九二)ということを思い出すことへの配慮を証しする。そして、もしレヴィナスの哲学がその分析の根源においてそもそも執拗に「原理」や「基礎づけ」を排するとしても、また、彼が好んで言うように、思考するという欲望の根源において、この哲学が不整合や無始原《アナルシー》へと向かうとしても、それはまさに最初の意味性のこの無限の追求と調和している。意味性は、決して意味性についての知へと還元

(12)「ハギガー」14bを参照。これは至高の叡智の庭に入った四人の師に関する論である。一人は死に、他の一人は狂気に陥り、また他の一人は信仰に背いた。ただラビ・アキバのみが何事もなく、庭に入り、そして庭から出てきた。

されることなく、人間を他の人間へと向かわせるのである。

他者へと向かう運動を描く「空間の湾曲」は、他者を自己よりも高みに置きつつも、彼を分離する空間を高みへと屈折させる。この湾曲は、さまざまな知の実証性に関してのみ錯覚を構成する。しかしレヴィナスによれば、この湾曲が「全体的な反省」の不可能性を意味するとしても、それは認識の誤りあるいは主体の質の劣悪さによるのではない。それは、反省可能性あるいは自己への回帰が、他者に向かう絶対的な方向づけであるような意味性を欠いているからである。アブラハムが朝早くに起きるのは、こうした方向づけを求める呼びかけに答えるためである。レヴィナスはタルムード読解において明確に述べている。「まして確信に満ちた使命など持たぬままに他人と関係している私たちはどうでしょう」（DSS, 168／二四五）と。

## 奇跡としての時間性

別のレヴィナスのタルムード読解にはまたもアブラハムへの参照が見られる。この読解においてレヴィナスは、「時間性の奇跡、もしくは奇跡としての時間性」(13)として父祖としての神による選びに言及する。

奇跡は、人間にとって都合のよい自然法の宙づり状態といった古典的な観念には還元されない。ここで奇跡は自己の他者への「脱出」という「驚異」を意味している。さらに、呼びかけへの答えは、あらゆる場所への自然な定着および〈同〉の体制のもとで構成されたあらゆる同一性からこの「自己」を引き離し、自己を「予見不能な未来」へと方向づける。未来は、永遠に自己への回帰の可能性を延期し続ける。というのも未来は、予想しうる終わりなしに、神の他性と人間の他性に答えるための道筋を通っているからである。レヴィナスにしたがえば、こうしたことは、アブラハムが証しする「奇跡としての時間性」となろう。「タルムードのこの箇所で私にはっきりと感じられるのは、ユダヤ教が思い出をはみ出し、エジプト脱出の彼方で思い出を考え、《いかなる日の目を見たこともない》予見不能な未来を予感しているということ、この点です。予見不能な未来、それはまた、〈試練〉の新たな様式を介して、苦しみの新たな次元を介して開かれる未来でもあります」(HN, 100–101／一四四)。

要するにタルムードのこの箇所では何が述べられているのだろうか。バール・カパラは、「アブラハムをアブラムと呼ぶものは皆、肯定的な戒律を犯すことになる。なぜなら、「「創世記」17:5では、《あなたはもはやアブラムではなく、アブラハムと名乗りなさい》と言われているからだ」(HN, 99／一四〇)。しかしながら、ラビ・エリエゼルはこの箇所において、「否定的な戒律(禁止)」の侵犯が問題になっていると考える。「《あなたの名はもはやアブラムではなくなるだろう》と言われているからだ」(HN, 99／一四一)。一つの民族《プープル》の父であるアブラムは、永遠なる主の命令によって、確かにあらゆる諸国民《ナシオン》の父となる。ところで、アブラハムと名を呼ぶことの責務、あるいは最初の名前に立ち戻ることの禁止は時間についての思索に関わっている、とレヴィナスは述べる。「相対的な現在のうちに絶対的な未来の大胆な先取り」を聞き取ることが重要である。「現在の不確実性のうちに、イスラエルの悲惨

(13)「思い出を超えて」という題の講話(HN, 100／一四四)。以下同講話を参照して本文中にページ数を付す。

のうちに、人間の普遍性の父たるアブラハムを、このような父として祝福され祈られるアブラハムを聞き分けること！　そのためにはすでに普遍性に通じていなければなりません！［…］ただし、禁じられていることもあります。今や、アブラハムをアブラムという言葉で考えてはならないのです！新たなことを軽侮しつつ、それればかりか、普遍的平和が要求する奇跡をも軽侮しつつ、思い出の痕跡で未来の時間を構成してはならないのです」（HN, 99／一四二）。

永遠なる者はさらにアブラハムに伝える。「あなたの妻を、もはやサライと読んではならない。サラが彼女の名となろう」（「創世記」17:15）。レヴィナスはこの節に音韻の問題を見ることなく、「神から他ならぬ夫に告げ知らされた存在論的修正が重要なのである」と指摘する。普遍性へと開かれることによって、女性が人間の人格の威信をまとうこともまた可能になる。アブラハムがサラの言うことに聞き従わなければならない、ということすら生じる。サラの霊感はアブラハムの霊感をしのぐのである。

レヴィナスは、普遍性へと開かれた新しい名に対するこうした以前の名の忘却の要請を、ヤコブのうちでのイスラエルの目覚めを考察するための典拠とする。この要請に、彼は、イスラエルの運命における人間の普遍性を思考することへの参与を見る。さらに、イスラエルが通った二〇世紀に特有の夜にもかかわらず、希望へと開かれた時間についての思考を生き生きと保つという責務を思考することへの参与をも見る。しかしショアーの時代に感じられていた不幸と「苦しむことの新たな次元」がこの未来を準備しているとみなされていたのであるが、この希望は、決して未来へと伸びた時間性の観念を意味してはいない。たとえ「奇跡」としての時間性ということによって、終末論、すなわち「諸国民のうちに散らばったイスラエルの受難を媒介とする終末論」（HN, 101／一四五）について考えなければならないとしても、レヴィナスは決して目的論を参照せずにこの終末論について考える。終末論は歴史の項ではないのである。終末論は、現存する苦しみの只中で今こそ歴史の裁きを許すものに開かれていることを意味している。すなわち終末論とは無限からの呼びかけの聴取である。哲学者〔レヴィナス〕の著作が示すように、時間の流れによって否認されない執拗さで、この呼びかけは他人の傷つきやすい顔との出会いにおいて聞き取られる。さてこのタルムード講話において、レヴィナスは人間性の範型そのものとしてのアブラハムの歴史にこの呼びかけを関連づけ、記憶によって支えきれない現実であるショアーを思い起こさせながら、その重々しさを敷衍していく。しかも、ワシリー・グロスマンの小説『人生と運命』を引用しつつ、この作家によって描かれる非人間的な黙示録の全編を通して彼は述べる。「消え去ることのない不屈の人間性のかすかな呟きが奥底から聞こえてくるようです。苦しみゆえに自己自身に囚われてしまった、人間たちの自我が、その悲惨を通じて炸裂し慈悲と化すのです」(HN, 102／一四七)と。アハヴァット・イスラエル、すなわちイスラエルの愛は、「他人への根源的な優しさ」あるいは「無償の善意」として考えられ、「希望に先立って、絶望の深淵から沸き上がってくる」(HN, 102／一四七)。この善意は、第二次世界大戦における苦悩の中で見いだされた善意であり、「人間の唯一性はつねに政治や教会の構造のうちにいわば陳列されてしまうのですが、こうした構造が存在するにもかかわらず、こうした構造とは無関係に、人間の唯一性から人間の唯一性へと向かう」(HN, 102／一四七)善意である。この善意はまた、「いまだ知られざるものにとどまり、また、何も約束しはしないが、無神論へと解体していった過去の数々の神学を超えて意味を持つ神のこの徴し」(HN, 103／一四八)であろう。

このタルムード講話において、レヴィナスの振る舞いは、際立って大胆に、かつ、ゲマラーの読解において明らかにした解釈の質について言うならば大変に有意義なものとして現れる。実際のところ彼の探求の始まりは、学習された一節がどのような意味において人間にとって思考可能なものの範型を構成するかを問うことにある。そして、彼はいかなる後方への回帰も考えられないようなしかたによって、アブラハムの以前の名に関わる禁止を神の言葉によって方向づけられた時間についての思索へと結びつける。しかし、時間についてのこうした思索はユダヤの民のみのためのものではない。なぜなら、レヴィナスによれば、アブラハムを数多くの諸国民の父としたのは、まさに時間についてのこの思考だからである。アブラハムの人生においては、彼の選びによって開かれたこの時間は、彼が他人と保つ関係の性質を通じて経験される。この性質はアブラハムの自由の行使に関わる。アブラハムは、人が訪れる予見不能な瞬間、飲食物を分け合うに相応しい瞬間を逃さないために常に自分の天幕を開いたままにしておくことを義務づけられる。ところで、この責務はアブラハムを疎外することなく、彼を他なるものの時間へと進ませる。今、飢え、渇いており、時を逸さないうちに、その傷つきやすい肉体がいますぐに保護され手当されなければならない他なるものの時間へと進ませるのである。この責務は、アブラハムを代わりのきかない特異性へと至らせる。ところが、レヴィナスの読解によれば、まさにこの点においてこそ、アブラハムは、そのようなものとしての人間的なものの範型を提示する。哲学者〔レヴィナス〕は時間をある関係として分析する。時間は無限の（そして無限への）この関係、すなわちこのディアクロニーであって、各人の有限な人生の只中で与えられ、隣人の他性という超えられえない神秘との関係のようにして経験される。ディアクロニーは〈他〉でありつづけるものに共鳴し、他人との対面において私に呼びかけ問いかける。ディアクロニーとは、注視と忍耐としての時間であり、目覚めと擾乱としての時間である。レヴィナスにとって、時間についてのこうした思考は、アブラハムが以前の名を用い続けることの禁止に意味を与えるための助けとなる。しかし、相関的に、アブラハムの歴史とタルムード学者たちの註解によるこの歴史の反復は、レヴィナスに時間についてのこの思考を抱かせる。先立って素描された空間についての考察を行う際に、時間に関するレヴィナスの哲学から、彼のタルムード解釈の鍵、あるいは彼の哲学の鍵を作る優位性を置くことがより正当であるとは言えないとしても、それらを引き合いにすることから、つまり、彼が二重の誠実さを引き合いにすることから、つまり、彼がヘブライの源泉とギリシアの源泉の両方に対して誠実であることから、彼の著作の読者はどちらかに優位性を与えるような階層を作ることは許されない。スピノザの計画とは逆に、レヴィナスの哲学は、厳密に必然的なやり方、かつ預言者たちの言語とは無縁なやり方で理性どうしの間に秩序を作り上げることはしない。[14] しかしまた、タルムードが自ら満ち足りた世界を構成するという考えとも逆に、レヴィナスは、哲学的な問いは未編纂の意味の数々の可能性を引き出す、と考える。固有の本質についての観念は、哲学やタルムードにおいて、尊大にもうぬぼれ、他なるものを自らの領域から追いやってしまうであろう。思考の生、そしておそらくはむき出しの生は、こうした観念に固定化されることを禁じるこの哲学的な問いの運動を経てきているのである。

(14) レヴィナスは「あなたはバルーフを読み直したか」(『困難な自由』所収。初出は *Les Nouveaux Cahiers*, n° 7, automne, 1966) において『神学・政治論』を扱いながらこうしたスピノザ批判を展開している。「タルムードとラビ文学は、スピノザが依然として考えているように、民間伝承でも「単なる人間の作り事」でもないし、聖書を現今の何らかの哲学的体系に閉じ込めるための手続き、あるいはユダヤ史の沖積層に論理的秩序を付与するための手続きでもない」(DL, 155/一五六—一五七)。

題名が示すように、この講話は「思い出を超えて」、記憶可能な歴史的過去を超えて、人間の心性を捕らえ人間を他者へと方向づける呼びかけの痕跡について考えようとしている。この意味で、タルムードのテクストは、あたかも我々が思い出せないこと、つまりアブラハムのことについて語りながら、この呼びかけの痕跡を我々に垣間見せる力を持っていたかのように自在に解釈される。それでもこの講話の末尾で、レヴィナスは、自分自身と彼が引用する証人ワシリー・グロスマンが思い出す悲劇的な時間性を参照している。ここで思い出されるのは、殲滅者という言葉の忘れがたい記憶であり、ショアーの生き残りにのしかかるぽっかりと開いた裂け目の記憶である。しかしながら、アブラハムについて言われたばかりのことに照らし合わせてみると、この記憶を参照することは単なる補遺をなすことではない。ここでは、タルムードの問いは、男女問わず人々の最も強い苦しみの思い出へと通じている。彼らは「この非人間的な黙示録」という完全に神に見捨てられた状態の中で、世界を消失へと変容させる。しかしレヴィナスの注意を惹いたのは、「無意味なもののうちに意味の生じる可能性、ただし、世界の確立を保証するものではありえないような可能性」(HN, 102／一四七)であり、さらには理解しがたく法外な、善意のこの出現である。イデオロギーなき善意、無防備な善意の出現であり、しかも、人間たちの魂にふりかかる災いが驚愕的であり尺度を超えているにもかかわらず、決して屈することのない善意の出現である。

賢者たちによって測られた企図をものともせず、ここで学習したゲマラーの一節の中でレヴィナスは次のように述べる。「正義の強固さ」のうちですべての希望を諦めよ、そして歴史の盛衰に対する幸福な出口を約束していた――少なくともそう思われていた――言葉を断念せよとゲマラーが各人に強いるとしても、この善意は意味を持つのである、と。こうした一節ゆえに、二〇世紀の冷酷な歴史はタルムード読解へと侵入して、解釈者——そして読者——にすべての希望を捨てるよう強いる。人間的なものの威信においてアブラハムを呼ぶ神は、被造物である人間の測り知れない悲嘆に応答することはないのだという考えを余儀なくさせるのである。この歴史の思い出と多くの人々の不幸の自覚は、現代のゲマラーの解釈者にとりついている。ところがレヴィナスによれば、解釈者は、ゲマラーのページをめくりながらも解釈者と歴史との結びつきを無視できないし、してもならない。実際、タルムード学者が占める特異な位置、その歴史と時代に結びついた位置は、レヴィナスの研究において主要な役割を果たしている。そうしたタルムード学者の位置と、その位置が学者に呼び起こす幾つもの問いとともに、レヴィナスはテクストに問いかけ、いまだ見いだされていない有意義な可能性を露にするのである。解釈は時代の苦痛と喜びに触発されているが、歴史の相対性を超越する真実を明かすという口実のもとに魂の不安や希望を消し去ろうとする意欲には沿わない。テクストに問いかけ、テクストの〈語ること〉に共鳴して生きるという人間の欲望は、ほとんど常に不安と希望のために聞き取られることがない。したがって、初期の賢者たちの言わんとするところに一致すると推定される、テクストの無時間的な客観性やその「真の」意味を虚しく追い求めることは、レヴィナスにとっては重要ではない。意味はテクストに提示された問いの地平に留まっており、その問いはまさしくその時代における個々の人格の欲望に由来していると彼は言う。しかし、粗野で暴君的な欺瞞がない限りはそもそも誰も意味の尺度となることを主張しえないのは、誰も〈言葉〉の起源を捉えることができないからである。各人はこの起源の痕跡のうちに位置している。砂漠は果てしないと思われようが、生き、話すことへの欲望を喚起する痕跡は、この〈言葉〉によって、時に理解不可能なしかたで方向づけられている。痕跡が苦痛の試練の経験を免除することはないのである。

ゆえに、最初の〈父祖〉をアブラハムと呼ぶようにという聖書における責務の意味、および、アブラムと呼びながらそれでもアブラハムについて考えることの禁止の意味についてのタルムードの議論ははかりしれない重さを持っていると述べることができる。というのも、アブラハムの子孫によって、そして多くの他の人々によって二〇世紀に生きられた苦しみは尺度の超過に共鳴しているのだから。レヴィナスは、〈父祖〉によってなされたこの〈約束〉が無に帰され深淵へと沈んでいくような時代に、アブラハムの名についての省察の必要性を見て賢者たちのこの議論を開く。過去の数々の神学は、無神論へと至るまでに揺らいではいないだろうか。人々の記憶は世紀の災厄につきまとわれている。こうした人々に対しては、歴史に対する信頼を与えうるようないかなる徴しも生じない。また、時代の進んでいくうちに少しずつ〈約束〉が実現されていくという感情のうちにこうした徴しが生じることもない。それでも、ほぼ至るところで勝利をおさめる未曾有の破壊の力に逆らって存続する「義人たちや聖人たちの無防備な、しかし不屈の善意」(HN, 103／一四八)の身振りと言葉を振り返りつつ、レヴィナスはアブラハムの名の聴取の新しいあり方を発見する。型破りな真実は「聖典の幾つかの文字や音節の忘れられた片隅で」まどろんでいて、「二〇世紀という約束なき時代、助けの手を差し伸べることなき神の時代のユダヤ人と非ユダヤ人の苦しみのなかでのみ、神の〈言葉〉として目覚めるのだろうか」(HN, 104／一四九)。

永劫にアブラムをアブラハムとし、サライをサラとした記憶不能な呼びかけの痕跡によって、彼らはともにあらゆる民族の祝福の源となるように定められた。以来、この痕跡は、各人が経てきた脆くも崩れやすい日々において、この不屈で無防備な善意のあり方のもとで聴取される。この善意によって、その弱さのまさに核心部において、人間の人間的なものをなおも信じる力、つまり、他人へと開かれた時間性の奇跡をなお信じる力が与えられるかのようである。この奇跡は普遍的な平和によって求められる、とレヴィナスはタルムード講話の冒頭で述べる。とはいえ、平和は歴史の生成となる数々の出来事の地平で目指されているのではない。その後にレヴィナスが示すように、その逆である。絶望、愚弄、そしてニヒリズムが最終決断を下すはずとも思われるであろう。また、過去は無慈悲な人間の現実から見て粗野であるとして糾弾されるべきでさえあるのだから、過ぎ去った過去に帰属するものとして何巻ものタルムードを閉じるよう駆り立てられもするであろう。まさにこうしたときにおいて、それでもこの解釈者はアブラハムの現代の子孫を思い出す。アブラハムの現代の子孫、それはアブラハムについて思考しない男女である。彼らは、反省性、すなわち自己への回帰の時を持たず、そしてまさにその時を持たないという点において、アブラハムの痕跡のうちで、災厄の只中で、あたかも世界が現存し続けるかのように振る舞うことができたからである。レヴィナスによれば、これらの人格の思い出を通じて、アブラハムを呼ぶ不可視の神の観念が今なお精神に到来する。この思い出によって、存在における人間的なもの、つまり〈父祖〉アブラハムになされた〈約束〉の到来に意味を与え続けることができる。そしてまさにこの点において、この思い出を通じて、タルムードのページを開きアブラハムを選んだいまだ知られざる神の痕跡を追い求めることができる。こうした振る舞いは、思考と実存のうちにいる人間たちを方向づけるような明晰さを今なお担っているであろう。

## 補遺　表象の禁止

生き生きとした諸形態がこの世界を一箇の現実にする。常に狼狽を引き起こす、豊かで謎めいた現実だ。そうした生き生きとした諸形態の、尽きせぬが脆い多様性に直面した驚きは、ラスコーの美術が教えるように遥か昔から、それら諸形態を描き彫刻したいという欲望を呼び起こしてきた[1]。さて、自然や動物や人間の諸形態を描き彫刻する手は、それら諸形態に、その束の間の生の持続を超えて長く続く現前を与える。絵画や彫刻は時を止め、微笑みや悲嘆の永遠性を信じさせる。絵画や彫刻は一つの実存が既に身を隠しているその瞬間に、生けるものたちの傍らにその実存を引き止めておく。しかしながら、不器用であっても見事であっても、表象するという古来続く普遍的なこの振る舞いは自明のものではない。実際のところ、この振る舞いはトーラーにおいて「天の高みにあり、また地の下にあるもの」(「出エジプト記」20:4、「申命記」5:7)の偶像(*pésel*)ないしは像(*témouna*)をつくることを禁

(1) このテクストの最初の版は、筆者(シャリエ)が編集した論集『顔』(*Le visage*, Paris, Autrement, octobre 1994)において発表された。

じる神の言葉を侵犯するように思われる。[2] 偶像破壊者たちは第二ニカイア公会議（七八七年）の時に打ち負かされたのであるが、彼らはそのこと〔偶像崇拝〕をそのように〔神の言葉の侵犯として〕理解していた。彼らは聖書のこの節に準拠して、偶像を用いた実践という名のもとに礼拝（culte）で像を崇拝することを禁じるべきであると主張していたのだ。

古代および近代の偶像破壊者に従えば、形象をもった表象はユダヤ教、イスラム教、後にはプロテスタントの礼拝の場で禁じられており、人間の営為と神々の営為の混同を誘発する。それゆえに形象をもった表象は消え去らねばならなかった。しかし第二の戒律[3]のこうした厳密な解釈は、誰もが同意するものではない。ユダヤ美術の歴史は、イェルサレム寺院の建立から現代の巨匠の創作に到るまで、聖書による禁止がそもそも字義通りに解釈されてきたのではないということを示している。ただし、幾つかの時代、とりわけまさに偶像破壊の数々の暴力の時代のビザンツ帝国やイスラムの国々、あるいはまた、中世の南ドイツの禁欲主義的なユダヤ教宗派を除いてではあるが。[4] ユダヤ人は聖書のテクストをその解釈の口伝の伝統から切り離すことはないので、芸術家たちは自己正当化を行うためはじめからタルムードを自らの権威とすることもできるのだ。賢者たちは実際この領域を過度に厳格化することに同意しない。というのも賢者たちは表象に対してはとにかく一つの制限を設けることによって、生ける諸形態の表象を容認するからである。その制限とは、まさに人間の顔についてのものである。「人間の顔を除いて、すべての顔は許可されている」（*Roch haChana*, 24b）。これは、顔についてのレヴィナスの発言という観点から見ると、明らかに非常に特殊な仕方で鳴り響く。

聖書は彫刻と像を偶像崇拝の実践を誘発するものとして拒絶し、そして詩篇作者は「金銀の偶像、人間の手が造ったもの」を認めない。〔偶像は〕「口があっても話せず、目があっても見えない。耳があっても聞こえず、鼻があってもかぐことができない」(「詩篇」115:4-6)のだ。「エゼキエル書」(7:22)は偶像から顔(*panim*)をそむけなければならないと主張するのだが、それはあたかも、目も見えず耳も聞こえない、沈黙した偶像の面《おもて》を見つめることで、人間の顔の輪郭が対面によってかたどられ生きたものとなって、最悪の事態を引き起こす危険を冒すかのようである。預言者の暴力には驚かせさえするものもある。「サマリアの彫像はすべて砕かれ[…]わたしはその偶像をすべて粉砕する」(「ミカ書」1:7)、「お前の神の宮から彫像と鋳像を断ち辱められたお前のために墓を掘る」(「ナホム書」1:14)。というのも、《不可視のもの》に直面して、それを聞きそれに応答するよう要求する使命の意味を民族がすぐさま失うことはなく、シナイで、ヘブライ語で語る神は、人間の手による像や彫像と混同されえないからである。

このような対面はたしかに逆説的であるが、顔を照らす光を生み出すのに唯一適したものである。こうして、モーセが証しの板(*louhat haEdout*)を受け取りシナイ山から再び降りたときにトーラーが述べるには、「神が彼に語っている間に、彼の顔の肌は光を放っていた」(「出エジプト記」34:29)。この輝きは、この〈言葉〉を自らに迎え入れ、個別の肉と顔を彼に与える能力に従属するだろう。一方、同じこの

(2)〔訳注〕「あなたはいかなる像も造ってはならない。上は天にあり、下は地にあり、また地の下の水の中にある、いかなるものの形も造ってはならない」(「出エジプト記」20:4)。「あなたには、わたしをおいてほかに神があってはならない」(「申命記」5:7)。

(3)〔訳注〕モーセの十戒のうち第二のものである「あなたはいかなる像も造ってはならない」という戒律を指している。

(4) G. Sed-Rajna, *L'Art juif*, Paris, Flammarion, 1975, p. 11.

記述に従えば、偶像崇拝という禁断の果実を味わってみたばかりの民は、モーセにあえて近づこうとはしなかった。人間の手からなる彫像の形（金の子牛）(5)のなかに神的なものを捉え、《不可視のもの》を支持するよりもむしろその像を崇拝することへの堪え難い誘惑への堕落は民に重くのしかかり、モーセの顔の光を前にして目を伏せるように強いる。したがってこのテクストが示唆しているのは、顔が裸性および世界の瑕疵にさらされている中で、知らないうちに日夜を区別する光とは異なる光を感覚できるようになるということが、〈言葉〉――そして〈言葉〉のみ――に期待できるということである。しかし、〈言葉〉による肌の肌理への潤いとその輝きは、生成の不可逆性をありありと示す皺に対する防壁とはならないし、そしてとりわけ、顔を傷つけたりその品位を貶めたりし、顔を不安へと差し向け、その光を消そうとする人々の攻撃性に対する防壁とはならない。それゆえ偶像のうちにより高い加護が見出だされるのだと信じて偶像へと逃走し、言葉に耳を貸さなくなってしまう人もいる。

こうした観点から表象の禁止を理解せねばならず、そして偶像作成者に対する預言者の暴力を理解しなければならない。像と彫像を前にして人間が《不可視のもの》との対面を忘却するときには、実際のところ《不可視のもの》がそれに固有の顔を失うことしかありえないのだ。人間は、《不可視のもの》との等価物で感覚可能なものを、自分の芸術作品のおかげで生み出したか、もしくは歴史が絶えず保証するようにイデオロギーおよび権力者たちの魅惑への臣従の営為のおかげで生み出したと信じている。それ以降、起こりうる熱狂に反してその顔の目鼻立ちは完全に方向が誤っていると告発する。というのも顔は、還元不能な他性――他人の他性もしくは神の他性――に関してのみ生き生きとするからだ。還元不能な他性は顔に呼びかけ活気づけるのであって、顔は危険へと開かれ、その人間性の動揺のもとにあるのだが、その際に顔がこの他性について像もしくは他性を支配するとされる観念を作ることはない。ところが危険と動揺は絶えず幸福と確信を日延べするので、人間はしばしば顔を死に至らしめる偶像崇拝の誘惑に屈する。

しかしながら、像もしくは彫像はそれ自体非難されるべきではない。非難されるべきなのは、人間が像や彫像へと向ける何らかのまなざし、人間が像や彫像と維持する諸関係の何らかの型である。それゆえタルムードの「アヴォダー・ザラー書（*Avoda Zara*：偶像崇拝）」の報告するところでは、「名高いラビたちは自由に芸術作品の使用を行い、他の環境では付随する宗教的意義からその美的機能を明示的に区別する」(6)。聖書の報告するところでもまた、一対のケルビムの像が寺院で造られ(7)、「彼らの顔（*peněhem*）は」互いに向かいあっていた（『出エジプト記』25:18–20）のであり、神の声はそれらの間を通って聞こえるようになっている。のちにラビは凹凸の浮き彫りの像のみを禁じ、そもそものシナゴーグにおける彩られた装飾は許可した。ドゥラ・エウロポス(8)（西暦二五六年）の見事なフレスコ画は、聖書の情景の具象表象に見合った諸特徴を実証している——神の約束を受け取るアブラハム、燃える柴でのモーセの使命など(10)——。イサクが縛られたことに関するフレスコ画では顔は「表情なく中空を見

(5)〔訳注〕「出エジプト記」三二節におけるエピソードを参照せよ。民はモーセが山にのぼっているあいだに金の子牛をつくり、これを神として拝んでいた。
(6) *Avoda Zara*, 44b.
(7)〔訳注〕「創世記」においてアダムとエバが楽園を追われる際に、神はエデンの園の東にケルビムを置いたという記述がある（「創世記」3:24）。智天使と解釈される。
(8)〔訳注〕ヘレニズム時代からローマ帝国期に繁栄した都市。
(9)〔訳注〕「創世記」一七章。

据えている」のであり、たとえ時折そうしたフレスコ画におけるように「人間の顔の表象は避けられる」としても、フレスコ画は聖書の情景の具象表象に見合った諸特徴を実証しているのだ。それゆえ人物は「達成しようとしている行為から切り離されて」いるように見える。さらに後には、手書きの写本画には次のように書かれている。「あらゆる具象表象は禁じられていないが、人間の顔を複製することを避けるために、人は人間の顔に鳥の嘴をつけるか、もしくは時に人間の顔を動物の顔で置き換える。このモチーフは画家にとって非常に馴染み深いものとなったので、もはやその意味が理解できなくなってしまっても画家たちはそのモチーフを用い続けた。こうして、のちの手書きの写本の幾つかにおいては、女性のみが動物の頭で表象されている」(*ibid.*, p. 69, 82)。典礼に関する中世のイコノグラフィー(図像学)は、ついには、竪琴を奏でるダビデや、さらには寺院のケルビンたちといった聖書の幾つかの場面への偏愛とともに、具象化された表象にかなった特徴を実証する。

したがって実際、ユダヤの律法(*Halakha*:ハラハー)によって与えられた表象の禁止の解釈は、画家たちにとって、そしてごくわずかな程度には彫刻家たちにとって大いなる可能性となっている。エラザル・ティーフェンブルン[12]は感じたものを見ながら画布に移そうとしていると述べるのだが、たとえば彼によって描かれたハスィディズムの偉大なる師たちの肖像画が示すように、肖像画は確かに存在する[13]。他方ラヴ・クック[14]が確信しているのは、美的感情が自己のうちなる目的と混同されないならば、美的感情は感覚可能な美の光よりも高い光を受け取る準備ができているということだ。イェルサレムに作られたばかりのベツァルエル美術学院[15]のメンバーを奨励するための手紙においてラヴ・クックは、禁止は「人間の完全な顔の彫刻」のみについてのものであり、そして「特定の条件のもとでは彫刻さえも許可されうる」と書いていた[16]。

この禁止の正確な射程についての賢者たちの間での議論、およびあまり厳密でないことも多い彼らの解釈が示すのは次のことだ。人間は、顔に活力を与える《不可視のもの》を忘却し、芸術によって顔を支配すると信じる危険を冒している。それゆえ、顔の彫刻された像を造ってはならない（*lo taasé lékha*）(17)ということをもし彼らが知っていたら、彼らはまた、感覚可能なまなざしによってこの不可視なものに近づくという欲望をも理解していたはずだ。したがってこの観点において顔の表象は偶像崇拝となってはいないが、不可視性へと向かう試みであり、不可視性を称揚する試みである。肖像画は偶像崇拝の罠への臣従を意味するのではなく、あらゆる宗教芸術として、精神的な目的へと向かう質

---

（10）〔訳注〕「出エジプト記」3:2–3.

（11）〔訳注〕「創世記」22:9.

（12）〔訳注〕エラザル・ティーフェンブルン（Elazar Tiefenbrun : 1930–2018）。ロンドンで生まれ、レベ（ハスィディズムのラビ）やトーラー学者たちの肖像画を描いた画家である。

（13）*L'Art hassidique*, brochure éditée par le centre Rachi à l'occasion d'une exposition d'art hassidique en 1988 (p. 43).

（14）〔訳注〕ラヴ・クック（Rav Abraham Itzhak HaCohen Kook : 1865–1935）。イスラエル建国以前のパレスチナで「宗教的シオニズム」の指導者として活躍した人物である。

（15）〔訳注〕イスラエルの国立美術学校であり、正式名称はベツァルエル美術デザイン学院である。一九〇三年に設立された。ベツァルエル学派は、装飾美術および聖書を主題とする肖像画によって知られる。

（16）*Selected Lellers*, trad. et annoté par T. Feldman, New York, 1986, p. 196. Ben Chlomo, *Introduction à la pensée du Rav Kook*, trad. C. Chalier, Paris, Éd. du Cerf, 1993, p. 92–93.

（17）〔訳注〕「あなたはいかなる像も造ってはならない」（「出エジプト記」20:4）。

料の高揚を意味するだろう。画家は、《可視的なもの》から発せられる《不可視のもの》にまなざしを向けなければならないのであるが、画家は、可視的な現実の素晴らしさ——とりわけ顔の素晴らしさ——を表象することを自らに禁じ、ただその内在性を称揚し、そうしてその内在性が自足するという印象を与えようとする。その課題の卓越性は、単純なものであれ複合的なものであれ、感覚可能な諸形態を複製するよう差し向けられているのではない。感覚可能な諸形態は不可視の生から存在を受け取るのであるが、その課題の卓越性は、不可視の生を知覚し見るようにさせるよう差し向けられているのである。ところが自己の外部で画家がこの生を知覚することができるためには、画家が見つめる諸形態において、画家が出会う数々の顔において、画家はその存在の生き生きとした源泉を感じ取るごとく、そして受け取ろうとすることなくして受け取ることが問題であるような秘密の所与を感じ取るごとく、自分のうちで不可視の生を感じ取ることから始めなければならないだろう。

人間が世界を模倣し、称揚し、よりよく見るようにさせることができるのは、多くの人が世界に注ぐまなざし、つまり利害関心にもとづいており、馴れ親しみ、倦み飽きたまなざしには見分けられない豊かさにおいてであるが、人間は現実に世界を造ることはできない。「人間存在は、壁のうえに形を描くことができるが、そこに息吹きも器官も内臓も導き入れることはできない」とタルムードは述べている（「ベラホット」10a）。祈りのように、芸術は神に世界の美を提供する。そして芸術が人間たちを手助けして予感させるのは、美はその存在を美それ自身から得るのではないが、芸術が拵える数々の像はこれまでに見られたいかなる現前にも呼びかけることはなく、それゆえ芸術は偶像崇拝へと差し向けると信じさせうるということだ。賢者たちによれば、平面のものであれ彫刻されたものであれ、人間の像に固有の——そもそも人間の製造物すべてに伴う——この危険がとりわけ感じられるのは、人間の顔が賭金となるときである。全き十分な可視性はまなざしを誘惑するおそれがあり、一時的なものであっても、他性の忘却において、自己の自己への透明性、もしくは自己の他者への透明性を夢見る人々の好奇心を満足させるおそれがある。近代はとりわけこの欲望に身を委ねている。近代は絶えず自己を見せ、自己を見るよう促すのだが、それはあたかもそうしたことの外では人間は現実を失ってしまうかのようである。自己の像は、時に決定的に顔を追いやり、「自己の像をつくるのでないかぎり、原本（オリジナル）は消失する——存在することは知覚されることである」[18]。瞬間ごとにニヒリズムにつけ狙われる世界では、視覚というこの暴政に抵抗することは困難であると分かるので、省察することを職業とする人々もまた脚光を浴びること、まなざしに焼きつくことを望む。彼らは、まなざしの複数性が仮象を知覚し仮象を称揚するからには、より完成された生という仮象に抵抗しきれないのである。《不可視のもの》によって生きつつ《不可視のもの》を絶えず軽視して顔の意味を忘却した人に、あたかも他人の承認が顔を与えうるかのようである。

結局のところ、完全な顔の表象、あるいはまた像——人間は数々のまなざしを惹きつけ、数々のまなざしが像のうちに承認する人物像と自己を同一のものとすることで、像のうちに自己を見失うのであるが、人間は智恵と引き換えに像を与えようとしており、この像としての芸術の像——と顔の混同を禁じる叡智は時代遅れなのだろうか。人間はこの禁止に背いたときに人間自身への崇拝に屈するのであり、人類の古いテクストはこうした人間自身への崇拝に警戒するよう人間に呼びかけるのであるが、人類の古いテクストから自己をきっぱりと解放するべきなのだろうか。最終的には偶像崇拝なく

（18） J.-L. Marion, *La Croisée du visible*, Paris, La Différence, 1991, p. 97.

して見ることを許す、顔の像が存在するのか。

## 顔は語る。

芸術は時を止め、束の間のものを不動のもので置き換えるのだから、芸術を軽蔑する人々に対して芸術は「生の戯画」(IH, 120／一二三)となり、夜明けへの希望を許すことのない夜への陥入の原因となる。芸術はあらゆる未来から逃れるのと同じく、あらゆる約束からも逃れるからである。レヴィナスによれば、だからこそ芸術は啓示の秩序に属さないし、また創造の「運動はまさに逆の方向に続く」(IH, 126／一一二)のであって、芸術は創造の秩序にも属さない。像と彫像は、実際のところ生の創造の飛躍を追放し、凌駕しえぬ運命へと突如として変容した瞬間のうちにこの飛躍を固定する。「いまにも花開きそうなモナリザの微笑も永遠に花開くことはない」(IH, 119／一二二)し、永遠に未来は宙吊りにされたままである。描かれたり彫刻されたりした顔は、その運命のうちにこうして閉じこもるのであり、すなわち未来を突破することのできないおのれの無力のうちに閉じこもる。描かれたり彫刻されたりした顔は、生の微かな揺らめきに抗いつつ、非人称的で盲目的な必然性の秩序に服したままである。地上の人間はしばしば説明しがたいしかたで成長し命を落とすのであるが、芸術の夜は、地上での人間の歩みを方向づけることのできるいかなる明晰さも約束しないので、いかなる明日をも予感させることがなく、生の創造の運動を見誤る。こうして描かれたり彫刻されたりした顔に呼びかけることはできない。というのもそうした顔は誰のことも見ることはないし、誰に対しても呼びかけることがないからである。たとえそうした顔がまなざしのそれぞれを探しているように見えるとしても、実際にはそうした顔は自分自身以外の何にも送り返されることはないのだ。しかしながら、「愚鈍な偶像であるという点で」(IH, 119／一二二)、描かれたり彫刻されたりした顔は、顔を見つめる人々にしばしば影響を及ぼし、彼らを釘づけにして魅了するのであり、つまり、意義深く個人的なあらゆる文脈の外で彼らを支配する。こうして美的享受は人間たちや諸事物の脆さに対する責任を軽くするのであるから、美的享受はまさしく蠱惑的である。「悪意への復讐は、悪意の戯画を造り出すことでなされる。悪意の戯画は、悪意を無化することなく悪意から現実性を剝奪するのである。悪しき力は、口をもってはいるが喋らない偶像たちで世界を満たすことで祓われる」(IH, 125／一二九)。ところが、人間の生ける顔がいたるところで苦しみを叫ぶとき、逃走と安らぎを芸術の享楽のうちに探し求めることは、「観照の没利害(désintéressement)ではなく、無責任の没利害」(IH, 125／一二九)であり、悪意の、エゴイズムの、卑劣さの没利害ですらある。レヴィナスが述べるところでは、「ペストが猖獗をきわめているなかで饗宴を催すことを恥じるように、芸術的享楽が恥じるべきものでありえた」(IH, 125／一二九)様々な時代があった。こうして哲学者は芸術の肥大化を告発するのであり、その蠱惑的な数々の影を告発する。芸術は死と闘うかわりに自己そして他人に死を欲望させ、運命に屈することを要求するのであり、いかなる平安もいまなお変容させることのない生ける者どもを忘却することを要求する。だからこそレヴィナスは次のように結論するのだ。「像の禁止は一神教の至上の戒律であるが、一神教とは、逆向きの創造であり啓示であるような運命を彫刻する教えなのである」(IH, 124／一二八)[19]。

しかしながらこの審判の厳しさは異議申し立てを受ける。実際のところ、芸術は明日なき影や戯画しか生み出さないという考えは決定的であるのか。そして、描かれあるいは彫刻された顔は撤回できない運命の夜に沈むのであり、デスマスクの沈黙に似た沈黙のうちに沈むのだという確信は決定的であるのか。芸術の表象は必然的に創造、すなわち無言かつ生気のない暗闇の只中に光を生じさせることの運動と対立するのであり、また啓示、すなわち人間を方向づけ、いついかなる場所でも生と死を区別することを人間に許すこの言葉と対立するのではないか。

実際のところ多くの画家や彫刻家が望むのは、諸形態が生きる異郷の地を見せることである。彼らは、既に実存している諸形態を複製することの可能性よりもいっそう、創造の運動を可感的に転換することの可能性を探し求める。パウル・クレーはこのように芸術を創造のイマージュとして呼び起こす。クレーは、「世界を創造した、そして世界を創造する諸力を芸術の戯れのうちで模倣する」ことを求めると述べており、また、芸術ではないものを見えるものにし、「形態の彼方で存在の神秘そのものに到達すること」[20]を求めると述べている。ところがこの歩みは、必ずしも幾人かの偶像破壊者たちが肯定したようには不信仰を意味していないし、〈創造者〉と競合する意志もしくは〈彼〉に取って代わろうとする意志を意味してはいない。たしかにミドラッシュは芸術家による創造を神による創造と対置する――過酷な労働なくしては芸術家は何もなすことができないのであり、「光あれ」（「創世記」1:3）という〈彼〉の言葉の息吹きのおかげで、〈聖なる者〉――〈彼〉に祝福あれ――は諸事物を創造する。芸術家は死にその創造は芸術家を生き延びさせるのであって、「〈聖なる者〉の被造物は死すとも〈聖なる者〉――〈彼〉に祝福あれ――は永遠に生きる」[21]のであるが、だからといって、そこから人間の諸作品が虚しいと結論することはない。芸術家にとって重要なのは、いかにして創造者の言が存在する者すべてを動かすか、たとえ芸術家が言を知らないとしてもいかにして人間の顔が言におけるこの現前によって生きるのか、そして〈彼〉はいかなる個別の形態にも似ることのないのに人間の顔はいかにして〈彼〉に似るのかを認識する（*percevoir*）ための努力である。芸術家はたとえばカンヴァスを用いて他人たちにそのことを認識させることを目的としている。したがって肖像画は集約への呼び求めとなり、精神、心そして数々の意味に触れる感情を目覚めさせる。ゆえにラヴ・クックは、ロンドンのナショナル・ギャラリーでレンブラントの肖像画を眺めて何時間も過ごしたと認めていた。ラヴ・クックは最初の日の隠された光――来るべき世界で義人たちのためにとっておかれる光――が画家の描いた絵の数々を照らすと信じていた。(22)

芸術家のうちには、光と言――これらによって彼らは内的に生きる――への注意の中で、自分たちを取り巻く現実の聖潔を認識させるものを見ると言う者もいる。また、この注意を促すものとしての創造の美を前にして彼らを捉える感情に目覚める者もいる。しかし、二つの態度はおそらく互いに求め合う。通常は存在することへの熱意のせいで認識できないものを、精神、心、そして数々の意味が見るようにするためである。実際のところ、マティスが書いたように、「諸事物を見る力のせいでわ

（19）「現実とその影」« La réalité et son ombre », *Les temps modernes*, 1948. 引用はすべてこの論考からのものである〔邦訳のページ数は『歴史の不測』のものである〕。
（20）*Théorie de l'art moderne*, trad. P. H. Gonthier, Paris, Denoël, 1964, p. 42.
（21）「詩篇」についてのミドラッシュ。psaume 18, verset 26.
（22）F. Gottlieb, *The lamp of God, A Jewish Book of Light*, Londres, Jason Aronson Inc., 1989, p. 418.

れわれはもはや諸事物を見ていない。我々はそれらに鈍くなった意味しかもたらさない。われわれはそれらをもはや感じない。われわれは無感動になってしまっている。よりよく享受するためには、我慢するのが賢いだろうと私は思う。禁欲から始めること、時々、放っておく治療に努めることから始めることは、良いことである」[23]。さて、汲み尽くしがたい秘密が生ける諸形態に生気を吹き込むのであって、この秘密の認識に、生ける諸形態の儚き美の認識に、そして、自己の存在を保持することのないあらゆるものの目的の緊急性の認識に——暴かれることにではない——とって、退隠が不可欠な前提条件であるように見えるとすれば、それはもちろん顔の場合である。顔を観照し、顔を前にして集約しさえし、それから顔を描き塗り彫刻する芸術家は、本当にレヴィナスが主張するように、運命となる一瞬のうちに顔を不動のものにしようとしているのか。さらにレヴィナスが言うように、芸術家は可傷性に直面して捉える責任を忘却しようとしているのか。芸術家は、あらゆる表象を超える〈彼（＝神）〉への奉仕を人間たちに命じる代わりに、人間を崇拝するよう偶像を提示するのか。

画家や彫刻家は、宗教的感情に突き動かされ、か弱き顔も力強い顔も含めて、あらゆる顔がいかにして顔自体とは異なる現実へと送り返されるのかを感じさせることを目指す。ゆえにこの限りにおいて、彼らの身振りは原理それ自体において偶像崇拝とは反対のものである。顔が絶対的に自律した現実を持つという感情を与える芸術家のみが、口はあるが話をしない者、耳はあるが聞かない者を崇拝するよう促す。しかし描かれたり彫刻されたりした顔の沈黙した美が、見る者の心に触れ、その充足を破り、それによって彼が生きる《不可視のもの》を予感させるとき、作品は享受の満足にまなざしを導くことはなく、作品は《不可視のもの》の感覚可能な呼びかけに応答することを彼に要求する。それゆえレヴィナスが人間の顔に関して行うことができたように、この顔は語る、あるいはまた祈りを呼びかけると主張することが可能である。その祈りは次のような人に向かう。自分を身動きできなくするものの美についての不器用な幾つかの語以外には、しばしば言葉を発することもできずにいるのだが、先立つ瞬間を心配したり、この瞬間に気晴らしをしたりして、突如として彼に求められていると気づく人である。色や線の力、身振りの強固さや想像力の大胆さは、あらゆる生の源泉のより近くで自らを保つという欲望に生気を与え、あるいはそうした欲望を呼び起こすのであり、そうしたとき、顔の表象は生ける者たちに対する責任から免れることはなく、反対に顔の表象は責任に新たな強さを与える。というのも、描かれあるいは彫刻された顔はこうして人間に秘密の言で語りかけるのであって、秘密の言においては、生はすべてたえず自己の存在を保つのであるが、描かれたり彫刻されたりした顔は、人間に被造物の脆さと、そのもっと配慮を求める呼びかけを同時に啓示するからである。たとえばダヴィド・マルキン(24)のハスィディズムの諸形象を見た後で、動じることなくただ満足して立ち去る人は、それら形象の呼びかけを聞いたのか。そしてそれら諸形象を前にして、子供の顔さえも殺人者たちにとってはターゲットであったような時代に悲劇的に失われた世界の苦しみに満ちたノスタルジーしか

(23) H. Matisse, *Écrits et propos sur l'art*, Paris, Hermann, 1972, p. 290／三四八頁〔「あまりにもたくさん物を見るために、もはや注意して物をみつめないのです。私たちが物に与えるのは鈍い感覚だけです。私たちはもう感じないで、無感覚になっています。良く享受するためには禁欲することが賢明だろうと思います。断念から始めること、ときどき自分に禁断療法を課すのが良い」〕。

(24) 〔訳注〕ダヴィド・マルキン（David Malkin：1910–2002）：パリ第二学校出身でハスィディズムの彫刻家であり画家である。

感じない人は、顔からもまた逃げているのではないか。

実際のところ、描かれたり彫刻されたりした顔がそれを見る人に語るとしても、この顔が、無化された過去の苦痛に応えることによって、あるいは逆にこの苦痛を鮮やかに蘇らせることによって語ることはできない。この顔はただ、人間の顔の各々に現前する不安定さの意味を目覚めさせることによってのみ語るのだ。この不安定さは、最もはかない永遠を固定し、そうして永遠を救うように見える画布や彫刻のおかげであらわになる。しかし描かれたり彫刻されたりした顔の呼びかけを聞くことは、次のように知ることでもある。美が救いとなるのは、《不可視のもの》を与えられていないものとの関係に入らせ、可塑的な諸形態すべてを超える数々の意義の余剰との関係に入らせるという条件においてのみであると。さて、こうしたことから逆説的に、絵画や彫刻を見つめることによって、感覚可能な生は精神の生に関わるのだと人間が気づくとしても、そして絵画と彫刻によって現在に関するより内的な知覚へと呼びかけられているとしても、絵画と彫刻にはその力量がある。そこで人間が分かるのは、芸術がいまや別のしかたで、ますます多くの注意および集約を伴って、束の間の現在を自己と共有する人々には置き換えのきかない性格を確信しながら、現実を見るように呼び求めているということである。この場合、芸術は偶像主義的なあらゆる響きを失う。人間が数々の自分の作品の中の自分自身を愛するために質料を変容させるということはない。そうではなく、この質料のおかげもあって、あらゆる被造物を生かす言がまなざしに対していかに語るのかを人間に明らかにし、また言が自分に応答する各々の人をいかに待つのかを明らかにするために質料を変容させるのである。そしてこの応答は、時おり美学的関心という口実のもと、自己とともに生きている人々の顔を見捨てるのをまなざしがやめたときに形をとりはじめる。それでは、賢者によって顔の表象に、その完全性の表象に割り当てられた限界をいかに理解すべきか。

## 表象不可能性。

実際のところユダヤ教の伝統に携わる師たちの大半は、聖書が禁止しているのは人間の顔全体のレリーフへの表象であると考えている。しかしこのことから何を理解するべきか。その固有の数々の作品への崇拝に対する予防措置よりもはるかに重要になるであろうこととは、まずは創造の過程それ自体において〈創造主〉を模倣する試み——ただし反復するだけの試みなのだが——、時には人造人間ゴーレムをつくろうとするにまで至る数々の試みに警戒することである。古くからの伝統を——死者の代わりに答えてくれると考えられていたエジプトの小さな人形として——告げるこの慣習は、おそらくは魔術に属するのだが、ユダヤ人と無縁のままではない。ラバーによって作られ話しかけた者に答えなかったために魔法による被造物として拒絶された人間を喚起している、タルムードのこの一節（『サンヘドリン』65b）を見ればわかるように、あるいはずっと後には、プラハのマハラル[25]に帰される有名なゴーレムをめぐる伝説が伝えるように、これらの人造人間の諸存在は賢

---

（25）〔訳注〕プラハのマハラルとは、イェフダ・レーヴ・ベン・ベザレル（1525–1609）のこと。ゴーレム伝説の主人公として著名である。

者たちも賢者ではない人たちも絶えず魅惑する。しかしながら、ヘブライ語の数々の秘儀を用いて人造人間を組み立て、それに生の息吹を伝えるとみなされている文字をその顔に書きこもうとする彼らの器用さにもかかわらず、そしてそうしたいという彼らの欲望にもかかわらず、それを試みる人たちの誰も、こうして作られた被造物を喋らせることはできない。しかし、ゴーレムに関するあらゆる物語[26]がこの失敗を強調するとしても、それらの物語がとりわけて示そうとしているのは、いかに人間たちが創造の過程と世界の支配において神と張り合えると思って自らの身の破滅を招くかということである。実際のところ、人造の諸存在は自分たちの創造者の制御を逃れ、やがて彼らをつくった創造者たちは、世界に対する彼らの権能を増すのではなく、以前よりも力がないと気づく。

聖書による禁止についてのこうした理解にしたがえば、誰も人間の完全な顔を彫るべきではない。というのも、顔はまさしく人間の外見を被造物に与えることに成功するのであり、そうすることで、素朴な人々や誇大妄想の人々に、神なき世界における人間の万能性と純粋な自律性を信じ、また信じさせなければならないからである。人間の天分の実現を前にした賞賛と驕りが充足という仮象に伴うだろう。ところが偶像崇拝は、賢者たちによれば密かに魂の最奥部を動かす神の現前に注意を払うことはなく、「自分自身によって何かであること」[27]への信に存しているというほどには、その固有の作品への崇拝に存してはいない。したがって、自己の存在の生きた源泉との人間の関係についてのこの破壊的な企図を予告するためには、人間が魅惑されて絶えずこの源泉の実存を思考し、絶えずその実存に近づきたいと願う地点にいたるまで、そして人間が自分自身に属するという直接的感情で満足したばかりの地点にいたるまで、完成を通じて誘惑する可能性のあるあらゆる身振りを禁じなければならないだろう。顔の表象の禁止はまさしく偶像崇拝に関わることになるだろう。しかし、人間はしばしば自分の諸作品の成功を自己充足の証であると主張して、偶像崇拝の独占的ありかたを最初の言葉の代用としたがるのであって、偶像崇拝は忘却する意志として、そして最初の言葉の忘却を命じる意志として理解されるべきであろう。

しかしなぜ禁止はまさしく人間の顔の完全性に関わるのか。他の生き生きした現実の表象よりも、このような表象が有害であるのはなぜなのか。

人間の顔の表象は、生き生きした顔との細部にわたる類似を意味しているのでは決してない。というのもそのような類似は生を模倣することに失敗するからだ。「人間たちの諸形象は類似なくして存在する。自分自身への類似であるこの主たる美と反映において自分自身に属する真理を一箇の存在が手にいれるためには、死を思わせる外見、死によるこの偶像化および終末のこの永遠化を待たなければならない」[28]。そもそも画家と彫刻家は、通常のまなざしが知覚するものを忠実にうつしとる像を通じて生の仮象を与えることに肖像画の成功があるのではないと知っている。実際のところ芸術的表象は、とりわけ知覚する感性に一箇の存在の不可視の面を与えることで、不在の生に送り返されるという条件においてのみ課される。しかしこの課題はしばしば到達不能な理想のままにとどまる。ジャコメッティは次のように書いている。「私が作り得るであろう一切は、私が見ているもののおぼろなイメージにすぎないでしょう。そしていつでも私の成功よりも私の失敗のほうが一層大きいでしょう。ある

(26) M. Idel, *Le Golem*, trad. C. Aslanoff, Paris, Éd. du Cerf, 1992.
(27) R. Schneour Zalman de Liady, *Liqoutei Vayikra*, 28a.
(28) M. Blanchot, *L'Amitié*, Paris, Gallimard, 1971, p. 43.

いはひょっとしたら、成功は私の失敗に等しいでしょう」[29]。自分のモデルである矢内原伊作に対しては、彼は不満を述べていた。「せめて一年間こうしてきみの顔を描き続けることが出来たらいいのに［…］他のなにものにも煩わされずに一つの顔を一生描き続けることが出来るということ、これ以上の境遇はのぞめない」（同書260／三九〇）。ついに彼は打ち明ける。「冒険、偉大な冒険とは、同じ顔の中に日ごと見知らぬものが現れるのを見ることだ。それは世界を廻るどんな旅行よりも偉大なことだ[30]」。

それゆえ、顔の完全性を模倣することの禁止に固有の知恵が必要である。実際のところ芸術家たちは、作品の完全なる達成は不可能であるという感情を常に抱いているわけではなく、中には完全性を求めて完全性に到達しうると信じる人もいる。そうした人の側では、描かれ彫られた顔を見つめる人々は時折、自分のまなざしを十全に満足させるものに出会うという印象を持つ。絵画の危険もしくは──禁止はとりわけ像に関わるのだから──レリーフに刻まれた像の危険は、最終的には満ち足りたまなざしの欲望と同様、完全性をよそおうことにも宿っているのではないか。完全性の観念は常に死へと──顔の死、顔へと向けられたまなざしの死へと──送り返される。というのも顔は、貪られつつも、およそ欲望というものすべてと決別して死ぬ危険を冒す一方で、まなざしは顔において永久に凝固するからである。ところが、ヘブライの伝統に属するほかの数々の禁止と同様に、表象の禁止の根本的な意味は生を麻痺させようという意志のうちに宿るのではないし、創造の野望において生を不当に制限しようとする意図のうちに宿るのでもない。表象の禁止の根本的な意味は、特有の窒息、そしてやがては自分の死に同意することへの数々の誘惑をあらかじめ防ぐ意志に宿るのだ。死──自己の死および他者の死──のみが聖書における絶対的な禁止となるのであり、他の数々の戒律はそれぞれ各人にこのことを確認する。それらの戒律は、否定的なものであれ肯定的なものであれ、死が一箇の実存に入り込む、常に華々しいものではないが時に好ましい千差万別のあり方を配慮するものだ。

ヘブライの伝統は顔の表象を禁じるのではなくその完全性を禁じる。そうすることでこの伝統は、《不可視のもの》を独占し像に帰着させることに貪欲な芸術家の行き過ぎに警戒を呼びかけるのだ。その際この伝統が芸術家に理解されることはない。また、不可視の光のみが自らは見られることなく真に見ることを可能にするのだが、不可視の光を探求することに取り憑かれたジャコメッティや他の画家や彫刻家たちには予感されていた未知のものにこの伝統が身を任せることも、芸術家によってこの伝統が未知のものの方へ呼ばれることもない。完全性の禁止はまた、芸術家の諸作品を見つめる人々に呼びかける。この禁止は絵画や彫刻を賞賛することを控えるように命じることはしないが、《不可視のもの》に注意深いまなざしを、絵画や彫刻に向けるよう促す。あるいは、ラヴ・クックが述べたように、最初の日の光、肉体である目がその輝きではなくその明暗しか知覚できない光を求めるまなざしを、絵画や彫刻に向けるよう促す。

聖書にしたがえば、人間は自分に似ている〈彼（＝神）〉の顔を求める――「私の〈顔（*panaï*）〉があなたがたを導くであろう」（「出エジプト記」33:14）、「〈彼〉の〈顔（*panav*）〉がわれわれに輝きますように」（「詩篇」67:2）――のであるが、その顔を表象することはできない。そして人間は、満足や休息

（29）〔訳注〕A. Giacometti, *Écrits*, Paris, Hermann, 1990, p. 84（A・ジャコメッティ『エクリ』矢内原伊作訳、みすず書房、一四九―一五〇頁）。
（30）同書279／四一七頁。

をあれこれの像のうちに見出だすことなく、自分の生によって、その人間性へと進むように命じる〈御言葉〉に応答しながら、この探求をおこなわなければならないのだ。ところが、そのためには、想像上の誘惑的であるが疑わしい牢獄を解体しなければならない。そうした牢獄は、その顔を生なき像のうちに凝固させることで、他人のまなざしに表象するように、その固有のまなざしにその顔を表象しているのだ。しかしながら、これらの諸表象は心強く喜ばしいものでさえある。というのもこれらは自己の探求に終止符を打つのであるから。そしてこれらは、不可視の面《おもて》への欲望に駆られて、孤独であろうと存在の諸可能性の極限までその面《おもて》へと向かう準備をして、なお警戒する必要がなくなるのであるから。

しかし、異論があるかもしれない。二〇世紀に到来した災厄——暴虐が子供のまなざしも年老いたもののまなざしも受け入れることのなかった時代に、人間の顔を守ることができた人やできなかった人の破壊——は、慰めなき恐怖において、最も冷酷な証拠をもって、不可視の〈面《おもて》〉のこの探求という不条理な性質を証明するのではないか。そしてそれは、今もなお、人間たちが生への、つまり顔を捉えるあまりにも漠たる領域の外での各人の顔の出現への呼び声を聞き取るよりもむしろ死を称揚することを選ぶのと同様に、数々の顔の放棄を甘んじて受け入れなければならないのではないか。とりわけショアー以後、表象の禁止は今後は殺された数々の顔に関わると教えなければならないのではないだろうか。ショアーを表象することの不可能性との、画家もしくは彫刻家の闘い、そしてそれができないままに証言しようとする意志は、芸術家たちにまさしく試練を与えている。ミクロス・ボコル[31]にとって、ヨブは神の見えざる〈面《おもて》〉を呼び求める人の名であるのだが、その〈面《おもて》〉に反して、〈彼（＝神）〉の約束に対する裏切りを告発することになるのであり、こうしてミクロス・ボコルは連作「ヨブ」（1974–1975）において、幾つもの顔の代わりに引きちぎられた衣服を見せることになる。「不完全ないくつもの線が認められるこの上着は、表象という地位の象徴のようである。連想をかきたてるが素描のみされた、類比的な、しかし闇で覆われた一種の不純物に縁取られ、人はその闇をよく感じ取るのだが、その不純物はその闇と不可分であり続ける。不死鳥とは逆に、絵画は無傷のままここで復活するということはない。描きえないものの試練に傷つけられて、絵画はその諸痕跡を帯び続けている。表象することを狙っていた特徴が、あまりにも明晰な形の仮象を告発するように運命付けられた逆向きの線によって矛盾していたか、もしくは少なくとも妨げられていたかのように、紙のうえの絵画のポーズさえも一挙に表象の統合性をほのめかしそれを拒絶するかのように、すべては過ぎ去る」[32]。それでも死者たちの運命はミクロス・ボコルにとって、不可視のこの〈面《おもて》〉との関係と不可分である。その絵画はこうして聖書の主題の悲劇的な再解釈となってもいるのだから。人間の顔は引き裂かれた衣服――ヘブライの伝統では喪服であるが、ここでは不可能な喪である――の背後に消失する。天使の破壊的な力のもとでぐらつき消える陰しか彼には残らない。それでも、「放蕩息子」[33]と題された絵

（31）〔訳注〕ミクロス・ボコル（Miklos Bokor：1927–2019）。ハンガリー生まれのユダヤ系フランス人画家。家族は皆アウシュヴィッツで亡くなっている。
（32）J. E. Jackson, « Miklos Bokor ou le combat avec l'ange de la destruction », *Le Délire de l'homme. Miklos Bokor*, Toulouse, Pictura Edelweiss, 1985, p. 16–17.
（33）〔訳注〕「放蕩息子」は「ルカによる福音書」15:11–15:32に語られている譬え話でしばしば絵画や音楽の題材とされる。父から分け与えられた財産を、下の息子は放蕩の限りを尽くして無駄遣いしてしまった。その後飢饉

画の幾つかに、人間の顔の新たな出現の予告がまた現れる。「しかし、不可視の何らかの重みによって地に釘づけにされたものとしてのこの一対の陰のいかなる基底にもとづいて、自分を切り離してはならないのか！」[34]。確かに、悲嘆のいかなる基底にもとづいて、幾重にも重なる末期が無関心であり続け、そしてやまずそうし続けた人間の顔は、いまなお愛し表象することに打ち込むのだ！　苦しみの最高潮で、その破壊の緊迫した瞬間に、聖書によれば彼が似ている不可視の〈面《おもて》〉の痕跡のうちに、いかにして最終的にそれを認識する（percevoir：知覚する）ことができるのか。

　この問いは単に芸術家につきまとうだけではなく、自分の生と自分の成功を活用して堕落を無視するということができず、芸術に、哲学に、あるいはまた精神的探求に災厄の大いなる陰が重くのしかかることを知っている人すべてに宿る。この問いが思い出させるのは、ひとりひとりの呪詛に他人たちの勇気なき沈黙が呼応するときに暴力によって高揚していく恐るべき数々の迫害である。というのも、この世界でとりわけ禁じられているのは、顔の表象ではなく、他人たちの間で――そこでは喜びの時にも悲しみの時にも、友情と愛が生を弁明する――顔であり続けようとする欲望だからである。しかしここで禁じられているものは、〈彼（＝神）〉に由来するのではない。〈彼（＝神）〉については、いつか〈彼〉がその〈面《おもて》〉を光から彼らに向けてくれるのではないかといまだに望んでいる人々もいるのだが、唯一それを宣言するのは、他者への権能の躍動とは異なる躍動を活気づける人々と大地を共有することのできない人間たちの無慈悲な冷酷さである。しかしながら、粗暴さと堕落がいかなる代価を払っても一人の人間の顔を蒼白にさせようと欲するときに、その人間がなおも消えない光の方へと目を上げるということが生じる。それはおそらくは最初の日の光で、その光はユダヤ教の伝統によれば義人たちのために輝いている。ところが、子供たちの頬にとどまる涙を拭うことなど誰もできない世界で、生きる苦痛をますます強めるあらゆる悲劇に反して、人間の顔がこの光を約束し、芸術家の作品がその光を伝えるということが起こるのだ。それを認識する人は感謝する（rendre grâce：恩寵を与え返す）のみである。

で飢え死にしそうになった下の息子は我に返る。父のもとに戻った下の息子は「お父さん、わたしは天に対しても、またお父さんに対しても罪を犯しました。もう息子と呼ばれる資格はありません」（15:21）と告げる。父親は息子の帰還を祝って、「この息子は死んでいたのに生き返り、いなくなっていたのに見つかったからだ」（15:24）と祝宴を始めた。ミクロス・ボコルによる「放蕩息子」（一九九九）もまたこの物語を題材としている。

（34）J. E. Jackson, dans *Miklos Bokor. Peintures et dessins*, Catalogue de l'exposition au musée Jenisch, Vevey, 1993, p. 35.

# 訳者解題

## 一　本書の紹介

本訳書は、カトリーヌ・シャリエ（Catherine Chalier, 1947–）の著作『無限者の痕跡（*La trace de l'infini*）』の全訳である。本書のうち補遺「レヴィナスとタルムード」は、雑誌『現代思想』二〇一二年三月臨時増刊号（青土社）に掲載されたことがあるが、シャリエの著作の日本語への全訳は初めての試みとなる。本書は独自の視点から極めて丁寧にエマニュエル・レヴィナス（Emmanuel Levinas, 1906–1995）の読解を試みるレヴィナス研究書である。

レヴィナスの思想については、世界各国で優れた研究書や入門書が数多く出版されており、それらの日本語訳や日本語で書かれた書籍も充実している。近年では入門書である『レヴィナス読本』（二〇二二、法政大学出版局）が出版され、レヴィナスの生涯、語彙の解説、諸著作の解題、多分野横断的なレヴィナス哲学の意義などを網羅的に読むことができるようになった。研究書も多岐にわたり、一九六一年に出版された主著『全体性と無限（*Totalité et infini*）』や一九七四年に出版された第二主著『存在の彼方へ（*Autrement qu'être ou au-delà de l'essence*）』に関する研究、現象学としてレヴィナスの思想を解明する研究、ユダヤ教との関連においてレヴィナスの思想を扱う研究、その「倫理」の内実を扱う研究の他、身体、政治、時間といった哲学的概念を中心に、レヴィナスの諸著作に現れる様々な重要概念に着目した書籍がある。

本書の特色は、ユダヤ思想に関する深い学識と精緻なレヴィナス読解にもとづき、災厄の絶えない時代に「隣人が苦しむ」という事実を見据え、そうした苦しみに「応答する」ことの意味を探求することにある。シャリエはカント、スピノザ、キルケゴールといった哲学者の議論とレヴィナスの議論をしばしば比較しつつ、さらにレヴィナスの哲学のヘブライ的源泉を辿りながらレヴィナスが立てた数々の問いを再び問い直す。シャリエがとりわけ問題とするのは、ギリシアの伝統を引き継ぐ哲学と、聖書の源泉を持つ哲学の緊張関係である。レヴィナスがユダヤ教に関する書物の中で言及するマイモニデスのほか、ヴィルナのガオン、グルのラビ、ボロズィンのラビ・ハイームといったリトアニア・ユダヤ教の哲学者、さらにその他のタルムードとハスィディズム思想の歴史に関わる思想家たちの諸著作を検討したうえで、シャリエはあくまで神学および神秘主義とは距離を置くものとしてレヴィナスの主要諸著作の意義を見極めようとする。本書はレヴィナスの哲学とユダヤ思想との距離を正確に見積もろうとする、極めて独創性の高い研究書なのである。

## 二　著者の紹介

本書の著者のカトリーヌ・シャリエ（一九四七―）は、レヴィナスも教鞭をとっていたパリ西大学ナンテール校（旧パリ第一〇大学）の名誉教授である。彼女はもともとカトリックであったがユダヤ教に改宗し、哲学とユダヤ教を架橋した業績によって、ダニャン・ブーベレ賞（二〇〇六）、フランシーヌ・エ・アントワーヌ・ベルンハイム賞（二〇一〇）、信仰を持つ作家賞（二〇一〇）などを受賞した。

シャリエによると、高校の最終学年のときにエリザベート・ドゥ・フォントネーに『全体性と無限』を読むよう勧められたとのことだ。フォントネーは『マルクスとユダヤ的諸形象』（一九七三）などのマルクス研究およびディドロ研究に加えて、そのレヴィナス研究およびユダヤ思想研究によって知られている。シャリエは『全体性と無限』を初めて読んだときのことについて、「何かとても重要なことを予感させる作品のように、まだ知らない自分を照らす道標のように、この本はひどく私の心を打った」と述懐する。二十二歳のとき、シャリエは初めてイスラエルを訪れ、ヘブライ語を学び始めた。その後シャリエはフランシス・カプラン（一九二七―二〇一八）に師事した。フランシス・カプランの父親ヤコブ・カプランはリトアニア出身で、第一次世界大戦後にフランスでユダヤ教の教授資格を取得した、フランスにおけるユダヤ人コミュニティの中で活躍した人物であり、フランスの大ラビ（Le grand-rabbin de France）に数えられている。フランシス・カプランはポール・リクールの博士論文の審査員も務め、二〇一六年にはアカデミー・フランセーズの随筆賞を受賞した。

シャリエはフランシス・カプランのもとで、一九八一年にレヴィナスを中心に論じた『ユダヤ教と他性(*Judaïsme et altérité*)』を博士論文として提出した。シャリエは当時、ソルボンヌ大学で教鞭をとっていたレヴィナスに直接会って教えを受けるとともに、ジャック・デリダのセミネールにも参加していた。博士論文をもとにした著作と同年に出版された『女性的なものの諸形象(*Figures du féminin*)』(一九八二)はデリダのレヴィナス読解にも影響を与えている。デリダによる『プシュケー(*Psyché. Invention de l'autre*)』(一九八七—一九八八。現在は分冊化されている)には、「この作品の、この瞬間に、我ここに」(一九八〇)というレヴィナス論がおさめられているのだが、その中で、デリダは「驚くべき文章」として、出版前のシャリエの著作を比較的長く引用しているのである。

博士論文の出版以降のシャリエの仕事は二種類に分類される。まず、シャリエはレヴィナスを倫理学史の中で位置づけなおす営みを継続した。『レヴィナス——人間的なもののユートピア』(一九九三)、『知の彼方の道徳のために——カントとレヴィナス』(一九九八)はその代表作となるものである。レヴィナスは一九九五年に没し、その後レヴィナスに関する研究が国際的に急激に進んだが、この時期にシャリエはレヴィナスに関わる国際シンポジウムや論集に多くの貢献をした。さらに、版権の問題で長らく公表されていなかったレヴィナスの捕囚時代のノートや哲学コレージュの講演の資料を集めたテクストが二〇〇九年から二〇一三年の間に三冊からなる『著作集』として公刊された際に、シャリエはその編集に携わって、その第一巻および第二巻の序文を担当した。

もう一つのシャリエの重要な仕事は、ユダヤ思想およびハスィディズム研究とそのフランスへの紹介である。『悪の執拗さ』(一九八七)、『マイモニデス——自然、歴史、そしてメシアニズム』(一九八八)、『母権——サラ、リベカ、ラケルとレア』(一九九一)、『約束された歴史』(一九九二)、『永遠についての思想——スピノザ、ローゼンツヴァイク』(一九九三)、『数々の意味の叡智——ヘブライの伝統におけるる《見ること》と《聴くこと》』（一九九五）、『哲学者の霊感――叡智への愛と預言の源泉』（一九九六）、『忍耐――同意された持続の情動』（一九九八）、『ユダヤ教とキリスト教――共有された聴取』（二〇〇一）などを発表した時期に、シャリエはY・ヤコブソン『ハスィディズムの思想』、ハンス・ヨナス『アウシュヴィッツ以後の神』、モーシェ・イデル『メシアニズムと神秘主義』のほか、本書でも何度も引用されるグルのラビ『真理の言葉』の仏訳を行っている。本書『無限者の痕跡』（二〇〇二）が出版された時期は、シャリエによるレヴィナス読解の円熟期にあたる。今回翻訳することになった本書は、シャリエのレヴィナス研究とユダヤ思想研究を繋ぐ重要な著作であることを付記しておく。

一年に一、二冊の著作および翻訳書を出版するという旺盛な執筆活動を継続しつつ、シャリエは二〇一三年までパリ西大学ナンテール校（旧パリ第一〇大学）で教鞭をとっていた。シャリエのもとには世界中から留学生が集まり、そのセミネールでは多くの学生が発言の機会を与えられた。シャリエは常に授業の五分前には教室でその日の原稿に目を落としていた。シャリエは小さく丁寧な、フランス人としては珍しいくらいに読みやすい書体で黒板に文字を書き、ゆっくり、はっきりとしたアクセントで発音をした。授業ではレヴィナスのほか、ローゼンツヴァイクを扱う年度もあれば、アダム・スミスやニーチェを扱う年度もあるなど、その時々のシャリエの関心に応じて、哲学的著作の読解を進めることが多かった。シャリエは、教職を退いた後にはとりわけフランスへのハスィディズム思想の紹介に力を注ぎ、その後もヘブライ語からフランス語への翻訳活動および精力的な執筆活動を続け、毎年著作を出版している。詳しくは業績一覧を参照されたい。

シャリエの論述の道筋は、決して読者がたどりやすいものではない。処女作である『ユダヤ教と他性』の冒頭で、シャリエは次のように述べている。

この仕事は、目的論的な秩序にしたがって着想されてはいない。つまり、論理的な、そしてこの仕事が提示する問題に必要な汲み尽くしを主張する体系的あり方にしたがって着想されてはいない。この仕事は、多様な観点――聖書の諸テクストおよび哲学を特徴づけるいくつかの諸テクストについての考察――のもとで、出会われ、強化され、交差し合う一連の輪郭を分析しようとするものである。すべては、同じ運動によって動かされている。〈他者〉へと、そして生に従って生の意味へと向かう方向づけの探求という運動である。

こうしたシャリエの方法は、本書『無限者の痕跡』においても維持されている。この著作でシャリエは、レヴィナスの哲学の思想体系を論理的に明らかにすることを目指すのではない。とはいえ、シャリエの文章が非論理的であるというわけではない。シャリエは、レヴィナスの哲学といくつかのユダヤ思想の対応関係を指示し、レヴィナスがその哲学的著作において述べている思考がどのようなユダヤ教の源泉を持っているのか、論じられている事柄の内実を展開した上で、その流れを示そうとするのである。

シャリエの文章は、一つの語を修飾句や節によって後から説明していくものが多い。それゆえ一文が長く、また体言止めやその他の文節も多用される。そのため、日本語訳にあたって一文をそのままの形で訳すと、日本語として文章を理解することが困難になる箇所が多く生じてしまう。翻訳にあたっては、できるだけシャリエの原文を尊重しつつ、一文を複数の文に分けるという措置をとった。

以下、各章の流れにしたがって、『無限者の痕跡』においてシャリエが問題としている事柄の概要を示したい。

## 三　『無限者の痕跡』の概要

### （一）本書の全体像について

シャリエによるレヴィナス研究の背景には、第二次世界大戦とショアーを通じて現れる災厄や悪、そして暴力の問題への関心がある。ただし、人間がこれらの災厄、悪、暴力に苦しむということはある時代に限られたものではない。実際、シャリエは本書の冒頭で「動揺（inquiétude）」という心的状態から、苦しむ人間を捉えている。レヴィナスにおいて「動揺」は、とりわけ『存在の彼方へ』の時期に登場する、他人によって常に同一性を揺るがされ、他人に責任を負う自己を示す概念であった。シャリエは哲学的合理性をこの「動揺」に対する治療薬とみなすことに疑義を呈する。それは、災厄の解決という意味でもそうであるし、人間が心の平静を求めるという意味においてもそうである。哲学の歴史を通じて合理性は人間を苛む「動揺」を解決するものとみなされていたのだが、二〇世紀という時代を通じて、哲学的合理性はその役割を問い直されることになった。シャリエが本書を通じて行うのは、この作業である。

シャリエは、レヴィナスの哲学の核心部に「哲学的合理性」が忘却するものの問い直しを見出だし、この営みを可能にするものを、ヘブライ語の聖書を源泉とした数々の思想に求める。本書は「創造」「形而上学的〈欲望〉」「神の不在」「預言」「時間性と終末論」「希望の方向づけとしての奇跡」「聖潔」の七つの章立てを持つ。これらの章に登場する主題はどれもレヴィナスの哲学にとって重要なものだ。

本書はこの七つの章と「レヴィナスとタルムード」「表象の禁止」の二篇の補遺から構成されている。

これらの主題をめぐるレヴィナスの議論の分析を通じて、シャリエの問いは、哲学的合理性に対するヘブライ的なものの意義や、神学とレヴィナスの哲学の隔たりといったものに向かう。シャリエの用いる方法は、レヴィナスの立てた問いを共有し、その問いに答えるためにユダヤ思想において行われる議論とレヴィナスの議論を比較するというものである。シャリエが扱う議論には、レヴィナスが明示することのなかったハスィディズムや神秘主義思想のものも含まれる。シャリエはレヴィナスと神秘主義思想の隔たりを見過ごすことはないが、ユダヤ思想の伝統の検討を手がかりとしてレヴィナスの問いを別様に語り直すことを試みるのである。

## (二)「創造」から「創造者／被造物」の関係へ

第一章でシャリエは「創造」の問いに取り組み、その際、レヴィナスが一九三五年に執筆した「マイモニデスの現代性」に着目する。この論考の選択は、レヴィナス研究としては珍しい。というのも、これは全イスラエル同盟の機関紙『平和と権利』に寄せられた数ページほどの小論にすぎず、そのうちでレヴィナスは自らの哲学的立場を明示していないからである。それでもシャリエは、この小論にその後のレヴィナス哲学の萌芽を見てとる。シャリエが重要なものとみなすのは、ナチズムの時代においてマイモニデスの著作を「現在の不安に応える」ものとして読解するレヴィナスの着眼点である。レヴィナスの見るところ、「新しさ」として「創造」を思考することにマイモニデスの思想の意義がある。「創造する」とは、自他の「分離」を通じて「創造者」が自己の外部に新たな実在を措定することで、「多数性」を形づくることだ。シャリエは、「創造者」と被造物の「分離」についてのレヴィナスの思考を、イサアク・ルーリアが提示する「神の退隠」についての神話、そして同じ神話を扱うボロズィンのラビ・ハイームの議論を参照することで理解しようとする。そして、「創世記」へのレヴィナスの言及をボロズィンのラビ・ハイームの議論と重ね合わせ、「善さ」という価値の起源が「多数性」にあることを確認するとともに、この価値の起源を問うのである。

第二章でシャリエが扱うのは、創造者と被造物の関係である。まずシャリエは、レヴィナスの議論のうちでも『全体性と無限』における記述でよく知られている「欲求（besoin）」と「欲望（désir）」の差異に着目する。「単に生存し続ける」ことと人間的な生の間には乖離があり、人間はまず生きるために、「苦しみ」として感じられる欠如の意識、つまり「欲求」を埋めることになる。しかし、この欠如の解消へと向かう「欲求」が満たされるとしても、なお解消されえない「苦しみ」が残る。原理的に消費も所有もできないものを欲しても、決してそれを得ることはできないからだ。この後者の「苦しみ」が、被造物が「創造者」へと向かうあり方としての「欲望」である。このあり方を、シャリエはハスィディズムにおける「物質のうちに神を見出だす」態度とはっきりと区別し、レヴィナスとともに、欠如に由来するのではない「欲望」を思考する。

シャリエはここで、ナチスの政権下で没したプロテスタント神学者であるボンヘッファーの思想とレヴィナスの思想を接近させる。両者の共通点は、苦しみに対する慰めや解決のために神を求める思考を拒絶することだ。さらにシャリエは、レヴィナスに特有の思考の源泉として、「創世記」におけるアブラハムの出発という逸話を取り上げる。アブラハムは神の呼びかけに応え、生まれた土地を出発し、二度と戻ることがなかった。行為の源には、他なるものからの「発話（言葉：parole）」ないし

「言（verbe）」があるということを説明する幾つかのヘブライ語の術語――テシュヴァ（応答、改悛、回心：*téchouvah*）、ミツヴァ（戒律：*mitsvot*）など――と、ハスィディズムの思想、とりわけヴィルナのガオンやグルのラビの議論を取り上げながら、シャリエはレヴィナスの「欲望」に関する現象学的記述と聖書の背景とする諸議論を調和するものとみなす。

こうした第二章の議論を受けて、第三章において問題となるのは、「欲望」の向かう先である「神」の超越が、《存在者なき存在》であるところのある（*il y a*）と混同されてしまうのではないかという問いである。あるは、レヴィナスにおいては一九四〇年代後半、とりわけ『実存から実存者へ』（一九四七）において詳細に分析され、一九七〇年代以降に再考される概念である。シャリエは、「あるの恐怖」の具体例として「ショアーの時代」を挙げ、また、あるの恐怖は歴史の中で繰り返し現れることにも言及する。しかし、この恐怖と神の超越は決して混同されない。このことを、シャリエはレヴィナスの分析とハスィディズムの分析を重ね合わせた上で確認する。シャリエは、レヴィナスが述べるあるの記述に該当するものとして、「神の不在」に関する聖書の記述（「伝道の書」）および一八世紀のハスィディズムの神秘主義思想家であるメゼリッチのマギードによるこの書の分析に着目した上で、あるとは「ニヒリズムという危機」であると述べる。さらに、この危機を克服するために、シャリエは再びグルのラビ『真理の言葉』を援用し、被造物が「言葉」を通じて「活力（*hiout*）」を得るという議論を検討する。

ここからさらにシャリエは、隣人に応答するように強いる超越としての「神」をいかにして思考することができるのかという問いに取り組む。参照するのは、マイモニデス『迷える人々のための導き』における神の〈名〉に関する議論のうち、神の名の「発音不可能性」から「人間と神は比較不能である」ということが明らかになるという部分である。ただし、シャリエはマイモニデスが神を「卓越した存在者」として主題化することについて、レヴィナスはこれを認めないだろうということをも確認する。むしろシャリエがレヴィナスにより近いものとして肯定的に認めるのは、カバラー学者であるモーシェ・デ・レオンによって促される、プラトンと新プラトン主義の伝統的思考、とりわけプロティノスの〈一者〉の復権である。「痕跡」としてのみ思考される〈一者〉についての思考は、「時間」の問題へと展開していくことをシャリエは見てとる。

### （三）時間性の問題

第四章において問題になるのは、「預言の未来」である。「預言」という主題は、基本的に、理性を重視する近代以降の哲学においては等閑に付される。しかし、シャリエはレヴィナスがこの哲学の射程を問い、預言の意義を再考しようとしていることに着目する。シャリエはマイモニデスの分析から始め、マイモニデスが認める預言の政治的役割を確認する。『迷える人々のための導き』では、人々が従うべき律法を伝える役割を果たす預言者は、哲学者よりも高い地位を占めるものとみなされているのである。シャリエによると、これに対してレヴィナスは預言が権力者や民衆に関わることの危険を重視し、「証人」として選ばれた者の「自己」のあり方を問題とする。預言者とは、自分が預言者になりたいかどうかにかかわらず、否応なしに選ばれた「証人」であり、さらに、嘲笑され愚弄されようと他の人々に自らの聴いた言葉を伝えるという責務を負う人物である。

レヴィナスはこのように預言者のあり方を確認した上で、哲学者と預言者の間に明確なヒエラルキーを設けることなく、哲学者の側が預言者から学びうることについての思考を進める。シャリエによると、預言的な性質についての思考は、「現象学には還元不可能なもの」である。レヴィナスが導入しようとするのは、「もう一つの合理性、あるいはより深遠な合理性」であって、その伝統的な形而上学でもなく、ハスィディズムにおける神秘主義でもない筋立ては、聖書のテクストの学習——レヴィナスが『困難な自由』において「成年者の宗教」と呼ぶもの——を通じて獲得される。

さらにシャリエは、レヴィナスが「心性（psychisme）」における「狂気の種」と呼ぶものと、グルのラビが論じる「内奥の点」を比較し、形式的にも内容的にも両者が類似することを指摘する。「狂気の種」と「内奥の点」の共通点は、〈無限者〉によって選ばれた主体が「生」を「刷新する」ことになる源泉が主体の心性にあることを指摘する点にある。つまり、「未来」に関わるはずの預言の分析は、主体の「起源」についての問いを開くことになる。この「狂気の種」についての議論の由来を示す作業は、シャリエのハスィディズム研究の賜物であろう。こうしてシャリエは、レヴィナスが哲学に導入する「新しい合理性」を、ヘブライズムの側から補強する。

第五章は、本書の核心をなすと言ってもよい章であろう。ここにおいてシャリエは、レヴィナスの時間論という難問に取り組む。前章において確認したように、預言は未来に関わる。しかし、レヴィナスは目的が達成される未来、もしくは払った努力や犠牲が報われ、苦しみの後には幸福な日々が訪れる未来を想定しない。レヴィナスはそうした目的論的時間論と区別された終末論を提示するのであり、シャリエはこの終末論の解明に挑む。

ユダヤ教の伝統においては、迫害と暴力の歴史に対する救済を求めて預言者の告げる未来を目的論的に理解する読解が数多くある。そうした中で、まずシャリエが確認するのは、旧約聖書における預言が、黙示録とは異なって「最後の大火やこの世界の消滅」を指し示してはいないということだ。つまり、シャリエは人間の行為に応じて災厄が生じるという歴史観を否定する。聖書の預言者たちが代わりに示すのは、「人間の時間性」を照らすと思われる希望である。ただし、この希望は連続性や発展性といった時間の性格にもとづくものではなく、レヴィナスの術語を用いるならば「諸世代の非連続性」にもとづく。「真の希望は不幸それ自体の瞬間に関わる」とシャリエは述べる。つまり、過去や未来との連続性とは断絶して、現在が不幸であると感じられるその瞬間に希望を抱きうるということ、ここに終末論の意義がある。

したがって、重要なのは「この日」「この時」といった瞬間の理解である。まず、人間が希望を抱く「この時」は、「来たるべき」ものであることに注意しなければならない。希望は外部から到来するのであり、人間は「この時」において受動的である。次に、シャリエはこの「来たるべき時」をレヴィナスの「メシア的なもの」の解釈として提出する。この「瞬間」は「裁き」の瞬間でもあり、それも絶えず訪れる瞬間である。つまり、自分を呼ぶ声を聴いて応答するという責務は、歴史の外部にある「第三者」によって裁かれるという。例えばブロッホは、ユートピアとしてその瞬間が訪れるというが、レヴィナスが述べる瞬間はユートピアではなく、「裁き」の現出する「正義」の瞬間である。

シャリエはまた、ユダヤ教のうちに「希望」と「時間の刷新」についての議論を見出だし、時間の連続性がいかにして中断され、いかにして刷新されるのかを検討する。本書においてこの刷新は、「若さ」としてレヴィナスの時間論を特徴づけている。シャリエはその内実を、レヴィナスによる「同の中の他」という主体の分析における時間の「かき乱し」と重ね合わせる。シャリエはレヴィナスの「同の中の他」という概念の思想的根拠をユダヤ思想のテクストのうちに見出だすとともに、人間が希望を抱くあり方を、「責任を負う」という意識にもとづくものとして解釈していくのである。

## （四）人間の複数性についての思考

本書の最終部である第六章と第七章において、シャリエは各人の「善さ」について考える。第六章においてシャリエは、「無限の責任」の意味を探求する。「同の中の他」として自己の構造を捉えるときに明らかになるのは、各人には、自分が意識する「よりも多く」のものが生じているということだ。「無限の責任」は、この「より多く」を思考することである。レヴィナスは「無限の責任」を負うことを一方では「迫害」や「心的障害」を受けることであるとしており、他方では自己の「善さ」と結びつける。「迫害」を受けることがなぜ「善さ」を示すのか。この議論はマゾヒズムを肯定することになるという誤解を斥け、また、幼少期の特別な出来事に由来する精神外傷からこの「迫害」概念を理解することも拒んで、シャリエはこの矛盾を解き明かそうとする。

問題は、自己の中の「他」を「善性」の「痕跡」として理解することである。シャリエはこの「痕跡」を「聖書なしに思考することができるだろうか」と問う。シャリエは、フーコーらがとる反人間主義の哲学の立場に抗して、まず、「善きトーラー」を思考する。「善きトーラー」は、書かれたことの内実ゆえに「善い」と言われるわけではない。むしろ、「善きトーラー」は、トーラーの言葉を受け取る人のあり方に由来している。トーラーを「あらゆる言説およびあらゆる支配の企てを逃れる」ものとして受け取るときに、トーラーは「善き」ものとなるのだ。つまり、シャリエによると、トーラーのうちに読者が「呼びかけ」と「応答」からなる出来事と同じ瞬間的性格を見出だすとき、そしてトーラーが「呼びかけの痕跡」として位置づけられ、絶えず読者によって刷新されるときに、読者の側はトーラーを「善き」ものとして、トーラーに従うことになる。さらにこのようにトーラーの「善さ」に従うことの内実を、シャリエは「信頼」「信仰」という側面から明らかにしようとする。レヴィナスはほとんど「信仰」について肯定的に論じることはしなかった。しかしそれはどういった意味においてであるのか。シャリエは、ハスィディズムにおける信仰についての議論を検討した上で、レヴィナスが「ノスタルジーなしに」「自己のための慰めと約束を欠いた」信仰を思考したと言えるのだと考える。

最終章となる第七章では、シャリエはレヴィナスの哲学における「人間的なもの」の意味を問う。レヴィナスは「人間的なもの」の内実を「自己への配慮よりも他人への配慮を優先すること」に見てとり、これを「聖潔」と呼ぶ。しかし、自らの利害関心に反して「自己への配慮よりも他人への配慮を優先すること」、それも「自らの意に反して」その責任を負うことは「存在論的な不条理」である。この「存在論的な不条理」をいかに思考すればよいのか。シャリエはグルのラビの議論を援用することでレヴィナスの責任概念の発想に関する思想的背景を掘り下げるとともに、この「聖潔」を可能にする諸概念を検討する。

こうした議論を経てシャリエが最後に問題とするのは、暴力――「被害者と加害者を混同する」ものや「被害者を咎める」ような暴力を含む――に満ちた場で「正義」が有する意味である。シャリエは「創世記」を参照しながら、義人の被る苦痛を経験的事実として確認する。悪事を犯してはいない、そして「義人」と呼ばれるべき人々は、正しい人であるからといって苦しみを免れることはないし、迫害にさらされることもある。シャリエは、レヴィナスの著作と聖書を交互に参照し、こうした苦痛に対する慰めや報酬の約束がなされないにもかかわらず、各人が他人に応答する主体として誕生するという出来事がいかに生じるかを記述していく。本書のシャリエの営みはすべて、この記述を可能にする筋立てを追っていくことに捧げられているといってよい。シャリエは、レヴィナスの議論を可能にする筋立てを聖書およびハスィディズムのうちに発見するのである。

## （五）補遺について

本書には、「レヴィナスとタルムード」「表象の不可能性」という二つの論考が付されている。「レヴィナスとタルムード」は、*The Cambridge Companion to Levinas* (Ed. par R. Bernasconi et S. Critchley, 2002) に寄せられたものである。レヴィナス研究の動向には、ユダヤ教に関わる著作に目を向けるものと、現象学に関わる著作を重視するものがある。しかしシャリエは、タルムード講話と現象学的著作が決して分断されていないこと、「哲学とタルムードを分ける境界」は越境可能であるということ、両者を分ける境界線を決定する合法的権威を持つ者は誰もいないということを強調する。さらにシャリエは、レヴィナスのタルムード講話が「どのような意味において人間にとって思考可能なものの範型を構成するかを問う」ことから始まるという意味において、普遍性に開かれていることを指摘し、レヴィナスのタルムード講話のうち、アブラハムの物語に関する「思い出を超えて」(『諸国民の時に』所収) を繙く。

「表象の不可能性」は、レヴィナス論というよりはユダヤ教における芸術論を扱ったものであり、*Le visage* (Paris, Autrement, octobre 1994) に収録されている。宗教には神の営為と人間の営為を区別するために偶像崇拝を禁じるものが多くある。ユダヤ教も例外ではなく、偶像崇拝の禁止ゆえに芸術作品を作り表象することもまた禁止されてきた。しかしながらユダヤ教に関する宗教芸術は実際に建築やフレスコ画といった形で存在する。タルムードにおいては、全てのものを表象することが禁じられているのではなく、「人間の顔」以外を描くことは容認されているからである。シャリエは偶像禁止論を検討し、芸術家たちの営みに目を向けることで、偶像崇拝をすることなく、人間の顔を表象することは可能かと問う。

レヴィナスには芸術論が少なく、概してレヴィナスはその哲学的議論において、事物（＝顔を持たないもの）に「顔を与える」ものである芸術には批判的な態度をとる。シャリエが分析している論考「現実とその影」（一九四八）にはとりわけその傾向が強い。本書の最後において、シャリエは聖書におけるゴーレムの記述や人造人間の物語を検討しながら、いかなる表象が許され、いかなる表象が禁じられるのかという問いを立てることで、レヴィナスに対してある種の挑戦をすることになる。シャリエが強調するのは、偶像崇拝において禁じられるのは、人間の「完全な」顔の表象だということだ。シャリエは、聖書分析を超えて議論を展開することをしないが、この議論は、人間にあまりにも近い存在を作り出すＡＩ技術と倫理という問いに開かれることも可能であろう。

## 四　シャリエの業績一覧（一部）

**一九八二**

『ユダヤ教と他性』（*Judaïsme et altérité*, Verdier, collection les dix paroles. 一九九〇年に再版）

『女性的なものの諸形象』（*Figures du féminin : lecture d'Emmanuel Levinas*, La Nuit surveillée, coll. « Questions ». 二〇〇七年に再版）

**一九八五**

共著：『偶像』（*Idoles : Données et débats*, *Actes du XXIV*$^{e}$ colloque des intellectuels juifs de langue française, Denoël [Emmanuel Lévinas, Gilles Bernheim, Pierre-Maurice Bogaert, Catherine Chalier, Elerik Deutsch, Alain Finkelkraut, Gorges Hansel, David Kessler, Charles Mopsik, Stéphane Mosès, Claude Riveline, Claude Vigée]）

**一九八七**

『悪の執拗さ』（*La persévérance du mal*, Cerf.）

**一九八八**

『マイモニデス――自然、歴史およびメシアニズム』（*Maïmonide : Nature, histoire et messianisme*, Cerf.）

**一九八九**

翻訳：ヨラム・ヤコブソン『ハシディズム思想』（Yoram Jacobson, *La pensée hassidique*, Cerf.）

**一九九一**

『母権——サラ、リベカ、ラケルとレア』（*Les Matriarches : Sarah, Rebecca, Rachel et Léa*, Cerf.）
編著：『レルヌ・ドゥ・カイエ——カイエ・エマニュエル・レヴィナス』（*Cahier Emmanuel Lévinas*, Cahier de l'Herne.）
共著：『自己に関して』（*Le « Quant-à-soi » : Données et débats. Actes du XXIe colloque des intellectuels juifs de langue française*, Denoël [Élisabeth de Fontenay, Henri Allain, Frédéric Brenner, Alain Finkelkraut, Jean Halpérin, David Kessler, Claude Riveline, Claude Schnapper, Emmanuel Lévinas, Georges Hansel, Claude Hagège, Catherine Chalier]）

**一九九二**

『約束された歴史』（*L'Histoire promise*, Cerf.）

**一九九三**

『レヴィナス——人間的なもののユートピア』（*Levinas : L'utopie de l'humain*, Albin Michel.）
『自然との盟約』（*L'alliance avec la nature*, La nuit surveillée.）
『永遠についての数々の思考——スピノザ、ローゼンツヴァイク』（*Pensées de l'éternité : Spinoza, Rosenzweig*, Cerf.）

**一九九四**

翻訳：ハンス・ヨナス『アウシュヴィッツ以後の神の概念』（Hans Jonas, *Le concept de Dieu après Auschwitz*, Petite bibliothèque, Rivages poche.）
翻訳：モーシェ・イデル『メシアニズムと神秘主義』（Moshe Idel, *Messianisme et Mystique*, Cerf.）

**一九九五**

『数々の意味の叡智——ヘブライ的伝統における眼差しと聴取』（*Sagesse des sens : Le regard et l'écoute dans la tradition hébraïque*, Albin Michel.）

**一九九六**

『哲学者の霊感——叡智への愛と預言の源泉』（*L'Inspiration du philosophe : L'amour de la sagesse et sa source prophétique*, Albin Michel.）

**一九九七**

『運命——挑戦と同意』（*Le Destin. Défi et consentement*, Autrement.）

『ファラオの宮廷のヨセフ』（*Joseph à la cour de Pharaon*, Gallimard. 挿絵はAndré Bienfait による）

**一九九八**

『忍耐——同意された持続のパッション』（*La Patience. Passion de la durée consentie*, Autrement.）

共著：『エマニュエル・レヴィナスと歴史』（Nathalie Frogneux et Françoise Mies（éds）, *Emmanuel Levinas et l'histoire. Actes du Colloque international des Facultés universitaires Notre-Dame de la Paix*, Cerf, 1998.）

『知の彼方の道徳のために——カントとレヴィナス』（*Pour une morale au-delà du savoir : Kant et Levinas*, Albin Michel. 二〇一四年に再版）

**一九九九**

『魂の動揺』（*De l'intranquillité de l'âme*, Payot.）

**二〇〇一**

『ユダヤ教とキリスト教——共有された聴取』（*Judaïsme et Christianisme : L'écoute en partage*, Cerf.）

**二〇〇二**

『無限者の痕跡——エマニュエル・レヴィナスとヘブライ的源泉』（*La trace de l'Infini : Emmanuel Levinas et la source hébraïque*, Cerf.）

## 二〇〇四

『博愛――明滅する希望』（*La Fraternité : Un espoir en clair obscur*, Buchet Chastel.）

翻訳と論文：グルのラビ『真理の言葉――聖句とともに考える』（*Le Rabbi de Gur, La langue de la vérité : « Penser avec les versets » de Catherine Chalier*, Albin Michel.）

共著：『顔の誠実さ』（Catherine Chalier, Ben Loulou, *Sincerité du visage*, Filigranes.）

## 二〇〇六

共著：『エマニュエル・レヴィナス』（*Emmanuel Levinas*, Danielle Cohen-Levinas, Jean-Luc Marion, Catherine Chalier, PUF.）

『創造についての文字――ヘブライ語のアルファベット』（*Les Lettres de la Création : L'Alphabet hébraïque*, Arfuyen.）

『スピノザ――マイモニデスの読者』（*Spinoza lecteur de Maïmonide*, Cerf.）

## 二〇〇七

『天使と人間』（*Des anges et de hommes*, Albin Michel.）

共著：『エマニュエル・レヴィナスと思考の諸領域』（Bruno Clément, Danielle Cohen-Levinas, *Emmanuel Levinas et les territoires de la pensée*, PUF.）

## 二〇〇八

『涙についてのエッセイ――神の弱さ、魂の弱さ』（*Traité des larmes ; Fragilité de Dieu, fragilité de l'âme*, Albin Michel.）

『世代から世代に伝える』（*Transmettre, de génération en génération*, Buchet Chastel.）

『明るさの中の顔、秘密の住まい』（*Le visage dans la clarté, le secret demeure*, Autrement.）

## 二〇〇九

『夜、昼——創造の音調』（*La nuit, le Jour. Au diapason de la création*, Seuil.）
編集：『レヴィナス著作集1　捕囚手帳』（*Œuvres I. Emmanuel Levinas. Carnets de captivité*, Imec, 2009.）

## 二〇一一

『改宗への欲望』（*Le désir de conversion*, Seuil.）
『カロニムス・シャピロ——ワルシャワ・ゲットーのラビ（一八八九—一九四三）』（*Kalonymus Shapiro : Rabbin au Ghetto de Varsovie (1889–1943)*, Arfuyen.）
編集：『レヴィナス著作集2　発話と沈黙』（*Œuvres II. Emmanuel Levinas. Parole et silence*, Grasset.）

## 二〇一三

『希望の現在』（*Présence de l'espoir*, Le Seuil.）
編集：『レヴィナス著作集3　エロス、文学と哲学』（*Œuvres III. Emmanuel Levinas. Eros, littérature et philosophie*, Grasset.）

## 二〇一四

『メゼリッチのマギード——ハスィディズムの諸源泉』（*Le maggid de Mezeritch : Aux sources du hassidisme*, Arfuyen.）

## 二〇一六

『愛の重さ——哲学とユダヤの精神性』（*La gravité de l'amour. Philosophie et spiritualité juives*, PUF.）

## 二〇一七

『イマージュの呼びかけ』（*L'appel des images*, Actes Sud.）

二〇一八

『記憶と赦し』（*Mémoire et Pardon*, Les Peregrines.）

『コックのラビ（一七八七―一八五九）――悲劇のハスィディズム』（*Le Rabbi de Kotzk (1787–1859) : Un hassidisme tragique*, Arfuyen.）

二〇一九

『トーラーを読む』（*Lire la Torah*, Points.）

『純粋さ、不純さ――試練』（*Pureté, impureté. Une mise à l'épreuve*, Bayard.）

『ラビ・シュミュエル・ボーンシュタイン（一八五六―一九二六）――ハシディズムの希望』（*Rabbi Chmuel Bornstein (1856–1926) : L'espoir hassidique*, Arfuyen.）

二〇二〇

『恩寵の発見――非対称性の危険』（*Découvrir la gratitude : au risque de l'asymétrie*, Bayard.）

『ラビ・モデルカイ・ヨセフ・レニエ（一八〇一―一八五四）――ハシディズムの自由』（*Rabbi Mordechai Joseph Lenier (1801–1854) : La liberté hassidique*, Arfuyen.）

二〇二三

『神われわれをその像にかたどって創造された――「創世記」注釈』（*Il nous créa à Son image. Un commentaire de la Genèse*, Bayard.）

## 謝辞

本書の翻訳に先立って「レヴィナスとタルムード」の訳を『現代思想』に掲載した際には、藤岡俊博さんに助言をいただいた。西山雄二さんは本書の翻訳の際に出版社を紹介してくださった。合田正人先生にはレヴィナスの諸著作の訳語の変更について相談に乗っていただいた。これらの人々に加え、編集を担当してくださった高橋浩貴さん、郷間雅俊さん、そして本書の訳を快く許可してくださったカトリーヌ・シャリエ先生に厚く感謝を申し上げたい。

なお、本書の訳出にあたっては、日本学術振興会科学研究費助成事業基盤研究（C）課題番号24K03346「フランス現象学を起点とした偶然性概念の哲学的射程およびその思想史的意義の検討」の助成を受けている。

二〇二四年一〇月　訳者　佐藤香織

《叢書・ウニベルシタス 1130》
**無限者の痕跡——エマニュエル・レヴィナスとヘブライ的源泉**

2025年 1 月30日　初版第 1 刷発行

**カトリーヌ・シャリエ**
佐藤香織 訳
発行所　一般財団法人　法政大学出版局
〒102-0071 東京都千代田区富士見2-17-1
電話 03(5214)5540　振替 00160-6-95814
組版：HUP　印刷：日経印刷　製本：誠製本


Printed in Japan
ISBN978-4-588-01130-6

## 著　者

**カトリーヌ・シャリエ**（Catherine Chalier）
1947年生まれ。パリ西大学ナンテール校（旧パリ第10大学）名誉教授。フランシス・カプランに師事し、トゥール大学にて博士号（哲学）を取得。哲学とユダヤ教を架橋した業績によって、ダニャン・ブーベレ賞（2006年）、フランシーヌ・エ・アントワーヌ・ベルンハイム賞（2010年）、信仰を持つ作家賞（2010年）などを受賞。『レヴィナス著作集（1・2）』（三浦直希・藤岡俊博・渡名喜庸哲訳、法政大学出版局）の監修者を務める。主な著訳書については本書の訳者解題を参照のこと。

## 訳　者

**佐藤香織**（さとう・かおり）
1978年生まれ。東京大学大学院人文社会系研究科博士課程修了。パリ西大学ナンテール校でシャリエに師事し、博士号（哲学）を取得。フランス哲学専攻。現在、東京都立大学、神奈川大学ほか講師。共著に『レヴィナス読本』（法政大学出版局、2022年）、『個と普遍――レヴィナス哲学の新たな広がり』（法政大学出版局、2022年）、『見ることに言葉はいるのか――ドイツ認識論史への試み』（弘前大学出版会、2023年）、共編著に『戦うことに意味はあるのか――平和の価値をめぐる哲学的試み』（増補改訂版、弘前大学出版会、2023年）などがある。